Heumann

Hans-Dietrich Genscher

Die Biographie

Hans-Dieter Heumann

Hans-Dietrich Genscher

Die Biographie

Ferdinand Schöningh
Paderborn München Wien Zürich

Titelbild:
Hans-Dietrich Genscher, 2000

Copyright:
Süddeutsche Zeitung Photo/Tenopress

Mit 54 Abbildungen

Bibliografische Information der Deutschen Nationalbibliothek

Die Deutsche Nationalbibliothek verzeichnet diese Publikation in der Deutschen Nationalbibliografie; detaillierte bibliografische Daten sind im Internet über http://dnb.d-nb.de abrufbar.

Alle Rechte vorbehalten. Dieses Werk sowie einzelne Teile desselben sind urheberrechtlich geschützt. Jede Verwertung in anderen als den gesetzlich zugelassenen Fällen ist ohne vorherige schriftliche Zustimmung des Verlags nicht zulässig.

© 2012 Ferdinand Schöningh, Paderborn
(Verlag Ferdinand Schöningh GmbH & Co. KG, Jühenplatz 1, D-33098 Paderborn)

Internet: www.schoeningh.de

Einbandgestaltung: Evelyn Ziegler, München
Printed in Germany
Herstellung: Ferdinand Schöningh GmbH & Co. KG, Paderborn

ISBN 978-3-506-77037-0

INHALT

Vorwort 7

MENSCH

Herkunft und Prägungen 15
– *Halle (16)* – *Bonn (26)*

Triebkräfte und Eigenschaften 30
– *»Vichilant« (30)* – *Memento Mori (35)* – *»Arbeit am Menschenfleisch« (39)* – *Verantwortung (58)*

POLITIKER

Politische Führung 63
– *Politik als Beruf (63)* – *FDP (65)*

Deutschlandpolitiker 79
Stuttgarter Rede (92) – *Machtwechsel (97)* – *Ostverträge (102)*

Wende 111
– *NATO-Doppelbeschluss (113)* – *Friedensbewegung (116)*
– *FDP (119)* – *»Genschman« (125)*

Innenminister 129
– *Terrorismus (133)* – *Guilleaume (144)*

STAATSMANN

Friedlicher Wandel — 159
– *Entspannung (159)* – *KSZE (161)* – *Demokratische Bewegung (166)* – *Gorbatschow (182)* – *Abrüstung (188)*

Europa — 194
– *»Varziner Diktat« (194)* – *Regionale Zusammenarbeit (198)* – *Europa und USA (202)* – *»Drei-Stufen-Rakete« (208)* – *Euro (218)*

Deutsche Einheit — 224
– *Geschichtspolitik (224)* – *Zehn Punkte (227)* – *Zwei plus Vier (257)* – *Die Frage aller Fragen (269)*

Verantwortung und Macht — 283
– *Krieg am Golf (285)* – *Kriege auf dem Balkan (294)*

Nachwort — 305

Anmerkungen — 317
Ausgewählte Literatur — 333
Bildlegenden — 339
Bildquellen — 340
Personenregister — 341

Tafelteil nach Seite 152

Vorwort

»Das Vereinigen ist eine größere Kunst, ein größeres Verdienst. Ein Einungskünstler wäre in jedem Fache der ganzen Welt willkommen. – Nun so lasst mich denn, weil ihr doch einmal im Zuge seid, ein paar solche Fälle wissen.«

Johann Wolfgang von Goethe, *Wahlverwandtschaften*

Niemand stand seit Gründung des Auswärtigen Amtes im Jahre 1871 so lange an seiner Spitze wie Hans-Dietrich Genscher, ganze 18 Jahre lang. Er prägte zwischen 1974 und 1992 eine ganze Ära deutscher Außenpolitik, die den Kalten Krieg, die Einigung Europas, die Entspannung zwischen West und Ost, die Vereinigung Deutschlands sowie die Kriege am Golf und auf dem Balkan umfasste. In diesen 18 Jahren voller spannungsreicher, dramatischer Entwicklungen wurde aus dem Partei- und Innenpolitiker Genscher ein Akteur der Weltpolitik.

Seine Leistung bestand vor allem darin, dass er den Einfluss und das Ansehen der Bundesrepublik Deutschland in der internationalen Politik dauerhaft stärkte. So sah im Rückblick kein Geringerer als Henry Kissinger[1] die Bedeutung des Außenministers. Genscher konnte Außenpolitik gestalten, weil er in den Koalitionen mit Helmut Schmidt und Helmut Kohl ein beträchtliches politisches Gewicht gewann. Sowohl in der Koalition mit der SPD als auch in der folgenden mit der CDU entwickelte er die deutsche West- und Ostpolitik ebenso zielbewusst wie geschickt weiter. Gerade dabei bewies er eine erstaunliche Fähigkeit, politisch zu führen. Der so genannte NATO-Doppelbeschluss von 1979, der eine Wende in den West-Ost-Beziehungen herbeiführte, konnte überhaupt nur durchgesetzt werden, weil Genscher mit seiner Partei 1982 die Koalition wechselte. Die Abrüstungspolitik der achtziger Jahre brachte er gegen den Widerstand beim neuen Koalitionspartner zum Erfolg. Die Europäische Wirtschafts- und Währungsunion, für die Genscher spätestens seit 1987 warb, wurde von großen Teilen der politischen Klasse in Deutschland regelrecht bekämpft. Genscher hat den Euro als politischen Beitrag zur Europäischen Union konzipiert und sich an die Spitze der Bewegung gesetzt. Der damalige Präsident der EG-Kommission, Jacques Delors, erkannte dies später ausdrücklich an.[2]

Spätestens seit den sechziger Jahren hatte Genscher eine klare Vorstellung davon, wie die deutsche Einheit durch einen Wandel in Europa herbeigeführt werden könne. Diesen Wandel erkannte er früher als andere westliche Politiker und Staatsmänner. Er nutzte die Möglichkeiten, die der KSZE-Prozess und die politische Wende in der Sowjetunion, die Perestroika Michail Gorbatschows boten. Der Weg zur deutschen Einheit war aus Genschers Sicht die Umsetzung eines Konzepts. Deshalb sprach er in seinen Erinnerungen von dem Glück, schon zu Lebzeiten Recht bekommen zu haben. Seine Politik war auf lange Zeiträume und weite Perspektiven ausgerichtet. Er war daher vom Fall der Mauer 1989 weniger überrascht als andere. Kohl wähnte damals, noch nach dem Fall der Mauer, die Vereinigung Deutschlands mehrere Jahre in der Zukunft. Bereits im September 1988 hatte Genscher seinen sowjetischen Kollegen und Freund Eduard Schewardnadse darauf hingewiesen, dass er mit dramatischen Entwicklungen in der DDR 1989 rechne. Er hatte Moskau davor gewarnt, sowjetische Streitkräfte gegen Demonstranten einzusetzen, so wie das 1953 geschehen war.

Heute gilt Helmut Kohl als »Kanzler der Einheit«. Jedenfalls ist seine Rolle bei der Vereinigung durch zahlreiche Dokumente vor allem aus dem Kanzleramt gegenwärtig, die vor Ablauf der dreißigjährigen Sperrfrist des deutschen Archivgesetzes freigegeben wurden. Die entsprechenden Akten des Auswärtigen Amtes dagegen blieben unter Verschluss. Ich erhielt ab dem Jahr 2009 zu ihnen exklusiven Zugang. So gelangen mir Einblicke, die z. B. den außenpolitischen Prozess der Vereinigung in neues Licht rücken. Eines der Motive, dieses Buch zu schreiben, war denn auch, Genscher vor allem als einflussreichem Gestalter der Zwei-plus-Vier-Gespräche Gerechtigkeit widerfahren zu lassen.

Wäre Genscher nach Unterzeichnung des Zwei-plus-Vier-Vertrags im Herbst 1990 als Außenminister zurückgetreten, hätte man dies als nur konsequent empfunden. Sein Lebenswerk war vollendet. Der Kreis hatte sich geschlossen. Was Genscher schon in seinen jungen Jahren in Mitteldeutschland bewegt hatte, erfüllte sich: die deutsche Einheit in einem Europa, das seine Spaltung durch den Kalten Krieg überwindet. Genscher trat aber erst im Mai 1992 zurück, nachdem er als Staatsmann an die Grenzen seiner Diplomatie gestoßen war. Dies zeigte seine Antwort auf die Kriege am Golf und auf dem Balkan. Seine Auffassung von Diplomatie schloss es aus, militärische Macht zum Schutz des Rechts einzusetzen. Dies aber war in beiden Kriegen schließlich unausweichlich geworden.

Am Anfang der Überlegungen zu diesem Buch stand eine theoretische Auseinandersetzung mit der Außenpolitik. Im Planungsstab des Auswärtigen Amtes wurde Ende der neunziger Jahre die Frage gestellt, ob es so etwas wie eine »liberale Außenpolitik« gebe. Klaus Kinkel war damals schon der dritte Außenminister der Bundesrepublik Deutschland, der aus den Reihen der FDP kam. In den angestellten Überlegungen zeigte sich ein Problem, vor dem die Politikwissenschaft immer steht: Theorie ohne Empirie ist leer. Die Lösung liegt in einer engen Verbindung von Theorie und Praxis. Dies gilt insbesondere für die Diplomatie. Es sind nicht nur Strukturen, es sind die handelnden Personen, die sie prägen. Vor allem deshalb scheint die Biographie eine geeignete Form zu sein, Erkenntnisse auch über Diplomatie zu gewinnen. Als Lehrender an der Georgetown University in Washington DC hatte ich Gelegenheit, diese Gedanken weiterzuentwickeln. Sie sind in dieses Buch eingeflossen. Man kann es daher auch als Beitrag zur Geschichte der deutschen Diplomatie lesen.

Der endgültige Entschluss aber, seine Biographie zu schreiben, ist auch während langer Gespräche mit Hans-Dietrich Genscher selbst gereift. Viele Begegnungen haben in seinem Haus bei Bad Godesberg stattgefunden und jedes Mal ließ sich der frühere Außenminister etwas mehr darauf ein, die hinter der »politisch korrekten« Darstellung in den »Erinnerungen« verborgenen Zusammenhänge zu erhellen. Bei diesen Gesprächen wurde mir klar, dass Genschers Leben als Mensch, Politiker und Staatsmann eine erstaunliche Kohärenz, eine innere Folgerichtigkeit aufweist. Vor der »biographischen Illusion« (Pierre Bourdieu) sollte man sich zwar hüten, aber bei Genscher kann man belegen, dass er sehr früh wusste, was er politisch wollte, und dass ihm der Gang der Geschichte bis zur Vereinigung Deutschlands großenteils Recht gab. Gerade seine Partner auf der weltpolitischen Bühne bestätigten mir dieses Urteil in Interviews, unter ihnen Michail Gorbatschow und Eduard Schewardnadse, James Baker, George

Shultz, Zbigniew Brzezinski und Henry Kissinger, Roland Dumas, Jean François-Poncet, Jacques Delors und Hubert Védrine. Sie haben offenbar den nötigen Abstand für ihre Einschätzung. Überhaupt haben sich Zeitzeugen und Weggefährten im Gespräch als überaus wertvolle Quelle erwiesen. Dies gilt vor allem für die Menschen, die Genscher über einen längeren Zeitraum aus nächster Nähe beobachten konnten wie etwa Helmut Schmidt, Egon Bahr, Klaus Kinkel, Horst Teltschik, Gerhart Baum, Guido Westerwelle, Karl Kaiser, Wolfgang Ischinger, Frank Elbe, Dieter Kastrup, Peter Menke-Glückert, Harald Braun.

Unverzichtbar waren dokumentarische Quellen. Zum einen offenbaren sich in den im Politischen Archiv des Auswärtigen Amtes aufbewahrten Dokumenten die außenpolitischen Entscheidungsprozesse in ihrer ganzen Komplexität. Der Öffentlichkeit ist wohl kaum bewusst, welch großen Anteil das Amt selbst und seine Beamten an diesen Prozessen haben. Zum andern ergänzen einige der oben schon erwähnten, bisher nicht zugänglichen Akten die bisherigen Darstellungen vor allem der außenpolitischen Aspekte bei der Vereinigung Deutschlands. So stellt es sich auch immer klarer heraus, dass die Schlüsselfrage weniger die finanzielle Hilfe für die Sowjetunion war als die Sicherheitspolitik. Von der Antwort auf diese Frage hing nicht nur der erfolgreiche Abschluss der Verhandlungen über die deutsche Einheit, sondern letztlich das gesamte Verhältnis des Westens zur Sowjetunion und zum späteren Russland ab. Genscher nahm deshalb die sicherheitspolitischen Bedenken Gorbatschows und Schewardnadses sehr ernst, ernster als mancher seiner westlichen Partner. Er sah 1990 die Chance für eine neue gesamteuropäische Ordnung unter Einschluss der Sowjetunion. Die NATO und deren Erweiterung in Richtung Osten, über die in Washington damals schon nachgedacht wurde, durften diesem Ziel nicht entgegenstehen.

Die Biographie ist in drei Großkapitel gegliedert: Hans-Dietrich Genscher als Mensch, als Politiker und als Staatsmann. Diese Darstellungsweise soll dem Leser eine leichtere Orientierung ermöglichen, vor allem aber einem besseren Verständnis der historischen Rolle Genschers dienen. Eine rein chronologische Darstellung wäre dem Versuch, zu »verstehen« (Wilhelm Dilthey), abträglich gewesen. Dies demonstrieren – bei allem Respekt – die mehr als tausendseitigen »Erinnerungen« Genschers selbst.[3] Aus ihnen kann man lernen, dass Einsichten gerade durch bewusstes, abwägendes Weglassen gewonnen werden können. Ein Anspruch auf Vollständigkeit wäre ohnehin illusionär.

Alle drei Kapitel nehmen aufeinander Bezug. Genschers Leben als Politiker und Staatsmann führt in anschaulicher Weise den engen Zusammenhang von Innen- und Außenpolitik vor Augen. Zum Beispiel war die innenpolitische Wende von 1982 die Voraussetzung außenpolitischer Kontinuität. Und der Politiker wie auch der spätere Staatsmann Genscher ist nicht zu verstehen, ohne dass man versucht, dem Menschen näher zu kommen, seinen persönlichen Erfahrungen nachzugehen. Als Außenminister wirkte er überzeugend und glaubwürdig, weil die Gesprächs- und Verhandlungspartner die Beweggründe seines Handelns in seiner Herkunft wahrnahmen. Es gehörte zu seinen persönlichen Stärken, Vertrauen erwecken zu können – vielleicht die wichtigste Voraussetzung für erfolgreiche Diplomatie überhaupt.

Schließlich stellt das Buch die Frage nach der historischen Bedeutung und dem Vermächtnis Genschers. Er war viele Jahre lang der populärste Politiker seines Landes. Die Deutschen haben nicht nur die zeitweilige Omnipräsenz des Ministers in den Medien wahrgenommen, sondern waren mehrheitlich wohl auch der Auffassung, dass seine Politik erfolgreich war. Genscher hat der deutschen Innen- und Außenpolitik ein Vierteljahrhundert lang seinen Stempel aufgedrückt, mehr als drei Mal so lang wie etwa Gustav Stresemann. Was Genschers Vermächtnis angeht, so könnte man fragen, ob es einen »Genscherismus ohne Genscher« (Stephen Szabo) gibt. Er selbst hat diesen ursprünglich – von amerikanischer Seite – kritisch gemeinten Begriff mit Ironie als Kompliment genommen. Vielleicht ließe sich Genscherismus als eine erfolgreiche Form der Diplomatie definieren?

MENSCH

Herkunft und Prägungen

»La finesse!«[1] Mit diesem Wort antwortete Roland Dumas, der französische Außenminister unter Präsident François Mitterrand, auf die Frage, welche Eigenschaften seines Kollegen Genscher ihn besonders beeindrucken. Feinheit, das ist im Französischen ein ganzer Kosmos von Bedeutungen: Scharfsinn, Raffinement, Eleganz, Geschicklichkeit, aber auch Schläue, Verschmitztheit und List. Dumas fügte noch hinzu, er bewundere auch die »subtile Urteilskraft« und den »Mut« bei seinem Kollegen. Jean François-Poncet, Außenminister Frankreichs von 1978 bis 1981, nennt diese Eigenschaften bei Genscher »florentinisch«.[2] Sein »Feingefühl«, wie François-Poncet auf Deutsch hinzufügt, sei verbunden mit starken Überzeugungen.

Gerade bei Roland Dumas erhalten diese Komplimente besonderes Gewicht. Rückblickend empfindet er die Begegnung mit Genscher als eine Art Bekehrung. Dumas gehörte der Résistance an. Die Gestapo hatte seinen Vater vor seinen Augen erschossen. Dumas schildert eindringlich, wie er den Vater mit bloßen Händen begraben musste. Er bezeichnete sich selbst als ursprünglich »antideutsch«. In den fünfziger Jahren wandte er sich gegen die Europäische Einigung, als deren Grundlage sein Freund François Mitterrand die deutsch-französische Freundschaft erkannte. Insofern war es schon etwas paradox, dass Dumas von Mitterrand im Dezember 1983 zum Europaminister ernannt wurde. In sein Amtszimmer im Quai d´Orsay, dem französischen Außenministerium, hatte er sich schließlich aber eine Büste Robert Schumans stellen lassen.

Hier begegnete Dumas dem deutschen Außenminister Anfang 1984 zum ersten Mal. Offenbar stand Genschers äußere Erscheinung im Kontrast zu seinem Bild eines Deutschen: »Seine massive Erscheinung eines gutmütigen Riesen mit schwerfälligen Zügen stand im Widerspruch zu seinen blauen Augen, die sich lebhaft bewegten und manchmal hinter der metallumrandeten Brille ironisch wirkten, zu seinen ausdrucksvollen Händen, deren Finger oft erhoben waren, Kennzeichen einer gewissen Geschmeidigkeit, Geschicklichkeit und Lebhaftigkeit.«[3] In seinem Vorurteil bestätigt fühlte sich Dumas von Finanzminister Gerhard Stoltenberg, der Genscher begleitete und dem der Franzose eine »typisch germanische Steifheit« bescheinigte.

Diese erste Begegnung zwischen Genscher und Dumas beweist, dass die Persönlichkeit eine entscheidende Rolle in der Geschichte spielt, dass sie alles wenden kann, auch wenn kein einziges Wort über die anstehenden politischen Fragen gesagt wurde. Genscher hatte nichts weniger bewirkt, als Dumas' Haltung gegenüber dem wichtigsten Partner in Europa grundlegend zu verändern. Sein Bild von Deutschland zeigt von nun an den »heiteren Humanismus«, den er bei Genscher entdeckt haben will. Er hat sich in mehreren Büchern wie auch durch Freundschaften mit Künstlern wie Pablo Picasso oder Schriftstellern wie Jean Genet als nachdenklicher Intellektueller und Politiker gezeigt. Jetzt ist er in der Lage, den Kern der Persönlichkeit Genschers zu erfassen, das, was diesen antreibt: »Die intellektuelle, analytische Feinheit, sein Einfühlungsvermögen entspringen seiner Herkunft in Deutschland. Er kommt aus Ostdeutschland.«[4] Es folgt ein merkwürdiger Vergleich mit Helmut Kohl, der einiges über die komplexen Beziehungen zwischen diesen beiden auf der einen Seite und zwischen Dumas und Mitterrand auf der anderen erhellt. Dumas traut Genscher ein tieferes Verständnis Deutschlands und Europas zu als Kohl, weil dieser eben aus Halle und jener aus Westdeutschland komme. Mitterrand bestätigt bei anderer Gelegenheit, dass Genscher der »echte Europäer« sei: Dumas solle engen Kontakt mit ihm halten.

Auch anderen Partnern Genschers war klar, dass seine Außenpolitik viel mit seiner Herkunft zu tun hatte. Der sonst eher spröde Freund George P. Shultz, amerikanischer Außenminister unter Präsident Reagan, fühlt dies ebenfalls bei der ersten Begegnung: »Ich erkannte die Bedeutung seiner ostdeutschen Wurzeln. ... Wenn einer zu Genscher bemerkt hätte, dass die Teilung Deutschlands ein natürlicher Zustand sei, würde er ihn für verrückt halten.«[5]

Halle

Diese wenigen Belege zerstören einen Mythos: Die Herkunft aus Westdeutschland, am besten vom Rhein oder aus der Pfalz, wie das bei Adenauer und Kohl der Fall war, begründet allein noch keine besondere Nähe zur europäischen Idee. Nicht nur in Mitterrands und Dumas' Augen ist die ostdeutsche oder besser mitteldeutsche Perspektive europapolitisch besonders glaubwürdig. Auch Henry Kissinger kannte Genschers Wurzeln sehr genau. Wie zuvor Dumas und Schewardnadse nahm Genscher ihn nach Halle mit, um dort mit dem Gast die Stätten seiner Kindheit aufzusuchen. Alle spürten seine emotionale Bindung an die Heimat. Richard von Weizsäcker stellt ein »existentielles Verständnis für die Landsleute in der DDR«[6] fest. Sie alle hatten begriffen, dass für Genscher die Einheit Deutschlands das Lebensziel war. Keiner aber wäre auf die Idee gekommen, an Genschers europäischer Gesinnung zu zweifeln oder ihm Nationalismus zu unterstellen. Kissinger hatte die Ostpolitik zwar ursprünglich als nationale Interessenpolitik zur Erreichung des Ziels der Einheit verdächtigt, die deutsche Sonderwege nicht ausschließe. Aber er unterscheidet in dieser Hinsicht Genscher von Egon Bahr, der ebenfalls seine mitteldeutsche Herkunft herausstreicht. Sein Geburtsort Treffurt an der Werra ist nicht weit von Halle entfernt. Kissinger stellt Genschers Bindung an den Westen nicht in Frage, bezweifelt allerdings, dass sie emotional verankert ist. Bahr aber nennt er – im Gespräch auf Deutsch – »marxistisch deutsch-national«.[7]

Schließlich stellt Genscher selbst klar, dass der Schlüssel zum Verständnis seiner Biographie in seiner Herkunft liegt. Von seinen häufigen Besuchen in Halle erzählt er mit tiefem Gefühl und viel Wärme. Er »schleicht« um seine alte Volksschule, dann die damalige Friedrich-Nietzsche-Oberschule: »Ich hätte das fast streicheln mögen. Da war eine große, ganz tiefe innere Bindung.«[8] Genscher erklärt die Stärke des Gefühls mit dem Hinweis, dass er seine Vaterstadt habe verlassen müssen; das sei etwas anderes, als es aus eigener Entscheidung zu tun. Man spürt im Gespräch mit Genscher, dass er unter dem Verlust seiner Heimat gelitten hatte. Er »hadert« mit denen, die sich »dem System verschrieben« hätten.

Genscher ist stolz auf Halle. Er kennt die Geschichte der Stadt genau und kann viel über sie erzählen. Eine ganze Sammlung von Literatur über die Stadt hat er zusammengetragen. In Bonn besucht er noch regelmäßig eine Art »Kränzchen« von Hallensern. Sie treffen sich im »Weinhäuschen«, am Rhein in der Nähe der Mehlemer Fähre, gegenüber von Königswinter. In der Partnerstadt Kaiserslautern fand lange Zeit alljährlich ein offizielles Treffen von Hallensern statt. Diese Menschen sind für ihn immer noch die »wichtigsten Bezugspersonen«. Manche Beobachter mögen diese Anhänglichkeit belächeln. Wer aber heute Halle als Tourist besucht, wird sich dem Reiz der Altstadt, deren Kern der Marktplatz bildet, nicht entziehen können und Genscher verstehen. Er führt die Maler Lionel Feininger und Ernst Ludwig Kirchner an, die vom Wahrzeichen der Stadt, den fünf Türmen auf dem Marktplatz, inspiriert wurden. Das Stadtbild ist intakt. Halle hat am Ende des Zweiten Weltkriegs[9] großes Glück gehabt, besser gesagt, große Persönlichkeiten vorzuweisen. Um die Kapitulation zu erzwingen, hatten die Amerikaner ein Bombardement mit Spreng- und Phosphorbomben geplant. Sie sollten einen Feuersturm auslösen, wie ihn andere deutsche Städte erleben mussten. Der Tod von 30–40 Prozent der Bevölkerung von Halle war einkalkuliert. Der amerikanische Kommandant aber traf auf Vertreter der Stadt, die ihn beeindruckten und denen er bei den Verhandlungen über die Kapitulation vertraute, darunter auch Felix Graf von Luckner, als »Seeteufel« bekannt, der auch in den USA einiges Ansehen genoss.

Halle hat Genscher ebenso geprägt wie Köln Konrad Adenauer.[10] Welche Idee hatte Genscher von Halle? Er betont immer wieder, dass seine Stadt nicht nur eine Industriemetropole war, sondern ein Zentrum von Kultur und Wissenschaft. Vor allem war sie in seinen Augen eine vom Bürgertum geprägte Stadt. Mit diesem Merkmal identifiziert sich Genscher, dessen Vorfahren Bauern seit Jahrhunderten waren und der die ersten sechs Jahre seines Lebens auf dem Bauernhof seiner Großeltern verbrachte. Der aus Erfurt stammende Max Weber hatte gerade für Halle nachgewiesen, dass das Stadtbürgertum mit der Salzgewinnung seit dem Mittelalter entstand. Der Name der Stadt deutet darauf hin. Die »Pfänner« oder Halloren waren die ersten Patrizier. Später, im 19. Jahrhundert, bildeten die Universitätsgelehrten, die Wirtschaftsbürger, die staatlichen und städtischen Beamten das Bürgertum. Die Gelehrten verharrten nicht in ihren Studierstuben, sondern bestimmten das politische Leben. Um 1900 galt Halle als Großstadt mit urbanem Flair. Im Zuge der Industrialisierung verdrängten Bankiers, Kommerzienräte und Fabrikanten die Bildungsbürger. Die Balance von Bildung und Besitz verschob sich. Das Bürgertum aber prägte die Stadt wie kaum eine andere in Deutschland. Schon in der ersten Hälfte des 19. Jahrhunderts konnte man rund 40 Prozent der Bevölkerung zum Bürgertum zählen. Es verstand sich weiterhin als eine vornehmlich kulturelle Elite. Das Denkmal für Georg Friedrich Händel, 1859 eingeweiht, setzte einen Akzent gegen das damals übliche nationale Pathos der Monumente. Die Statue des in Halle geborenen Komponisten findet sich mitten in der Stadt, auf dem Markt, als Blickfang vor dem Rathaus, dem Zentrum bürgerlich-städtischer Selbstverwaltung. Dass Händel sein berufliches Leben in England verbrachte, wurde als Merkmal der Weltoffenheit begrüßt. Ein aktueller Reiseführer der Stadt Halle stellt als seine beiden berühmtesten Söhne Händel und Genscher heraus, die sich als wahre Europäer erwiesen hätten.

Genschers bürgerliches Selbstverständnis gehört zu den Quellen, aus denen sich seine liberale Überzeugung speist. Sie ist für ihn die »geistige Lebensform« (Thomas Mann) Halles. Damit bezieht er sich auf die Tradition der Aufklärung und des Protestantismus. Letzterer hatte nach seiner Ansicht ebenfalls eine aufklärerische Wirkung. Er erwähnt auch immer wieder voller Bewunderung August Hermann Francke, der im 17. Jahrhundert als pädagogischer Reformer wirkte und dessen Stiftungen in Halle ein geistiges Zentrum in Deutschland bildeten. Francke allerdings war Pietist und wandte sich gerade gegen die Aufklärung.

Halle konnte lange Zeit auch getrost als Hochburg des politischen Liberalismus in Deutschland gelten. Allerdings wurden die programmatischen Unterschiede zwischen Linksliberalen und Nationalliberalen gerade bei den Reichstagswahlen im Wilhelminischen Reich immer deutlicher, und diese Entfremdung verstärkte sich noch in der Weimarer Republik. In ihrer besten Zeit vereinigte die linksliberale Deutsche Demokratische Partei, DDP, bei Reichstagswahlen ein Drittel der Stimmen in Halle. Die politische Radikalisierung in den zwanziger Jahren schwächte die demokratischen Parteien der Weimarer Koalition, also die SPD, das Zentrum und die DDP. Die nationalliberale Deutsch-Nationale Volkspartei, die DNVP, und schließlich die NSDAP profitierten davon. Genschers Vater, der 1937 starb, war bis 1933 Mitglied der DNVP gewesen. Er aber hatte seinem Sohn eingeschärft: »Hitler bedeutet Krieg.« Hitler erreichte in Halle nie seine sonst üblichen Wahlergebnisse von 99 Prozent, sogar als die Ergebnisse von den Nationalsozialisten schon massiv gefälscht wurden. Genscher erinnert daran, dass Hitler Halle nicht besuchte, solange er Reichskanzler war.

Die Arbeiterbewegung war in der Industriestadt Halle stark. Genscher würdigt sie als Gegengewicht zum Nationalsozialismus, vor allem in Preußen, zu dem Halle damals gehörte. Vielleicht hat Genscher deshalb darauf bestanden, dass er Preuße und nicht Sachse sei. Auf jeden Fall aber war die Industriestadt Halle für ihn »in Wahrheit der zentrale Ort des 17. Juni«. Dort hätten die Aufständischen bereits die Macht übernommen. Tatsächlich war die abendliche Kundgebung auf dem Hallmarkt am 17. Juni 1953 mit 40 000–60 000 Menschen eine der größten Massenversammlungen in der DDR. Sie fand zu einem Zeitpunkt statt, als das Regime schon den Ausnahmezustand erklärt hatte. Auf dem Hallmarkt stimmten die Demonstranten schon damals das Deutschlandlied an, bis die sowjetischen Panzer ihre Motoren aufheulen ließen. Genscher hätte auch auf die spätere Opposition zum SED-Regime in Halle verweisen können. Vor allem nach der Besetzung der ČSSR durch sowjetische Truppen im Jahr 1968 tauchten in Halle Flugblätter auf, vom Ministerium für Staatssicherheit »Hetzschriften« genannt. Die Stasi führte über solche Vorkommnisse Statistiken, in denen Halle den ersten Platz unter den Städten in der DDR einnahm. Eine ähnliche Entwicklung wurde vor allem nach der Ausbürgerung des Sängers und Dichters Wolf Biermann 1976 dokumentiert. Schließlich gewann 1989 das »Neue Forum« besonderen Einfluss in der Stadt. An der Montagsdemonstration auf dem Marktplatz in Halle am 6. November 1989, drei Tage vor dem Fall der Berliner Mauer, nahmen 80 000 Menschen teil.

Als Adolf Hitler an die Macht kam, war Genscher sechs Jahre alt, als der Krieg zu Ende war, 18 Jahre, und als er die DDR verließ, 25 Jahre alt. Er sagt selbst von sich: »Von den 25 Jahren habe ich 19 Jahre unter der einen oder anderen Ideologie gelebt.«[11] In Halle und Umgebung erlebte er die beiden Diktaturen in Deutschland. Genschers Liberalismus bedeutet eine vollständige, grundsätzliche Absage an alle Systeme und Ideologien. Nur so ist der Satz zu verstehen, der ihn zutiefst überzeugt und bewogen hat, am 30. Januar 1946 in die Liberaldemokratische Partei Deutschlands (LDPD) der damaligen Sowjetisch Besetzten Zone

(SBZ) einzutreten: »Der Liberalismus ist die umfassendste Alternative zu allen Formen der Unfreiheit.« Er hatte diesen Satz auf einer Wahlveranstaltung der LDPD gehört. Er nennt diese Partei später »sozialliberal, nicht nationalliberal«. Sie vertrat jedenfalls das Ziel der deutschen Einheit klarer als die anderen Parteien und wollte die Wiedervereinigung in kurzer Frist erreichen. Vor allem aber war sie in seinen Augen die einzige Partei, die frei von sozialistischer Ideologie war. In der Tat galt die LDP, wie die LDPD ursprünglich hieß, 1945 als schärfster Gegner der SED. Sie hatte Zulauf vor allem von jungen Leuten, die den Kommunismus und den Terror ablehnten. Viele von ihnen wurden vom russischen Geheimdienst NKWD verhaftet, kamen in Zuchthäuser oder sowjetische Straflager. Genscher findet es ungerecht, die LDPD einfach eine »Blockflöten-Partei« zu nennen.

Dem Liberalismus hatte er sich von Anfang an aus einem doppelten Motiv zugewandt, dem antisozialistischen und dem deutschlandpolitischen. Die LDPD verfolgte beide Ziele. Vom SPD-Vorsitzenden Kurt Schumacher war Genscher nicht nur deshalb beeindruckt, weil dieser den Zusammenschluss von SPD und Kommunisten bekämpfte, sondern auch weil er leidenschaftlich für eine baldige Vereinigung Deutschlands eintrat. Er teilte Schumachers Misstrauen gegenüber Adenauer, dem beide unterstellten, er betreibe die Vereinigung nur halbherzig. Genscher überlegte sogar, ob Adenauer die Einheit wirklich wollte. Es wird klar, dass er eher durch Menschen, durch Vorbilder als durch intellektuelle Strömungen geprägt wird: »Und dann gibt es Leute, die mit Vehemenz das vertreten, was ich sozusagen emotional will.«[12]

Zu seinen Vorbildern gehören vor allem Reinhold Maier und Thomas Dehler. In seinen Memoiren schenkt er ihnen besondere Aufmerksamkeit. Mit einem Vorstellungsgespräch beim Vorsitzenden der FDP-Bundestagsfraktion, Thomas Dehler, hatte Genschers Karriere Ende des Jahres 1955 als wissenschaftlicher Assistent der Fraktion begonnen. Ihm fällt auf, dass die Lebensläufe Maiers (1889 geboren) und Dehlers (1897 geboren) erstaunliche Parallelen aufweisen. Beide waren Juristen, beide Freimaurer, beide mit jüdischen Frauen verheiratet und gerieten dadurch unter starken Druck der Nationalsozialisten. Dehler war wegen Kontakten zu Kreisen des Widerstands zeitweise inhaftiert. Maier war 1932 und 1933 Reichstagsabgeordneter der Deutschen Staatspartei, der Nachfolgerin der linksliberalen Deutschen Demokratischen Partei, DDP, die auch Dehler zu ihren Mitgliedern zählte.

Nach dem Ende des Krieges genossen Maier und Dehler das Vertrauen der amerikanischen Militärregierung. Maier wurde erster Ministerpräsident von Baden-Württemberg, Dehler Landrat des Kreises Bamberg. Als Mitglied des Parlamentarischen Rats gehörte Dehler zu den Vätern des Grundgesetzes. Er wurde 1949 der erste Bundesjustizminister der Bundesrepublik Deutschland. 1953 schied er wegen seiner Differenzen mit Adenauer vor allem in der Deutschlandpolitik aus der Bundesregierung aus. Beide Politiker führten schließlich die neugegründete FDP als Vorsitzende, Dehler von 1954 bis 1957, Maier von 1957 bis 1960. Besonders an Dehler erinnert sich Genscher gern und mit viel Sympathie. Es ist bezeichnend, dass er vor allem solche Eigenschaften bei Dehler hervorhebt, die ihm selbst zugeschrieben werden müssen. Er bezeichnet Dehler als einen impulsiven und zugleich feinfühligen Charakter. Er bewundert dessen Bildung und ist von den politischen Grundsatzdiskussionen mit Dehler wohl entscheidend geprägt worden. Im Unterschied zu Dehler gewinnt Genscher allerdings seine intellektuellen Orientierungen eher in Gesprächen, weniger durch Bücher.

Reinhold Maier aber verdankt Genscher seinen Durchbruch als ernstzunehmender Deutschlandpolitiker. Maier hatte ihn im Frühjahr 1966 gebeten, aus Anlass des 20. Jahrestags der Stuttgarter Rede des damaligen amerikanischen Außenministers James F. Byrnes das Wort zu ergreifen. Byrnes hatte 1946 die neue amerikanische Politik gegenüber Deutschland verkündet. Genscher nutzte seine Chance. Er forderte in seiner Rede nicht nur eine neue Deutschlandpolitik seiner Partei, sondern stellte auch ein Konzept vor, das im Kern schon seine ganze spätere Außenpolitik enthielt. Es bleibt ein Geheimnis dieser Lebensgeschichte, dass seine so früh bewiesenen konzeptionellen Fähigkeiten nicht schon damals in ihrer Bedeutung erkannt wurden. Immerhin erfassten Politiker wie Franz Josef Strauß die Brisanz dieser Rede, die mit einigen Tabus der bisherigen Außenpolitik brach. Er verlangte vom Koalitionspartner FDP eine öffentliche Distanzierung, die er nicht erhielt.

Genscher ist nie ein »Ideologe«, ein Theoretiker des Liberalismus geworden, obwohl er später an wichtigen Programmen der

FDP mitwirkte. Seine Perspektive ist die eines Menschen, der den Nationalsozialismus und den Kommunismus im Alltag erlebt hat und sich nie damit abfinden konnte. Erst 1994 ist er offiziell darüber informiert worden, dass sein Name auf einer Sammelliste für die Mitgliedschaft in der NSDAP vom August 1944 enthalten ist. Zu dieser Zeit war er längst im Kriegseinsatz. Er wurde nicht gefragt, wie viele andere Luftwaffenhelfer seines Jahrgangs auch.

Genscher war nie zu vereinnahmen. Er ist der »Antiideologe« per se. Jede Hysterie ist ihm fremd. Er schildert auch seine Kriegserlebnisse in einem nüchternen Stil. Anfangs war er einer von 10 Millionen Hitler-Jungen in Deutschland, dann 15-jähriger Luftwaffenhelfer, dann in der Wehrmacht, zu der er sich gemeldet hatte, um dem Dienst in der Waffen-SS zu entgehen. Seine Berichte entbehren jeder Landser-Romantik. Gleichzeitig interessierte er sich für militärische Fragen und Darstellungen des Krieges. Er las viel darüber, auch Werke von Ernst Jünger.

Den tiefsten Eindruck auf den jungen Genscher hinterließ wohl der Dienst in der sogenannten »Armee Wenck«. Er war unmittelbar an Kampfhandlungen beteiligt und sah den ersten Soldaten an seiner Seite fallen. Genscher bewunderte General Walther Wenck, der im April 1945 von Hitler den sinnlosen Befehl erhalten hatte, mit seiner 12. Armee Berlin zu befreien. Wenck setzte sich über diesen Befehl hinweg. Er führte seine Soldaten, die nur noch das Ziel hatten, den Krieg zu überleben, in amerikanische Gefangenschaft. Am Ende des Krieges war Genscher von dem Bewusstsein beherrscht, dass Deutschland für die Verbrechen des Nationalsozialismus zur Rechenschaft gezogen werden musste: »Wie aber würde die Abrechnung aussehen?«, fragte er sich.[13]

Genscher ist kein Vertreter der »skeptischen Generation« (Helmut Schelsky). Seine Erfahrungen bewegen ihn nicht, sich in die Privatheit zurückzuziehen. Insofern ist die Auskunft, die er als Kriegsgefangener gibt, zwar typisch für ihn, aber missverständlich: »Ich habe eben zwei wichtige Entscheidungen getroffen. Erstens: so schnell wie möglich abhauen und nach Hause, zweitens: von nun an will ich nur tun, was ich gerne tue, was mir Spaß macht.«[14] Genscher nimmt von Anfang an eine sehr klare politische Haltung ein. 1952 verlässt er die DDR. Der Grund für seine Flucht ist einfach zu verstehen. Man kann sich nicht vorstellen, dass er in der DDR geblieben wäre und sich mit dem System arrangiert hätte. Genscher hatte in Halle und Leipzig Jura studiert und wollte Anwalt werden. Wie kann man Anwalt, Jurist in einem Unrechtsstaat sein? Der Rechtsstaat hängt von der Teilung der Gewalten ab, da gibt es keine Kompromisse und Relativierungen. Wie sollte Genscher die heutige Diskussion darüber, ob die DDR ein Unrechtsstaat war oder nicht, verstehen? Er hat es in dieser Frage nie an Klarheit fehlen lassen. Er musste nicht warten, bis am 17. Juni 1953 viele hunderttausend Bürger der DDR auf die Straße gingen und – neben der Rücknahme der Normerhöhungen – den Sturz der SED sowie freie Wahlen forderten. Der Schriftsteller Durs Grünbein sagte rückblickend: »Das Aufwachsen in einem unfreien Land war eine Erfahrung, die ich gern hätte missen wollen. Sie war im Grunde für nichts gut, außer dafür, mit den Abwehrkräften das moralische Immunsystem zu stärken.«[15] Letzteres aber hatte Genscher gar nicht nötig. Um es schließlich in den Worten Václav Havels zu sagen: Genscher war es nicht möglich, »in der Lüge zu leben«.

Vielleicht enthüllt sich die Absurdität des kommunistischen Systems gerade in seinem sogenannten Rechtssystem. Dieses durfte es ja eigentlich gar nicht geben. Die Unabhängigkeit der Justiz, auf dem der Rechtsstaat beruht, verliert in einer Diktatur des Proletariats und seiner Avantgarde, der SED, ihren Sinn. In marxistisch-leninistischer Lesart war das Recht ein Instrument im Klassenkampf. Es hatte parteilich zu sein und dem Aufbau des Sozialismus zu dienen. Die DDR war per definitionem ein Unrechtsstaat. Die Enquete-Kommission zur »Aufarbeitung von Geschichte und Folgen der SED-Diktatur in Deutschland«[16] stellte fest, dass die Partei die Justiz als eine Art Verwaltung verstand, auf die sie Zugriff hatte. Das Politbüro befasste sich auch regelmäßig mit einzelnen Entscheidungen, vor allem wenn es um die Verhängung hoher Freiheitsstrafen oder die Todesstrafe ging. Dies zeigen die Protokolle im Zentralen Parteiarchiv.

Nach seinem ersten juristischen Staatsexamen im Oktober 1949 an der Universität Leipzig traf Genscher ausgerechnet auf die wohl prominenteste, aber auch gefürchtete Juristin der gerade gegründeten DDR, Hilde Benjamin. Sie fragte sein Wissen über einige marxistisch-leninistische Klassiker ab und war offenbar mit dem Ergebnis zufrieden. Nur wollte sie dann noch wissen, warum Genscher nach einer solchen Lektüre Mitglied der LDPD sei.»Gerade weil ich dies gelesen habe, wenn Sie es so offen wissen wollen«[17], ist seine witzige, für ihn so typische Antwort. Sie zeigt auch seinen Mut. Hilde Benjamin war 1946 wieder der KPD, dann der SED beigetreten und wurde 1949 Vizepräsidentin des Obersten Gerichts der DDR. Sie hatte sich in Schauprozessen gegen NS-Verbrecher, Kriegsverbrecher, aber auch willkürlich Beschuldigte hervorgetan. Im Volksmund wurde sie »Rote Guillotine«, »Rote Hilde« oder »Blutige Hilde« genannt. Seit 1953 war sie Justizministerin der DDR, bis Walter Ulbricht sie 1967 ablöste. 1953 leitete sie den Krisenstab, der zur Überwachung der Gerichtsurteile gegen Teilnehmer des Volksaufstands am 17. Juni eingesetzt worden war. Sie entschied, welche Urteile zu fällen waren, und informierte am Vortag des Prozesses die Staatsanwaltschaft in diesem Sinne. Wenn sie das Gefühl hatte, das übersteige ihre Kompetenz, dann wandte sie sich an den Apparat des Zentralkomitees der SED und fragte dort nach, welche Urteile zu fällen seien.

Wer Genschers Biographie aus der Herkunft erklärt, verwendet gern den Begriff Mitteldeutschland. Gibt es diesen Raum noch? Vor der Teilung Deutschlands wurde Mitteldeutschland als eine Region bezeichnet, deren Zentrum die Städte Leipzig und Halle waren. Heute aber gäbe es Mitteldeutschland ja nur, wenn östlich der Oder-Neiße-Grenze noch ein Ostdeutschland vermutet werden kann. Diese Frage ist aber spätestens mit dem Zwei-plus-Vier-Vertrag endgültig geklärt. Trotzdem gibt es heute die in Halle erscheinende Mitteldeutsche Zeitung, die Mitteldeutsche Braunkohlengesellschaft, die TOTAL Raffinerie Mitteldeutschland, den Mitteldeutschen Verlag in Halle, den Mitteldeutschen Verkehrsverbund, die evangelische Kirche in Mitteldeutschland und schließlich den Mitteldeutschen Rundfunk, der 1991 von den Ländern Sachsen, Sachsen-Anhalt und Thüringen gegründet wurde. Das Ballungsgebiet Leipzig-Halle jedenfalls bildet heute den Mittelpunkt des sogenannten »Wirtschaftsraums Mitteldeutschland«. Mitteldeutschland existiert also.

Genscher selbst stellt sich vor allem einen Kulturraum vor, in dem Martin Luther, aber auch Telemann, Bach, Händel, Schumann, Mendelssohn-Bartholdy, Wagner und Weill, Goethe und Nietzsche wirkten. Er denkt an die Region des sächsischen Barock und der Weimarer Klassik, aber auch der nationalen Bewegung und ihres Festes auf der Wartburg. Genscher weiß auch sehr gut, dass mit Weimar und dem nahe gelegenen Konzentrationslager Buchenwald die Symbole für beides, Hochkultur und Menschheitsverbrechen, in Mitteldeutschland zu finden sind. Die Vorstellung von einer Mitte Deutschlands verband sich immer auch mit der Funktion einer Brücke. Genscher sah seine Heimat und vor allem sich selbst als ein Mittler. Er war dies ganz im Sinne der Hauptfigur in Goethes »Wahlverwandtschaften«, der – wie in der vom Dichter gewählten Metapher der Chemie – immer wieder neue Verbindungen herstellte und einging. Genscher besaß diese Fähigkeit. Sie zeichnete ihn als Politiker und Staatsmann aus.

Bonn

»Meine Heimat bleibt Halle«, sagt Genscher. Sein Geburtshaus in Reideburg, damals 6 Kilometer von Halle entfernt, wurde kürzlich saniert und ist jetzt »Bildungs- und Begegnungsstätte Deutsche Einheit«. Genscher hat seine Vaterstadt nach der Wende immer wieder besucht, aber nie Anstalten gemacht, sich dort auf Dauer niederzulassen. Als dies nach der Vereinigung Deutschlands und nach seinem Rücktritt als Außenminister 1992 möglich gewesen wäre, besaß er schon seit langem sein Haus in Pech bei Bad Godesberg. Er hätte 1974, als er Außenminister wurde, in die Residenz auf dem Venusberg in Bonn ziehen können. In ihr hatte zuletzt Willy Brandt gewohnt. Aber Genscher wollte sich auf Dauer einrichten, ein Refugium für sich haben, in dem er bleiben konnte. Obwohl er die Öffentlichkeit nie gescheut hat, sehnte er sich nach Privatheit. Sein eher unauffälliges Haus steht am Rand des ausgedehnten Kottenforsts, einem großen, ursprünglich von den Kurfürsten von Köln zur Jagd aufgeforsteten und genutzten Waldgebiet. Von der umfangreichen und eindrucksvollen Bibliothek im ausgebauten Dachgeschoss der Villa, wo er die zahlreichen Besucher empfängt, blickt er auf ein freies Feld, hat er einen weiten Blick. Er lenkt sein Auto immer noch selbst die wenigen Minuten nach Bad Godesberg, über eine Landstraße, die sich durch das malerische Marienforster Tal windet. Der Ort Bad Godesberg, in dem Genscher mit seiner Frau Barbara Schaufensterbummel zu unternehmen pflegt und auf dem Markt einkauft, ist nach dem Umzug der Regierung nach Berlin nicht mehr der »Diplomatenvorort von Bonn«. Er hat an Flair eingebüßt. Man sieht ihm aber noch den früheren Kurort am Rhein an; Industrielle von der Ruhr hatten sich dort einst in die heute noch ansehnlichen Villen aus der Gründerzeit zurückgezogen.

Der Reiz Bonns liegt in seiner Lage am Rhein. Das hat Heinrich Böll auch so gesehen. Er empfiehlt, sich die mythische Bedeutung des Rheins zu vergegenwärtigen, indem man sich einmal den Fluss wegdenkt. Für die Rheinländer ist er eine Kulturgrenze: Das östliche Ufer ist die schlechte Seite, die »schäl Sick«. Dieser Ausdruck stammt übrigens von den Scheuklappen der Treidelpferde, die noch bis ins 19. Jahrhundert hinein die Lastkähne flussaufwärts zogen. Konrad Adenauer wird nachgesagt, er habe sich überhaupt nicht wohl gefühlt, wenn er im Zug die Deutzer Brücke in Köln überquerte, um sich nach Berlin aufzumachen und dort seinen Pflichten im Preußischen Abgeordnetenhaus nachzukommen. Für die Deutschen ist der Rhein wohl der Inbegriff des Flusses, so auch die Bedeutung des ursprünglich keltischen Wortes.

Auch Genscher hatte sein Rhein-Erlebnis. Er erzählt erst jetzt von einer Reise als Referendar von Bremen nach Bonn im Februar 1953. Gewohnt hat er in Königswinter, am Rhein gegenüber von Bad Godesberg. Eine ganze Stunde will er am Fluss gestanden haben: »Das war für mich ein ganz großes Erlebnis.«[18] Am selben Abend, in einem der weinseligen Tanzlokale in Königswinter, wo normaler Weise holländische Touristen ein- und ausgehen, werden seine Gefühle arg verletzt: »Ach, von da hinten!«, bemerkte seine Tanzpartnerin, die sein weiches, leicht sächselndes Idiom bemerkt und ihn gefragt hatte, woher er komme. »Ein Wettersturz, 50 Grad Kälte«, erinnert sich Genscher noch 56 Jahre später.

Die Identität der Mitteldeutschen besteht auch darin, dass sie sozusagen mit dem Rücken nach Osten stehen und nach Westen schauen, eben auf den Rhein, so Genschers Erklärung. Aus mitteldeutscher Perspektive liegt der Rhein zudem nahe an Frankreich. Roland Dumas bestätigt eine gewisse Affinität Genschers zu diesem Land. Er weiß sogar von Genschers Großvater, der in Lothringen, das damals ja noch zum wilhelminischen Kaiserreich gehörte, als Soldat diente, frankophil war und später in seinem Dorf französische Sender hörte und französische Zeitungen las. Genscher ist schließlich auf jeden Fall in dem Sinne Rheinländer geworden, dass er den Karneval liebt und stolz ist auf seine Karnevalsorden, besonders den »Wider den tierischen Ernst« aus Aachen. Seine Büttenreden sind wirklich witzig, und er kann sie auch aus dem Stand heraus halten. Er ist ein komödiantisches Talent, sein spontaner Humor mitreißend.

Vielleicht mag Genscher die Stadt Bonn, weil es durchaus Parallelen zu Halle gibt. Beide sind bis heute vom Bürgertum geprägt. Auch in Bonn hat es sich früh behauptet. Schon im Jahr 1286 bildete sich in Bonn ein bürgerlicher Rat, womit die Entwicklung zur Stadt rechtlich abgeschlossen war. Bonn ist wie Halle der Sitz einer traditionsreichen und bedeutenden Universität. Schon deren Vorläufer, die Kurkölnische Akademie, galt – wie Halle – als ein Zentrum der Aufklärung in Deutschland. König Friedrich Wilhelm III. hatte Bonn 1818 neben Greifswald, Berlin, Königsberg, Breslau und eben Halle zur sechsten Preußischen Universitätsstadt erhoben. Bonner Professoren beteiligten sich führend an der demokratischen Revolution von 1848. Der politische Liberalismus ist in der Stadt immer einflussreich geblieben, mit Ausnahme der Jahre unter dem Nationalsozialismus.

Genscher bedauert im Rückblick ausdrücklich, dass sich in Bonn Politik und Wissenschaft nicht näher gekommen sind. Politische Erfahrung und Expertise, die über Jahrzehnte in der Bundeshauptstadt gesammelt wurden, seien von ihrer Universität nicht genutzt worden. Er selbst begann bald nach seinem Rücktritt als Außenminister 1992, Vorlesungen an der Freien Universität Berlin zu halten und dabei seine Erfahrungen und Erkenntnisse in die Begriffe der Politischen Wissenschaft zu fassen. Genscher wirft Bonn zudem vor, seine Bedeutung als Hauptstadt erst erkannt zu haben, als es zu spät war, als die Regierung sich schon anschickte, nach Berlin umzuziehen.

Genscher hat sich in der Bundestagsdebatte über die Hauptstadt des vereinten Deutschland für Berlin ausgesprochen. Er erinnert sich daran, dass mancher ausländische Partner damals kaum verstanden hat, dass diese Frage unter den Deutschen umstritten war. Vor allem Baker und Schewardnadse hätten dies ironisiert. 40 Jahre lang hätten die Deutschen die Alliierten wegen Berlin »genervt« und jetzt zögerten sie, Berlin zur Hauptstadt zu machen. Genscher gefällt allerdings nicht die Unterscheidung zwischen »Bonner Republik« und »Berliner Republik«. Das Wort von der »Bonner Republik« aber lässt doch an eine politische Zeit des Maßes, der Bescheidenheit, der Überschaubarkeit denken. Bonn verleitete jedenfalls nicht zur Gigantomanie, die der deutschen Geschichte ja nicht fremd ist. Vor allem dies mag Genscher an Bonn gefallen haben. Er teilte jedenfalls nicht die übliche Geringschätzung, die Heinrich Böll in seinem Roman »Ansichten eines Clowns« so treffend ironisiert: »Es ist mir immer unverständlich gewesen, warum jedermann, der für intelligent gehalten werden möchte, sich bemüht, diesen Pflichthass auf Bonn auszudrücken. Bonn hat immer gewisse Reize gehabt, schläfrige Reize, so wie es Frauen gibt, von denen ich mir vorstellen kann, dass ihre Schläfrigkeit Reize hat. Bonn verträgt natürlich keine Übertreibung, und man hat diese Stadt übertrieben. Eine Stadt, die keine Übertreibung verträgt, kann man nicht darstellen: Immerhin eine seltene Eigenschaft.«[19]

Für den Neubeginn nach dem Krieg war Bonn wohl der richtige Ort. Botho Strauß hat dies bisher am schönsten formuliert: »Erinnerung an eine zauberhafte Dürftigkeit, beinahe Unschuld, von heute aus empfunden, die jede Frühe besitzt, auch die eines Staatswesens, die Bundesrepublik der ersten Jahre.« Die Bezeichnung »provinziell« war damals nicht immer nur abwertend gemeint. Übersichtlich war die alte Hauptstadt. Politiker, Journalisten, Lobbyisten, Beamte und Diplomaten kamen sich nahe und kannten sich. Vom Bundeskanzleramt zum Bundestag, zum Presseclub, zu den Vertretungen der Verbände waren es immer nur ein paar Schritte, meist unweit des Rheins. Es ist aber wahr, dass Stadt und Politik in einem etwas künstlichen Zustand nebeneinander existierten, was in den damals gängigen Schlagworten vom »Raumschiff Bonn« oder vom »Treibhaus« (Wolfgang Koeppen) zum Ausdruck kam.

TRIEBKRÄFTE UND EIGENSCHAFTEN

Wenige kennen Hans-Dietrich Genscher besser als Peter Menke-Glückert.[20] Beide waren seit 1948 Studienfreunde. Genscher wechselte damals von der Universität Halle nach Leipzig. Dort mögen ihn große Namen bei den Professoren angezogen haben. Möglicherweise war Genscher in Halle auch durch einige sehr kritische politische Bemerkungen aufgefallen. Menke-Glückert war Gründungsmitglied der Liberalen Hochschulgruppe, die 1948 von den sowjetischen Behörden aufgelöst wurde. Sechzehn Mitglieder wurden verhaftet, aber Menke-Glückert gehörte nicht dazu. Er war durch das Ansehen seines Vaters geschützt, der in Sachsen Staatssekretär für Wissenschaft, Kunst und Volksbildung, Mitglied der sächsischen Volkskammer sowie Kulturhistoriker und Professor war. Menke-Glückert ist stolz auf seine Herkunft aus dem Bildungsbürgertum und ein Intellektueller im besten Sinne. Er nimmt in dieser Eigenschaft im engeren Freundeskreis Genschers eine Sonderstellung ein. Er war es, der später als Leiter der neu gegründeten Umweltabteilung im Innenministerium seit 1970 seinem Freund und Minister die Ideen und die Expertise gab und ihn mit den führenden Wissenschaftlern zu diesem Thema zusammenbrachte.

»Vichilant«

Menke-Glückert ist wie Genscher Mitteldeutscher und besteht ebenfalls darauf, dass die Persönlichkeit Genschers sich aus dieser Herkunft erschließt. Hiernach wäre Genschers Charakter am besten mit dem sächsischen Begriff »vichilant« (fr. vigilant = wachsam) getroffen, einer Verballhornung aus der französischen Sprache, um die man sich früher am sächsischen Hof bemühte. In der Tat wäre Genschers Lebensleistung nicht zu erklären, ohne seine ständige äußerste Wachsamkeit in Rechnung zu stellen. Sie befähigte ihn, Gefahren und Chancen früh zu erkennen, sich auf neue Situationen und Menschen immer wieder neu einzustellen. Sie macht seine erstaunliche Beweglichkeit und Geschmeidigkeit aus, um die ihn seine Weggefährten beneiden und die zu seiner äußeren, etwas massigen Erscheinung im Kontrast zu stehen scheint. Dieser angebliche Widerspruch löst sich im Übrigen sofort auf, wenn man das rege, feine Mienenspiel beobachtet. Es spiegelt die jeweilige Situation nicht nur wider, sondern sucht diese gleichsam zu gestalten. So ist er in der Lage, eine freundliche, ironische, fröhliche oder ernste Atmosphäre zu schaffen. Dabei kann er Schauspieler sein, viel besser als andere Politiker, die das auch versuchen. Es ist kein Zufall, dass unter den besten Freunden Schauspieler zu finden sind oder waren, wie Liselotte Pulver, Gert Fröbe oder Peter Ustinov oder im weiteren Sinne Thomas Gottschalk, übrigens eine von den wenigen Duzfreundschaften.

»Vichilant« bedeutet auch neugierig. Mit dem lateinischen »cupidus rerum novarum« ist durchaus die schiere Gier nach Neuigkeiten gemeint. Genscher verschlingt Informationen. Manchmal scheint er aus purer Lust nach den neuesten Gerüchten oder nach bestimmten Personen zu fragen. Er hat aber auch immer wieder vorgeführt, dass Wissen Macht ist. Wenn er als Minister schon in aller Frühe schneller und besser informiert war als andere Politiker, konnte er die öffentliche Meinung gestalten. Die ausländischen Kollegen beeindruckte er mit immer wieder aufgefrischten Detailkenntnissen. Er war ihnen damit in den Verhandlungen oft voraus. Selbst der wohl schwierigste Partner, Andrej Gromyko, hat dies anerkannt und gleichzeitig die Gelassenheit bewundert, die in der Diplomatie so wichtig ist: »Genscher liebte Gespräche ohne Hast, so als ruderten wir gemächlich über einen ruhigen See, aber seine Fakten und Zahlen musste man stets parat haben, denn er war immer gut vorbereitet und in der Lage, die Positionen seines Landes ins günstigste Licht zu rücken.«[21] Auch Gorbatschow erinnert sich, dass man »die Sache gut beherrschen muss«, wenn man mit Genscher verhandelte.[22]

Gehörte auch die intellektuelle Neugier zu den Triebkräften Genschers? Wenn er sich für Ideen interessierte, dann nicht unbedingt um ihrer selbst willen. In diesem Sinne war er kein Intellektueller. Aber er interessierte sich für Ideen und Intellektuelle. Er ist als Politiker nie der unseligen deutschen Tradition der Trennung von Macht und Geist gefolgt. Er hat sich nie über Intellektuelle lustig gemacht, wie Helmut Schmidt dies tat (»Wer Visionen hat, soll zum Arzt gehen«), oder sich abfällig geäußert wie Ludwig Erhard (»Pinscher«). Genscher kam es auf die historische und politische Wirkung von Ideen an. Seinen Lieblingssatz brachte er immer wieder an: »Nichts ist so mächtig wie eine Idee, deren Zeit gekommen ist.« Er hat ein politisches Verhältnis zu Ideen, weniger ein intellektuelles. Als er Innenminister war, versuchte er, die Beweggründe der Terroristen zu verstehen. Deshalb traf er sich mit Heinrich Böll. Den Philosophen Hans Jonas schätzte er, weil er dessen Gedanken über das »Prinzip Verantwortung«[23] für seine politische Programmatik nutzen konnte. Der Begriff Verantwortung war ja das Markenzeichen des Außenministers.

Zur Wachsamkeit gehört die Vorsicht. Nach Meinung langjähriger Weggefährten besitzt Genscher zu viel davon. Gerhart Baum, Parlamentarischer Staatssekretär des Innenministers von 1972 bis 1977 und dann bis 1982 selbst Innenminister, verwendet einen Begriff aus der Seglersprache, das Kreuzen vor dem Wind: »Manchmal kämpft er nicht, er kreuzt zu viel.«[24] Auch Klaus Kinkel, der das Ministerbüro des Innenministers geleitet hatte, bevor er mit Genscher ins Auswärtige Amt einzog, zeigt sich noch rückblickend außerordentlich ungeduldig mit seinem damaligen Chef und nennt ihn »Cunctator«[25], den Zögerer. Er erklärt sich die angebliche Unentschlossenheit Genschers mit seiner Vorliebe für den Konsens. Politische Gegner tun seine Vorsicht als taktisches Spiel ab. Franz Josef Strauß verdächtigte ihn der »bewussten Unverbindlichkeit« und des »doppelten Spiels«.[26] Den Kommentatoren scheint Genscher mitunter ein Rätsel. »Wer ist Hans-Dietrich Genscher?« fragte »Die Zeit« noch im Mai 1989: »Ein Mann, der nicht agiert, sondern nur reagiert, ein Taktiker, der jedes Risiko scheut, ein Meister der Kompromisse, der jede Nuance eines Konflikts kennt, ein Denker des Status quo ohne die Qualitäten einer dynamischen Persönlichkeit, ein Politiker voller Finesse, aber grundsätzlich ohne Substanz«? »Die Zeit« erkennt schließlich selbst, dass dieses Bild eine Karikatur ist. Genscher »kommt zur inneren Sicherheit eines Politikers, der endgültig und sehr entschieden weiß, was er will«.[27]

Genscher ist vorsichtig, aber zielstrebig. Er ist vorsichtig, um nicht die Erreichung seiner Ziele zu gefährden. Dies haben ausländische Gesprächspartner besser erkannt als mancher deutsche Politiker. Das sowjetische Außenministerium zeichnete für Schewardnadse ein einfühlsames Porträt seines deutschen Kollegen: »Er unterscheidet sich von anderen durch eine besondere Vorsicht, diplomatisches Geschick, und er kann sich schnell an veränderte Situationen anpassen. In seinen persönlichen Eigenschaften sind für ihn besonders die Kunst der Verhandlungsführung, seine Tatkraft, ein genaues Zeitempfinden und ein großes Arbeitsvermögen typisch.«[28] Taktik ist für Genscher kein Selbstzweck. Sie steht im Dienst der Strategie. Die Ziele sind klar. Genscher bezieht Position. Er trifft klare Entscheidungen, versucht aber, den richtigen Augenblick dafür zu finden. Die Bedingungen müssen reif sein. Er hat ein Konzept, das er immer im Auge behält, auch wenn er »kreuzen« muss.

Manche Beobachter haben sein vorsichtiges Handeln auf seinen Beruf des Anwalts zurückgeführt, auf die Eigenarten des juristischen Denkens. Es gewöhnt einen ja daran, vor allem stets abzuwägen und die eigenen Argumente abzusichern. Genschers Natur aber war politisch, nicht juristisch. Er konnte juristisch argumentieren, aber seine Absicht war immer politisch. Auf die Frage, ob Genscher ein guter Außenminister gewesen sei, antwortete Helmut Schmidt: »Er war ein guter ›Vertragsrechtsanwalt‹.«[29] Welch ein Missverständnis! Wie kann es sein, dass Schmidt, der mit seinem Vizekanzler Genscher acht Jahre lang den Regierungsalltag teilte, ein so falsches Bild von ihm hatte: »Vertragsanwalt ist nicht immer derjenige, der selber die Idee hat davon, was in dem Vertrag stehen soll. Es ist derjenige, der es so formuliert, dass hinterher nichts schief gehen kann. So einer ist er. In meinen Augen nicht ein sonderlich herausragender konzeptioneller Denker.«

Auch die Möglichkeit des Scheiterns hat Genscher immer mit in seine Planung einbezogen. Bei den Zwei-Plus-Vier-Verhandlungen erwies sich dies als seine Stärke. Wie wir heute wissen, war seine Vorsicht angesichts des Widerstands, den Gorbatschow in seinem eigenen Land erlebte, mehr als angebracht. Genschers Wachsamkeit und Vorsicht sind die Frucht sehr harter Erfahrungen. Sie haben ihn vor Fehlern bewahrt. Egon Bahr verglich in dieser Hinsicht einmal Walter Scheel mit Genscher: »Der eine ist fröhlich, der andere ist ernst.«[30] Genscher sei durch die Widrigkeiten und Schwierigkeiten des Lebens gegangen.

In existenziellen Situationen war er in der Lage, ohne Zögern viel zu wagen. Er ist mit einem gehörigen Maß an Mut ausgestattet. Im Münchener Geiseldrama während der Olympischen Spiele 1972 war der Innenminister bereit, sein Leben aufs Spiel zu setzen, in dem er sich als Ersatzgeisel für die von palästinensischen Terroristen gefangenen Israelis anbot. Der Gedanke, dass Juden in Deutschland ermordet werden könnten, war für ihn unerträglich. Zuständig waren damals in dieser Tragödie der bayerische Innenminister Merck und der Polizeipräsident Münchens, Schreiber, und nicht Genscher. Trotzdem bot er nach der gescheiterten Aktion zur Befreiung der Geiseln Bundeskanzler Willy Brandt seinen Rücktritt an. Seine politische Karriere hätte beendet sein können.

Dass er in Sachfragen auch wichtigen Verbündeten die Stirn bot, ist bekannt. Er nahm dies auf die eigene Kappe und versteckte sich nicht hinter Vorgesetzten und Regierungen. Seine innere Stärke zeigte sich vor allem dann, wenn es um die Verteidigung von Prinzipien ging. Gegen die Apartheid in Südafrika wandte er sich mit Leidenschaft. Er hieb buchstäblich auf den Tisch, »dass die Gläser klirrten«, um Staatspräsident Piet Botha zu unterbrechen. Dieser hatte Genscher und die übrigen Mitglieder der sogenannten Kontaktgruppe für die Unabhängigkeit Namibias nacheinander abgekanzelt und in hämischer Weise die politische Zukunft seiner Verhandlungspartner in Frage gestellt. Genscher erwiderte mit brutaler Direktheit: »Bevor Sie mich in der gleichen Art und Weise ansprechen, möchte ich Ihnen sagen, dass in den hier vertretenen Staaten Regierungswechsel ausgeschlossen wären, wenn – wie bei Ihnen – drei Fünftel der Bevölkerung an der Wahl nicht teilnehmen dürften.«[31] So wird selten mit Staatspräsidenten gesprochen. Dies war ein neuer Stil eines deutschen Außenministers. Mit derselben mutigen Entschiedenheit trat er Franz Josef Strauß entgegen, der seine Politik gegenüber der Apartheid bekämpfte und ihm innenpolitisch zu schaden suchte. Genscher ist als Staatsmann zu beidem in der Lage, in verbindlicher Weise zu werben aber auch einer Konfrontation nicht auszuweichen, wenn dies zur Klärung der Situation notwendig ist.

Schließlich war Genscher vielleicht der einzige Minister im Kabinett Kohl, der keine Furcht vor dem Bundeskanzler kannte. Sein damaliger persönlicher Referent, Wolfgang Ischinger, erinnert sich[32], dass Genscher einmal in eine von Kohl geleitete Besprechung der CDU-Spitze stürmte, ohne eingeladen zu sein. Er wusste, dass dort die in der Koalition umstrittene und so wichtige Frage der Mittelstreckenwaffen beraten wurde. Die Leiterin des Persönlichen Büros des Bundeskanzlers, Juliane Weber, hatte versucht, ihn aufzuhalten. Ischinger blieb vor der Tür und wartete darauf, dass sein Chef wieder hinauskomplimentiert würde. Dies geschah aber nicht. Genscher hatte eine Demütigung riskiert, gewagt und gewonnen.

Memento Mori

Genscher kann schon deshalb kein bloßer Taktiker sein, weil er mehr agiert als reagiert. Sein Wille zur Gestaltung ist elementar. Neben der Neugier ist er die wichtigste Triebkraft seines Lebens. Woher kommt dieser Wille? Es ist vor allem der Lebenswille eines Menschen, der mehrfach den Tod vor Augen hatte. Über Genschers Lungentuberkulose, die immer wieder ausbrach und erst um sein 35. Lebensjahr herum geheilt war, ist viel spekuliert worden. Welche Wirkung hatten die langen Aufenthalte in Krankenhäusern und Sanatorien auf die Persönlichkeit Genschers?

Diese Krankheit gehört zu den ältesten Plagen der Menschheit und ist heute noch die häufigste Infektionskrankheit auf der Welt, wenngleich sich die Behandlungsmethoden sehr verbessert haben. Ein eigenartiger Nimbus umgibt sie. Die Begegnung mit dem Tod, selbst erlebt oder nicht, hat viele Künstler zu Werken inspiriert, die diese Krankheit zum Thema haben, darunter der Roman »Die Kameliendame« von Alexandre Dumas; den Stoff übernahm Giuseppe Verdi für seine Oper »La Traviata«; Giacomo Puccini komponierte »La Bohème«, Thomas Mann schrieb seinen großen Roman »Der Zauberberg«, in dem er einen kurzen Besuch bei seiner Frau Katja in einem Sanatorium in Davos verarbeitete. Auch in mehreren Bühnenstücken Thomas Bernhards, der 1989 selbst an der Lungentuberkulose starb, taucht dieses Thema auf. All diesen Werken ist ein merkwürdiger, eigentlich perverser romantischer Zug gemeinsam, eine gewisse Todessehnsucht. Hans Castorp, Patient und Hauptfigur im »Zauberberg«, gewöhnt sich an die Krankheit und verliert den Bezug zur Realität. Genscher bestätigt dies heute ausdrücklich: »Was Thomas Mann im Zauberberg über Lungenheilstätten schreibt, ist Realität. Man konnte dort lebensuntüchtig werden. Die Lungentuberkulose ist eine Krankheit, die nicht wehtut, der Patient sollte sich nicht bewegen, sollte Liegekuren im Freien machen, mit dem Schlafsack. Frühstück, Liegekur, Mittagessen, Liegekur, Abendessen, Nachtschlaf und am nächsten Tag wieder, und wieder. Ich spielte damals gern Skat. Ich hätte Skat spielen können bis in den Tod. Ich habe mich für die Alternative entschieden.«

Die Krankheit hat Genscher in der Tat sehr früh in seinem Leben vor eine Willensentscheidung, einen Kreuzweg gestellt. Beim ersten Ausbruch der Krankheit 1946 redete ihm der Chefarzt der Inneren Abteilung des Elisabeth-Krankenhauses in Halle ins Gewissen: »Entweder du ergibst dich dieser Krankheit oder du gehst gegen sie an!«[33] Von diesem Moment an, in seinem 19. Lebensjahr, wurde Genscher von einem unbändigen Willen zum Leben und zur Gestaltung getrieben – eine Dynamik, die bis heute nicht zur Ruhe gekommen ist. Hier ist der Vergleich mit dem Künstler angebracht: Die Erfahrung des nahen Todes wird schöpferisch umgesetzt, bei Genscher eben auf dem Gebiet der Politik und der Diplomatie. Er spricht von einem völlig neuen Lebensgefühl, einem Glücksgefühl. Arbeit ist Erfüllung, nicht Last. Jeder Tag ist ihm ein Geschenk. Diese Triebkraft könnte man mit der alten mönchischen Mahnung »memento mori« umschreiben.

Das Erlebnis der Krankheit zwingt Genscher auch dazu, mit seinen Kräften ökonomisch umzugehen. Hierbei entwickelt er ganz erstaunliche Fähigkeiten. Er ist in der Lage, in jeder Situation, in einem Flugzeug oder einem Nebenzimmer, sich blitzschnell in einen kurzen Schlaf zu versetzen, aus dem er neue Kräfte zieht. Er konnte sogar im Hubschrauber schlafen. Mit derselben Ökonomie wendet er sich den gerade dringlichen Angelegenheiten zu. Man wird an die Methode Napoleons erinnert, mit der er seine anstehenden Aufgaben im Kopf wie in einem Schrank mit Schubladen ordnet: »Wenn ich eine Angelegenheit unterbrechen will, schließe ich diese Schublade und öffne eine andere. Wenn ich schlafen will, schließe ich alle Schubladen und schlafe.«[34] Klaus Kinkel, der Genscher immer wieder zu überreden versuchte, kürzer zu treten, nennt dessen Willenskraft und Vitalität »völlig verrückt und unnormal«.[35]

Genscher beherrscht sich selbst und ist damit in der Lage, das Gesetz des Handelns an sich zu ziehen. Nirgends sind solche Fähigkeiten besser beschrieben als bei Jacob Burckhardt: »Bloße Kontemplation ist mit einer solchen Anlage unvereinbar; in dieser lebt vor allem wirklicher Wille, sich der Lage zu bemächtigen... Das große Individuum übersieht und durchdringt jedes Verhältnis, im Detail wie im ganzen, nach Ursachen und Wirkungen...Es sieht zunächst überall die wirkliche Lage der Dinge und der möglichen Machtmittel.«[36] Handlungsfähigkeit ist für Genscher nicht nur eine politische, sondern zuerst einmal eine persönliche Kategorie. Er will sie demonstrieren. Dies bestätigt eine Anekdote, die Horst Teltschik erzählt. Genscher hatte ihn zu sich in ein Krankenhaus in Bad Godesberg gebeten, in dem er nach einem Herzinfarkt lag. Teltschik wunderte sich über das Gespräch. Anlass und Anliegen blieben völlig unklar. Er kann sich den Sinn nur erklären mit der Absicht Genschers, ihm, dem Außenpolitiker des Kanzlers, zu demonstrieren, dass »er noch lebt und voll da ist«.[37]

Genscher hat seine Kräfte oft genug überdehnt. Bei seinen wichtigen Auftritten wollte er auch in dieser Hinsicht nichts dem Zufall überlassen. Seine Ärzte und die notwendigen Geräte waren nicht weit, wenn er von Konferenz zu Konferenz eilte. Am 20. Juli 1989 erlitt er einen Herzinfarkt. Sein Treffen mit Schewardnadse am Grab von dessen im Zweiten Weltkrieg gefallenen Bruder in Brest (Weißrussland) im Juni 1990 wühlte ihn wohl auch emotional so sehr auf, dass er einen Schwächeanfall erlitt. Er musste die Gespräche unterbrechen und brauchte herzstärkende Medikamente. Anfang der neunziger Jahre geriet Genscher an seine physischen Grenzen, sozusagen an die Grenzen seiner persönlichen Handlungsfähigkeit. Nichts liegt näher, als hier den wahren Grund für seinen Rücktritt als Außenminister am 18. Mai 1992 zu suchen. Warum also ist über diesen Rücktritt so viel gerätselt worden? In den Sommerferien 1991, auf dem prächtigen Anwesen der Freunde Bruno und Inge Schubert in Berchtesgaden, vor der Kulisse des Watzmann, hatte das Ehepaar Genscher Zeit, sich auszutauschen. Wahrscheinlich hat Genscher seiner besorgten Frau bei dieser Gelegenheit versprochen, sein Leben nicht länger aufs Spiel zu setzen.

Anfang 1991 habe er sich auch gefragt, warum er einer Regierung angehören solle, mit der er in wirtschaftspolitischen Fragen der deutschen Einheit nicht übereinstimmte. Genscher hatte sich für ein Niedrigsteuergebiet in den neuen Bundesländern und für Steuererhöhungen insgesamt ausgesprochen. Ernster zu nehmen ist sein außenpolitisches Argument für ein Verbleiben im Amt. Am 27. April 1992 erklärte Genscher staatsmännisch, dass er sein Amt zu einem Zeitpunkt verlässt, an dem die Grundlinien der deutschen Außenpolitik eindeutig vorgegeben sind. Es wird in diesem Zusammenhang noch zu klären sein, ob er nicht vielmehr damals voraussah, dass diese Grundlinien sich bald ändern sollten.

Der Wahrheit und dem Charakter Genschers am nächsten kommt seine Versicherung, dass er den Zeitpunkt seines Rücktritts selbst bestimmen wollte. Selbstbestimmung ist eine Form der Handlungsfähigkeit. Er machte auch keine Anstalten, den Bundeskanzler zu konsultieren. Er teilt ihm seinen Beschluss nur mit. Dieser versuchte im Gespräch unter vier Augen auch nicht, Genscher von seinem Vorhaben abzubringen. Heute besteht Genscher in der Öffentlichkeit auch darauf, er sei damals in der Mitte der Legislaturperiode zurückgetreten, um dem Nachfolger genügend Zeit zur Einarbeitung und Profilierung zu geben.

Bei der Ernennung Klaus Kinkels zum Außenminister erwies sich Genscher ebenfalls als Herr des Verfahrens. Die Medien haben diesen Vorgang damals als heftigen Streit vor allem zwischen Jürgen Möllemann und Irmgard Adam-Schwätzer um das Amt dargestellt. Genscher hatte seinen engsten und langjährigen Mitarbeiter Kinkel von Anfang an als seinen Nachfolger ausersehen. Auf dem »Verschiebebahnhof« der Personalentscheidungen, wie er das nennt, behielt er wohl als einziger den Überblick. Seine Interpretation der damaligen Vorgänge gewährt im Übrigen tiefen Einblick in das Wesen von Politik: »Man hat das nicht von der Frage her gesehen, wer ist der richtige Außenminister, sondern hat überlegt, welche Möglichkeiten habe ich für Rochaden und am Ende war nur noch ein Posten zu vergeben. Das war der Außenminister.«[38] Genscher aber hatte sich durchgesetzt.

Aus der Rückschau gelangt Genscher selbst immer mehr zu der Einsicht, dass seine Gesundheit bei den damaligen Entscheidungen eine Rolle spielte. Erst im Jahr 2009 ringt er sich im Gespräch dazu durch: »Was ich nicht wusste, war – aber es kann ja mein Denken gleichwohl beeinflusst haben –, dass ich eigentlich auch ausgebrannt war. Ich glaube nicht, dass wir uns heute so gegenübersitzen würden, wenn ich damals die Entscheidung getroffen hätte, zu bleiben, und noch vier Jahre geblieben wäre.«[39] Waren seine politischen Argumente, die er für seinen Rücktritt ins Feld führte, »Rationalisierungen«, wie die Psychologen dies nennen?

Vor diesem Hintergrund erhellte sich auch die Rolle, die Genscher im Vorfeld der Wahl des Bundespräsidenten 1994 spielte. Hierzu ist von ihm selbst wenig zu erfahren. Kohl hatte ihn aber wohl im Frühjahr 1991 gefragt, ob er als Kandidat zur Verfügung stehe. Im November 1991 versicherte Genscher in einer Zeitungskolumne, dass er sich »zu keiner Zeit und unter keinen Umständen« um das Amt bewerben werde. Mitarbeiter von damals erinnern sich wohl zu Unrecht, dass Genscher mit dem Gedanken spielte, aber die Initiative dem Bundeskanzler überlassen wollte. Dieser schien auf ein Zeichen von Genscher zu warten. Jedenfalls hatte Kohl wohl kein Interesse daran, eine Kandidatur Genschers zu unterstützen. Sie wäre erfolgreich gewesen. Da ist sich auch Gerhart Baum im Rückblick ganz sicher.[40] Kohl hätte die Wahl Genschers nicht verhindern können. Genscher hatte sich als Vizekanzler und Außenminister, dessen Einfluss und Popularität immer mehr zugenommen hatte, regelrecht zum Konkurrenten entwickelt.

Der FDP hätte ein Bundespräsident Genscher natürlich Auftrieb gegeben. Deshalb hat Klaus Kinkel, der als Außenminister nachgefolgt war, die Kandidatur mit Kräften betrieben. Er bestätigt, dass Genscher sich nicht von Anfang an dagegen wehrte. Dass Genscher schließlich eine endgültige Absage gab, ist für Kinkel enttäuschend und schwierig. Die Wahrheit ist auch hier einfach. Genscher spürte wohl, dass seine physischen Kräfte für das Amt des Bundespräsidenten möglicherweise nicht mehr ausreichten.

»Arbeit am Menschenfleisch«

Bismarck hat von der Diplomatie gesagt, dass sie »Arbeit am Menschenfleisch« sei. Die Drastik des Ausdrucks führt vor Augen, dass Diplomatie nicht nur ein abstraktes Verhältnis von Staaten und Interessen ist. Diplomatie wird von Menschen gemacht, die Interessen im Sinn haben, aber überzeugen müssen, um erfolgreich zu sein. Genscher äußert sich vorsichtig zur »Außenpolitik über persönliche Beziehungen: Sie hebt die Interessenlagen nicht auf. Aber man kann mit solchen Beziehungen einiges leichter lösen.«[41]

Wovon hängt die Chance einer historischen Persönlichkeit ab, Einfluss geltend zu machen und Interessen durchzusetzen? In Anlehnung an Max Webers Typen der legitimen Herrschaft könnte man sagen, dass diese Chance rational und persönlich begründet sein kann. Persönliche Ausstrahlung ist ein Mittel der Diplomatie. Sie kann man Charisma nennen. Viele Zeitzeugen heben hervor, dass Genscher ein starkes Charisma besaß. Worin bestand es? Bertram Thieme, der Direktor des Hotels, das Genscher sein »Lieblingshotel« in Halle nennt und in dem er immer wieder in einer nach ihm benannten Suite wohnt, gibt seinen Eindruck vielleicht unverfälschter wieder als mancher Kollege des Außenministers. Er schildert seine erste Begegnung mit Genscher: »Ein Mensch, der sofort Wärme ausgestrahlt hat.«[42]

Das Geheimnis aber scheint darin zu liegen, dass Genscher gleichzeitig Nähe und Distanz vermittelt. Thieme kommt immer wieder darauf zurück. Viele, die Genscher begegnet sind, fühlten sich einerseits mit sehr freundlicher Aufmerksamkeit und persönlicher Anteilnahme bedacht. Zu einfachen Bürgern, die ihn auf der Straße ansprechen, kann er unmittelbare Nähe herstellen. Dabei ist er ungekünstelt, einfühlsam und weckt mit beidem Vertrauen. Andererseits sieht man nie, dass Genscher einen anderen umarmt oder zu vertraut tut. Es gibt auch nur sehr wenige, die er duzt. Kohl gehört seit vielen Jahren dazu. Gerade diese Verbindung von Nähe und Distanz macht es wohl aus, dass Genscher persönliche Autorität und Präsenz besitzt.

Distanz hilft auch, sich zu schützen. Genscher ist ein verletzlicher Mensch. Kinkel betont, dass er »viel weicher und empfindsamer ist, als er nach außen wirkt und selber gern gesehen wird«.[43] Er nimmt sich viel Zeit, bis er einem anderen Menschen vertraut. Weder besitzt er ein dickes Fell, noch ist er erhaben über Eitelkeiten. Er zählt sich mit leiser Selbstironie zu denen, »die schon gern zu Lebzeiten etwas Gutes über sich hören« wollen. Seine Frau Barbara gibt unumwunden zu, dass er »immer im Mittelpunkt sein muss«. Seine erstaunliche Popularität hat er sehr genossen. Nach der Vereinigung Deutschlands war er der beliebteste Politiker im Land, sowohl im Westen als auch im Osten. Die Deutschen sahen in ihm wohl den Außenminister, der über dem Parteiengezänk stand und sich für das Wohl des Landes einsetzte. Er war beliebt bei allen Bevölkerungsgruppen, unabhängig von Alter, Bildung und Region. Von seinem tiefen Fall aus der Gunst der Wähler nach dem Koalitionswechsel von der Regierung Schmidt zur Regierung Kohl hat er sich schnell erholt.

Zum seinem Charisma gehört auch eine starke Emotionalität, die oft unterschätzt wird. Ihre dunkle Seite waren die legendären Wutausbrüche. Sie häuften sich vor allem zu Beginn seiner Zeit als Außenminister und mögen insofern auch durch anfängliche Unsicherheit zu erklären sein. Sie waren nicht etwa gespielt, um Druck auszuüben, sondern verschafften seinem Ärger über vermeintliche Unfähigkeit von Mitarbeitern ein Ventil. Dann konnte er cholerisch und ungerecht sein. Er nutzte Schwächen ohne Bedenken aus und ging damit manchmal sehr weit, bis zur Demütigung des Betroffenen. Es fiel ihm auch nicht leicht, sich anschließend offen zu entschuldigen. Aber es tat ihm wohl leid und so näherte er sich dem Opfer wieder indirekt, unter irgendeinem Vorwand und »schlich um es herum wie die Katze um den Milchtopf«. Seine Mitarbeiterin im Persönlichen Büro, Ilona Schmid-Köhler, hat dies mehrfach beobachtet.[44]

Großen Respekt zeigte Genscher aber vor denen, die sich wehrten. Seine wohl engste und langjährige berufliche und private Beziehung ist aus einer heftigen Auseinandersetzung entstanden. Der damalige Referatsleiter im Innenministerium Klaus Kinkel hatte das Schreien seines Ministers genauso lautstark beantwortet: »Wir sollten im normalen Tonfall weiterreden.«[45] Dies imponierte Genscher. Er machte Kinkel zum Leiter seines Ministerbüros. Man kann vermuten, dass in den heftigen persönlichen Konflikten auch eine bestimmte Atmosphäre der Macht entstand. Genscher konnte Angst verbreiten. »Wer sich dann nicht wehrt, wird an die Wand gespielt«, erinnert sich ein früherer Mitarbeiter.[46] In dieser Hinsicht war Genscher ein Machtmensch. Er übte im Auswärtigen Amt eine persönliche, absolute Herrschaft aus. Was er dort von seinen Diplomaten verlangte, grenzte mitunter an Ausbeutung.

Passt dazu die Feststellung, dass Genscher ein empfindsamer Mensch ist? Für seinen Freund Roland Dumas ist dies offensichtlich: »Hinter diesem jovialen Aussehen verstecken sich in Wirklichkeit tiefe und aufrichtige Gefühle, die erst mit der Zeit zum Vorschein kommen.«[47] Genscher kann die Tränen nicht verbergen, als er mit seinem Freund Schewardnadse am Grab seines in Brest gefallenen Bruders steht. Seine tief empfundene Anteilnahme begründet das enge emotionale Verhältnis zwischen den beiden Außenministern; den Beitrag dieser Freundschaft zum Gelingen der Zwei-plus-Vier-Verhandlungen kann man nur erahnen. Schewardnadse bestätigt dies im Rückblick: »Bei einem flüchtigen Seitenblick bemerkte ich eine Träne im Auge meines deutschen Kollegen. Seine Rührung war nicht gespielt. Ich wurde nachdenklich und versuchte zu ergründen, wie aufrichtig unsere Beziehung war. Als Diplomaten tragen wir natürlich eine Maske, aber dahinter kommt bisweilen das wahre, das menschliche Gesicht überaus deutlich zum Vorschein. Und das, was hinter seiner Maske hervorschimmerte, beeindruckte mich tief.«[48]

Die schönste Seite seiner Emotionalität zeigt Genscher im Kreis seiner Familie. Es ist nicht leicht, irgendetwas darüber zu erfahren. In den privaten Angelegenheiten ist Genscher sehr diskret, was wieder ein Hinweis auf seine Verletzlichkeit, Empfindsamkeit ist. Er liebt seine Tochter, die aus seiner ersten Ehe mit Luise Schweitzer stammt, voller Hingabe. Sie war es, die der Vater anrief, als er sich 1972 den palästinensischen Terroristen als Geisel anbot und sein Leben riskierte: »Noch einmal wollte ich mit ihr sprechen, ihre Stimme hören, bevor ich einen Schritt tat, dessen Ausgang gänzlich ungewiss, den zu gehen ich aber fest entschlossen war.«[49] Manche Freunde Genschers halten die Zuwendung, die er Martina, aber früher auch seiner Mutter zeigte, für übertrieben. Sie verstehen vielleicht nicht, dass Genscher zu sehr starken emotionalen Bindungen fähig ist. Sie entsprechen auch seinem Gefühl für Verantwortung und – gegenüber seiner Mutter – der Dankbarkeit. Hilde Genscher hat immer mit ihrem Sohn und später in der Familie gelebt. Ihre Dominanz wurde hingenommen. Genscher erzählt mit souveräner Ironie entsprechende Anekdoten. Er ist kein »Muttersöhnchen«. Die Mutter war nach dem frühen Tod des Vaters zwar die wichtigste Stütze und Gefährtin. Gleichzeitig aber hatte der damals Neunjährige so manche Pflichten des Vaters übernommen. Er wurde früh erwachsen.

Den wichtigsten Platz in seinem Leben nimmt seine Frau Barbara ein. Sie stammt aus Schlesien und war 1945 mit ihrer Familie vor der Roten Armee nach Sachsen geflohen. 1948 siedelte sie nach Siegburg über, wo der Vater, der in Schlesien einen großen Hof besessen hatte, mit einem kleinen, landwirtschaftlichen Betrieb einen Neuanfang wagte. Genscher lernte sie kennen, als sie Sekretärin in der FDP-Bundestagsfraktion in Bonn war. Im Jahr 1969 haben sie geheiratet. Wer heute dem Paar begegnet, spürt bald, dass Barbara Genscher für das Lebensgefühl ihres Mannes eine gleichsam existentielle Bedeutung besitzt. Aus den »Erinnerungen« wird das nicht deutlich. Hier wird Barbara Genscher zwar oft erwähnt, verschwindet aber gleichsam hinter dem Vorhang seiner Diskretion. In späteren Gesprächen hebt er die Parallelen hervor: Beide kamen von einem Bauernhof, beide mussten in Westdeutschland neu anfangen. Genscher betont, dass seine Frau und er im Alter von jeweils neun Jahren einen Elternteil verloren, sie die Mutter, er den Vater.

Der Schlüssel aber zum Verständnis dieses glücklichen Verhältnisses liegt darin, dass Barbara Genscher das existentielle Bedürfnis ihres Mannes nach Privatheit und Schutz begriffen hat. Das Wort »Rücken freihalten« kann dies nur sehr unvollständig ausdrücken. Es gehört mehr dazu, vor allem Einfühlungsvermögen. Genscher nennt dies »Menschenkenntnis und einen guten Instinkt für Situationen und Reaktionen«. Er lässt sich schließlich sogar bewegen, diese für ihn allzu intime Frage mit einem Beispiel zu illustrieren. Wenn er am Ende eines Tages, an dem er extremem Druck und Spannungen ausgesetzt war, nach Hause kam, habe seine Frau ihn »nicht überfallen. Sie hat mir erst einmal die Möglichkeit gegeben, in dieses Haus hineinzukommen und dann zu mir selbst zu kommen«.[50] Sehr viel hat er seiner Frau zu verdanken.

Was Genscher zum »Menschenfischer« macht, ist schließlich sein beträchtlicher Charme. Worauf gründet er sich? Charme kann nur gedeihen im Element des Leichten. Genschers Naturell besaß auch diese Seite. Das Leichte war für Genscher allerdings weniger das sprichwörtliche »Wein, Weib, Gesang«. Was den Wein angeht, so gewinnt der Besucher Genschers in Pech heute eher den Eindruck, dass der Hausherr vom Mineralwasser abhängig ist. Das mag früher etwas anders gewesen sein. Genschers lebendiger Charme verfehlt offenbar auch seine Wirkung auf Frauen nicht. Hierfür gibt es Zeugen. Eine Frau, die von Berufs wegen viel mit dem Außenminister gereist ist, versucht das Phänomen zu erklären: »Es ist vielleicht die Art, wie er mit jemandem spricht. Wenn er jemand intensiv angeguckt hat, dann gingen die Äuglein so (klimpert mit den Augenlidern). Er hat auch eine starke Gestik. Nicht weit ausholend, sondern ganz präzise. Die Art, wie er spricht und auf das Gegenüber eingeht, lässt die Figur etwas in den Hintergrund treten. Er kann schon die Menschen einnehmen.«[51] Eine Frau, die nicht nur durch die äußere Erscheinung, sondern auch durch ihre Persönlichkeit wirkte, konnte sicher sein, Genschers Aufmerksamkeit auf sich zu ziehen.

Der Büroleiter des »Elder Statesman« Genscher, Harald Braun, hebt dessen starkes Interesse für Menschen hervor. Bei seinen Begegnungen mit den Großen dieser Welt habe Genscher immer versucht, den Charakter seines Gegenübers zu ergründen. Er sei überzeugt gewesen, dass politische Entscheidungen in ihrer konkreten Ausgestaltung vom jeweiligen Charakter geformt werden. Die Partner haben dieses Interesse Genschers gespürt. So entstand zwischen den Beteiligten die sogenannte »Chemie«.

Besonders augenfällig wird Genschers lebensbejahender Charme in seinem Humor. Er besteht nicht nur darin, dass er eine Unzahl von Witzen kennt, was schon als Gedächtnisleistung beeindruckend ist. Humor ist ein Element, das er zum Leben braucht. Hier zählt vor allem Spontaneität. Er kann improvisieren, schlagfertig antworten, dass es eine Freude ist. Er nimmt sich dabei meist selbst auf den Arm, entfaltet sein schauspielerisches Talent. Wenn er lacht, dann aus vollem Herzen, prustend, den Mund weit offen, die Augenbrauen weit oben. Es kann auch laut werden. Er versprüht dabei Energie. Wer ihn nur erlebt hat, wenn er vor Kameras und Mikrophonen diszipliniert und zurückhaltend auftritt, mag das nicht für möglich halten. Ebenso wird ein Beobachter, der Zeuge seines polternden Humors war, überrascht sein, in einem anderen Augenblick zu bemerken, wie fein und subtil seine Ironie sein kann.

Genschers Persönlichkeit scheint keine dunklen Seiten aufzuweisen. Zwischen Hellem und Dunklem aber liegen die Schattierungen, die Nuancen, die Zwischentöne. Für solche ist er sehr empfänglich, sowohl im Denken als auch im Fühlen. Eine scharfe

Wahrnehmung für Strömungen und Stimmungen zeichnet ihn aus. Er kann auch Menschen an sich ziehen, deren Persönlichkeiten schillernd sind. Dies gilt vor allem für seinen Freund Dumas, der ihm unter den ausländischen Kollegen heute noch besonders nahe steht. Hatten dessen Affären vielleicht auch etwas Faszinierendes für Genscher? Mitterrand verglich Dumas mit Talleyrand, wobei er nicht nur auf dessen diplomatisches Geschick anspielen wollte, sondern auch auf den »hinkenden Teufel«. Der politischen Klasse in Paris galt Dumas durchaus als guter Außenminister, aber auch als ein Mensch, dem eine Vorliebe für Luxus, ein recht lockerer Umgang mit Prinzipien sowie politischer Zynismus nachgesagt wird.

Es fällt schließlich auf, dass bei den Kollegen, mit denen Genscher Freundschaften pflegt, viele aus der slawischen Welt stammen, sei es Schewardnadse, Skubiszewski, Dienstbier oder andere. Frühere Mitarbeiter bestätigen, dass in diese Richtung eine besondere Affinität zu beobachten war, die es mit Freunden aus der angelsächsischen Welt, wie James Baker, George Shultz oder Douglas Hurd nicht gab. Man könnte vermuten, dass gerade Genschers Gespür für die Zwischentöne, die Atmosphäre, für das »Moll«, wie eine frühere Mitarbeiterin sagt, vielleicht sogar ein gewisses Verständnis für Sentimentalität und Melancholie ihn für diese Kollegen aus Osteuropa anziehend macht. Genscher scherzte einmal, dass der vor seiner Heimatstadt Halle gelegene kleine Hügel die letzte Erhebung vor dem Ural sei, dass er mit Russland sozusagen die weite Ebene teile. Russland war für ihn ein durch den Kalten Krieg abgetrennter Teil Europas, den es wieder einzubeziehen galt. Das Pendant bilden – abgesehen von den Skandinaviern – Ellemann-Jensen und Stoltenberg, die Freunde aus dem »karolingischen Europa«, die Franzosen Dumas, Cheysson und François-Poncet, der Luxemburger Thorn und der Italiener Colombo.

Auch in der Diplomatie wirkt eine rational begründete Autorität verlässlicher als eine charismatische. Zweckrationales Erwägen und Verfolgen von Interessen können ja nur dann erfolgreich sein, wenn die Partner einigermaßen berechenbar und glaubwürdig sind. In der internationalen Politik, in der die schiere Macht ihren Wert verliert, kann auf Dauer nur derjenige Einfluss ausüben, dem man vertraut. Dies ist nicht notwendiger Weise nur eine ethische Frage. Niklas Luhmann hat Vertrauen als »Mechanismus zur Reduktion sozialer Komplexität« definiert. Welches System aber ist komplexer, unüberschaubarer als die Diplomatie, in der alles mit allem zusammenhängt und die Informationen unsicher sind? Vertrauen besteht in der Hoffnung, dass Unsicherheit gemindert oder aufgehoben wird und dass man getrost auch eine auf Intuition gestützte Entscheidung treffen kann. Man vertraut einem Menschen, der rational, berechenbar handelt, der eine klare Orientierung zu erkennen gibt und ein Konzept vorweisen kann, der auch sein Wort hält. Gleichzeitig muss er über Handlungsfähigkeit, ein gewisses Gewicht und Einfluss verfügen, dass man ihm die Durchsetzung seiner Ziele zutrauen kann. Vertrauen ist das Fundament der Diplomatie.

Im Grunde gilt das auch für die Politik ganz allgemein. Empirische Studien über Wahlkämpfe belegen, dass Wähler auf die Personen und ihre Glaubwürdigkeit setzen, mehr als auf ihre Macht oder auf die Programme. Die Bereitschaft, einem Menschen zu vertrauen, hängt von dessen Glaubwürdigkeit ab. In der klassischen Rhetorik wird die Glaubwürdigkeit als eine Form der Beweisführung betrachtet. Aristoteles ordnete sie dem Ethos, der moralischen Integrität einer Person zu, im Unterschied zum Logos, der gedanklichen Richtigkeit, und dem Pathos, der emotionalen Überzeugungskraft. Genschers Glaubwürdigkeit hat ihm auch erlaubt, auf laute Töne zu verzichten. Manche politische Mitstreiter haben diese allerdings vermisst: »Dort, wo er eigentlich hätte laut werden sollen, war er zu leise«, sagt Gerhart Baum.[52] Aber seine Durchsetzungsfähigkeit beruht gerade darauf, dass er Entscheidungen sozusagen »leise«, ohne Begleitgeräusche, so vorbereitet, dass zum Schluss die meisten den Eindruck gewinnen, es sei ihre eigene gewesen. Sie merken nicht, dass es seine Entscheidung war, in seinem Sinne getroffen.

Bundespräsident Richard von Weizsäcker hat von Genscher einmal gesagt, er sei eine »personifizierte vertrauensbildende Maßnahme«.[53] Diese Bezeichnung mag diejenigen überraschen, die noch das Wort von Franz Josef Strauß vom »doppeltem Spiel« im Ohr haben oder sich daran erinnern, dass ihm nach der sogenannten Wende von 1982 der Vorwurf des Verrats entgegenschlug. Heute noch denkt Helmut Schmidt, dass dieses von Genscher herbeigeführte Ende der sozialliberalen Koalition ein Vertrauensbruch war. Es ist heute darüber hinaus nur schwer vorstellbar, wie viel Misstrauen konservative Kreise in Washington gegenüber Genscher säten, als dieser in der zweiten Hälfte der achtziger Jahre auf Abrüstung drängte und dazu aufrief, »Gorbatschow beim Wort zu nehmen«. Es wird heute vergessen, dass der Begriff »Genscherismus« in Amerika einmal eine sehr negative Bedeutung hatte und als Synonym für den Mangel an Vertrauenswürdigkeit gedacht war. Der einflussreiche Jim Hoagland von der »Washington Post« verstieg sich im August 1988 zu der Feststellung, »dass die drängendste Frage, der sich die NATO gegenüber sieht, nicht lautet, ob sie Gorbatschow, sondern ob sie dem schillernden Politiker Genscher trauen kann... Genscher gibt zu berechtigten Zweifeln Anlass, nicht was seine Loyalität, sondern was seine Integrität anbelangt.«[54] Für die Herausgeberin der »Zeit«, Marion Gräfin Dönhoff, war dies damals »eine Unverschämtheit von Betonköpfen«.[55]

In einer solchen Atmosphäre konnte auch das böse Wort vom »slippery man«, vom aalglatten Kerl, entstehen. Der damalige amerikanische Botschafter in Bonn, Richard Burt, soll das über Genscher gesagt haben. Heute versichert er, dass ihm dieser Ausdruck von einem Journalisten in den Mund gelegt wurde.[56] Mitarbeiter bestätigen, dass Burt damals Genscher anrief, um ihm dies zu erklären. Die Antwort sei ein Lachen des Ministers gewesen. Das Wort vom »slippery man« ist übrigens auch ein Beleg dafür, dass vor allem die amerikanischen Partner Genschers indirekte Art des Verhandelns nicht verstanden, also das, was Gerhart Baum segeltechnisch »Kreuzen« nannte. Sie konnten damit nur schwer umgehen. Sie hielten den deutschen Außenminister nicht unbedingt für einen »schlechten Kerl«, wie James Baker später einmal scherzte, sondern gaben vor, nicht zu wissen, woran sie mit ihm sind. James D. Bindenagel, damals einer der besten Kenner Deutschlands im amerikanischen Außenministerium, begegnete ihm als Gesandter der US-Botschaft in Bonn in den achtziger Jahren häufig und überlegte: »Wo steht er? Wir waren alle skeptisch, nicht gegen ihn, aber skeptisch.«[57] James Dobbins, ebenfalls ehemaliger Gesandter der US-Botschaft in Bonn, bestätigt, dass ihm von amerikanischer Seite nicht so sehr persönliches Misstrauen entgegengebracht wurde, aber Unsicherheit über seine politischen Ziele vorherrschte: »Politische Meinungsverschiedenheiten führten zu persönlichen Problemen.«[58]

Heute meint Richard Burt, dass er Genscher im Rückblick besser versteht. Er äußert sich respektvoll über den deutschen Außenminister. Er sei zwar in der Tat ein undurchsichtiger Politiker gewesen, ausweichend, gerissen, vorsichtig, einer, der seine wahren Ziele verbirgt. Als Außenminister aber sei er in der Lage gewesen, Situationen zu seinem Vorteil zu nutzen, Regierungen zu veranlassen, seinen Zielen zu dienen.[59] Die Missverständnisse im Verhältnis Genschers zu den amerikanischen Partnern schienen im Grunde auch eine Frage der kulturellen Affinität zu sein. Auch diejenigen, die ihn respektierten, stellten manchmal fest, dass die Beziehung ohne Wärme blieb. Henry Kissinger nannte Genscher einen Atlantiker aus Überzeugung, weniger mit dem Herzen. Genschers diplomatischer Stil irritierte und beeindruckte die amerikanischen Partner zugleich. Das Misstrauen gegenüber einem angeblich typisch europäischen Stil der indirekten oder Geheimdiplomatie scheint eine amerikanische Tradition zu sein. Woodrow Wilson wollte diese Art von Diplomatie abschaffen. Diese Forderung hat er in seine Vierzehn Punkte für den Frieden von Versailles aufgenommen.

Der Vorwurf des Genscherismus in Amerika war schließlich auf bestimmte Kreise in Washington beschränkt, die die politischen Möglichkeiten, die in der Abrüstung und in der Zusammenarbeit mit dem zu Reformen entschlossenen Gorbatschow steckten, nicht erkannten. Sie hatten natürlich in Bonn einige Verbündete. Heute aber geben dieselben Personen zu, dass das Misstrauen gegenüber Genscher nicht gerechtfertigt war und dass er Recht hatte. »Newsweek« veröffentlichte eine umfassende Würdigung Genschers im Dezember 1988: »Genschers Ansehen ist zu einem großen Teil darauf zurückzuführen, dass er in den letzten zehn Jahren aus der Mehrzahl seiner außenpolitischen Gefechte als Sieger hervorgegangen ist. 1983 verteidigte er den NATO-Beschluss zur Modernisierung der Mittelstreckenraketen gegen heftige Proteste aus den Kreisen der europäischen Linken. Gleichzeitig drängte er die amerikanische Regierung zur Fortsetzung der Gespräche, die zum INF-Vertrag von 1986 führten. Genscher ist auch ein wichtiger Befürworter des ›Helsinki-Prozesses‹, der einst von Washington als unnützer Debattierclub mit 35 Mitgliedern abgetan wurde, aber in zunehmendem Maße als unerlässliches Forum für die Entspannung zwischen Ost und West Anerkennung findet. Genschers pragmatisches Vorgehen bei Fragen, die Westeuropa betreffen, hat auch die Europäische Gemeinschaft geprägt.«[60] So ist er in Washington rehabilitiert, wenn dies je notwendig war. Die enge Zusammenarbeit mit Außenminister James Baker und die amerikanische Unterstützung in den Zwei-plus-Vier-Verhandlungen ist am Ende der beste Beweis, wie stark der Einfluss Genschers von dem Vertrauen abhing, das er schließlich auch in Washington genoss. Baker, ein kühl kalkulierender Politiker, vertraute Genscher, weil »er mir nie etwas gesagt hat, das sich als unwahr herausstellte«.[61] Er bestätigte seinem Freund nach dem Fall der Berliner Mauer: »Hans-Dietrich, du hast Recht behalten.«

Schließlich gab es auch einen innenpolitischen Genscherismus. Günter Grass kritisierte mit diesem Begriff Genschers Einstellung gegenüber Regierungskoalitionen. Die CDU hatte seit der Amtszeit Adenauers die FDP als unzuverlässig, unseriös hinstellen wollen. Adenauer fragte sich mehrfach öffentlich, was die FDP eigentlich wolle. Koalitionen sind aus Genschers Sicht ein Mittel zur Erreichung politischer Ziele. Auf diese Weise sicherte er die Kontinuität der Außenpolitik, also auch ihre Berechenbarkeit und Glaubwürdigkeit. Dies hat ihm aus heutiger Sicht Vertrauen eingebracht. Die Wende von 1982 konnte ja nur für den ein Verrat sein, der den Wechsel einer Koalition für etwas Unnormales, der Politik nicht Angemessenes hält. Für viele Gegner der Wende in der FDP war die Zugehörigkeit zu einer sozialliberalen Koalition eine prinzipielle, gleichsam ideologische Frage. Ewige Treue in einer Koalition um der Koalition willen aber ist keine politische Kategorie.

Für die Außenpolitik des Vizekanzlers waren die wohl wichtigsten persönlichen Beziehungen die zu den beiden Bundeskanzlern Schmidt und Kohl. Welche Rolle spielte hier Vertrauen? Vertrauen ist nicht dasselbe wie Nähe. Genscher siezte sich mit Schmidt, er duzte sich mit Kohl. Was besagt das schon? Genscher bedauert, dass er nie ein enges persönliches Verhältnis zu Schmidt gefunden hat. Er vermutet, dass Schmidt sich grundsätzlich mit Freundlichkeiten und menschlicher Zuwendung schwer tat. Das Klischee vom kühlen Hanseaten wurde ja in der Tat von niemandem in Frage gestellt. Genscher aber hegte tiefen Respekt für Schmidt, vor allem nachdem dieser den Innenminister in seinen schwersten Stunden beim Münchener Geiseldrama 1972 gestützt hatte. Genschers Zögern vor der Wende 1982 ist auch dadurch zu erklären.

Genscher bestätigt heute, dass die Zusammenarbeit mit Schmidt gut, sachlich und fair war. Genschers Auskunft, dass »Probleme nicht im Sachlichen begründet waren«[62], klingt etwas rätselhaft. Jedenfalls ist er enttäuscht, dass Schmidt es zuließ, dass er nach dem Wechsel der Koalition des Verrats bezichtigt wurde. Er hebt hervor, dass andere führende Sozialdemokraten wie Brandt, Wehner, Rau oder Lafontaine sich an dieser Kampagne nicht beteiligt hätten. Darauf angesprochen, distanziert sich Schmidt heute in ironischer Weise. Er gibt vor, das Buch seines damaligen Regierungssprechers Klaus Bölling, der darin die These des Verrats propagiert hatte[63], nicht gelesen zu haben. Genscher hatte seinerseits allen Grund zum Misstrauen. Schmidt hatte sich immer für ein Mehrheitswahlrecht eingesetzt, das die FDP ihre Existenz gekostet hätte. 1982 ließ er sich im Wahlkampf zu dem auf die FDP gemünzten Ausruf hinreißen: »Die gehören weggeharkt.«

Letztlich versteht Genscher Schmidt wahrscheinlich besser, als dies umgekehrt der Fall ist. Er begreift die Tragik des Bundeskanzlers, den seine Partei damals in den beiden entscheidenden Fragen der Koalition, der Wirtschaftspolitik und des NATO-Doppelbeschlusses im Stich gelassen hatte. Schmidt konnte dies nicht zugeben, geschweige denn aussprechen. Er verdrängte es. Allerdings zog er die Konsequenz, für die Bundestagswahlen 1983 nicht mehr als Bundeskanzler zu kandidieren. Genscher sieht heute ohne jedes Zeichen von Genugtuung den »wunden Punkt« bei Schmidt: »Er hat geglaubt, dass er geschichtlich besser dasteht, wenn es so erscheint, dass wir ihn in einem Treuebruch verlassen haben.«[64] Genscher wird Schmidt aber nicht ernsthaft vorwerfen können, dass dieser »an seiner Statue meißelt«. Von der Sorge um den eigenen Platz in der Geschichte ist er genauso wenig frei wie Schmidt und Kohl. Schmidt hat Genscher wiederum in dieser Hinsicht ein »normales Maß an Eitelkeit« zugebilligt und gibt zu, dass dieser keinesfalls »eitler als ich« gewesen sei.[65] Schmidt erinnert sich teilweise in herablassendem Ton: »Ich habe Wert darauf gelegt, dass der Außenminister seine Spielwiesen hat. Er muss ja auch gegenüber seiner eigenen Partei, der öffentlichen Meinung und gegenüber der veröffentlichten Meinung, dem Fernsehen,

auftreten können mit Erfolgen. Das war wahrscheinlich für ihn nicht ganz leicht.«
Es hatte in den ersten Jahren der Koalition fast den Anschein, als versuche der Bundeskanzler, seinen Außenminister zu ignorieren. Oft genug stimmte sich Schmidt mit Genscher nicht direkt ab, wie dies Kohl später meist am Telefon tat, sondern über den jeweiligen Leiter der außenpolitischen Abteilung im Bundeskanzleramt, Jürgen Ruhfus und Otto von der Gablentz, beide vom Auswärtigen Amt. Genscher beschloss in dieser Situation, die Frage des Vertrauens zum Thema der Beziehung zwischen Bundeskanzler und Vizekanzler zu machen. Er schrieb an Schmidt im Oktober 1976 zwei Briefe, in denen er sich über mangelnde Unterrichtung beschwerte. Die Anlässe, Gespräche des Bundeskanzlers mit dem britischen Premierminister Callaghan und dem sowjetischen Botschafter Falin sowie Entscheidungen zur Währungspolitik, sind dabei nicht von entscheidender Bedeutung. Genscher provozierte eine Kontroverse mit dem Bundeskanzler, die dann auch noch in die Öffentlichkeit gelangte, was sicher kein Zufall war. In seinem Brief versicherte er, dass er eine vertrauensvolle Zusammenarbeit mit dem Kanzler anstrebe, diese aber als »schwer belastet« ansehe. Der Kanzler reagierte sofort und war um Ausgleich bemüht. Genscher hatte demonstriert, dass er sich durchsetzen konnte.[66]

Das Vertrauen zwischen Genscher und Schmidt wurde auch dadurch auf eine harte Probe gestellt, dass Genscher als Taktiker überlegen war. Er vermied es aber, Schmidt zu verletzen. Dieser wiederum war intelligent genug, um das nicht zu merken. Er litt darunter. Egon Bahr hat dies in den Sitzungen des Kabinetts beobachtet: »Es gab so eine Art – für manche vielleicht nicht spürbare – Ringkämpfe verbaler Art, die meistens zu Gunsten von Genscher ausgingen.«[67] Es zeigt die Komplexität der Beziehung, dass gerade immer dann, wenn es schwierig wurde, beide Seiten versuchten, eine gewisse Nähe herzustellen. Ob dies nur im Interesse der Koalition geschah oder auch aus Anteilnahme, ist nicht immer zu unterscheiden. 1981, ein Jahr vor der Wende, hatten sowohl Genscher als auch Schmidt mit schweren Herzproblemen zu kämpfen. Genscher schrieb an Schmidt einen sehr persönlichen Brief, Schmidt brachte Genscher Schallplatten mit Werken von Georg Friedrich Händel, dem Landsmann aus Halle, ans Krankenbett. Viele Jahre später gehen Genscher und Schmidt aufeinander zu, Genscher ist sehr willkommener Gast bei Schmidts 90. Geburtstag. Thomas Matussek, langjähriger Mitarbeiter sowohl Schmidts im Bundeskanzleramt als auch anschließend Genschers im Leitungsstab des Auswärtigen Amts, stellt im Rückblick einen sehr tiefsinnigen Vergleich der beiden Persönlichkeiten an: »Erst einmal glaube ich, dass Schmidt viel starrer ist in seinen Überzeugungen. Schmidt hat einfach nicht diese Flexibilität. Zweitens hat Schmidt eine viel ausgeprägtere protestantische Art als Genscher, protestantisch im Sinn von Nichtverzeihen, eine gewisse Humorlosigkeit. Genscher war da flexibler, weicher, verständnisvoller. Genscher war auch ein Mann der Zwischentöne, der Grautöne. Schmidt neigte sehr stark zum Schwarz-Weiß-Zeichnen. Er liebte es, Probleme zu vereinfachen, um die Komplexität zu reduzieren. Genscher hielt – auch über lange Strecken – Grauzonen und Spannungszustände besser aus als Schmidt.«[68]

Über 2000 Gäste kamen in die Beethovenhalle in Bonn, als Kohl 1990 dort seinen 60. Geburtstag feierte. Der Gratulant Genscher hob in seiner Rede hervor, dass ihn mit dem Bundeskanzler seit der Wende 1982 eine Freundschaft verbinde. Er verschweigt nicht, dass es »zwischen uns gelegentlich kräftig gekracht hat im Gebälk«. 1992, nach Genschers Rücktritt als Außenminister, verabschiedet ihn Kohl mit einem Mittagessen im Kreis der Bundesminister im Kanzlerbungalow und mit »freundschaftlichen, ja herzlichen Worten«. Dass dabei eine ungezwungene, heitere Stimmung herrschte, findet Genscher im Rückblick »bemerkenswert«.

Auf sein Verhältnis zu den beiden Bundeskanzlern angesprochen, die er vom Naturell her grundverschieden findet, antwortet Genscher: »Vielleicht stehe ich in der Mitte.« An beiden Persönlichkeiten hat er einiges auszusetzen. Indem er etwa mit einer gewissen Ironie auf seine eigene bäuerliche Herkunft verweist, kritisiert er eine Eigenschaft Kohls, die er »Gutsherrenart« nennt. Ein solch »dröhnender Umgang« Kohls mit seinen Mitarbeitern – »Teltschik, kommen Sie mal her« – wäre ihm nie in den Sinn gekommen. Ähnliche Anwandlungen hätte er allerdings auch bei Helmut Schmidt kritisieren können. Dieser pflegte Beamte aus dem Kabinettssaal mit den Worten zu weisen: »Schickt die Domestiken raus.« (Reinhard Wilke) Kohl hatte nicht diese Feinheit, dieses Einfühlungsvermögen, schon gar nicht diese Delikatesse, die vor allem ausländische Partner bei Genscher festgestellt haben. Genscher fühlte sich aber dem Kanzler in seiner Arbeitsweise ähnlich: »Kohl war Kommunikator im umfassendsten Sinne des Wortes, persönlich oder mit Briefen oder am Telefon.« Über die Außenpolitik stimmten sich beide direkt ab, am Telefon oder in Gesprächen etwa abends im Kanzlerbungalow oder auch zu Hause bei Genscher in Pech. Insoweit war die Kommunikation direkter als mit Schmidt.

Genscher und Kohl kannten sich seit langem, seit den frühen sechziger Jahren, als sie bei der Gründung des Zweiten Deutschen Fernsehens zusammenarbeiteten. Kohl war damals Fraktionsvorsitzender der CDU im Landtag von Rheinland-Pfalz und dann Ministerpräsident in Mainz. Genscher, der die CDU vor allem wegen ihrer Haltung zur Entspannungspolitik durchaus kritisch beurteilte, schien eine gewisse Sympathie für deren Vorsitzenden zu hegen. Er betont, dass die Herkunft aus derselben Generation den persönlichen Umgang erleichtere, und war schon sehr früh der Meinung, dass Kohl in seiner Partei und der deutschen Innenpolitik unterschätzt wurde. Genscher sieht in Kohl – nach Kurt Georg Kiesinger und Franz Josef Strauß – einen durchaus modernen Politiker. Kohl wiederum hat die FDP immer als potentiellen Koalitionspartner betrachtet.

Genscher und Kohl pflegten lange vor der Wende einen vertrauten Umgang, vor allem immer dann, wenn sie einander politisch brauchten. Dies galt beim »Machtwechsel« 1969 wie bei der Wende 1982. Genscher widerspricht heute nicht mehr, wenn man ihn den »Königsmacher« nennt, der Kohl 1982 an die Macht brachte. Aber die Wende hat wenig mit dem persönlichen Verhältnis der beiden zu tun, auch wenn sich an ihre Treffen in der Vergangenheit manche Spekulation knüpfte. Koalitionen sind im Allgemeinen ein Lieblingsthema der Politiker. Genscher bestreitet dies auch nicht: »Es ist doch klar, wenn man sich privat getroffen hat oder sich über andere Fragen unterhalten hat, sagte man, wir sind bereit, das mit euch zu machen. Ist doch klar, sagt der andere.« Genscher und Kohl datieren den Beginn ihrer Freundschaft vor die Wende 1982. Kohl hatte Genscher vorher versichert, dass er »nicht ohne Netz turne«, und dieser vertraute darauf. 1982 setzte Kohl auch gegen Strauß durch, dass es keine sofortigen

Neuwahlen geben sollte. Die FDP hätte sie nicht überstanden und Strauß wäre wahrscheinlich Vizekanzler und Außenminister geworden, was Kohl auf jeden Fall verhindern wollte.

Nachdem die Regierung Kohl-Genscher einmal angetreten war, stellte sich aber eine grundsätzliche Frage, die das Wesen der Politik berührt: Kann es Vertrauen geben zwischen Politikern, die Konkurrenten sind? Bundeskanzler konnte Genscher mit seiner kleinen Partei nie werden. Vielleicht hat er darunter gelitten. Aber er wollte mit seinem Amt so viel Einfluss und Ansehen wie möglich erringen, was ihm ja auch gelungen ist. Als Kohl Bundeskanzler wurde, konnte Genscher bereits auf dreizehnjährige Erfahrung als Minister, darin achtjährige Erfahrung als Vizekanzler und Außenminister verweisen. Er hatte inzwischen Profil gewonnen, in der Außenpolitik die Führung übernommen. Er war angesehen bei den Kollegen und bei den Regierenden im Ausland. Kohl musste sich erst noch bewähren.

Genscher hatte vor allem einen großen Vorteil gegenüber Kohl. Er konnte politische Führung ausüben, weil er politische Kräfteverhältnisse nicht in dem Maße in Rechnung stellen musste wie der Bundeskanzler. Dieser hatte auf seine Partei und auf die Fraktion Rücksicht zu nehmen, schließlich auch auf den Koalitionspartner CSU, auf Strauß, der immer wieder versuchte, von München aus in Bonn Einfluss auf die Regierung zu nehmen. Strauß war ja auch ein Konkurrent Genschers um den Posten des Außenministers. Horst Teltschik findet im Rückblick ein einprägsames Bild: »Kohl musste ja mit mehreren Bällen spielen. Genscher spielte mit einem Ball. Das war sein eigener. Er – ad personam – war die FDP...Die FDP war Genscher.«[69] Das Verhältnis zwischen Genscher und Kohl war im Grunde unausgewogen. Kohl brauchte Genscher und war sich dessen bewusst.

Kohl beneidete Genscher auch um seinen geschickten Umgang mit den Medien. Teltschik beschwerte sich einmal bei Kohl: »Wir können nicht Gutes tun und nicht darüber reden.« Weil aber der Bundeskanzler auf seinen Vizekanzler angewiesen war, musste er diesen manchmal gewähren lassen. Wie noch zu zeigen sein wird, setzte sich Genscher in wichtigen außenpolitischen Fragen, etwa bei der polnischen Westgrenze oder der Abrüstung von nuklearen Kurzstrecken-Raketen, gegen Kohl durch. Auseinandersetzungen wurden teilweise lautstark ausgetragen. »Die haben sich nicht geschont«, erinnert sich Teltschik. Eine bestimmte Grenze aber wurde im Interesse der Koalition nie überschritten. Schließlich schienen beide solche Konflikte auch als eine Art sportliches Spiel zu genießen. Genscher und Kohl waren Vollblutpolitiker. Hierin waren sie sich ähnlich. Aber konnte in einer solchen Konstellation Vertrauen aufkommen?

Ein Problem, das zu einer wiederkehrenden Belastung seines Verhältnisses zum Bundeskanzler wurde, erwähnt Genscher bezeichnender Weise in seinen Memoiren überhaupt nicht: die Ernennung Teltschiks, der schon als Referent in der Mainzer Staatskanzlei, dann als Leiter des Büros des CDU/CSU Fraktionsvorsitzenden Kohl in Bonn gearbeitet hatte, zum außenpolitischen Berater, also zum Leiter der Abteilung »Auswärtige und innerdeutsche Beziehungen, Entwicklungspolitik, äußere Sicherheit« im Bundeskanzleramt. So wurde mit einer Tradition gebrochen: Der Leiter dieser Abteilung kam immer aus dem Auswärtigen Amt. Kohl ist in seinen Erinnerungen ehrlicher: »Damit war die Rivalität zwischen meinem außenpolitischen Berater und den hochrangigen Köpfen im Auswärtigen Amt vorprogrammiert. Im Lauf der Jahre erwuchsen daraus einige unnütze Querelen, die mitunter zu erheblichen Belastungen wurden – auch zwischen Hans-Dietrich Genscher und mir.«[70]

Über den wirklichen Ernst der Lage damals schweigen sich beide in ihren Erinnerungen aus: Kohl hatte nach der Bundestagswahl 1990 vor, Teltschik zum Staatssekretär im Bundeskanzleramt zu ernennen. Hiermit wäre eine Gegeninstanz zum Auswärtigen Amt entstanden, wie zum Beispiel der Nationale Sicherheitsberater in der amerikanischen Regierung. Dort war er unter den meisten Präsidenten in eine beherrschende Position aufgestiegen. In der Bundesregierung wurde das amerikanische Modell einige Male erwogen, aber mit gutem Grund verworfen. Kohl hätte mit seinem Vorhaben eine Grenze überschritten.

Er hatte Teltschik sein Angebot wohl nach der Sommerpause im Jahr 1990 unterbreitet. Teltschik, der von den Staatschefs der wichtigen Partner Deutschlands empfangen wurde, war sich seiner Bedeutung und tatsächlichen Funktion bewusst und glaubte, auf den Titel verzichten zu können. Dies gibt er jedenfalls heute vor. Kohl hatte wohl auch überlegt, Teltschik als Chef des Bundeskanzleramts Waldemar Schreckenberger nachfolgen zu lassen.

CDU und FDP aber hatten sich geeinigt, dass diese Funktion künftig von einem Bundesminister wahrgenommen werden sollte. Dieser wurde dann Wolfgang Schäuble. Teltschik hatte beim Kanzler noch angeregt, den Posten eines Staatssekretärs für Innerdeutsche Beziehungen zu schaffen. Genscher jedenfalls konnte einen Staatssekretär für Außenpolitik im Bundeskanzleramt nicht hinnehmen. Die FDP hatte in der Wahlnacht 1990 festgelegt, dass es so etwas nicht geben dürfe. Zu diesem Zeitpunkt hatte Teltschik schon seinen Vertrag mit der Bertelsmann-Stiftung als Geschäftsführer unterschrieben. Vorher zog Genscher in seiner unnachahmlichen, für ihn so typischen indirekten Art gegenüber Kohl die Grenze: »Ich sage dir, es gibt dafür keine Mehrheit im Deutschen Bundestag, um es mal so auszudrücken.« Ob dies nun in Genschers Ausdrucksweise eine Drohung mit der Beendigung der Koalition war oder nicht, Kohl begriff offenbar, dass er zu weit gegangen war.

Genscher kann noch heute seinen Unmut über die damaligen Vorgänge kaum unterdrücken. Teltschik hingegen glaubt, dass er der »Esel war, der stellvertretend geprügelt wird«.[71] Es gibt sicher Vorgänge, die den Ärger Genschers erklärlich machen. Dazu gehört auch die Reise einer von Teltschik geleiteten deutschen Delegation nach Washington, die Gespräche über die Strategische Verteidigungsinitiative führen sollte. Mit Genscher war dies nicht abgestimmt worden. Der Außenminister erkannte die sicherheitspolitischen Probleme dieses Systems und sah voraus, dass der wirtschaftliche Nutzen einer deutschen Beteiligung gering sein würde. Kein Verständnis hatte er auch für das deutsch-amerikanische Gipfeltreffen an den Gräbern von Bitburg. Die Erregung der Öffentlichkeit über die dortigen Gräber von Angehörigen der SS verursachte die bis dahin größte Krise im deutsch-amerikanischen Verhältnis. Die Memoiren des damaligen amerikanischen Außenministers George Shultz geben hierüber ausführliche Auskunft. Nach seiner Darstellung hatte Bundeskanzler Kohl dem amerikanischen Präsidenten am Telefon versichert, dass sein politisches Überleben davon abhänge, dass Reagan an seinem Besuch in Bitburg festhält. Reagan stand zu seinem Wort, auch auf den Rat Henry Kissingers hin, sollte dafür aber außergewöhnlich heftige öffentliche Kritik erfahren. Shultz hatte seinen Präsidenten gewarnt: »Bitburg ist ein Desaster.«[72]

Genscher war wohl auch deshalb so populär, weil er in der Bevölkerung Vertrauen genoss. Das Geheimnis liegt wohl darin, was Genscher sagt. Diese These überrascht sicherlich diejenigen, die sich über seine Art zu sprechen oder über seine Reden lustig gemacht haben und an den damals oft gehörten Spruch glaubten, dass der Außenminister zwei Mal nachdenkt, bevor er nichts sagt. Genscher selbst jedenfalls ist überzeugt, dass Politik durch Worte gemacht wird. Ein guter Redner aber war er nicht. Was für ein Unterschied etwa zu Helmut Schmidt oder Franz Josef Strauß, die sehr auf ihre rhetorische Wirkung, die Gestik, die Intonation, den Rhythmus, den Aufbau der Rede bedacht waren. Genscher tritt nicht auf, er kommt einfach daher. Von seinem sonst beachtlichen schauspielerischen Talent ist nichts zu bemerken, obwohl sein Mienenspiel sehr lebendig sein kann. Er trägt, wie Goethe sagt, »mit wenig Kunst sich selber vor«. Gerade aber weil er so unprätentiös ist, wirkt er glaubwürdig, seriös. »Zum Demagogen fehlt ihm alles«, sagt der Rhetorik-Professor Gerhard Lange[73] und erklärt, warum man gerade diesem Redner vertraut. Er ist authentisch, seine Wirkung beruht nicht darauf, wie er etwas sagt, sondern darauf, was er sagt. Es kommt auf den Inhalt an.

Was aber ist der Inhalt? Auch dies erschließt sich nicht gleich. Genschers Reden wirken manchmal wie Versatzstücke; es fehlt manchmal der große rhetorische Wurf. In der Tat benutzt er standardisierte Formulierungen, die immer wieder neu zusammengesetzt werden und sich wiederholen. Das kann monoton und einschläfernd wirken. Wer trotzdem aufmerksam zuhört, wird manchmal etwas Neues entdecken, und darauf kommt es an. Die Schraube hat sich um eine weitere Windung gedreht. Es kommt eine neue Formulierung zum Vorschein, die auf manchen wie eine Plattitüde wirkt, von Genscher aber sehr ernst gemeint ist. Wenn sie in einem Entwurf seiner Redenschreiber nicht auftaucht, bringt er sie wieder hinein.

Genscher arbeitet mit großer Genauigkeit an seinen Texten. Er erinnert sich an seine früheren Aussagen über lange Zeiträume hinweg. So stellt er sicher, dass er sich nicht widerspricht. Berechenbar und verlässlich will er sein und bewahrt damit gleichzeitig die Kontinuität seiner Politik. Sprache ist für ihn »das Instrument, eigene Ideen durchzusetzen, Menschen zu gewinnen«, wie er sagt. Warum aber dann die ewige Wiederkehr der Formeln?

Genscher enthüllt dieses Geheimnis viele Jahre nach seiner aktiven Zeit: »Ich habe am Anfang über Adenauer gelächelt, der das ja gemacht hat. Dann habe ich festgestellt, dass es zu den Grundirrtümern von Politikern gehört, wenn sie irgendwo ein Interview gegeben haben, dass sie dann davon ausgehen, dass das deutsche Volk bis in das letzte Dorf diese Meinung zur Kenntnis genommen hat. Dass sie den alten Grundsatz, steter Tropfen höhlt den Stein, nicht begriffen haben. Es ist notwendig, eine bestimmte grundsätzliche Position immer wieder zu unterstreichen, um damit zu zeigen, das ist mein Kurszettel, das ist mein Motiv, das sind meine Ziele.«[74] Manche dieser Formeln klingen heute noch in den Ohren: gesamteuropäische, bündnisübergreifende Strukturen, Netz vertrauensbildender Maßnahmen, Ideen, deren Zeit gekommen ist. Genscher hat gezeigt, dass man mit Worten nicht nur »trefflich streiten«, sondern auch »ein System bereiten« (Goethe) kann.

Verantwortung

»Wörter machen Geschichte« (Karl Dietrich Bracher).[75] Genscher hat zumindest ein Wort geprägt, das aus der außenpolitischen Rhetorik nicht mehr wegzudenken ist und den Zeitgeist geformt hat: Verantwortungspolitik. Was kann mehr Vertrauen wecken als die erklärte Bereitschaft, Rechenschaft abzulegen, also Verantwortung zu übernehmen, vor allem auf einem so unübersichtlichen Gebiet wie der Außenpolitik? Verantwortung ist aus Genschers Sicht gleichberechtigt neben andere Kategorien der Außenpolitik getreten wie etwa Interesse oder Staatsräson. Vor allem hat Genscher Verantwortung zu einer Antithese zur Machtpolitik hochstilisiert, was den Zeitgeist in der Bundesrepublik Deutschland besonders gut traf. Verantwortungspolitik und Machtpolitik ist ein Gegensatz, das hat er immer wieder betont: »Machtpolitik vernachlässigt die Einsicht, dass Machtpolitik Zugewinn für den einen, Nachteile für den anderen erstrebt. Dagegen setzt die Verantwortungspolitik auf die Stärke des Rechts, die Gleichberechtigung der Völker und die Grundwerte, zu denen sich unsere Verfassung bekennt.«[76]

Diese Formeln waren auch deshalb so erfolgreich, weil die Menschen spürten, dass in ihnen die tiefsten Überzeugungen Genschers zum Ausdruck kamen und dass sie ernst gemeint waren. Trotzdem sei die Frage erlaubt, ob seine These intellektuell redlich ist. Verantwortung und Macht bilden ja in Wirklichkeit keinen Gegensatz, sondern sie bedingen sogar einander. Verantwortung kann überhaupt nur der übernehmen, der die Macht hat, verantwortlich zu gestalten, also das Notwendige zu bewirken. Umgekehrt fällt dem, der Macht hat, unvermeidlich auch die Verantwortung zu. Verantwortung ist eine Komplementärgröße zur Macht. Der Historiker Fritz Stern begrüßte Deutschlands militärisches Engagement im Kosovo als Übernahme neuer Verantwortung außerhalb Deutschlands. Dieser Haltung setzt Genscher seine eigene Erfahrung entgegen, der »Wirkung des Denkens im Dritten Reich. Das Machtstreben betrachte ich misstrauisch, weil es meiner Philosophie der Kooperation entgegenwirkt«. In solchen Äußerungen offenbart sich Genscher eher als Gesinnungs- denn als Verantwortungsethiker. Er musste die Entscheidung im Jahr 1999, zum ersten Mal nach dem Zweiten Weltkrieg deutsche Streitkräfte in Kampfeinsätze zu entsenden, um ethnische Säuberungen im Kosovo zu verhindern, nicht mehr mittragen.

Genscher hatte sich den Begriff Verantwortung eher in politischer als in intellektueller Absicht angeeignet. Er nutzte ihn für seine Rhetorik und politische Programmatik. Er unternahm keine Anstrengungen, seine Grundüberzeugung theoretisch zu untermauern, so wie dies Helmut Schmidt mit seinen Lieblingsphilosophen Mark Aurel, Immanuel Kant und Karl Popper tat. Aber sein Studienfreund und späterer Leiter der Abteilung für Umweltpolitik im Innenministerium, Peter Menke-Glückert, stellte ihm Hans Jonas vor, den Theoretiker der Verantwortung und ein Fachmann für die philosophischen Fragen der Umweltpolitik. Er war vom Innenminister Genscher beauftragt worden, das erste Umweltprogramm der Bundesrepublik Deutschland zu entwerfen, und hatte zu diesem Zweck mehrere hundert Experten zusammengerufen. Genscher soll damals gefragt haben, was denn ein Religionsphilosoph wie Hans Jonas von Bürokratie verstehe. Aber der Außenminister griff später auf dessen Gedanken zurück. Er berichtet, dass der Philosoph ihm kurz vor seinem Tod im Jahr 1993 einen persönlichen Brief schrieb.

Jonas war ja kein Geringerer als der Philosoph der nachhaltigen Entwicklung, ein Begriff, der zu Zeiten des Innenministers kaum bekannt war. Er hatte in seinem Hauptwerk »Das Prinzip Verantwortung«[77] in einer Weiterentwicklung des Kant'schen kategorischen Imperativs einen sogenannten »ökologischen Imperativ« formuliert: »Handle so, dass die Wirkungen deiner Handlung verträglich sind mit der Permanenz echten menschlichen Lebens auf Erden.« Das Interesse des Innen- und später Außenministers für Jonas ist deshalb so aufschlussreich, weil es Genscher als einen modern denkenden Menschen und Politiker zeigt.

POLITIKER

POLITISCHE FÜHRUNG

Politik als Beruf

Was für die Person Genscher der Gestaltungswille ist, ist für den Politiker das, was man Politische Führung nennt. Max Webers Gedanken zu diesem Punkt[1] sind deshalb immer noch aktuell, weil sich Unzufriedenheit mit Politikern breitmacht, die eher auf Stimmungen reagieren als agieren, also Ziele setzen, diese erklären und versuchen, sie durchzusetzen. Weber unterscheidet eine materielle und ideelle Ebene des politischen Handelns. Auf der materiellen Ebene geben günstige Gelegenheiten den Ausschlag für das Handeln. Man kann dies auch Opportunismus nennen. Auf der ideellen Ebene ist der Politiker von der Sache angetrieben, von Ideen. Max Weber, der so viel über Realpolitik nachgedacht hat, kommt ja zu dem Schluss, dass Ideen die Welt und die Geschichte bewegen. Er zeichnet das ideale Bild eines Politikers, der für eine Sache persönlich eintritt und dafür persönliche Verantwortung übernimmt. Die Verantwortung besteht auch darin, für die eigenen Überzeugungen Gefolgschaft zu bekommen und ihnen schließlich auch zum Durchbruch zu verhelfen. Von einem Politiker erwartet Max Weber mehr als technische Lösungen für vermeintliche Sachzwänge. Er soll »wider den Strom der materiellen Konstellationen« schwimmen und nach dem »Unmöglichen« greifen, um das »Mögliche zu erreichen«. Der Politiker soll ein Mensch sein, der den Willen und die Fähigkeit besitzt, zu gestalten. Er tut dies mit »Leidenschaft im Sinne von Sachlichkeit«. Der Politiker muss schließlich andere Menschen überzeugen und glaubwürdig sein. Dann hängt sein Charisma nicht nur davon ab, ob er immer gleich Erfolge vorweisen kann. Er kann sich auf Gefolgschaft verlassen, weil er Vertrauen genießt. Natürlich hat das Charisma eines Politikers umso mehr Bestand, je länger er seine Präsenz in der Öffentlichkeit und in den Medien aufrechterhalten kann.

Die Bezüge zu Genschers Persönlichkeit sind unschwer zu erkennen. Er will gestalten, es ist die Triebfeder seines Lebens. Er hat das Bedürfnis, »einen Nervenstrang historisch wichtigen Geschehens mit in Händen zu halten, über den Alltag hinauszuheben« (Max Weber). Sein Charisma beruht auf persönlicher Glaubwürdigkeit, auf dem Vertrauen, das ihm entgegengebracht wird, sowie auf seiner Präsenz und politischen Langlebigkeit. Was aber ist die Sache, für die er eintritt? Der rote Faden, der sich durch Genschers Politikerleben zieht, ist das Streben nach der deutschen Einheit. Es erklärt sein Leben, und zwar als Politiker wie als Staatsmann.

Die Kontinuität, die in der Außenpolitik Genschers allgemein gewürdigt wird, war schon im Politiker, im Mitarbeiter der FDP-Fraktion der fünfziger Jahre, im Parlamentarischen Geschäftsführer der sechziger Jahre, im Parteichef und Innenminister angelegt. Sie erklärt sich daraus, dass ein Ziel mit verschiedenen Mitteln verfolgt wurde, dass es eine Strategie gab, der eine erfindungsreiche Taktik diente. Man wird Genscher notwendig missverstehen, wenn man nur den Taktiker, nicht aber den Strategen sieht.

Wagt man die Hypothese, dass sein politisches Handeln von Anfang an auf das Ziel der deutschen Einheit bezogen war, dann werden politische Umbrüche, wie die außenpolitische Opposition der FDP zu Adenauer, ihre neue Orientierung während der Großen Koalition, der sogenannte »Machtwechsel« 1969 sowie die »Wende« 1982 besser erklärbar. An all diesen Etappen hat Genscher ja im zunehmenden Maße mitgewirkt. Der Machtwechsel ermöglichte die von Genscher gewollte neue Deutschlandpolitik. Die Wende, die Genscher herbeigeführt hatte, garantierte die Durchsetzung des NATO-Doppelbeschlusses und ermöglichte die von Genscher konzipierte »Realistische Entspannungspolitik«. In einer deutschlandpolitischen Perspektive gewinnen diese Entwicklungen einen Sinn. Sie erscheinen dann nicht mehr als »Machenschaften« eines Politikers, der sich in der Taktik verliert, sondern als Ausübung Politischer Führung in Verfolgung eines Ziels. Nichts ist falscher als das Bild eines Mannes, der gleichsam mit seinen großen Ohren auf die Stimme des Volkes hört, um daran seine Politik auszurichten. So ist Genscher ja auch karikiert worden. Genscher war populär, aber kein Populist.

Heute hat er sich noch einmal auf seine Motive besonnen: »Meine Meinung war immer, ich leite nicht ein Privatunternehmen, wo ich selbst hafte, allein. Sondern wenn ich ein öffentliches Amt übernehme, muss ich es nach bestem Wissen und Gewissen ausüben. Da muss ich meinen Weg gehen und muss ihn selbst dann gehen, wenn es höchst gefährlich und beschwerlich ist. Ich muss den Weg entschlossen gehen. Ein richtiger Weg findet am Ende auch die Mehrheit.«[2] Man wird bei diesen Worten unwillkürlich an die Wende 1982 erinnert. Genscher hatte sie auch aus außenpolitischen Überzeugungen heraus ins Werk gesetzt, obwohl sie seinen politischen Untergang hätte herbeiführen können. Er hat seine Ziele seit 1956, seinen Anfängen in Bonn, bis 1974 mit innenpolitischen Mitteln und danach als Außenminister mit außenpolitischen Mitteln verfolgt. Deutschlandpolitik betrieb auch der »Verfassungsminister«, der in dieser Eigenschaft das Grundgesetz und die in ihm verankerte Verpflichtung zur deutschen Einheit im Blick hatte. Der Politiker Genscher bereitet den Staatsmann vor.

FDP

In einer parlamentarischen Demokratie lässt sich politische Führung nur mit Hilfe einer Partei ausüben. Welche Rolle spielte die FDP für den Politiker und späteren Staatsmann Genscher? Die wiederholten Existenzkrisen dieser kleinen Partei lenken davon ab, dass sie seit ihrer Gründung in Heppenheim an der Bergstraße im Dezember 1948 länger in der Bundesregierung vertreten war als alle anderen Parteien der Bundesrepublik Deutschland, nämlich insgesamt 43 Jahre: Von 1949 bis 1956, von 1961 bis 1966, von 1969 bis 1998 und erneut seit Oktober 2009. Der politische Einfluss der FDP war immer weit größer, als es die Wählerstimmen hergaben. Die Partei war meist mit mehreren Ministern in der Regierung vertreten. Sie stellt zurzeit den vierten Außenminister und achten Vizekanzler in der Geschichte der Bundesrepublik Deutschland. Genscher war 11 Jahre lang, von 1974 bis 1985, Bundesvorsitzender der FDP. Sein Einfluss aber auf Partei und Bundestagsfraktion reicht weiter zurück und hält bis heute an.

Die FDP diente Genscher vor allem als Instrument politischer Führung. Dies unterschied ihn von den Bundeskanzlern, in deren Regierungen er war. Schmidt und Kohl hatten in wichtigen Fragen der Wirtschafts- und Außenpolitik mit großem Widerstand in der eigenen Partei zu kämpfen. Genscher aber »war« die FDP.[3]

Genschers Karriere als Politiker begann 1959, als er vom damaligen Vorsitzenden der FDP-Bundestagsfraktion, Erich Mende, zum Geschäftsführer der Fraktion ernannt wurde. Hier lernte er sein politisches Handwerk. An fast allen Entscheidungen der Parteigremien war er beteiligt. Genscher wurde zum »Motor der Fraktionsarbeit«.[4] Dabei zeichnete ihn wohl weniger sein Organisationstalent aus. Genschers Einfluss und Ansehen beruhte vielmehr auf seinem wachsenden »Herrschaftswissen« über Abläufe und Personen. Er verstand das politische Geschäft immer besser. Seine Erfahrungen als Anwalt mögen ihm geholfen haben, nach den Bundestagswahlen 1961 sehr erfolgreich den Koalitionsvertrag mit der CDU/CSU zu verhandeln. Genscher machte sich unentbehrlich. Er wurde Mendes engster Berater. Dieser ernannte ihn 1962 zusätzlich zum Bundesgeschäftsführer der FDP. Genscher war nicht mehr nur ein Bonner »Insider«. Er wirkte nun auch in die FDP in den Ländern und Gemeinden hinein. Gleichzeitig war er über die dortigen Stimmungen und Entscheidungen informiert. Sein Einfluss nahm weiter zu.

Genscher war schon damals nicht nur »Macher« und Pragmatiker, wie ihn manche sahen. Vor allem seine Kenntnisse in der Deutschlandpolitik waren gefragt. Er vertiefte sich auch in andere Bereiche wie vor allem der Wirtschafts-, Finanz- und Sozialpolitik. Genscher eignete sich ein »Querschnittwissen« der Politik an. Auch die programmatische Arbeit war ihm nicht fremd. Zusammen mit dem damaligen Vordenker der FDP, ihrem Bundesgeschäftsführer Karl-Hermann Flach, verfasste er das sehr beachtete Programm für die Bundestagswahl 1961. Sie brachte der FDP mit 12.8 Prozent der Stimmen ihren bisher größten Erfolg. Die deutschlandpolitischen Grundsätze, mit denen die Partei auf den Bau der Berliner Mauer reagierte und die in großer Auflage herausgebracht wurden, wurden zum großen Teil von Genscher formuliert. Schließlich zeichnete Genscher 1963 verantwortlich für den Beitrag der FDP zum Regierungsprogramm des Bundeskanzlers Ludwig Erhard.

Genscher lebte damals für die Politik, nicht von ihr, wie Max Weber dies unterschieden hatte. Er war von ihr nicht abhängig. Jederzeit konnte er in seinen Beruf als Anwalt zurückkehren und hat hieran auch oft gedacht. 1965 war Genscher 38 Jahre alt. Er fühlte wohl, dass er eine berufliche Entscheidung fürs Leben treffen musste. Schließlich war er nur bereit, in der Politik, in Bonn zu bleiben, wenn er bei den Bundestagswahlen in jenem Jahr ein Mandat als Abgeordneter des Deutschen Bundestages erreichen konnte.

Die Aussichten hierfür waren eigentlich nicht gut. Nicht nur in der FDP sah man es sehr ungern, wenn hauptamtliche Mitarbeiter der Partei oder Fraktion eine parlamentarische Karriere anstrebten. Mende hatte hieraus ein Prinzip gemacht. Genscher aber ließ sich nicht entmutigen. In der für ihn typischen Art wandte er sich direkt an den Parteifreund, den er für einen der einflussreichsten in der FDP hielt. Willy Weyer war nicht nur stellvertretender Bundesvorsitzender, sondern führte auch den mächtigsten Landesverband der FDP, Nordrhein-Westfalen. Genscher wusste wohl auch, dass Weyer ihn für ein besonderes politisches Talent hielt. Er hatte die Situation richtig eingeschätzt. Weyer versprach Genscher einen sicheren Platz auf der Landesliste, übrigens ohne sich mit irgendeinem Gremium der Partei abzustimmen. Der Wahlkreis Wuppertal kam auch deshalb in Betracht, weil Weyer dort früher als Stadtrat amtierte. Genscher wurde auf Platz 10 der Landesliste gesetzt, in Erwartung der Bundestagswahlen 1965 ein sicherer Platz. Er war ein unermüdlicher Wahlkämpfer und erreichte 11,1 Prozent der Zweitstimmen in seinem Wahlkreis. Die FDP insgesamt konnte mit ihrem Ergebnis von 9,5 Prozent der Stimmen ebenfalls zufrieden sein. Genscher zog in den Bundestag ein. Seine Karriere als Berufspolitiker hatte endgültig begonnen. Seine erste Rede im Parlament war bezeichnender Weise der Außen- und Sicherheitspolitik gewidmet.

Auch Genschers Weg zum Bundesvorsitzenden der FDP, der er von 1974 bis 1985 war, zeigt sein Zögern, »von der Politik zu leben« (Max Weber). Er drängte in keiner Weise in dieses Amt. Zumindest gab er dies nicht zu erkennen, worin ein weiteres seiner Talente liegen mag. Er blieb vorerst in der zweiten Reihe, baute dort aber seinen Einfluss aus. Die Funktion des parlamentarischen Geschäftsführers, zu dem er nach den Wahlen 1965 von seiner Fraktion mit großer Mehrheit gewählt wurde, kommt der eines »Strippenziehers« sehr nahe. Er organisiert mit seinen Kollegen der anderen Fraktionen die tägliche Arbeit des Bundestages. Er legt die Tagesordnungen und Rednerlisten fest. Genscher war die »Schaltstelle der Fraktion«. Alles lief über seinen Schreibtisch.«[5] Er begann damals, die Mittel zu entwickeln, mit denen er immer mehr politische Führung übernahm. Hierzu gehörten auch seine zunehmenden Kontakte mit den Journalisten und Auftritte in den Medien. Genscher verankerte die FDP in der deutschen öffentlichen Meinung.

Bei aller Diskretion, die Genscher an den Tag legte, blieb es nicht verborgen, dass er zu einem der mächtigsten und angesehensten Politiker seiner Fraktion und Partei aufgestiegen war. Er kam für Führungspositionen in Frage. Der Herausgeber des »Spiegel«, Rudolf Augstein, der 1967 den Zustand der FDP beklagte, wünschte sich Genscher als Vorsitzenden der Bundestagsfraktion: »Kein Ende der schrecklichen, der Oppositionszeit ist abzusehen. Ein jüngerer Mann sollte die Parteifraktion führen, ein Steher, der sich noch nicht kompromittiert hat: der Fraktionsgeschäftsführer Hans-Dietrich Genscher.«[6] Schließlich bedauerte »Der Spiegel«, dass Walter Scheel und nicht Genscher 1968 Nachfolger von Erich Mende als Bundesvorsitzender der Partei wurde. Erich Mende hatte sich von der Politik abgewandt und war in die Wirtschaft gegangen. »Genscher, Hoffnung der Jugend und Ghost-Driver der Partei, stellte sich nur zögernd auf Scheels Seite; selber den Sprung nach vorn zu wagen lehnte er ab.«[7] Scheel und Genscher fanden persönlich immer mehr zueinander und wurden im Laufe der Zeit zu Vertrauten und Freunden.

1974 wurde Genscher zum Bundesvorsitzenden der FDP gewählt. Er hatte keinen ernsthaften Konkurrenten. Das neue Amt war sicher nicht sein berufliches Ziel gewesen. Es sollte sich nun zeigen, dass die FDP für Genscher eher ein Mittel, ein Instrument war, das ihm erlaubte, seine als richtig erkannte Politik durchzusetzen. Dies galt vor allem für die Außenpolitik. Genscher vereinte jetzt die Ämter des Parteivorsitzenden mit denen des Außenministers und Vizekanzlers. Diese starke Stellung in der Koalition ist seitdem eine Art Modell geworden. Genscher führte seine Partei auch räumlich eher vom Auswärtigen Amt aus. Informelle Runden der Parteiführung fanden mitunter im abgeschiedenen Gästehaus des Außenministers auf dem Bonner Venusberg statt. Die FDP war für Genscher deshalb ein so wirksames Instrument, weil er sie zu einer Art »Ein-Mann-Unternehmen« machte. »Kein Parteiführer der deutschen Nachkriegsgeschichte hat mit seiner Person die gesamte Partei so vollständig abgedeckt.«[8]

Konnte die FDP aber hieraus Nutzen ziehen? Die anhaltende Popularität Genschers jedenfalls übertrug sich nicht. Seit 1981 führte er in den Umfragen des Meinungsforschungsinstituts EMNID die Liste der Politiker an, von denen die Deutschen eine »gute Meinung« hatten.[9] Nach seiner Wahl zum Bundesvorsitzenden schlug der FDP zwar eine Welle der Sympathie entgegen. Mit 13 Prozent wurde 1976 aber der Höhepunkt erreicht, nach dem es nur noch bergab ging. Nach der Wende 1982 erreichte die FDP den niedrigsten Wert von ca. 2 Prozent. Es kann also nicht überraschen, dass Genscher als Parteipolitiker im Rückblick skeptisch gesehen wird. Zu seinen Kritikern zählen auch frühere enge Vertraute. Unter ihnen ist auch Günter Verheugen, den Genscher 1974 mit in das Auswärtige Amt nahm. Er wurde 1977 Bundesgeschäftsführer der FDP und diente der Partei dann von 1978 bis 1982 als Generalsekretär. Nach der Wende 1982 trat er nicht nur zur SPD über, die ihm schon ein Jahr später ein Bundestagsmandat sicherte, sondern rechnete auch mit Genscher ab. Sein Buch zierte das Porträt des Bundesvorsitzenden der Partei und trägt den Titel: »Der Ausverkauf. Macht und Verfall der FDP«.[10]

Die Kritik an Genschers Führung der FDP ist in großen Teilen ein bemerkenswertes Missverständnis. Sie lässt sich in der These zusammenfassen, dass er die Programmpartei der »Freiburger Thesen« von 1971 zu einer Funktionspartei umgewandelt habe. Die FDP verliere ihr Profil und setze die unheilvolle Tradition fort, nur noch als »Korrektiv« des jeweiligen großen Koalitionspartners zu dienen. Der Parteienforscher Heino Kaack hatte diese These in seinem Standardwerk über die FDP 1979 widerlegt. Gerechtfertigt sei »die Bezeichnung der F.D.P. als Korrektivpartei also nur, wenn sich behaupten ließe, dass die großen politischen Konzepte von der CDU/CSU oder der SPD kamen und die F.D.P. daran nur kleine Korrekturen anbringen konnte. Abgesehen davon, dass die entscheidenden politischen Innovationen häufig gar nicht aus dem Bereich der Parteien kamen, zeigt die Geschichte, dass die F.D.P. hinsichtlich der Neukonzeptionalisierung politischer Probleme genauso aktiv und einflussreich wie die anderen Parteien war.«[11]

Heute besteht kaum mehr ein Zweifel daran, dass der »Machtwechsel« von 1969 und die »Wende« von 1982 mehr als taktische Manöver der FDP zum Erhalt der Macht waren. In beiden Fällen erreichte die FDP, dass in wichtigen Fragen der Politik, vor allem der Deutschland- und Außenpolitik, nicht nur Kontinuität gewahrt werden konnte, sondern auch eigene Akzente gesetzt wurden. Dies verstand Genscher unter der Eigenständigkeit seiner Partei, die er immer wieder beschwor. Sie wurde aber oft genug missverstanden. 1976 erwarteten fast 80 Prozent der Bevölkerung, dass die FDP vor Wahlen ihren gewünschten Koalitionspartner angebe. Der spätere Bundesvorsitzende der FDP, Otto Graf Lambsdorff, teilte Genschers Verständnis von Eigenständigkeit und »Auflockerung«, wie man es damals nannte. Er machte aber auch auf ihre Gefahren aufmerksam: »Man lebt gefährlich. Dass die Strategie von allen verstanden wird, kann man nicht garantieren. Dies erfordert schon einen gewissen Aufwand an Intelligenz.«[12]

1983 erzielte die FDP bei den Wahlen zum Deutschen Bundestag 7 Prozent. Angesichts der Krise der Partei in der Folge der Wende von 1982 war dies eigentlich ein erstaunliches Ergebnis. Genscher rechnete es wohl mit Recht auch seiner Leistung als Außenminister zu. Als Parteivorsitzender aber war er durch die Krise geschwächt. Sein Ruf als ein bloßer Taktiker der Macht, der die Freiburger Thesen seiner Partei »verraten« habe, festigte sich. In dieser Situation musste es als eine Bestätigung dieser Vorwürfe erscheinen, als Genscher, zusammen mit Helmut Kohl, dem Bundestag den Entwurf eines Gesetzes zur Amnestie für Straftaten im Zusammenhang mit Parteispenden vorlegen wollte.

Die Führung der FDP sah sich damals ohnehin heftigen Vorwürfen ausgesetzt, als Wirtschaftsminister Otto Graf Lambsdorff während der sogenannten Flick-Affäre Bestechung vorgeworfen wurde. Lambsdorff hatte – wie Walter Scheel, Hans Friderichs, aber auch Helmut Kohl und Franz-Josef Strauß – Bargeld vom Flick-Konzern erhalten, sogenannte verdeckte Parteispenden. Der Geschäftsführer der Flick-KG, Eberhard von Brauchitsch, hatte dies »Pflege der politischen Landschaft« genannt. Lambsdorff hatte als Wirtschaftsminister außerdem dem Flick-Konzern umstrittene Steuerbefreiungen für bestimmte Geschäfte gewährt. 1987 wurde Lambsdorff, sein Vorgänger als Wirtschaftsminister, Friderichs, sowie von Brauchitsch vom Bonner Landgericht wegen Steuerhinterziehung bzw. Beihilfe zur Steuerhinterziehung verurteilt. Lambsdorff und Friderichs hatten Geldstrafen zu zahlen.

Die Wirkung der Flick-Affäre auf das Ansehen der im Bundestag vertretenen Parteien war verheerend. Auch Politiker der SPD hatten Bargeld erhalten. Nur die Grünen waren nicht betroffen, woraus Otto Schily politisches Kapital zu schlagen verstand. Nach dem Rücktritt Graf Lambsdorffs als Wirtschaftsminister wurde 1984 ein Untersuchungsausschuss eingesetzt. Im Mai desselben Jahres legten Genscher und Kohl den Entwurf des Amnestiegesetzes vor. Einen schlechteren Zeitpunkt konnte Genscher nicht wählen. Hatte ihn sein politischer Instinkt verlassen? Die Bundestagsfraktion der FDP hatte zwar zugestimmt. Die Partei aber war empört. Hier hätte Genscher eine Abstimmung verloren. Die FDP wurde auch in der Öffentlichkeit an ihre rechtsstaatliche Tradition erinnert, die sie in der Spiegel-Affäre, bei der Diskussion über die Notstandsgesetze oder beim Demonstrations- und Asylrecht unter Beweis gestellt hatte. »Die Zeit« berichtete damals von einer »Rebellion« in der FDP, von »schneidender Verachtung« für ihre Politiker. Sie sagte den Rücktritt Genschers als Bundesvorsitzender der FDP voraus: »So geht langsam, aber unabwendbar, das Genscher-Regiment zu Ende. Ein Vorsitzender, der weder gestürzt werden kann noch gestützt wird, ist keine Dauerlösung. Kein Wunder, dass Genscher sich vom Parteivorsitz zurückzieht, obwohl er am Auswärtigen Amt festhält. Genscher muss sich wohl daran gewöhnen, dass seine Führungsautorität nicht mehr unumschränkt gilt. Die Machtstrukturen in der FDP wandeln sich.«[13]

Genscher hielt die Lage wohl für so dramatisch, dass er die Entscheidung über seine Nachfolge als Parteivorsitzender so schnell wie möglich wünschte. Dies teilte er bei einem Treffen mit Bundes- und Landespolitikern seiner Partei im Gästehaus des Außenministers auf dem Bonner Venusberg mit. Ein weiterer Schlag für den Parteivorsitzenden war der Ausgang der Wahlen zum Europäischen Parlament im Juni 1984. Die FDP war mit 4,8 Prozent an der Sperrklausel gescheitert. Im Bundesvorstand der Partei wurde anschließend wohl auch über die Folgen für den Parteivorsitzenden gesprochen. Es fiel auf, dass der damalige Bundesvorsitzende der Jungen Liberalen (Julis), Guido Westerwelle, ausdrücklich eine Diskussion über »personelle Erneuerung« forderte.[14]

Bei seinem Treffen mit den Politikern seiner Partei 1984 schnitt Genscher über die aktuellen Fragen hinaus ein Problem an, das die

Existenz der FDP grundsätzlich berührte: 1983 war die Partei Die Grünen zum ersten Mal im Deutschen Bundestag vertreten. Sah Genscher schon damals voraus, dass diese Partei die FDP vom dritten Platz im Parteiensystem der Bundesrepublik Deutschland verdrängen sollte? In seinen Erinnerungen schrieb er: »Die Zukunft der liberalen Partei selber wird davon abhängen, ob sie den Schutz der natürlichen Lebensgrundlagen zu einem Schwerpunkt liberaler Politik der Zukunftsverantwortung macht.«[15] Es mag für ihn bitter gewesen sein, dass Die Grünen ihren Erfolg vor allem der Umweltpolitik zu verdanken hatte. Auf diesem Gebiet kann Genscher als Innenminister zu Recht als Pionier gesehen werden. Genscher hatte die politische Bedeutung dieser Gedanken sehr früh erkannt. Er bezeichnet den Umweltschutz als eine staatliche Aufgabe vom gleichen Rang wie die soziale Frage im 19. Jahrhundert.

Die erste Abteilung für Umweltpolitik in einem bundesdeutschen Ministerium war zu dieser Zeit ein historischer Durchbruch. In der ersten umweltpolitischen Debatte des Deutschen Bundestages im Dezember 1970 ging Genscher so weit, die Aufnahme eines Grundrechts auf saubere Umwelt in das Grundgesetz zu fordern. Auf seine Initiative hin verabschiedete die Bundesregierung 1971 das erste Umweltprogramm ihrer Geschichte. In ihm wurde bereits das Verursacherprinzip verankert, aber auch langfristige Umweltplanung und ökologische Kriterien bei allen Entscheidungen der öffentlichen Hand. Zwischen 1972 und 1975 wurden im Bundeshaushalt insgesamt 3,6 Milliarden DM für die Umweltpolitik bereitgestellt. Schließlich setzte sich Genscher im Bundeskabinett mit seiner Forderung durch, ein Bundesamt für Umweltschutz zu gründen.

Er hatte viele Widerstände zu überwinden, nicht zuletzt in der eigenen Partei, in der der sogenannte Wirtschaftsflügel unter der Führung des späteren Wirtschaftsministers Otto Graf Lambsdorff großen Einfluss hatte. Dabei hatte Genscher als einer der wenigen damals erkannt, dass man mit der Entwicklung moderner Umwelttechnologien Märkte erobern kann. Als die Grünen sich als politische Partei formierten, waren in Genschers Ministerium schon viele Gesetze zum Umweltschutz auf den Weg gebracht. Dass der Innenminister dabei eine Kompetenz nach der anderen erfolgreich beanspruchte, zeigte seine Durchsetzungsfähigkeit. Dies galt auch gegenüber den Wirtschaftsverbänden. Vertreter der

Automobilindustrie und der Mineralölwirtschaft versuchten, das von Genscher auf den Weg gebrachte Benzinbleigesetz, in dem die Reduzierung des Bleigehalts im Autobenzin bis 1976 vorgesehen wurde, zu verhindern. Es trat 1971 aber in Kraft. Genscher kommentierte dies damals unmissverständlich: »Wir sind keine Bananenrepublik, in der der Staat nicht in der Lage ist, die von ihm erlassenen Gesetze durchzusetzen!«[16]

Die FDP aber ist ihrem Innenminister nicht gefolgt. Sie hat die Chance, die Umweltpolitik vor den Grünen zu ihrem Markenzeichen zu machen, verpasst. Dabei hatte sie der Umweltpolitik in den Freiburger Thesen von 1971 breiten Raum gewidmet. Bei den Bundestagswahlen von 1976 spielte das Thema aber eine geringe Rolle. Die Diskussion entzündete sich an der Frage der Sicherheit von Kernkraftwerken. 1972 war mit dem Bau des zweiten Kernkraftwerks in der Bundesrepublik Deutschland in Kalkar am Niederrhein begonnen worden. 1977 demonstrierten dort zum ersten Mal insgesamt 40 000 Menschen. Der Einsatz der Polizei zum Schutz der Anlage war damals der größte in der Geschichte der Bundesrepublik. Die Gegner des Projekts erhoben eine Verfassungsbeschwerde vor dem Bundesverfassungsgericht. Eine Enquete-Kommission des Bundestages erwirkte eine Unterbrechung des Baus und empfahl verschärfte Sicherheitsauflagen. 1978 stellte sich auch die von einer Koalition von SPD und FDP geführte Landesregierung von Nordrhein-Westfalen gegen den weiteren Ausbau von Kalkar. Der Unfall im Kernkraftwerk Three Mile Island in den USA, bei dem es zu einer teilweisen Kernschmelze kam, gab der Anti-Atomkraft-Bewegung weiteren Auftrieb. Dies gilt in weit stärkerem Maße für die Katastrophe von Tschernobyl 1986. Das Kernkraftwerk Kalkar wurde nie in Betrieb genommen.

Anders als die Partei waren die Bundestagsfraktion und die Minister der FDP in der Bundesregierung, allen voran die Wirtschaftsminister Hans Friderichs und ab 1977 Otto Graf Lambsdorff, für die weitere Nutzung der Kernenergie. Bundeskanzler Schmidt hatte – gegen den Rat von Genscher – die Entscheidung über den Ausbau des Kernkraftwerks Kalkar im Bundestag sogar mit der Vertrauensfrage verbunden. In der Regierung hatte sich der Konflikt zwischen Ökologie und Ökonomie zu Gunsten der letzteren entschieden. Damals glaubte man noch, dass Umweltpolitik Arbeitsplätze gefährde.

Zu den Ministern, die sich der FDP in der wichtigsten Frage der Umweltpolitik damals entgegenstellten, gehörte auch Außenminister Genscher. In seinen Erinnerungen bezeichnet er die Sicherheit von Kernkraftwerken zwar als »eine Überlebensfrage der Menschheit.«[17] Er sei sich als Innenminister, der 1972 erstmals auch eine Abteilung Reaktorsicherheit übernommen hatte, der Risiken der Kernkraft zunehmend bewusst geworden. In der Regierung konnte er diesen Bewusstseinswandel aber nicht durchsetzen. Die Parteienforscher Peter Lösche und Franz Walter sehen in den damaligen Vorgängen Ursachen der längerfristigen Probleme der FDP: »Damit aber stellten die Freien Demokraten in diesem Jahrzehnt, zwischen 1968/69 und 1978/79, die Weichen falsch. Der Zug der libertär-bürgerrechtlichen und ökologischen Mitte bewegte sich von ihnen fort, führte in Richtung Grüne. Aber genau darin gründete die Krise, in der die FDP heute steckt.«[18]

Genschers Einfluss auf die Geschicke seiner Partei hat bis heute kaum nachgelassen. Er unterstützte den langjährigen Bundesvorsitzenden Guido Westerwelle und begleitete ihn vor die Kameras, als es 2009 das beste Ergebnis der FDP in der Geschichte der Bundestagswahlen zu feiern galt: 14,6 Prozent. Als die Partei nur zwei Jahre später in den Umfragen die 5 Prozent Klausel berührte, blieb es Genscher überlassen, ihr die »schwerste strukturelle Krise seit ihrem Bestehen«[19] zu bescheinigen. Im Unterschied zu den meisten Amtsträgern in der FDP reduzierte Genscher das Problem der Partei nicht nur auf eine Frage von Personen. Er warnte die FDP vielmehr vor der Versuchung, auf der Suche nach Wählerstimmen populistischen Strömungen nachzugeben. Ausgerechnet die Europapolitik, Markenzeichen der FDP, drohte zu einem Wahlkampfthema zu werden. Die Bundestagsfraktion legte im Januar 2011 ein Positionspapier vor, in dem jede »quantitative oder qualitative« Ausweitung des sogenannten »Euro-Rettungsschirms« abgelehnt wurde. Er war von den Mitgliedstaaten der EU eingerichtet worden, um von der Finanz- und Schuldenkrise bedrohte Partner vor dem Bankrott zu bewahren. In Deutschland, das einen großen Beitrag zahlte, war er höchst umstritten. Genscher befürchtete einen »Währungspopulismus« seiner Partei. Der Vorsitzende der »Euro-Gruppe«, der luxemburgische Ministerpräsident Jean-Claude Juncker, zeigte sich darüber »entsetzt, wie manche deutsche Liberale ihr europapolitisches Erbe aufs Spiel setzen«[20]. Es war nicht das erste Mal gewesen, dass nationale Erwägungen die Europapolitik der FDP in Frage stellten. Der vor allem in Nordrhein-Westfalen starke rechte Flügel der Partei kritisierte in den fünfziger und sechziger Jahren die Politik der Westbindung als unvereinbar mit dem Ziel der Wiedervereinigung. Die führenden Vertreter dieses Flügels, Erich Mende und Siegfried Zoglmann, verließen erst 1970 die FDP und schlossen sich der CDU/CSU-Bundestagsfraktion an. Der Vorsitzende der bayerischen FDP in den achtziger Jahren, Manfred Brunner, strengte sogar eine Klage gegen den Vertrag von Maastricht an. Das Bundesverfassungsgericht wies diese Klage 1993 zurück.

Die FDP zeigte sich als kleine Partei immer wieder für Populismus anfällig. Ihr wurde mitunter empfohlen, vor allem Wähler im rechten Spektrum der Parteien zu gewinnen. »Rechts ist viel Platz frei«, hieß es. In den achtziger Jahren diente die nationalistische »Freiheitliche Partei Österreichs« (FPÖ) einigen als Vorbild. Eine dem erfolgreichen Vorsitzenden dieser Partei, Jörg Haider, vergleichbare Führungspersönlichkeit aber war in der FDP nicht zu finden. Erst 1993 beschloss die FDP, ihre offiziellen Kontakte zur FPÖ zu beenden, nachdem sie noch 1991 den Ausschluss der FPÖ aus der Liberalen Internationalen verhindert hatte.

Genscher waren die populistischen Anwandlungen in seiner Partei grundsätzlich fremd. Er ist ihnen entgegengetreten und hat auch hierbei politische Führung bewiesen. Umso erstaunlicher ist es, dass er vor den Bundestagswahlen 2002 die Wahlkampfstrategie der FDP öffentlich unterstützte, die zwar nicht an rechte Ressentiments appellierte, aber dennoch nicht populistischer sein konnte. Das Wahlplakat zeigte die Zahl 18 und amüsierte allgemein durch diesen Anspruch auf einen entsprechenden Anteil an Wählerstimmen. Der Wahlkampf selbst präsentierte die FDP als eine Art »Spaßpartei«. Der gerade gewählte Bundesvorsitzende Guido Westerwelle trat im Fernsehen mit Schuhen auf, auf deren Sohlen die Zahl 18 prangte, und begab sich sogar in die Extremsituation der »Reality-Show« »Big Brother Container«. Er suchte die Wähler auf Volksfesten, in Schwimmbädern, an Stränden und in McDonald's-Filialen auf, zu denen er in seinem gelb-blauen Wohnmobil, dem »guidomobil«, anreiste. Schließlich verstieg sich der Bundesvorstand der FDP dazu, Westerwelle zum Kanzlerkandidaten der Partei für die Bundestagswahlen 2002 zu bestimmen. Der Bundesvorsitzende war eine Weile davor zurückgeschreckt und hatte davor gewarnt, »die Schraube zu weit zu drehen«. Die Delegierten des Bundesparteitags bestätigten ihn aber mit nur zwei Gegenstimmen als Kanzlerkandidatn der FDP. Hierzu offiziell vorgeschlagen war er vom Ehrenvorsitzenden der Partei, Genscher. Dieser billigte auch den unterhaltsamen Teil des Wahlkampfs: »Ich möchte meine Partei bitten, um das Wort Spaß keine Tabuzone zu errichten.«

Immerhin war die Strategie »18 Prozent« von einem Bundesparteitag offiziell verabschiedet worden. Genscher mochte es gefallen haben, dass seine Partei nicht nur »mit neuen Formen der Kommunikation und Darstellung ... neue Wählerschichten« ansprechen, sondern sich mit diesem Beschluss auch als eigenständige politische Kraft vorstellen wollte. Dies entsprach seiner politischen Philosophie. Genscher sah wohl die verhängnisvolle Dynamik nicht kommen, die die Strategie »18 Prozent« unter ihrem prominentesten Vertreter Jürgen Möllemann entwickelte.

Der am Niederrhein aufgewachsene Grund- und Hauptschullehrer Möllemann hatte seine relativ steile politische Karriere vor allem seinem Mentor Genscher zu verdanken. 1970 trat er der FDP bei, nachdem er seit 1962 Mitglied der CDU gewesen war. Bereits 1972 wurde er Mitglied des Deutschen Bundestages. 1982 holte ihn Genscher als Staatsminister ins Auswärtige Amt. 1987 wurde er Bildungsminister, 1991 Wirtschaftsminister und Vizekanzler. Das enge Verhältnis Möllemanns zu Genscher wurde auch dadurch gefestigt, dass er sich in der FDP und im Auswärtigen Amt zur stärksten Stütze der Außenpolitik Genschers entwickelte. Vor allem ihm ist es zu verdanken, dass Genscher den auch in seiner Partei umstrittenen NATO-Doppelbeschluss durchsetzen konnte. Möllemann war nicht nur sehr durchsetzungsfähig. Er war von einem unbändigen Ehrgeiz getrieben und darin schwer zu kontrollieren. Der FDP-Fraktionsvorsitzende der neunziger Jahre, Hermann Otto Solms, nannte ihn einen »Quartalsirren«. Genscher hatte in Möllemann ein unbestrittenes politisches Naturtalent entdeckt. Er lobt auch heute noch »seine unglaubliche Aktivität, seine Vitalität und seine Kreativität und sein Engagement«. Genscher war wohl einer der wenigen, auf die Möllemann hörte.

Man muss heute zu dem Schluss kommen, dass Möllemann damals seine Partei auf einen rechtspopulistischen Kurs bringen wollte. In seinem Buch »Klartext«[21], das im Jahr seines Todes erschien, griff er diesen Begriff ausdrücklich auf: »Der Begriff Rechtspopulismus – wie der Begriff rechts überhaupt – ist ein Kampfbegriff aus dem Arsenal linker Fundamentalisten. Für diese Leute beginnt der Unmensch knapp rechts von der Mitte.« Solche Tendenzen waren in dem sehr erfolgreichen und auf seine Person zugeschnittenen Wahlkampf Möllemanns im Jahr 2000 in Nordrhein-Westfalen noch nicht zu erkennen bzw. wurden in Kauf genommen. Das Ergebnis dieser Landtagswahl schien Möllemann Recht zu geben. Der Anteil seiner Partei an den Stimmen hatte sich seit der letzten Wahl mehr als verdoppelt, von 4 Prozent auf 9,8 Prozent. Nachdem die FDP nach der Bundestagswahl 1998 nicht mehr in der Bundesregierung vertreten war und danach bei den Europawahlen und einigen Landtagswahlen an der 5-Prozent-Hürde gescheitert war, war dies sehr willkommen.

Die Grenzen des Populismus in der FDP waren dann aber sehr schnell zu erkennen. Die heftige Kritik Möllemanns an der Politik Israels gegenüber den Palästinensern während des Wahlkampfs zum Bundestag galt nicht nur Genscher und Westerwelle als Antisemitismus. Die abfälligen Äußerungen in diesem Zusammenhang über den damaligen Ministerpräsidenten Israels, Ariel Scharon, dem Möllemann Terrorismus vorwarf, sowie über den Vizepräsidenten des Zentralrats der Juden in Deutschland, Michel Friedman, brachte die Partei insgesamt auf. Die Empörung mag sich mit der Enttäuschung darüber gemischt haben, dass die »Strategie 18 Prozent« bei den Bundestagswahlen 2002 nicht den gewünschten Erfolg zeigte. Die FDP erzielte nur einen Stimmenanteil von 7,4 Prozent.

Möllemann ist schließlich in doppelter Hinsicht gescheitert. Die FDP hatte einerseits einen klaren Trennungsstrich zu einer gefährlichen Spielart des Rechtspopulismus gezogen. Sie hatte zumindest die Erfahrung gemacht, dass er keine erfolgreiche Wahlkampfstrategie ist. Genscher hatte an seiner Ablehnung nicht den geringsten Zweifel gelassen. Er demonstrierte sie. Bei der Schlussveranstaltung des Bundestagswahlkampfs in der Stadthalle in Bad Godesberg weigerte er sich, zusammen mit Möllemann aufzutreten. Dieser war dann nicht anwesend. Im »Tagesspiegel« vom

27. Mai 2002 findet Genscher zu besonders klaren Worten. Er formuliert für seine Partei eine »Kampfansage an Vorurteile, Populismus«, die »Gift für das friedliche Zusammenleben in der Gesellschaft« sei. Er zog »die Grenzlinie zwischen Liberalen und Rechtspopulisten. Hier geht es um die Grundachse der Republik.« Möllemann verlor schließlich alle Ämter in der Partei und wurde aufgefordert, sie zu verlassen.

Andererseits wurden Möllemann – 20 Jahre nach der »Flick-Affäre« – illegale Methoden der Parteienfinanzierung zum Verhängnis. Die Bundesstaatsanwaltschaft warf ihm Steuerhinterziehung und einen Verstoß gegen das Parteiengesetz vor. Beide Schicksalsschläge zusammen waren sicher schwer zu ertragen. An dem Tag, an dem der Deutsche Bundestag die Immunität Möllemanns aufhob, am 5. Juni 2003, stürzte der passionierte Fallschirmspringer in den Tod. Die Bundesstaatsanwaltschaft konnte in ihrem Abschlussbericht über dieses tragische Ereignis nicht eindeutig feststellen, ob Möllemann Selbstmord begangen hatte.

Die Episode Möllemann zeigt einmal mehr, wie sehr das Menschliche, das Politische und das Staatsmännische zusammenhängen können. Entgegen dem spöttischen Wort Franz Josef Strauß' vom »Riesenstaatsmann Mümmelmann« war der lange Zeit erfolgreiche FDP-Politiker auch ein guter Außenpolitiker. Dies betont Genscher auch heute. Ihm bleiben die Vorgänge in den Jahren 2002 und 2003 ein Rätsel. Westerwelle bestätigt, dass die beiden Männer »ein sehr enges Verhältnis« verband. Ihm selbst haben die Angriffe Möllemanns auf die israelische Regierung und den Zentralrat der Juden in Deutschland politisch besonders geschadet. Möllemanns Ausfälle hielten an, als Westerwelle eine seiner ersten wichtigen Auslandsreisen nach Israel unternahm und der jüdischen Opfer des Nationalsozialismus in Yad Vashem gedachte. Genscher hatte seinen Einfluss auf Möllemann verloren. Er glaubt heute, dass Möllemann sich von ihm entfernt hatte. Für einen Menschen wie Genscher, dem Loyalität über alles geht, war dies schwer zu verstehen.

Deutschlandpolitiker

Es war die Deutschlandpolitik, die zur Annäherung zwischen FDP und SPD während der Großen Koalition und schließlich zur sozialliberalen Koalition von 1969 führte. Willy Brandt, der diese Koalition schon 1966 gewollt hatte, mag die inhaltliche Nähe erkannt haben. Allerdings wird die deutsche Ost- und Entspannungspolitik der siebziger Jahre, die inzwischen in den Sprachschatz vieler Staaten in der Welt Eingang gefunden hat, ausschließlich mit der SPD und den Namen Egon Bahr und Willy Brandt verbunden. Es ist richtig, dass diese Politik erst von einer Bundesregierung betrieben werden konnte, die von der SPD geführt wurde.

Aber ohne die FDP hätte es diese Politik in dieser Form nicht gegeben. Die eigentliche deutschland- und entspannungspolitische Avantgarde war die FDP und vorher die Liberaldemokratische Partei Deutschlands (LDPD) in der DDR. Die FDP war weit mehr als ein »Korrektiv« in der sozialliberalen Koalition. Ihre deutschlandpolitischen Ideen waren eigenständig und entstanden früh. Der Plan des FDP-Abgeordneten und Diplomaten Karl Georg Pfleiderer, die Wiedervereinigung Deutschlands durch einen Ausgleich zwischen westlichen und sowjetischen Sicherheitsinteressen zu erreichen, datiert aus dem Jahr 1952, elf Jahre vor der Tutzinger Rede Egon Bahrs, in der er einen »Wandel durch Annäherung« vorschlug. Dessen Erkenntnis, dass die Lösung der Deutschen Frage an den Sicherheitsinteressen in Europa anzusetzen hat, war in diesen frühen Initiativen der FDP vorweggenommen. Auch die Konsequenzen wurden radikaler gezogen als bei der SPD: Der »Deutschlandplan« Erich Mendes von 1956 ging so weit, das Ausscheiden der Bundesrepublik Deutschland und der DDR aus den jeweiligen Bündnissen vorzuschlagen, um ein gesamteuropäisches Sicherheitssystem schaffen zu können. Auf dieser Grundlage sollte die deutsche Einheit erreicht werden. Ein solches Sicherheitssystem unter Einschluss der USA ebenso wie der Sowjetunion war auch der Kern des »Berliner Programms« der FDP von 1957. Es sollte eine aktive Ostpolitik ermöglichen.

Genscher hatte an den Formulierungen des Deutschlandplans der FDP-Bundestagsfraktion von 1959 mitgewirkt. Dieser Plan war mit dem Vorschlag einer atomwaffenfreien Zone in Mitteleuropa – in Anlehnung an die Initiative des polnischen Außenministers Rapacki – kühner als entsprechende Überlegungen der SPD. Zudem lehnte die FDP-Fraktion damals die Stationierung von Atomwaffen in Deutschland ab, um eine mögliche Wiedervereinigung nicht zu gefährden. Was schließlich der Grundlagenvertrag zwischen der Bundesrepublik Deutschland und der DDR von 1972 einleitete, nämlich direkte Verhandlungen zwischen beiden deutschen Staaten, war im Plan der FDP-Fraktion von 1959 bereits enthalten. Genscher war von Anfang an in die deutschlandpolitischen Überlegungen seiner Partei einbezogen.

Es konnte eigentlich gar nicht anders sein, als dass damals die FDP die Führung in der Deutschlandpolitik übernahm. In keiner anderen Partei gab es an der Spitze so viele Politiker, die aus Mittel- oder Ostdeutschland stammten. Der Parteivorsitzende Erich Mende war Oberschlesier, der Vorsitzende der Bundestagsfraktion, Wolfgang Mischnick, kam aus Dresden, der spätere Wirtschaftsminister und EG-Kommissar, Martin Bangemann, aus der Gegend von Magdeburg, der spätere stellvertretende Vorsitzende Wolfgang Döring aus Leipzig, der Berliner Abgeordnete Hans-Günther Hoppe aus Stralsund, der Bundesgeschäftsführer und spätere Generalsekretär der FDP Karl-Hermann Flach, stammte aus Ostpreußen, der außenpolitische Referent der Bundesgeschäftsstelle, dessen deutschlandpolitische Ideen ihm den Namen »Bahr der FDP« eingetragen hatten, Wolfgang Schollwer, aus Brandenburg. Genscher und Mischnick hatten die DDR erlebt und ihre Konsequenzen gezogen. Zusammen mit dem späteren Vorsitzenden der FDP, Walter Scheel, bildeten sie eine Art »Kraftdreieck«, wie Genscher heute rückblickend sagt. Es sollte 1969 die politische Führung beim »Machtwechsel« übernehmen.

Die Perspektive dieser Politiker war auf Grund der Herkunft eine gesamtdeutsche, die deutsche Einheit absolute Priorität. Genauso wie der Vorsitzende der SPD, Kurt Schumacher, misstrauten sie Bundeskanzler Konrad Adenauer, der ihnen die Einheit nicht auf direktem Wege anzustreben schien. Sie waren enttäuscht von seiner vorsichtigen Reaktion auf die Niederschlagung des Aufstandes vom 17. Juni 1953 in der DDR. Genscher teilte ausdrücklich diese Skepsis gegenüber Adenauer.

Alle Überlegungen über Koalitionen setzten an der Deutschlandpolitik an. Die besondere Rolle der FDP hierbei wurde von den führenden Medien der Bundesrepublik wohl vermerkt. Die neuen Vorschläge, vor allem die des Vordenkers Wolfgang Schollwer, entsprachen dem Zeitgeist. Dabei aber drohte die Partei fast ein Opfer der Medien zu werden. Henri Nannen, der Chefredakteur des Magazins »Stern«, drängte den FDP-Parteivorsitzenden Erich Mende 1967 dazu, in der Deutschlandpolitik noch weiter als bisher zu gehen und die Anerkennung der DDR und der Oder-Neiße-Grenze auch offiziell zu fordern. Er stellte auch die publizistische Unterstützung der Wochenzeitschriften »Der Spiegel«, »Die Zeit«, der Zeitungen »Frankfurter Rundschau«, »Süddeutsche Zeitung« sowie von Journalisten der ARD in Aussicht. Als Mende ablehnte, veröffentlichte der »Stern« die deutschlandpolitischen Papiere Wolfgang Schollwers mit sensationsheischenden Begleittexten (»Keine Angst vor Ulbricht«), was einen wochenlangen Pressewirbel auslöste und die Partei zu einem gewissen Rückzug zwang. Genscher konnte dies damals nicht verhindern, aber er nahm es offenbar als eine Lektion. Kaum einer war vorsichtiger im Umgang mit den Medien, kaum einer hat sie gleichzeitig geschickter als Instrument genutzt als der spätere Außenminister.

Am Anfang war die Empörung über Adenauer. Das Problem war die Perspektive, gleichsam ein kulturelles Problem. Für Adenauer begann östlich der Elbe »Asien«, wie er tatsächlich einmal sagte. Seine geistige Heimat war das karolingische Europa, das Abendland blieb auf den Westen Europas begrenzt. Wie sollte ein Mitteldeutscher wie Genscher dies verstehen können? Das im Grunde sehr einfache Konzept des Bundeskanzlers, dass Deutschland die Wahl zwischen einem »Anschluss an den Westen und einem Anschluss an den Osten« hätte, konnte Genscher nicht nachvollziehen. Immerhin glaubte unmittelbar nach 1945 noch die Mehrheit der Bevölkerung, dass ein vereintes Deutschland eine Rolle zwischen West und Ost spielen, eine Brücke bilden könne, wie der CDU-Politiker Jakob Kaiser und später noch Bundeskanzler Kurt Georg Kiesinger dies vorschlugen.

Auf dieser Logik beruhten ja auch parallele Überlegungen über eine Konföderation beider deutscher Staaten, die die Führung der

DDR, vor allem Ministerpräsident Grotewohl, in den fünfziger Jahren anstellte. Fritz Schäffer, Finanzminister der Regierung Adenauer, hat solche Pläne bei zwei geheimen Besuchen in Ost-Berlin 1955 und 1956 durchaus sondiert. Walter Ulbricht beendete diese Bemühungen dadurch, dass er sie 1958 an die Öffentlichkeit brachte. Hallstein-Doktrin und Berlin-Krise hatten eine weitere Annäherung der beiden deutschen Staaten unmöglich gemacht. Nach dem Fall der Berliner Mauer knüpfte Ministerpräsident Modrow mit seinem Vorschlag einer Vertragsgemeinschaft an die alten Konföderationsideen wieder an. Bundeskanzler Kohl griff diesen Gedanken in seinen Zehn Punkten vom November 1989 zu einem Zeitpunkt auf, als er bereits obsolet war und die Deutsche Einheit sich abzeichnete. Die »Vereinigung von unten« – wie Genscher sagt – war ja schon weit fortgeschritten.

In den fünfziger Jahren hatte Genscher den Plan einer Konföderation verworfen, weil er in seiner realistischen Einschätzung verstand, dass die internationale Konstellation eine Integration Deutschlands in den Westen verlangte. Er hielt diese grundsätzlich für notwendig. Deshalb konnte er – so wie übrigens auch Walter Scheel – den Politikern seiner Partei nicht folgen, die die Römischen Verträge mit dem Argument ablehnten, dass eine Mitgliedschaft Deutschlands in der Europäischen Wirtschaftsgemeinschaft (EWG) die Teilung Deutschlands zementiere. Die Forschung bestätigt heute, dass Adenauers Politik der Westintegration auch einem Misstrauen gegenüber den Deutschen entsprang. Er bezweifelte, dass sie politisch reif seien. Der belgische Gründungsvater der EWG, Paul-Henri Spaak, hatte dies erkannt: »Er (Adenauer) sieht in dieser Politik das wirksamste Mittel und vielleicht das einzige, um Deutschland vor sich selbst zu schützen.« Solche Gedanken sind Genscher nicht ganz fremd.

Die Kritiker Adenauers, zu denen Genscher zählte, meinten zu spüren, dass der Bundeskanzler das Ziel der deutschen Einheit mehr mit dem Kopf als dem Herzen verfolgte. Die Westbindung Deutschlands aber entsprach seiner tiefsten Überzeugung. Insoweit kann Genscher Adenauer folgen. Er vermutet aber, dass Adenauer »nicht sonderlich darunter gelitten (hat), beides – Westbindung und Einheit – nicht gleichzeitig erreichen zu können«. Den Ausgang der Bundestagswahlen 1957 konnte man noch einmal als eine Bestätigung der Außenpolitik Adenauers interpretieren, aber seine sehr zögerliche, hilflose Reaktion auf den Bau der Berliner Mauer am 13. August 1961 kostete ihn seine Popularität und die CDU den Verlust der absoluten Mehrheit. Adenauer wartete damals neun Tage, bis er in die geteilte Stadt flog, und Genscher überlegte: »Will Adenauer wirklich die deutsche Einheit?« Wenige Tage nach dem Beginn des Mauerbaus zeigte sich Adenauer im Gespräch mit dem sowjetischen Botschafter an dem Thema in der Tat relativ uninteressiert. Dies konnte Genscher damals allerdings nicht wissen.

Wie festgefahren das Verhältnis von West und Ost war, fiel den Deutschen umso mehr auf, als die Supermächte nach der Kuba-Krise, als die Welt an den Abgrund eines nuklearen Krieges gelangt war, aufeinander zugingen und die deutsche Frage weiter in den Hintergrund gedrängt wurde. 1964 bekundete der amerikanische Präsident Lyndon B. Johnson seinen Willen, eine »Brücke« zum Osten zu schlagen. Genscher hatte den Wandel der amerikanischen Haltung bereits bei seinem Besuch in Washington im Februar 1962 – zusammen mit Erich Mende – kommen sehen. FDP und SPD zogen daraus die Konsequenzen für ihre Deutschland- und Ostpolitik und ergriffen ihrerseits die Initiative. Auch die Nachfolger Adenauers, Ludwig Erhard und Kurt Georg Kiesinger, hatten versucht, vor allem im Verhältnis zu den osteuropäischen Staaten neue Wege zu gehen. Sie scheiterten aber, weil sie den Kernfragen, dem Verhältnis zur DDR und der Oder-Neiße-Grenze, auswichen. Diese Diskussion blieb vor allem der FDP überlassen, die sie radikaler als die SPD aufgriff.

Für den Bundestagswahlkampf 1961 hatte Genscher zusammen mit dem Bundesgeschäftsführer der FDP, Karl-Hermann Flach, ein angriffslustiges Programm erstellt, in dem der CDU Mangel an Ideen vorgeworfen und »eigene Vorstellungen« angekündigt wurden. Die Denkschrift Wolfgang Schollwers vom Frühjahr 1962 bedeutete eine Wende in der Deutschlandpolitik der FDP, einen Bruch mit den Vorstellungen Reinhold Maiers und Thomas Dehlers. Die Wiedervereinigung Deutschlands wurde in einer Studie mit dem Titel »Verklammerung und Wiedervereinigung« als Fernziel gesehen, das angesichts der Entspannung zwischen den USA und der Sowjetunion nur mit einer langfristigen Strategie erreicht werden könne. Auf dem Weg zu diesem Ziel solle versucht werden, beide Teile Deutschlands durch vertiefte

Zusammenarbeit zu »verklammern«. Davon wiederum erhoffte man sich einen Wandel der DDR, »Entstalinisierung«, wie dies genannt wurde.

Die Konsequenz dieser Überlegungen war ebenso logisch wie radikal: Um eine Entspannung mit dem Osten zu erreichen, musste sowohl eine besondere Form der Staatlichkeit Deutschlands als auch die Oder-Neiße-Linie als polnische Westgrenze anerkannt werden. Die erste Forderung griff der Regierungserklärung Willy Brandts von 1969, in der er von »Zwei Staaten in Deutschland« sprach, weit voraus und übertraf sie sogar in ihrer Konsequenz. Sie stieß auf Widerstand in der Partei, nicht aber bei Genscher.

Die zweite Forderung blieb dann bis zu den Zwei-plus-Vier-Verhandlungen zur Herstellung der Einheit Deutschlands umstritten und unerfüllt. Noch im Sommer 1989 erklärte der damalige Finanzminister Theo Waigel auf einem Treffen der Heimatverbände der Schlesier, dass die deutsche Frage nicht an der Oder-Neiße-Grenze aufhöre. Die außenpolitische Bedeutung dieser Thematik, nicht nur im Verhältnis zu Polen, sondern auch zu den westlichen Verbündeten, hat keiner schärfer als Genscher gesehen. Im Verhältnis des späteren Außenministers zu Bundeskanzler Kohl stellte sie den wichtigsten Konflikt dar, in dem sich Genscher schließlich durchsetzte. Franz Josef Strauß vermutet in seinen Memoiren bei dieser Frage eher eine gewisse Komplizität: »Das Ja zum Polenvertrag, auf das Kohl die Union mit seinen taktischen Winkelzügen hinführte, muss auch als große Gefälligkeit Genscher gegenüber gesehen werden. Spätestens bei der Bonner Wende im Herbst 1982 wurde die Hintergrund-Politik der beiden auch den weniger Eingeweihten bildhaft vor Augen geführt.«[22] Genscher hatte in der Tat gerade bei diesem Thema der Oder-Neiße-Grenze und seiner Bedeutung für die Wiedervereinigung die politische Führung übernommen. Dies galt nicht nur in außenpolitischer, sondern auch moralischer Hinsicht.

Seit seinen Zeiten als Luftwaffenhelfer trieb ihn die Frage der Verantwortung der Deutschen gerade auch für die Leiden der Polen um, der Opfer der Eroberung und Besatzung, der Niederschlagung des Aufstandes im Warschauer Getto und der polnischen Heimatarmee wie auch der Ermordung der Juden. Gleichzeitig war ihm die Bedeutung dieser Frage für die deutsche Außenpolitik, für ihren Handlungsspielraum, bewusst. Deshalb sollte er später die Zwei-plus-Vier-Verhandlungen für eine gemeinsame Initiative mit Frankreich nutzen, um den polnischen Interessen Rechnung zu tragen. Schließlich ist das so genannte »Weimarer Dreieck«, die Absprache über eine besonders enge Abstimmung zwischen der Bundesrepublik, Frankreich und Polen, eine Schöpfung Genschers. Die Zusammenarbeit dieser drei Staaten sollte das Europa repräsentieren, das seine Spaltung überwunden hat. Mit der Wahl des Ortes, an dem Genscher mit Roland Dumas und Krzysztof Skubiszewski 1991 zur Gründung des »Weimarer Dreiecks« zusammentraf, verwies Genscher wieder auf die moralische Dimension. Das Haus Goethes am Frauenplan in Weimar sollte nicht nur Symbol für die kulturelle Seite der Europäischen Einigung sein. »Weimar (ist) mit Blick auf das benachbarte Buchenwald Ausdruck der historischen Verantwortung aus der jüngsten europäischen und das heißt auch deutsch-französischen und deutsch-polnischen Geschichte.«

Genscher wurde bei seinem Engagement in der polnischen Frage möglicherweise auch durch eine Erkenntnis bestärkt, die er selbst in seinen »Erinnerungen« nicht erwähnt, die aber vom Politikwissenschaftler Karl Kaiser heute bestätigt wird.[23] Kaiser hatte 1989, während der Kontroverse über die Oder-Neiße-Grenze, in einem Interview von einem vertraulichen Aktenvermerk aus dem Jahr 1951 berichtet, dass Adenauer in einem Gespräch mit dem amerikanischen Außenminister Dean Acheson festgestellt hatte: »die Bundesregierung stelle keine Ansprüche und verlange keine Bindungen der Alliierten hinsichtlich der Gebiete östlich der Oder-Neiße«.[24] Das Gespräch drehte sich um strittige Fragen der Verträge über die Ablösung des Besatzungsstatuts und die Gründung der Europäischen Verteidigungsgemeinschaft. Der erstaunliche Satz Adenauers steht im Zusammenhang mit der Vereinbarung, dass die Festlegung der endgültigen Grenzen Deutschlands erst in einem Friedensvertrag erfolgen könne.

Das Interview Kaisers schlug hohe Wellen. Das Bundeskabinett befasste sich zwei Mal mit dem Vorgang, Kaiser geriet unter den Druck der Presse. Auch Genscher horchte auf und ließ im Archiv des Auswärtigen Amts nachforschen. Er sprach mit Egon Bahr (oder Willy Brandt) am Telefon darüber und war also offenbar im Begriff, diese Sensation in einer Kernfrage seiner Außenpolitik zu nutzen. Da ereilte ihn ein Herzinfarkt. Danach verfolgte er die Spur nicht weiter.

Der Vorgang aber zeigt eine Parallele zwischen Genscher und Adenauer. Beide waren sich der übergeordneten Bedeutung der Oder-Neiße-Frage für die deutsche Außenpolitik bewusst. Ohne das geheime Zugeständnis Adenauers, das ihm eine formale und öffentliche Festlegung ersparte, hätten die Alliierten sich nicht auf die Wiedervereinigung als Ziel der deutschen Politik verpflichtet. Genau 40 Jahre später war es Genscher, der bei den Verhandlungen über die Herstellung der Deutschen Einheit das Vertrauen der Vier Mächte auch dadurch erwarb, dass er kompromisslos für einen endgültigen Vertrag über die Grenze zu Polen eintrat. Die entsprechenden Formulierungen seiner Rede vor der Generalversammlung der Vereinten Nationen am 27. September 1989 finden sich in der gemeinsamen Entschließung des Bundestags vom November 1989 wieder:»Es (das polnische Volk) soll wissen, dass sein Recht, in sicheren Grenzen zu leben, von uns Deutschen weder jetzt noch in Zukunft durch Gebietsansprüche in Frage gestellt werden wird.«

Hier drängt sich ein weiterer Vergleich auf: Adenauer wird – in Anspielung auf den »cauchemar des coalitions« Bismarcks – der »Alptraum« nachgesagt, dass die Alliierten über die Köpfe der Deutschen hinweg und auf ihre Kosten zu einer Einigung mit der Sowjetunion kommen. Das Verlaufsprotokoll der Besprechung zwischen Adenauer und Acheson vom 21. November 1951[25] zeigt, wie geschickt Adenauer den Gesprächspartner in dieser Hinsicht zu einem Bekenntnis provoziert. Er fragte den amerikanischen Außenminister, »ob irgendwelche Versuche vorlägen, Deutschland zum Objekt einer Verständigung mit Sowjetrussland zu machen«. Acheson beeilte sich, Adenauer zu versichern, dass »man von keiner Seite gewagt habe, an ihn mit einem Plan heranzutreten«. Adenauer versäumte nicht, »katastrophale Folgen etwa solcher Versuche« zu beschwören. Das Zugeständnis in der Oder-Neiße-Frage war auch ein Preis dafür, dass Deutschland sein Schicksal in die eigenen Hände nehmen konnte. Die Parallele zu Genscher läge darin, dass dieser durch seine klare Haltung in der Frage der polnischen Westgrenze Handlungsspielraum gegenüber den Vier Mächten in den Verhandlungen über die Deutsche Einheit gewann.

In den sechziger Jahren war die Forderung nach Anerkennung der Oder-Neiße-Grenze in der FDP noch sehr umstritten. Auf ihrem Parteitag in Hannover 1967, der die neue Deutschlandpolitik diskutieren sollte, stand die FDP in dieser Frage vor einer Zerreißprobe. Der Konflikt, der mitunter zu tumultartigen Szenen führte, entzündete sich an der Frage der Oder-Neiße-Grenze, weniger am Verhältnis zur DDR. Wie konnte man über die traditionelle Haltung der FDP, dass über die Grenzen Deutschlands endgültig erst ein Friedensvertrag entscheiden könne, hinausgehen, ohne die Partei zu spalten? Um eine Lösung zu finden, bedurfte es schon besonderer Fähigkeiten in Politischer Führung.

Genscher fand schließlich den Kompromiss, der die Partei in dieser wichtigen Frage voranbrachte und nicht nur die Entscheidung vertagte. Er hatte an diesem Parteitag allerdings gar nicht teilgenommen, weil er krank zu Hause in Bad Godesberg lag. Genscher bestreitet heute entschieden, dass seine Abwesenheit angesichts der unübersichtlichen Lage auf dem Parteitag eine Vorsichtsmaßnahme war. Man traute ihm eben immer wieder eine unbegrenzte Anzahl von taktischen Varianten zu. Es steht fest, dass er an den Folgen einer Operation eines doppelten Leistenbruchs und an entsprechenden Wundschmerzen litt. Jedenfalls wurde er vom damaligen Bundesgeschäftsführer der FDP, Hans Friderichs, zu Hause angerufen, als die Führung der Partei in der Frage der Oder-Neiße-Grenze völlig ratlos war. Genscher diktierte am Telefon den Kompromiss, »dass eine mögliche Zusammenführung der getrennten Teile Deutschlands nicht an territorialen Fragen scheitern dürfe«[26].

Genscher hatte die Deutschlandpolitik seiner Partei zu einem Zeitpunkt erneuert, als das Auswärtige Amt unter der Führung Willy Brandts erst begann, die bisherige Haltung der Bundesregierung zur Oder-Neiße-Grenze zu überprüfen. 1967 ernannte Brandt den Diplomaten Georg Ferdinand Duckwitz zum Staatssekretär im Auswärtigen Amt. Duckwitz wurde dort neben Bahr zu seinem engsten Vertrauten. Er hatte schon gegenüber Außenminister Gerhard Schröder in einer Aufzeichnung angeregt, dass Bundeskanzler Adenauer dem »deutschen Volk ... die Wahrheit über die außenpolitische Situation der Bundesrepublik« sage, nämlich »dass wir die Rechnung für den letzten Krieg noch keineswegs bezahlt haben«. Der Preis sei die Anerkennung der Oder-Neiße-

Grenze.[27] Dieser Auffassung seien auch die Verbündeten der Bundesrepublik. Duckwitz führte die Verhandlungen zum Warschauer Vertrag von 1970. Walter Scheel brachte sie zu einem Abschluss, nachdem er im November 1970 Außenminister geworden war. Der Moskauer Vertrag vom August 1970 hatte zwar schon festgestellt, dass die Oder-Neiße-Linie die Westgrenze Polens sei. Die polnische Regierung aber hatte sich irritiert darüber gezeigt, dass eine deutsche und die sowjetische Regierung sich ein weiteres Mal in der Geschichte über die polnischen Grenzen geeinigt hatten. Sie bestand auf einem eigenen Vertrag.

Die SPD erkannte sofort, dass die Deutschlandpolitik der FDP in großer Bewegung war. Das neue Aktionsprogramm der Partei enthielt Formulierungen, die an Egon Bahr erinnerten, wie etwa das Wort vom »Wandel durch Annäherung«. Die Entwicklung der FDP verlief aber eigenständig. Die Partei konnte in der Opposition auch weiter gehen als die SPD, die Regierungspartei war. Dies zeigte sich in der Reaktion der SPD auf den damals sensationellen Entwurf der FDP über einen Generalvertrag zwischen der Bundesrepublik Deutschland und der DDR vom Januar 1969. Die DDR hatte im September 1967 einen solchen Vertrag aus ihrer Sicht vorgestellt. Genscher begründete im April 1968 im Bundestag die Notwendigkeit einer eigenen Initiative auf seine unnachahmliche Art praktischer Vernunft: »Wenn die andere Seite uns einen Vertragsentwurf über die Gestaltung unseres Verhältnisses zueinander vorlegt, warum machen wir denn nicht auch einen solchen Vorschlag, mit dem die andere Seite sich auseinandersetzen muss?«

Er plädierte also dafür, dass die Bundesrepublik die Initiative behielt, so wie es seinem Verständnis von Gestaltung in der Politik entsprach. Der damalige Bundesminister für Gesamtdeutsche Fragen, Herbert Wehner, bezeichnete die Äußerungen Genschers damals als »immerhin interessant«. Aber im Gespräch mit Genscher und Mischnick bei einem Frühstück bei Wehner zu Hause teilte dieser mit, dass die SPD ein solches Projekt nicht unterstützen könne. »So nicht und jetzt nicht«, sagte er am nächsten Morgen im Bundestag. Die Große Koalition konnte sich im Unterschied zur FDP deutschlandpolitisch weniger bewegen.

Genschers Einfluss auf die Außenpolitik seiner Partei war also schon beträchtlich, bevor er im Jahr 1965 – 38-jährig – ein Bundestagsmandat errang und zum Parlamentarischen Geschäftsführer gewählt wurde. Dies allerdings war eine Schlüsselposition, in der er die Politik seiner Fraktion noch weit stärker als bisher gestalten konnte und dies auch wollte. »Meine ganze Arbeitskraft widmete ich der Fraktion«, erinnert er sich. Er verfügte über die reiche Erfahrung einer inzwischen neunjährigen Arbeit in der Fraktion und konnte sich mit allen Bereichen der Politik vertraut machen. Sein Hauptinteresse aber galt weiterhin der Außen- und Deutschlandpolitik. Seine starke Stellung beruhte auch darauf, dass der Vorsitzende der Fraktion, Knut Freiherr von Kühlmann-Stumm, ihm weitgehend freie Hand ließ. Dies galt auch für Auftritte in der Öffentlichkeit, die Genscher nutzen konnte, um nicht nur die Deutschlandpolitik der FDP zu erklären, sondern ihr auch ein Profil zu geben. Ihm wurde klar, dass es in der Deutschlandpolitik kaum noch Gemeinsamkeiten mit dem Koalitionspartner CDU, wohl aber zunehmend mit der SPD gab. Genscher dachte damals über eine »Flucht nach vorn« seiner Partei nach. In dieser Situation gewann sein eigenes Konzept Konturen.

Im Rückblick erklärt er selbst, worin sein eigener, besonderer Ansatz bestanden habe. Er beklagt, dass es damals eben keine Politik des Westens gegenüber dem Osten gegeben habe. Er vermisst Konzepte: »Dann gab es eben Ereignisse, die nach meinem Gefühl nicht mit einer Politik beantwortet wurden. 17. Juni 1953, großer Protest gegen die gewaltsame Niederschlagung des Aufstands, aber nichts kommt nach. 1956 Ungarn, in Polen immer wieder, 1968 Prag und dazwischen am 13. August 1961 Bau der Mauer. Proteste. Da war ich der Meinung, der Westen muss etwas unternehmen.«[28] Was aber sollte er unternehmen? Genschers Kreativität besteht darin, dass er die Ereignisse anders interpretiert, als dies üblich ist. Der Bau der Berliner Mauer und das Fehlen einer westlichen Reaktion war für ihn nicht nur eine Bestätigung der Interessensphären: »Man kann ja heute sagen, dass im Grunde der Bau der Mauer der Anfang vom Ende des Sozialismus war, weil mit dem Bau der Mauer man eingestanden hat, dass man den Wettbewerb der Systeme für verloren hält. Also was macht der Osten? Was immer der Fall ist, wenn einer sich etwas Neuem unterlegen fühlt: Er igelt sich ein. Wie soll ich sagen, ein Wagenburg-Denken. Machen wir den Laden zu.«

Die Sowjetunion hielt er im Grunde für schwach. Er vermutet auch, dass der Bau der Mauer auf eine Initiative Walter Ulbrichts zurückging, nicht auf ein Machtwort der sowjetischen Regierung. Ulbricht hätte demnach Chruschtschow so lange bedrängt, die Flucht aus der DDR unterbinden zu können, bis dieser »die Wand hochging«[29] und zustimmte. Genscher hatte schon 1966 dazu geäußert: »Die kommunistische Sperrmauer ist nicht auf Befehl des Kreml entstanden, wie viele Maßnahmen vorher im sowjetischen Besatzungsbereich. Sie ist vielmehr das Ergebnis beharrlicher Intervention der SED, der schließlich der Kreml zustimmte, nachdem er sich der ausdrücklichen Unterstützung der osteuropäischen Regierungen versichert hatte.«

Diese Bewertung wird auch dadurch grundsätzlich bestätigt, dass er damals schon nicht von einem monolithischen Block im Osten ausging, sondern von einer gewissen Vielfalt nationaler Interessen. Seine Entspannungspolitik war nicht einseitig auf Moskau ausgerichtet. Er ging mehr als andere deutsche Politiker auf die mittel- und osteuropäischen Staaten zu. Diese Schlussfolgerung hat sich als richtig herausgestellt, wenn auch die These von der Selbstständigkeit der DDR von der Forschung noch einmal überprüft wurde. Demnach hätte Nikita Chruschtschow zwar am 20. Juli 1961 Ulbrichts Bitte entsprochen, die Sektorengrenzen in Berlin schließen zu können. Dann aber habe Chruschtschow den Oberkommandierenden der Gruppe der Sowjetischen Streitkräfte in Deutschland beauftragt, die Sektorengrenzen zu sichern, also die Mauer zu bauen.[30]

Genscher kommt auch zu anderen Schlüssen über die Initiative des Generalsekretärs Leonid Breschnew für eine Europäische Konferenz über Sicherheit und Zusammenarbeit. In der »Bukarester Erklärung« vom Juli 1966 kam der Warschauer Pakt auf eine von der Sowjetunion seit den fünfziger Jahren verfolgte Idee zurück. Sicherheit in Europa sollte durch die Auflösung der Bündnisse, den Abzug aller ausländischen Truppen, die Errichtung von kernwaffenfreien Zonen, den Verzicht der Bundesrepublik Deutschland auf Kernwaffen sowie durch die Anerkennung der Grenzen erreicht werden.

Im Unterschied zu den meisten anderen deutschen Politikern sah Genscher in diesem Vorhaben eine Chance. »Es wurde über Deutschland gesprochen und wir waren dabei.« Er ahnte, dass es eigentlich ein defensives Konzept der Sowjetunion war, sich durch die Konferenz den Status quo in Europa bestätigen zu lassen. Dem konnte eine völlig andere Perspektive entgegengehalten werden. Genscher schien sich sogar über den Vorschlag Breschnews zu wundern, der ihm gar nicht im sowjetischen Interesse zu liegen schien, und vermutete, dass die Sowjetunion »die Vorstellung, ganz Europa unter ihren Einfluss bekommen zu können, wahrscheinlich schon aufgegeben« habe. Genscher sah damals schon, dass diese Konferenz eher zur Öffnung des Systems als zu seiner Festigung beitragen müsse. Damals aber stand er mit einer solchen Voraussage ziemlich allein. »Sowohl die harten Leute im Osten schätzten es falsch ein, nämlich als ungefährlich für sie, und die im Westen schätzten es irrtümlich als gefährlich für den Westen ein.«

Der sowjetischen Führung blieb der wachsende Einfluss Genschers auf die Deutschland- und Entspannungspolitik der FDP nicht verborgen. Möglicherweise rechnete sie auch mit einer Beteiligung der FDP an der Bundesregierung nach der Bundestagswahl 1969. Als Genscher zusammen mit Scheel und Mischnick im Juli 1969 Moskau besuchte, wurde die Gruppe jedenfalls vom ranghöchsten Mitglied der sowjetischen Regierung, dem Vorsitzenden des Ministerrats der UdSSR, Alexej Kossygin, empfangen. Dies hatten die Politiker der FDP zur Bedingung gemacht. Es ist bezeichnend, dass die SPD-Politiker Helmut Schmidt, Egon Franke und Alex Möller, die einen solchen Besuch in Moskau nur wenig später, Ende August desselben Jahres, abstatteten, weder ein Gespräch mit Kossygin noch mit Generalsekretär Breschnew führen konnten. Botschafter Helmut Allardt verfertigte über den Besuch der FDP-Politiker einen merkwürdig inhaltsarmen Bericht, der trotzdem vertraulich eingestuft ist. Immerhin kann man ihm entnehmen, dass das Thema Europäische Sicherheitskonferenz besprochen worden ist und dass die deutsche Delegation den »Eindruck (gehabt hätte), dass die Sowjetunion eine Teilnahme der Vereinigten Staaten und Kanadas nicht ausschließe«.[31] Dies war von Kossygin in früheren Gesprächen unter anderem mit Botschafter Allardt noch zurückgewiesen worden. Die USA einzubeziehen war von Anfang an Genschers Anliegen. Er erinnert sich heute, dass ihn Kossygin gezielt auf die Sicherheitskonferenz ansprach. »Er konzentrierte sich voll auf mich.«

In der Tat war Genscher der erste europäische Politiker mit einigem Gewicht, der sich öffentlich für die sowjetische Konferenzidee zugänglich gezeigt hatte. Worauf gründete sich Genschers erstaunliche Zuversicht, dass er die sowjetische Vorstellung von Sicherheit in Europa für die westlichen Interessen nutzen könne? Wie kann es sein, dass er schon 1966 das Potential dieser Ideen erkannte und die spätere Wirkung der KSZE und ihrer Schlussakte von 1975 voraussah? Hierin liegt eine visionäre Fähigkeit. Mindestens zwei Erklärungen bieten sich an. Einerseits glaubt Genscher grundsätzlich an die Möglichkeit und Notwendigkeit, politisch zu gestalten und vorhandene Situationen verändern zu können. Er versteht Geschichte als Prozess, der auch von Ideen getrieben ist; er besitzt ein fast idealistisches Geschichtsbild. Zum andern war er im Jahr 1966 im Begriff, eine eigene Konzeption europäischer Sicherheit zu entwickeln. Er verstand die Logik des sowjetischen Ansatzes, kam aber natürlich zu ganz anderen Schlussfolgerungen.

Stuttgarter Rede

Genschers Stuttgarter Rede von 1966[32] enthält sein außenpolitisches Konzept, dessen Umsetzung man bis zu seinem Rücktritt als Außenminister 1992 verfolgen kann. Sie ist wohl die wichtigste Rede seiner ganzen Karriere. Anlass war der 20. Jahrestag der Rede des amerikanischen Außenministers James F. Byrnes in Stuttgart. So wie dieser dort eine neue amerikanische Deutschlandpolitik angekündigt hatte, besaß Genscher den Ehrgeiz, »einen Entwurf für eine künftige Deutschlandpolitik« der Bundesregierung vorzustellen. Byrnes war im Jahr seiner Stuttgarter Rede vom »TIME Magazine« zum »Mann des Jahres« gewählt worden. Die Redaktion schrieb ihm den größten Einfluss auf die Welt des Jahres 1946 zu. Die Begründung hatte weniger mit seiner Rede zu tun als damit, dass er nicht nur an den beiden wichtigsten Konferenzen über Deutschland, in Potsdam 1945 und in Paris, teilgenommen, sondern maßgeblich zur Entscheidung Präsident Trumans zum Abwurf der ersten Atombombe auf Japan beigetragen hatte.

Byrnes' Vorschläge zum Wiederaufbau Deutschlands waren eher praktischer Art, während Genschers Rede fast ein historisches Konzept bietet. Byrnes forderte die wirtschaftliche Vereinigung Deutschlands, also letztlich die Aufhebung der Zonengrenzen, damit Deutschland seine wirtschaftlichen Probleme selbst lösen könne, um nicht anderen Staaten zur Last zu fallen. Auf dieser Grundlage trat er dann für eine vorläufige deutsche Regierung und die Erarbeitung einer Verfassung ein. Für ihn hing vom erfolgreichen Wiederaufbau nicht nur das künftige Wohlergehen Deutschlands, sondern auch das Europas ab. Mit diesem Satz begann die Westbindung Deutschlands, in einem Europa, das geteilt war. In Genschers Konzept dagegen bildet das ganze Europa den Rahmen, in dem die deutsche Einheit verwirklicht werden soll. Die deutsche Frage wird sozusagen europäisiert, wie er an anderer Stelle sagt. Die wichtigste Aufgabe deutscher Politik besteht für Genscher darin, »die Voraussetzungen herbeizuführen, unter denen eine friedliche und freiheitliche Lösung der deutschen Frage möglich ist«.

Ein Problem dadurch zu lösen, dass man die Bedingungen, den Rahmen für dessen Lösung schafft, ist die wohl wichtigste Grundregel seiner Diplomatie. Schon der junge Politiker hatte sie offenbar im Kopf. Er nimmt Umwege in Kauf, er geht indirekt vor. So vermeidet er direkte Auseinandersetzungen. So ermöglicht er den Gesprächspartnern, das Gesicht zu wahren. Auch für die Zwecke der Analyse ist es sinnvoll, die zu behandelnde Frage in einem Rahmen zu betrachten. So werden die vielen Dimensionen eines Problems sichtbar, die Zusammenhänge. Die Kernfrage lässt sich aus verschiedenen Blickwinkeln verstehen. Darin ist Genscher ein Meister. Er verliert dabei das Ziel nicht aus dem Blick. Das Ziel ist die deutsche Einheit. Der Rahmen ist das ganze Europa, unter Einschluss der mittel- und osteuropäischen Staaten, einschließlich der Sowjetunion. Deren Sicherheitsinteressen versteht Genscher und stellt sie, soweit vertretbar, in Rechnung. Insoweit folgt er den frühen deutschlandpolitischen Initiativen der FDP.

Seine Strategie aber geht noch darüber hinaus. Die europäische Politik soll so gestaltet werden, dass die deutsche Einheit schließlich auch im Interesse der Sowjetunion liegt, dass sie »als eine logische Konsequenz und nicht als Folge einer Kapitulation der Kommunisten in Moskau, Osteuropa und Ost-Berlin« erscheint, wie Genscher sagt. Hierin sieht er mit Recht den Gegensatz seines Ansatzes zu Adenauers Politik der Stärke. Gleichwohl vernachlässigt Genscher nicht das Problem der Sicherheit. Er lässt nicht den geringsten Zweifel daran, dass die USA Teilnehmer der Europäischen Sicherheitskonferenz sind.

Genscher war mit seiner Stuttgarter Rede entsprechenden Überlegungen der westlichen Allianz um ein Jahr voraus. 1967 hatten sich die Mitgliedstaaten der NATO im sogenannten »Harmel-Bericht« unter Leitung des belgischen Außenministers Pierre Harmel auf eine Art Doppelstrategie der Allianz geeinigt: Um »eine gerechte und dauerhafte Friedensordnung in Europa« zu errichten, wollte man beides verfolgen: eine gesicherte Verteidigung des Westens und eine politische Entspannung mit dem Osten. Im Bericht wird ausdrücklich festgestellt: »Militärische Sicherheit und eine Politik der Entspannung stellen keinen Widerspruch, sondern eine gegenseitige Ergänzung dar.«[33] Tatsächlich aber sah die Allianz Sicherheit als die Voraussetzung von Entspannung an und nicht umgekehrt. Diese Reihenfolge wurde von manchem Entspannungspolitiker der SPD, der sich auf das Harmel-Konzept berief, übersehen. Genscher erinnert sich, dass die deutschen Politiker das Konzept »wie eine Monstranz vor sich hergetragen« hätten. Jeder interpretierte es wohl in seinem Sinne. Für die Sicherheitspolitik auch in der Bundesrepublik aber war das Harmel-Konzept ein konzeptioneller Durchbruch. Es bestätigte manches, was Genscher in seiner Stuttgarter Rede entworfen hatte.

In einem Punkt aber ging er über die damalige Strategie der NATO hinaus. In ihr war von einem Beitrag der Abrüstung zur Sicherheit noch keine Rede. Genscher stellte sich schon damals vor, durch Abrüstung und Rüstungskontrolle zu einem militärischen Gleichgewicht mit der Sowjetunion auf niedrigerem Niveau zu gelangen. Eine weitere Innovation in seinem sicherheitspolitischen Denken ist ein neues Verständnis von Gewaltverzicht. Die Sowjetunion verstand unter diesem Prinzip die Bestätigung der Grenzen in Europa, einschließlich derjenigen zwischen der Bundesrepublik Deutschland und der DDR. Die deutsche Einheit wäre damit ausgeschlossen gewesen. Genscher besteht in seiner Stuttgarter Rede mit Blick auf die innerdeutsche Grenze auf der Möglichkeit, diese mit friedlichen Mitteln zu ändern. »Ein Gewaltverzicht für die Veränderung der innerdeutschen Demarkationslinien stellt keine Einschränkung unserer Handlungsmöglichkeiten dar, denn niemand kann im Ernst Gewalt als Mittel zur Lösung der deutschen Frage betrachten.« Neun Jahre später setzte er dieses Prinzip des friedlichen Wandels (peaceful change) bei den Verhandlungen über die Schlussakte der Konferenz über Sicherheit und Zusammenarbeit in Europa mit Hilfe seines amerikanischen Kollegen Henry Kissinger und gegen den Widerstand des sowjetischen Außenministers Andrej Gromyko durch.

Außenpolitische Doktrinen beurteilte Genscher vor allem danach, inwieweit sie den Handlungsspielraum der Außenpolitik erweitern oder verengen. Aus diesem Grund lehnte er die sogenannte »Hallstein-Doktrin« ab, die in den sechziger Jahren die deutsche Außenpolitik blockierte. Benannt nach dem Staatssekretär im Auswärtigen Amt, Walter Hallstein, zielte sie auf die Isolierung der DDR in der internationalen Politik. Wenn andere Staaten diplomatische Beziehungen zur DDR aufnahmen, wurde dies von der Bundesregierung als »unfreundlicher Akt« angesehen. Grundlage war der Anspruch, die einzige demokratisch gewählte Vertretung des deutschen Volkes zu sein. Erst Bundeskanzler Willy Brandt gab die Hallstein-Doktrin auf. Sie stand im Widerspruch zur Entspannungspolitik. Diese Konsequenz hatte Genscher schon Jahre vorher, in seiner Stuttgarter Rede gezogen: »Alleinvertretungsanspruch als juristische Doktrin mit automatischen Wirkungen ohne Differenzierungen kann ... zur Selbstisolierung führen.«

Genscher wandte sich ferner dagegen, die Deutschlandpolitik nur auf einen Staat, die Sowjetunion, auszurichten. Auch dies schränke den eigenen außenpolitischen Handlungsspielraum ein. Das war eine Kritik am Ansatz der SPD, die er in der Stuttgarter Rede formulierte. Deutschlandpolitik »muss die Vielfalt Osteuropas einbeziehen und darf Mitteldeutschland nicht aussparen«. Im Verhältnis zur DDR setzte er auf friedlichen Wandel. Seine Politik der »innerdeutschen Verklammerung«, wie er sie in Anlehnung an Schollwer nannte, zielte auf »ein Höchstmaß an Kommunikation«, an Kontakten und Austausch zwischen beiden Teilen Deutschlands. Er hoffte, die Lösung praktischer Probleme werde das Gefühl der Zusammengehörigkeit bei den Deutschen stärken. In diesem Punkt waren sich FDP und SPD ja einig, wie sich bei den Verhandlungen des Berliner Senats mit der DDR über Passierscheine schon Anfang der sechziger Jahre gezeigt hatte.

In Berlin hatte sich 1963 eine sozialliberale Koalition zusammengefunden mit dem Ziel, Bewegung in die Deutschlandpolitik zu bringen. Dies wollten Brandt und Bahr genauso wie Erich Mende in Bonn. Genschers Vorstellung aber unterschied sich von den Vorstellungen der SPD vor allem darin, dass er »Dritte Wege«, die die beiden deutschen Staaten gehen könnten, oder die damals viel diskutierte »Konvergenz der Systeme« ausschloss. Er war von der Überlegenheit des westlichen Systems überzeugt. Er glaubte fest an die Anziehungskraft der westlichen Werte, was der frühen »Magnettheorie« ähnelte, wie sie etwa Kurt Schumacher nach dem Krieg vertrat. Insofern nahm er eine eigenständige Haltung ein, zwischen der CDU einerseits, die auf Abgrenzung gegen die DDR bestand, und der SPD andererseits, die Werte und Systeme nicht in der Schärfe unterschied, wie Genscher dies tat.

Die »Stuttgarter Rede« hat in der Öffentlichkeit nicht dieselbe Aufmerksamkeit erregt, wie sie dem Auftritt Egon Bahrs 1963 in Tutzing zuteil wurde. »Wandel durch Annäherung«[34] ist eines der Schlagwörter, die Geschichte gemacht haben. Dabei stellt Genscher nichts Geringeres als ein ganzes Konzept vor, während Egon Bahr seine Ausführungen selbst nur als »Methodik« bezeichnet. Er erhebt gar nicht den Anspruch, ein Konzept ausgearbeitet zu haben. Beide Reden hatten grundsätzliche Bedeutung, und sie wiesen erstaunliche Parallelen auf. Genscher wie auch Bahr wandten sich gegen Adenauers »Politik der Stärke«; sie riefen beide dazu auf, die Deutschlandpolitik »neu zu durchdenken«. Eine Anerkennung der DDR kam weder für Genscher noch für Bahr in Frage. Sie vertrauten auf die Anziehungskraft des Westens, also darauf, »dass unsere Welt die bessere ist ...und sich durchsetzen wird«, wie Bahr meinte. Eine Destabilisierung der DDR wollte er auf jeden Fall vermeiden: »Es ist eine Illusion zu glauben, dass wirtschaftliche Schwierigkeiten zu einem Zusammenbruch des Regimes führen könnten.« Vielmehr wollte er durch wirtschaftlichen Austausch die Lebenssituation der Bevölkerung in der DDR verbessern und auf diesem Weg zur Entspannung beitragen. Genscher dagegen setzte auf verstärkte Kontakte der Deutschen aus West und Ost, um das Zusammengehörigkeitsgefühl zu stärken. Bahrs These, dass Spannung die Spaltung vertieft, dass wirtschaftliche Probleme der DDR das Regime stärken, wurde durch die Ereignisse von 1989 widerlegt.

Beide Politiker waren sich schließlich darin einig, dass die deutsche Frage nur in einem größeren Rahmen zu lösen war. Genscher nennt ihn Europa, Bahr Ost-West-Konflikt. Natürlich kam es auf die Nuancen an. Sie führten in der Folge zu wichtigen Unterschieden zwischen den Konzepten: Beide sehen zwar die Geschichte als Prozess und gründen darauf ihre Hoffnung auf Veränderungen. Bahrs Ausführungen aber lassen schon den Primat der Stabilität, der Sicherheit erkennen, was zum Problem der sozialdemokratischen Deutschland- und Entspannungspolitik werden sollte. In Anlehnung an die Gedanken John F. Kennedys schlug er vor, den Status quo in Europa dadurch zu überwinden, »indem der Status quo zuerst nicht verändert werden soll«. Übereinstimmung zwischen Genscher und Bahr bis in die Wahl der Worte hinein scheint sich im Verständnis von einer Diplomatie zu zeigen, die auch die Interessen der anderen Seite in Rechnung stellt.

Gleichzeitig deutet sich hierin der wichtigste Unterschied zwischen beiden Konzepten an. Für Bahr war der Partner für seine Entspannungspolitik vor allem Moskau. Genscher dagegen erkannte sehr früh, dass es auch im sogenannten Ostblock eine Vielfalt von Interessen und damit an möglichen Partnern gab, die allesamt versuchten, ihren Handlungsspielraum gegenüber der Sowjetunion zu erweitern. Er denkt hier übrigens nicht nur an die Regime, sondern – im Unterschied zu Bahr – auch an die Zivilgesellschaft, die späteren Bürgerbewegungen. Die frühe Deutschland- und Entspannungspolitik der FDP war eine originäre Leistung, keine bloße Orientierung an den Ideen der SPD. Die FDP war in der Koalition mit der SPD mehr als ein »Korrektiv«. Heino Kaack belegt in seinem Standardwerk über die FDP, dass deren Deutschland- und Entspannungspolitik weitgehend unabhängig von der SPD entstand.[35]

Machtwechsel

War die Stuttgarter Rede ein Vorbote des sogenannten »Machtwechsels« von 1969? Es ist jedenfalls schwer zu glauben, dass Genscher dies nicht so gesehen hat. Immerhin spricht er sich hierzu heute etwas deutlicher aus als in seinen »Erinnerungen«: »Die

Regierung CDU/CSU und FDP war verbraucht im Herbst 1966. Ein neuer Anfang musste gemacht werden, wobei es seit den fünfziger Jahren eine intensive deutschland- und außenpolitische Debatte gegeben hat.«[36] Es war die Außenpolitik, die beim »Machtwechsel« den Ausschlag gab, ähnlich wie dies später auch bei der so genannten »Wende« der Fall war. Willy Brandt sagte im April 1969, fünf Monate vor den Wahlen zum Bundestag, dass »das, was wir die Deutschlandpolitik nennen ... bei der Entscheidung, die im Herbst zu fällen sein wird, eine Rolle spielen wird«.

Es ging beim Machtwechsel nicht nur um Macht. Insofern ist der Begriff missverständlich. Das Interview vom März 1969, in dem der gerade gewählte Bundespräsident Gustav Heinemann sagte, dass »sich jetzt ein Stück Machtwechsel vollzogen« habe, verursachte jedenfalls große Aufregung in der Öffentlichkeit. Genscher wollte das Profil seiner Partei dadurch schärfen, dass sie in der Deutschlandpolitik gewissermaßen die Meinungsführerschaft übernahm. Die Stuttgarter Rede enthüllte beides, die außenpolitischen Gemeinsamkeiten mit der SPD wie auch den Mangel an diesen mit der CDU/CSU. Letztere reagierte unmittelbar. Franz Josef Strauß verlangte ein Gespräch in der Koalition. Es fand im Arbeitszimmer des Vorsitzenden der CDU/CSU-Fraktion Rainer Barzel statt. Anwesend waren auch Genscher und Mende. Strauß forderte die FDP auf, sich öffentlich von der Rede Genschers zu distanzieren. Mende lehnte dies ab. Am Ausbruch eines offenen Konflikts innerhalb der Koalition aber hatte keine Seite ein Interesse, vor allem nicht die CDU.

Genscher traf bereits 1966 mehrmals mit Egon Bahr zusammen. Diesen hatte Brandt beauftragt, die Möglichkeiten einer Koalition zwischen FDP und SPD auszuleuchten. In Berlin hatte ja eine solche Koalition bei der Deutschlandpolitik, insbesondere bei den Verhandlungen über die Passierscheine, erfolgreich zusammengearbeitet. Bahr erinnert sich jedenfalls, dass Genscher damals ein entschiedener Anhänger der sozialliberalen Koalition war. Auch Willy Brandt war damals dazu bereit, stieß aber auf Widerstand bei Herbert Wehner und Helmut Schmidt. Sie lehnten eine sozialliberale Koalition aus grundsätzlichen Erwägungen ab. Wehner sprach von der »Pendlerpartei«. Schmidt zeigte sich skeptisch über die Chancen einer Mehrheit mit der FDP. Beide Politiker befürworteten im Übrigen die Einführung des Mehrheitswahlrechts, das die Existenz der FDP bedroht hätte.

Das Mehrheitswahlrecht war für die FDP die machtpolitische Seite des Wechsels 1969. Die CDU hatte sich seit der Amtszeit Adenauers für das Mehrheitswahlrecht eingesetzt. In Genschers Augen erwies sich Helmut Kohl dabei allerdings immer wieder als rühmliche Ausnahme. Die Enttäuschung der CDU aber über den »Machtwechsel« konnte ihre Haltung nur verstärken. Als Reaktion auf den »Machtwechsel« und mit Blick auf die 1970 anstehenden Wahlen in fünf Bundesländern wollte der abgewählte Bundeskanzler und Bundesvorsitzende der CDU Kurt Georg Kiesinger die FDP aus den Landtagen »herauskatapultieren, die sich jetzt als Schlüsselfigur der Bundesrepublik betätigt«. Genscher erkannte in diesem Zusammenhang früh die strategische Bedeutung der Wahl des Bundespräsidenten, die im März 1969 anstand. Er nannte sie eine »Weichenstellung«[37]. Wie konnte man den Kandidaten einer Partei wählen, die das Mehrheitswahlrecht einführen will?

Diese Frage hatte Genscher im Vorstand seiner Partei bereits 1967 gestellt. Im August 1968 besprach er mit dem SPD-Abgeordneten und späteren Finanzminister Alex Möller die Frage, wer der nächste Bundespräsident sein sollte. Beide waren übereinstimmend und unabhängig voneinander der Meinung, dass der beste Kandidat Gustav Heinemann sei. Er war von 1966 bis 1969 Justizminister der Großen Koalition. Durch sein Eintreten für gesellschaftliche Reformen und die Stärkung des Rechtsstaats hatte er das Vertrauen der jungen Generation und der Studentenbewegung gewonnen. Genscher hoffte zudem, dass Heinemann auch der neuen Deutschlandpolitik Auftrieb geben könne. Walter Scheel teilte diese Auffassung und brachte sie auch öffentlich zum Ausdruck: »Bei der Wahl des Bundespräsidenten müssen wir Obacht geben, dass wir einen Bundespräsidenten wählen, der in der Frage der Weiterentwicklung unserer Außenpolitik eher von Menschen gewählt wird, wie wir sie brauchen für eine solche außenpolitische Entscheidung.«

Heinemann stand zwar in der Tat der Deutschlandpolitik der FDP nahe, aber seine sonstigen außenpolitischen Vorstellungen fand auch Genscher »illusionär«. Heinemann war in den fünfziger Jahren erbitterter Gegner der Wiederbewaffnung. Als

Adenauer 1950 geheime Verhandlungen mit dem amerikanischen Hochkommissar John McCloy über einen deutschen Beitrag in der damals geplanten Europäischen Armee geführt hatte, ohne das Kabinett und die deutsche Öffentlichkeit zu informieren, war Heinemann als Innenminister zurückgetreten. Nach seiner Meinung sollte die junge Bundesrepublik Deutschland überhaupt auf Streitkräfte verzichten und Neutralität zwischen Ost und West wahren, um die Chance der Wiedervereinigung nicht zu verspielen. Er hatte auch dazu aufgerufen, die Stalin-Noten an die Alliierten vom 10. März 1952 ernsthaft zu prüfen, in denen Stalin ein vereinigtes, aber neutrales Deutschland vorgeschlagen hatte. Vor allem hierbei befand er sich im Gegensatz zu Genscher, der zu diesem Zeitpunkt noch in der DDR war. Genscher erinnert sich daran, dass er sich zusammen mit Freunden damals darüber sorgte, dass die Bundesregierung »auf Stalin hereinfalle«. Ähnlich wie Genscher und Dehler aber rechnete Heinemann 1958 schließlich mit der Deutschlandpolitik Adenauers ab. Genschers politische Strategie ging jedenfalls auf. Die Wahl Heinemanns zum Bundespräsidenten war ein Signal für die kommende Koalition. Genscher hatte den Zeitgeist, vor allem aber die Stimmung in seiner Partei, richtig eingeschätzt: Während vor der Wahl Heinemanns eine Mehrheit von 43,3 Prozent der FDP-Mitglieder eine Koalition mit der CDU/CSU befürworteten, sprachen sich nach der Wahl 43,7 Prozent für eine Koalition mit der SPD aus.

Der »Machtwechsel« 1969 zeigt exemplarisch, wie außenpolitische Inhalte und innenpolitische Strategie voneinander abhängen. Scheel hatte in einer der letzten Wahlsendungen des Fernsehens vor dem Wahltag des 28. September 1969 eine künftige sozialliberale Koalition aus innen- und außenpolitischen Gründen als notwendig bezeichnet. Würde dieses Bündnis aber auch zustande kommen? Der Ausgang der Bundestagswahlen war geeignet, die FDP in eine Krise zu stürzen. Sie hatte mit 5,8 Prozent der Stimmen das schlechteste Wahlergebnis ihrer Geschichte zu verarbeiten. Rein rechnerisch war eine parlamentarische Mehrheit mit der CDU/CSU wie auch mit der SPD möglich.

In dieser Situation zeigte sich Genscher in der Tat als der Meister der Taktik, für den viele ihn hielten. Er verhandelte mit Helmut Kohl über eine mögliche Koalition. Kohl wiederum war von Kiesinger beauftragt, mit Genscher zu sprechen. Kiesinger selbst hatte es in den Jahren zuvor versäumt, Kontakte mit Abgeordneten der FDP zu pflegen. Kohl und Genscher aber kannten sich gut. Kohl hatte eine Koalition seiner Partei mit der FDP schon immer befürwortet. Genscher verhandelte am Wahlabend des 28. September offenbar ernsthaft, zeigte zumindest die für ihn typische freundliche Aufgeschlossenheit, obwohl er eine Koalition mit der SPD für angebracht hielt. Er war eben vorsichtig, weil das Bündnis mit der SPD noch nicht abgeschlossen war. Jedenfalls stand Kohl unter dem Eindruck, dass eine christlich-liberale Koalition zustande kommen werde. Genscher wiederum berichtete später dem Bundesvorstand seiner Partei, dass die CDU in der Wahlnacht zu einem Abkommen mit der FDP bereit war. Genscher hatte Kohl zu einem Zeitpunkt aufgesucht, als Kiesinger auf Grund der Hochrechnungen noch mit einem Wahlsieg rechnete. Er hielt bereits ein Glückwunsch-Telegramm des amerikanischen Präsidenten Richard Nixon in der Hand. Kohl sicherte Genscher zwar eine »faire Partnerschaft« zu. Scheel war aber nicht als Außenminister vorgesehen. Genau dies aber hatte Genscher zu einer Grundbedingung der FDP für Koalitionsverhandlungen genannt. Er empfahl Kohl, die FDP »gerade jetzt nicht zu demütigen«. Kohl verstand dies im Unterschied zu Kiesinger.

Willy Brandt rief Scheel noch am Wahlabend spät, gegen 22.30 Uhr, an. Das persönliche Verhältnis der beiden war gut. Brandt fühlte sich Scheel menschlich näher als Genscher, den er aber als »stärksten Mann« der FDP einschätzte und »den er nicht gegen uns aufbringen möchte«, wie Bahr berichtet.[38] Brandt erinnerte sich, dass Scheel in diesem Gespräch in der Nacht des 28. September 1969 bedrückt und einsilbig war, was angesichts des Wahlergebnisses der FDP nicht erstaunt. Andererseits gab es auch nicht viel zu sagen, weil die angebotene Koalition in der FDP eben als sachlich richtig angesehen wurde. Genscher ist über den Gesprächsverlauf sehr gut informiert. Danach sagte Brandt zu Scheel: »Wir haben zusammen eine Mehrheit. Ich biete Ihnen eine Regierungskoalition an. Ich biete Ihnen an, dass Sie in dieser Regierung das Außenministerium übernehmen und dass die FDP zwei weitere Ressorts Ihrer Wahl hat. Denn ich bin daran interessiert, einen Koalitionspartner zu haben, der in der Regierungsarbeit reüssiert, das heißt, der zu seiner alten Stärke findet.« Scheel erinnert sich, dass Brandt ihn dann fragte, ob er vor die Kameras gehen könne, um seine Kandidatur für das Amt des Bundeskanzlers anzumelden. »Kann ich das machen?« Scheel antwortete mit einem einfachen »Ja, tun Sie das!« Die Verhältnisse waren eben klar. Es reichten vier Seiten eines von Egon Bahr vorbereiteten Papiers, um die außenpolitischen Gemeinsamkeiten von FDP und SPD festzuschreiben.

Kiesinger hatte nicht begriffen, dass die Würfel gefallen waren. Er verstand auch nicht, welche Bedeutung Scheel und Genscher der Außen- und Deutschlandpolitik bei ihren Erwägungen über Koalitionen beimaßen. Noch am 3. Oktober schrieb Kiesinger in einem Brief an Scheel: »Auf dem Gebiet der Außenpolitik und der Deutschlandpolitik wird es notwendig sein, durch eine gründliche Beratung die beiderseitigen Standpunkte zu klären und zu prüfen, ob eine gemeinsame Politik möglich ist.«[39] Eine solche Prüfung war in einer Koalition mit der SPD eben nicht mehr notwendig.

Ostverträge

Wie sind die Verdienste um die Ostverträge, vor allem um den Moskauer Vertrag, verteilt? Die Geschichtsschreibung ist offenbar darin übereingekommen, sie Willy Brandt, Egon Bahr und Walter Scheel zuzuschreiben. Kommt Genscher nur deshalb nicht in Betracht, weil er in der Zeit eben Innen- und nicht Außenminister war? Der Innenminister hatte auf die Vereinbarkeit der Ostverträge mit dem Grundgesetz zu achten. Dessen Präambel forderte das deutsche Volk auf, »in freier Selbstbestimmung die Einheit und Freiheit Deutschlands zu vollenden«. Genscher sollte sein Amt als »Verfassungsminister« dazu nutzen, in die Verhandlungen über den Moskauer Vertrag einzugreifen.

Bundeskanzler Willy Brandt hatte bereits in seiner Regierungserklärung vom Oktober 1969 Verhandlungen mit Moskau, Warschau, Ost-Berlin und Prag angekündigt. Er bot »verbindliche Abkommen über Gewaltverzicht« mit der Sowjetunion und der DDR an. Der berühmte Satz über das Verhältnis zwischen der Bundesrepublik Deutschland und der DDR war von Brandt und Scheel gemeinsam formuliert worden: »Auch wenn zwei Staaten in Deutschland existieren, sind sie doch füreinander nicht Ausland; ihre Beziehungen zueinander können nur von besonderer Art sein.«[40]

Auch Egon Bahrs Rolle ist klar zu erkennen. Er führte als Staatssekretär im Bundeskanzleramt die Gespräche mit Außenminister Gromyko über einen deutsch-sowjetischen Vertrag über Gewaltverzicht vom Januar bis Mai 1970 in Moskau. Das sogenannte »Bahr-Papier«[41], das in Wirklichkeit »Bahr-Gromyko«-Papier heißen müsste, weil es von beiden erarbeitet wurde, gibt die erreichte Einigung wieder: Beide Seiten gingen bei ihren Bemühungen um Frieden und Entspannung in Europa »von der in diesem Raum bestehenden wirklichen Lage« aus. Sie verpflichteten sich, sich »gemäß Artikel 2 der Satzung der Vereinten Nationen der Drohung mit Gewalt oder der Anwendung von Gewalt zu enthalten«.

Diesem Gewaltverzicht folgte die Behandlung der Grenzen in Europa, die Bahr später als »Hauptkonfliktpunkt« bezeichnete, weil damit ja die Frage des Status quo angesprochen war: »Die Bundesrepublik Deutschland und die Sowjetunion stimmen in der Erkenntnis überein, dass der Friede in Europa nur erhalten werden kann, wenn niemand die gegenwärtigen Grenzen antastet. Sie verpflichten sich, die territoriale Integrität aller Staaten in Europa in ihren heutigen Grenzen uneingeschränkt zu achten. Sie erklären, dass sie keine Gebietsansprüche gegen irgendjemanden haben und solche in Zukunft auch nicht erheben werden. Sie betrachten heute und künftig die Grenzen aller Staaten in Europa als unverletzlich, wie sie am Tage der Unterzeichnung dieses Abkommens verlaufen, einschließlich der Oder-Neiße-Linie, die die Westgrenze der Volksrepublik Polen bildet, und der Grenze zwischen der Bundesrepublik und der DDR.«

Das vertrauliche »Bahr Papier« wurde im Juni, der Entwurf des Vertrages im August 1970 von der »Bild-Zeitung« veröffentlicht. Hierdurch wurde nicht nur die deutsche Verhandlungsposition geschwächt. Bahr findet die Veröffentlichung im Rückblick »wahnsinnig störend, weil damit natürlich jedes Wort dieses Papiers und des Vertrages zu einer Bibel wurde, zu einem Text, der nicht mehr zu verändern ist. Das heißt, wir haben es uns selbst und Herrn Scheel damit sehr schwer gemacht, dann die notwendigen kleinen Veränderungen noch vornehmen zu können«[42]. Gerade dies aber konnte doch nicht im Interesse derer liegen, die sehr wahrscheinlich für diese Indiskretion verantwortlich waren, vor allem eines Mitarbeiters der Botschaft in Moskau, der der CDU nahe stand. Bahr glaubt heute zu wissen, wer es war, nennt aber keinen Namen. Die Aufmerksamkeit der Medien erschwerte eine sachliche Diskussion über die neue Ostpolitik. Das Auswärtige Amt war in der Bewertung der neuen Ostpolitik »zerrissen«, wie Arnulf Baring schreibt.

Welchen Anteil hatte nun Walter Scheel, als er die abschließenden Verhandlungen über den Moskauer Vertrag vom Juli bis August 1970 führte? Die Medien begleiteten seinen Einstand als Außenminister sehr kritisch. Er galt als Leichtgewicht. Wie konnte er die damals wichtigste außenpolitische Initiative gleich zu Anfang aus den Händen geben, an das Bundeskanzleramt, an Egon Bahr? Dieser erinnert sich, für seine Verhandlungen in Moskau keine einzige Weisung aus dem Auswärtigen Amt erhalten zu haben. Botschafter Allardt war ohnehin nicht beteiligt. Bahr vermutet, dass Scheel ihm einfach vertraute.

Damit wäre aber noch nicht die Frage der Federführung für die Ostpolitik geklärt. Sie lag vorher beim Auswärtigen Amt. Bahrs Vermutung widerspricht im Übrigen auch der späteren Beteuerung Scheels, er sei ein »Gegner« der Ideen Bahrs gewesen. Jedenfalls kann man sich schwer vorstellen, dass Genscher in derselben Situation zugelassen hätte, dass sich das Auswärtige Amt in dieser Weise dem Bundeskanzleramt unterordnet und damit auch das Gewicht und die Eigenständigkeit der FDP in Frage gestellt wird. Scheel schien sich des Problems bewusst zu werden, aber er zeigte sich gelassen: »Ich werde doch keine Unterschiede zwischen Brandt und mir konstruieren, nur um schneller Profil zu erzeugen.« Andererseits kündigte er im Vorstand seiner Partei im April 1970 an, dass »zwischen Auswärtigem Amt und Kanzleramt die Grenzen wieder geschlossen werden, und die Koordination der Politik ... auf dem üblichen Wege über die politisch Verantwortlichen erfolgen« wird.[43]

Was aber hat Scheel in seinen Verhandlungen in Moskau erreicht, das die Vereinbarungen zwischen Bahr und Gromyko noch wesentlich verbessert hätte? Bei seiner Rückkehr aus Moskau wurde er jedenfalls triumphal empfangen. Das Magazin »Stern« schrieb: »Den wertvollen Herrn Scheel feiern Willy

Brandt und seine Minister jetzt als Glücksbringer. Er hat die sozialliberale Koalition aus der Talsohle der Erfolglosigkeit herausgeführt.«[44] In der Tat hatte sich der Text des Vertrags in zwei sehr wichtigen Punkten noch verändert. Es war erstens keine Rede mehr von der Unantastbarkeit der Grenzen. Es war auch gelungen, die Frage der Grenzen dem Prinzip des Gewaltverzichts nachzuordnen. Die Option auf eine friedliche Veränderung der Grenzen, auch derjenigen zwischen beiden deutschen Staaten, wurde aufrechterhalten.

Zweitens einigte sich Scheel mit Gromyko nach einer langen Unterredung in dessen Datscha über den Text des berühmten »Briefes zur deutschen Einheit«[45]. Genscher zitierte ihn später immer wieder. Der Brief enthält in einem einzigen Satz sein eigenes Konzept. In ihm stellt die Bundesregierung fest, »dass dieser Vertrag nicht im Widerspruch zu dem politischen Ziel der Bundesrepublik Deutschland steht, auf einen Zustand des Friedens hinzuwirken, in dem das deutsche Volk in freier Selbstbestimmung seine Einheit wiedererlangt«. Gromyko weigerte sich allerdings, den Brief persönlich entgegenzunehmen. Er wurde im sowjetischen Außenministerium gegen Quittung abgegeben, womit die sowjetische Seite zwar den Empfang, aber nicht den Inhalt bestätigte. Seit Gromyko aber während der Ratifizierung des Moskauer Vertrags 1972 die zuständigen Ausschüsse des Obersten Sowjet über den Brief unterrichtete, galt er als Bestandteil des Vertrags.

Die politische und historische Bedeutung des »Briefes zur deutschen Einheit« ist immens. Genscher betrachtet ihn als das Schlüsseldokument der Deutschland- und Ostpolitik der Bundesregierung. Der Brief trägt die Unterschrift des Außenministers Walter Scheel. Ist er aber auch sein Werk oder Verdienst? Egon Bahr äußert sich erst heute dazu klarer.[46] Demnach ist der »Brief zur deutschen Einheit« von ihm oder seinem Mitarbeiter, dem Vortragenden Legationsrat des Auswärtigen Amts im Bundeskanzleramt, Carl-Werner Sanne, konzipiert worden. Dies sei schon nach der ersten Runde der Gespräche mit Gromyko geschehen. Der Text sei immer wieder überarbeitet, der Entwurf aus dem Auswärtigen Amt verworfen worden. Die endgültige Fassung beruhe auf dem Text von Bahr, redigiert von Valentin Falin, damals Leiter der Zweiten Europäischen Abteilung des sowjetischen Außenministeriums.

Die Frage, welche Rolle Scheel überhaupt beim Moskauer Vertrag gespielt habe, beantwortet Bahr heute sehr offen: »Ich möchte auch fair bleiben, oder anders gesagt, schonend bleiben. Er hat mit großer Unruhe und Nervosität agiert, wie das Auswärtige Amt ihm empfohlen hatte, und ist sofort hart aufgelaufen.«[47] Selbst diese kritische Bemerkung bleibt deutlich hinter den Sorgen zurück, die Bahr in einem vertraulichen Brief an Bundeskanzler Brandt vom 1. August 1970 äußerte. Bahr beklagte darin, dass Scheel keinen Zugang zu seinem Partner Gromyko gefunden habe. Seine »Eskapaden« hätten seinem Ansehen bei den sowjetischen Verhandlungspartnern sehr geschadet: »Frank (Staatssekretär des Auswärtigen Amtes) und ich schwankten zuweilen zwischen Entsetzen und Verzweiflung bis zur Überlegung, ob er (Scheel) nicht, wie auch immer, aus den Verhandlungen zu ziehen sei.«[48]

Dabei sahen Brandt und Bahr es grundsätzlich im Interesse der Koalition, dass Scheels Rolle sichtbar wurde. Der Vertrag, der für lange Zeit die Grundlage der Beziehungen zwischen Bonn und Moskau bildete, sollte mit beiden Namen, Brandt und Scheel, verbunden sein. In seinem eigenen Urteil über diesen Vertrag zeigt Scheel außenpolitische Weitsicht. Er sieht nicht nur den Beitrag, den der Vertrag zur Entspannung leistet: »Die Bundesregierung werde hierdurch ein bedeutendes Stück außenpolitischer Handlungsfreiheit und auch größeres Gewicht in allgemeinen weltpolitischen Fragen gewinnen.«[49] Hierin lag Scheels wichtigstes Motiv seiner Deutschland- und Entspannungspolitik. Ähnliches ließe sich von Genscher sagen.

Scheel und Genscher waren niemals Konkurrenten. Genscher respektierte Scheel ohne Einschränkungen als den Älteren und Erfahrenen. Aus einem guten, kollegialen Verhältnis war eine Freundschaft entstanden. Aber Genscher und Scheel waren verschieden. Bahr versucht im Rückblick, das Verhältnis zu beschreiben: »Meine Erklärung heißt: Die Chemie stimmte nicht. Dazu mag gekommen sein – das sage ich mit aller Vorsicht –, dass Scheel natürlich wusste, dass – im Augenblick, in dem er Bundespräsident wird, werden wollte – Genscher sein Nachfolger würde. Ob ihm das gefallen hat, ob er das goutiert hat, ob er das richtig fand? Es gibt keinerlei positive Äußerungen der Begeisterung darüber, dass Genscher sein Nachfolger wird. Beide Faktoren mögen zusammengekommen sein.«[50] Der langjährige Weggefährte und damalige Innenminister, Gerhart Baum, hingegen erinnert sich im Gespräch, dass der Umgang sehr freundschaftlich war.[51] Genscher habe als Außenminister oft den Rat des Bundespräsidenten Scheel eingeholt.

Welche Rolle spielte schließlich Genscher im Verlauf der Verhandlungen in Moskau als auch bei der Ratifizierung der Ostverträge im Deutschen Bundestag? Bahr nannte ihn einen »Bremser« und erkannte damit doch indirekt seinen Einfluss an. Er missverstand Genscher insoweit, als er dessen Bedenken über einzelne Bestimmungen des Vertragsentwurfs als bloß taktisch, innenpolitisch oder koalitionspolitisch motiviert abtat: »Er wollte zeigen, dass es ohne den Innenminister, den Verfassungsminister, nicht geht.«[52] Auch wenn daran etwas Richtiges sein mag, wird doch Genschers politische Strategie verkannt. Er sah den Innenminister zu Recht als Wächter des Einheitsgebots im Grundgesetz. Der Moskauer Vertrag durfte nicht im Widerspruch dazu stehen. Dies war für Genscher nicht nur eine juristische, sondern eine politische Frage. Er sah die Gefahr, dass die CDU durch eine Klage beim Bundesverfassungsgericht den Vertrag gefährden könne. Er hatte die innenpolitische Durchsetzbarkeit im Blick. Er sah auch die außenpolitischen Gefahren, die eine Ablehnung des Vertrags durch das Bundesverfassungsgericht herbeiführen konnten. Und dies alles sollte »juristische Spielerei«[53] sein, wie Schmidt dies später im Gespräch nannte?

Genscher war sich seiner einflussreichen Stellung in der Koalition und in der Partei bewusst. Sie reichte über das Amt des Innenministers weit hinaus. Einmal ging er so weit, die Wahrung des Einheitsgebots im Moskauer Vertrag mit seinem Verbleiben im Amt zu verknüpfen. Es war typisch für ihn, bei seinen wichtigsten außenpolitischen Anliegen notfalls auch die Machtfrage zu stellen. In der Sache war er sehr genau, und seine Erfahrungen als Rechtsanwalt kamen ihm zu Hilfe. Er wirft die für Bahr »erstaunliche Frage«[54] auf, ob das Wort »unantastbar« bedeute, dass Grenzen auch mit friedlichen Mitteln nicht geändert werden könnten. Er bestand darauf, dass im endgültigen Vertrag von der Unantastbarkeit der Grenzen nicht mehr die Rede war. Genscher gelang es dann als Außenminister im Jahr 1975, dass die Möglichkeit, Grenzen mit friedlichen Mitteln zu ändern, in der Schlussakte der Konferenz über Sicherheit und Zusammenarbeit in Europa verankert wurde – als »peaceful change«, als friedliche Veränderbarkeit.

Bahr klagte einmal, dass in der Frage der Staatsbürgerschaft die härtesten Einwände von Genscher kämen. Dieser insistierte in der Tat auf der Fortdauer der einheitlichen deutschen Staatsbürgerschaft. Wahrscheinlich ist es auch der Gründlichkeit des »Verfassungsministers« zu verdanken, dass das Bundesverfassungsgericht in seinen Urteilen zum Grundlagenvertrag 1973 nichts zu beanstanden hatte. Genscher hatte dem Auswärtigen Amt für die deutsche Delegation seinen zuständigen Referatsleiter im Innenministerium, Gerhard von Loewenich, an die Seite gestellt. Er sollte darüber wachen, dass der Moskauer Vertrag mit dem Grundgesetz vereinbar war. Die sowjetische Seite war sich der Bedeutung dieses Abgesandten Genschers wohl bewusst. Sie nahm Loewenich, einen Ministerialrat, weit über seinen protokollarischen Rang hinaus wahr.

In Moskau wurde von Scheel außerdem erreicht, dass ein enger Zusammenhang zwischen der Ratifizierung des Moskauer Vertrags und dem Abschluss der Verhandlungen über ein Vier-Mächte-Abkommen über Berlin hergestellt wurde. Für Genscher war Berlin »der Ort, an dem sich die Entspannungspolitik bewähren muss. Hier wird sich zeigen, wie groß das Interesse der Sowjetunion an einer wirklichen Friedenssicherung in Europa ist«[55]. Die Bundesregierung bekannte sich zwar grundsätzlich zu diesem Junktim zwischen Ratifizierung des Moskauer Vertrags und einem Abkommen, das den Zugang nach West-Berlin und die Bindungen zwischen der Bundesrepublik Deutschland und West-Berlin garantierte. Erst solle ein Abkommen der Vier Mächte vorliegen – es wurde im September 1971 unterzeichnet –, dann könne man die Ratifizierung des Moskauer Vertrags einleiten. Diese Reihenfolge wurde dann auch eingehalten.

Welche Rolle spielte Genscher schließlich bei der schwierigen Ratifizierung der Ostverträge? Die Bundesregierung verfügte im Bundestag nur über eine knappe Mehrheit. Die Opposition wiederum war in ihrer Haltung zu den Ostverträgen gespalten. Der Vorsitzende der CDU/CSU-Fraktion, Rainer Barzel, versuchte in dieser Situation, einerseits mit der Drohung einer Ablehnung der Verträge Änderungen in ihnen zu erzwingen, andererseits aber dann die Opposition zur Zustimmung zu bewegen. Genscher war in der Frage der Ostverträge für die Union der glaubwürdigste Partner in der Bundesregierung. Er hatte bei den Verhandlungen mit Moskau gezeigt, dass er wichtige Anliegen der Opposition teilte und wirksam vertreten konnte.

Im April 1972 scheiterte das Misstrauensvotum der Opposition gegen Bundeskanzler Willy Brandt. Zwei Stimmen fehlten Barzel für seine Wahl zum Bundeskanzler, die der Abgeordneten Julius Steiner (CDU) und Leo Wagner (CSU). Beide Stimmen hatte die Stasi für je 50 000 DM gekauft. Wie musste dieser Eingriff der DDR in die deutsche Politik die Haltung eines Menschen wie Genscher zur Entspannungspolitik geprägt haben? Er gehörte zusammen mit Werner Marx (CDU), Franz Josef Strauß (CSU) und Horst Ehmke (SPD) zum Redaktionsausschuss, der die Gemeinsame Entschließung des Bundestags zu den Ostverträgen vorbereitete.

Die Entschließung war in der SPD heftig umstritten. Einige ihrer Politiker glaubten, dass sie das mit der Sowjetunion bisher Erreichte in Frage stelle. In der Tat war es nicht selbstverständlich, dass die Entschließung von der sowjetischen Regierung als offizielles Dokument im Zusammenhang mit dem Moskauer Vertrag angenommen wurde. Die Ostverträge wurden in der Entschließung als »modus vivendi« bezeichnet und damit eigentlich abgewertet. Die Bundesregierung bekräftigte den Vorbehalt des Friedensvertrags, das Selbstbestimmungsrecht der Deutschen, den Vier-Mächte-Vorbehalt für Deutschland als Ganzes und Berlin, die Bindungen Berlins an den Bund sowie schließlich das Bekenntnis zur NATO und zur europäischen Einigung.

Die Ergebnisse der Abstimmung bewiesen, welch beachtliche Leistung die Redaktion der gemeinsamen Entschließung war. Es wurde ein Konsens hergestellt, den es eigentlich gar nicht gab. Die Entschließung wurde zwar fast einstimmig – mit 491 Stimmen bei 5 Enthaltungen – angenommen, aber dem Moskauer Vertrag stimmten nur 248 Abgeordnete zu, 10 stimmten dagegen, 238 enthielten sich der Stimme. Die Bundesregierung hatte ihre Ostpolitik gegen starken Widerstand durchgesetzt und wurde dafür von der Bevölkerung belohnt: Bei den vorgezogenen Bundestagswahlen im November 1972 errangen SPD und FDP einen unerwartet großen Erfolg. Die SPD wurde mit 45,8 Prozent der Stimmen erstmals in der Geschichte der Bundesrepublik stärkste

Fraktion, die CDU/CSU erlitt die schwerste Niederlage seit 1949. Die FDP, die bei den Bundestagswahlen 1969 mit 5,8 Prozent das schlechteste Ergebnis ihrer Geschichte erzielt hatte, konnte sich jetzt deutlich auf 8,4 Prozent erholen.

WENDE

Beim Wechsel der Regierung 1982 setzte Genscher seine politische Existenz aufs Spiel. Die »Wende« markierte den absoluten Tiefpunkt in seinem politischen und vielleicht auch persönlichen Leben. Gegner der Koalition mit der CDU verließen die FDP. Gerhart Baum und Burkhard Hirsch versuchten auf dem Berliner Parteitag der FDP, einen Gegenkandidaten zu Genscher als Parteivorsitzenden aufzustellen. In den Umfragen lag die FDP bei 2 Prozent. Bundeskanzler Schmidt ließ zu, dass in der SPD vom »Verrat« Genschers oder der FDP gesprochen wurde. Schmidts Regierungssprecher Klaus Bölling hatte in seinem Buch »Die letzten 30 Tage des Kanzlers«[56] die Vorgänge sehr einseitig dargestellt und ein übles Charakterbild des Außenministers gezeichnet. Das Buch erschien noch im Jahr der Wende in großer Auflage. Es hat die öffentliche Meinung über Genscher damals nachhaltig geprägt, was auch der Zweck war. Viele der negativen Klischees über Genscher finden sich dort. Bölling nannte Genscher einen »heillosen Anwalt«, einen »Chargenspieler von Rang«. Immerhin gesteht er ihm »furchterregende Intelligenz« zu. Wie aber konnte das Missverständnis verfangen, dass Genscher keinen »inneren Standort« und nichts »mit dem Liberalismus zu tun« habe: »Wofür hat der eigentlich gestanden?« Bei dem engen Verhältnis, das Bölling mit dem Bundeskanzler pflegte, ist anzunehmen, dass er das Urteil Schmidts über seinen Vizekanzler nachhaltig prägte.

War sich Genscher des Risikos bewusst, als er den Koalitionswechsel herbeiführte? Er bestätigt erst heute, dass er der »Kanzlermacher« war: »Ja, das war so.«[57] Sieht er sich als »Architekt« der Wende? »Ja, eindeutig.« Kohl hatte Genscher schon früher bescheinigt, dass ihm das »historische Verdienst der Wende« zufalle. Spätestens seit 1976, als er zum Vorsitzenden der CDU/CSU-Fraktion gewählt und zum Kanzlerkandidaten bestimmt worden war, hatte Kohl gehofft, dass Genscher von der SPD abrücken werde: »Hans-Dietrich, jetzt musst du springen«[58], hieß es damals. Strauß will Genscher bei einem Gespräch Anfang 1981 sogar gefragt haben, ob er unter Umständen als Bundeskanzler einer Koalition mit der CDU/CSU zur Verfügung stehe. Nun war

Genscher nicht als Spielernatur bekannt. Er galt im Gegenteil als sehr vorsichtig. Schon deshalb müssen allzu einfache Erklärungen in die Irre führen. Helmut Schmidt glaubt immer noch: »Die FDP musste ihre Bedeutung beweisen. Und dadurch, dass sie zum zweiten Mal einen Kanzlersturz inszenierte, konnte sie ihre Bedeutung demonstrieren.«[59]

Der Begriff »Wende« für die Vorgänge in diesem Jahr ist eine Schöpfung Genschers. In einem Brief an die Mitglieder der FDP vom 20. August 1981, dem sogenannten »Wendebrief«, hatte er geschrieben: »Eine Wende ist notwendig, im Denken und im Handeln.«[60] Thema war die Wirtschafts- und Finanzpolitik angesichts knapper Kassen. Genscher setzte einem ausufernden Sozialstaat die Forderung seiner Partei nach mehr Eigenverantwortung und Leistungsbereitschaft entgegen. Vielleicht vermutete er auch, dass eine solche Botschaft jetzt einem Trend der öffentlichen Meinung entsprach. Im Sommer 1981 war der »Spiegel« mit dem Titel-Aufmacher erschienen: »Der Wohlfahrtsstaat ist nicht mehr finanzierbar«.

Genscher sah wohl eine Chance, das Profil seiner Partei zu stärken, vielleicht sogar »die geistige Führung zu übernehmen«[61], wie er in seinen »Erinnerungen« schreibt. Nur in der Eigenständigkeit sah er eine Garantie für seine kleine Partei, sich zu behaupten. Er teilte nicht die Auffassung mancher seiner Parteifreunde, die die Koalition von SPD und FDP als »historisches Bündnis« überhöhten. Koalitionen waren für Genscher »Zweckgemeinschaften auf Zeit. Werden sie mehr, verliert mindestens ein Partner – bildlich gesprochen – seine Seele.«[62] Die etwas dramatische Wortwahl zeigt, dass Genscher es ernst mit diesem Argument meint. Eigenständigkeit nimmt in seinem politischen Denken einen ähnlich hohen Stellenwert ein wie das Prinzip der Freiheit im Liberalismus. Eigenständigkeit aber ist nicht nur eine machtpolitische Kategorie. Sie ist nicht vorstellbar ohne einen Inhalt. Bei Genscher ergibt sich dieser Inhalt vor allem aus der dargestellten Entwicklung seines deutschland- und entspannungspolitischen Denkens. Die Historiker kommen heute übereinstimmend zu dem Schluss, dass die FDP insofern zur Kontinuität der deutschen Außenpolitik beitrug, als sie in der Koalition mit der SPD die neue Ostpolitik ermöglichte, um dann mit der CDU eine »realistische Entspannungspolitik« zu garantieren. Der persönliche Anteil Genschers kommt immer deutlicher ans Licht. Walter Scheel hatte Fragen der Koalition ähnlich pragmatisch wie Genscher gesehen. Bereits bei einem Gartenfest im Sommer 1973 hatte er festgestellt, dass der »Vorrat an Gemeinsamkeiten« in der Koalition zu Ende gehe. Es ist legitim, die »Wende« von ihren Ergebnissen her zu bewerten. Die Kontinuität der Außenpolitik ergab sich nicht zufällig, sie wurde herbeigeführt. Genscher hatte die Formel »realistische Entspannungspolitik« schon geprägt, bevor er 1974 Außenminister wurde. Während einige Politiker der SPD noch über eine mögliche »Konvergenz der Systeme« und eine spätere Auflösung der Bündnisse in einer »Europäischen Friedensordnung« spekulierten, betonte Genscher den Gegensatz von Demokratie und Totalitarismus wie auch die Notwendigkeit eines starken westlichen Bündnisses. Schon Anfang 1971 äußerte er sich dazu unmissverständlich in einer Rede in New York: »Die Freiheit ist ein Preis, der in der Politik nicht gezahlt werden kann. Wir wissen, dass unsere Freiheit in der Bundesrepublik von der Freundschaft der Vereinigten Staaten abhängt.«[63]

NATO-Doppelbeschluss

Von hier führt eine direkte Linie zur Durchsetzung des sogenannten NATO-Doppelbeschlusses sowohl gegen den Widerstand in der eigenen Partei als auch in der Regierung. Letzteres war aber eben nur dadurch möglich, dass Genscher die Regierung wechselte, also die Wende betrieb. In der Sache, der Sicherheitspolitik, wusste er sich mit Kohl einig. Diese Übereinstimmung gab es zwar auch mit Schmidt, aber der Bundeskanzler der sozialliberalen Koalition konnte den NATO-Doppelbeschluss, an dessen Entstehung er mitwirkte, nicht in der eigenen Partei durchsetzen. Darin lag seine Tragik, wie Genscher feststellt. Vor allem aber lag hier der entscheidende Unterschied zur historischen Rolle Genschers und zur Qualität seiner politischen Führung. Er brachte seine Partei dazu, in der Frage des NATO-Doppelbeschlusses »Kurs zu halten«, wie der damalige Verteidigungsminister der SPD, Hans Apel, anerkennt.

Das historische Verdienst Genschers kann nur angemessen gewürdigt werden, wenn man sich der Bedeutung des NATO-Doppelbeschlusses für das Ende des Kalten Krieges klar wird. Michail Gorbatschow, der das »neue Denken« in den Ost-West Beziehungen angestoßen hatte, äußerte sich 1993 zu seinen Motiven: »Es war der NATO-Doppelbeschluss und nicht SDI«[64], also die Pläne Präsident Reagans für eine weltraumgestützte Raketenabwehr (Strategic Defense Initiative).

Gorbatschows Urteil hat die Diskussion über das Ende des Kalten Krieges allerdings nicht beendet. Seine Antwort ist in der Tat unvollständig. Die Sowjetunion ist vor allem an ihren eigenen Problemen gescheitert. Es musste Gorbatschow schwer fallen, dies einzugestehen, wollte er doch eigentlich die Sowjetunion reformieren, modernisieren, um sie zu erhalten. Sein Urteil über den NATO-Doppelbeschluss ist jedoch plausibel. Genscher hat mit Gorbatschow gerade über diese Frage gesprochen und verstanden, dass die sowjetische Führung vor allem von der Fähigkeit des westlichen Bündnisses beeindruckt war, gemeinsam entschlossen zu handeln. Die Stationierung der nuklearen Mittelstreckenraketen SS-20 in Europa war ja der Versuch der Sowjetunion, die NATO zu spalten und die Bündnispartner der NATO politisch zu erpressen. Aber die NATO ließ sich nicht erpressen. Dies war die Botschaft, die sie mit dem Doppelbeschluss sandte. Genscher sah hierin eher eine politische als eine militärische Antwort.

Helmut Schmidt, der ein Buch über die »Strategie des Gleichgewichts«[65] geschrieben hatte, nahm dagegen vor allem die militärische Bedrohung wahr, die von der sowjetischen Rüstung mit SS-20-Raketen für das militärische Gleichgewicht in Europa ausging. Seine Rede vor dem Institute for Strategic Studies in London 1977 und seine Ausführungen danach im kleinen Kreis enthielten die Forderung an die USA, die Mittelstreckenraketen SS-20 in ihren bilateralen Verhandlungen mit der Sowjetunion über strategische Nuklearwaffen zu berücksichtigen. Es war noch keine Rede von einer westlichen »Nachrüstung«.

Als die »Geburtsstunde« des Doppelbeschlusses bezeichnet Schmidt das Treffen der Regierungschefs der USA, Frankreichs, Großbritanniens und der Bundesrepublik Deutschland im Januar 1979 auf der französischen Antilleninsel Guadeloupe. Auf Guadeloupe stand aber die Frage der Modernisierung der amerikanischen Mittelstreckenraketen im Vordergrund. Präsident Carter stellte die Pläne seiner Militärs für eine neue Version der Pershing-

Raketen vor. Sie seien zielgenau und beweglich, verfügten allerdings nur über etwa die Hälfte der Reichweite der sowjetischen SS-20. Hiermit wäre übrigens eine Aufstellung westlich der Bundesrepublik Deutschlands kaum in Frage gekommen. Schmidt zeigte sich bereit, eine Modernisierung zu unterstützen. Der Sicherheitsberater des amerikanischen Präsidenten, Zbigniew Brzezinski, erinnert sich allerdings, dass Schmidt mit Hinweis auf seine innenpolitischen Probleme Verpflichtungen gescheut habe.

Der Frage von Verhandlungen, die der zweite Teil des Doppelbeschlusses werden sollte, wurde bei den Gesprächen keine große Aufmerksamkeit zuteil. James Callaghan schlug zwar vor, mit den Sowjets zu verhandeln, bevor disloziert werde. Valéry Giscard d´Estaing wollte dafür einen zeitlichen Rahmen setzen. Er bestand aber darauf, dass der Westen zuerst ein militärisches Gegengewicht gegen die SS-20 schaffen müsse. Es versteht sich, dass er hier auch die Unabhängigkeit und Modernisierung der französischen Nuklearwaffen im Sinn hatte. Schmidt hatte in den Gesprächen seinen Freunden Callaghan und Giscard d´Estaing den Vortritt gelassen: »Dem habe ich mich angeschlossen.« Er beansprucht selbst nicht, den Doppelbeschluss erfunden zu haben. Auf die entsprechende Frage antwortet er: »Nein, so kann man das nicht sagen.«[66] Der NATO-Doppelbeschluss mit seinen beiden gleichberechtigten Teilen war auf Guadeloupe noch nicht zu erkennen. In Washington wurden die Ergebnisse des Gipfels eher als eine Bestätigung der geplanten Aufstellung amerikanischer Mittelstreckenwaffen gewertet.

Die Vorgänger Gorbatschows, Leonid Breschnew und Juri Andropow, nahmen damals wohl an, dass vor allem das Land, in dem amerikanische Mittelstreckenraketen stationiert werden sollten, sich nicht zu einer solchen Entscheidung durchringen könne. Außenminister Gromyko versuchte noch Anfang 1983, die Bundesregierung mit der Drohung einzuschüchtern, dass die sowjetische Regierung die Genfer Verhandlungen über strategische Waffen noch »am selben Tag, an dem die Pershings in der Bundesrepublik einträfen«, verlasse. Genscher aber warnte Gromyko vor der Illusion, dass die Bundesregierung die Stationierung von Mittelstreckenraketen nicht durchsetzen könne. Umso glaubwürdiger konnte er bei Gromyko für den Vorschlag einer »Nulllösung«, also einer vollständigen Abrüstung von Mittelstreckenwaffen auf beiden Seiten, werben: »Sie ist ein ernsthafter Vorschlag. Sie ist unsere Idee und keine amerikanische Erfindung. Wir haben sie hier in Bonn in der Regierungskoalition, vor allem auch in meiner eigenen Partei, entwickelt.«[67] Wie auch in anderen Fällen verstand er es, die eigene Glaubwürdigkeit durch die Betonung der Eigenständigkeit zu erhöhen. Es war Genschers wichtigstes Anliegen, die Sowjetunion vor einer Fehleinschätzung der Festigkeit der Bundesrepublik Deutschland bei der Durchsetzung des NATO-Doppelbeschlusses zu bewahren. Er war es, der die Initiative zu einem Treffen mit Gromyko in Wien ergriff, wenige Wochen vor der Entscheidung im Deutschen Bundestag zur Stationierung. Mit großem Ernst versicherte er dabei Gromyko, dass die Bundesregierung die notwendige Kraft und Entschlossenheit besitze, den Doppelbeschluss zu verwirklichen.

Friedensbewegung

Im Rückblick kann die Skepsis der sowjetischen Regierung über die Handlungsfähigkeit der Bundesregierung nicht überraschen. In keinem Land Europas spielte die Friedensbewegung eine solch starke Rolle, ergriff die Gesellschaft und die Parteien in einem solchen Ausmaß. Sie hatte Anfang der achtziger Jahre, nach dem Doppelbeschluss der NATO und vor der Stationierung der Pershings und Marschflugkörper (Cruise Missiles), den Gipfel ihres Einflusses erreicht. Am 10. Oktober 1981 demonstrierten mehr als 300 000 Menschen im Bonner Hofgarten, am 22. Oktober desselben Jahres insgesamt 1,3 Millionen Menschen in Bonn, Berlin, Hamburg und bei Stuttgart.

Die Friedensbewegung hatte gerade in Deutschland sehr starke Wurzeln. Die Debatte der fünfziger Jahre gegen die Wiederbewaffnung richtete sich vor allem dagegen, dass Deutschland über Atomwaffen verfügen sollte. Im April 1957 widersprach der sogenannte »Göttinger Appell« von 14 anerkannten Wissenschaftlern der Bundesrepublik Deutschland den Plänen der Regierung, die Bundeswehr mit Atomwaffen auszurüsten oder solche Waffen im Rahmen der NATO auf deutschem Boden aufzustellen. Die »Ostermärsche« seit den sechziger Jahren galten dem gleichen Anliegen, prominent vorgebracht vom Physiker Carl Friedrich von Weizsäcker.

Mit der Entwicklung der sogenannten »Neutronenbombe« 1977 in den USA nahm die Friedensbewegung einen weltweiten Aufschwung. Die Eigenschaft dieser Waffe, Leben zu zerstören, aber Bauwerke zu schonen, nannte Egon Bahr damals eine »Perversion des Denkens«. Mit diesem Wort löste er eine allgemeine moralische Empörung aus, die sich bald mit der Angst verband, dass mit der Entwicklung von Mittelstreckenraketen die Begrenzung eines nuklearen Krieges auf Europa möglich werden könnte. Als Präsident Carter auf den Bau der Neutronenbombe verzichtete, wurde die Stoßkraft der Friedensbewegung für kurze Zeit abgebremst, bis eben zum Doppelbeschluss 1979.

Nach der Öffnung von geheimen Archiven der früheren Sowjetunion und der DDR nach dem Ende des Kalten Krieges ist heute bekannt, dass beide Staaten die Friedensbewegung nicht nur beobachteten, sondern auch förderten. Im Dezember 1983 befasste sich eine Konferenz des Warschauer Pakts in Moskau mit der Friedensbewegung. Die Sowjetunion wurde unter anderen vom Sekretär des Zentralkomitees der KPdSU, Boris Ponomarjow, vertreten. Seine Ausführungen lassen keinen Zweifel offen: »Die Friedensbewegung kann und muss jetzt erst recht weiter aktiviert werden, das zeigen eine Reihe neuer energischer Protestaktionen gegen die begonnene Stationierung der USA-Raketen. Die Massenaktionen gegen die Raketen haben in einer Reihe westlicher Länder stabilen Charakter angenommen. ... Insgesamt steigert sie (die Friedensbewegung) ihr Potential weiter.«[68] Besondere Hoffnung setzte Ponomarjow auf die sozialdemokratischen Parteien: »Von außerordentlich großer Bedeutung ist die tiefgreifende politische Abgrenzung in der Raketenfrage zwischen den regierenden konservativen Kreisen und der sozialdemokratischen Opposition, wobei die Evolution der Haltung der SPD bis zur Ablehnung der Stationierung amerikanischer Raketen ... die wichtigste Rolle spielt. Erstmals in der Geschichte der NATO wendet sich die überwiegende Mehrheit der europäischen sozialdemokratischen Parteien gegen die Nuklearstrategie Washingtons.«

Die sowjetische Führung war zuversichtlich, Druck auf die westlichen Regierungen ausüben zu können: »Die Möglichkeit, die aggressiven Kreise des Imperialismus zu zügeln, ist durchaus real.« Vertreter der SED auf dieser Konferenz waren u.a. Kurt Hager und Hermann Axen. Die deutsch-sowjetische Zusammenarbeit bei der Nutzung der Friedensbewegung für die eigenen Zwecke war sehr eng, vor allem zwischen KGB und Stasi. Die Enquete- Kommission »Aufarbeitung von Geschichte und Folgen der SED-Diktatur in Deutschland«[69] hatte einige dieser Zusammenhänge bereits Mitte der neunziger Jahre ans Licht gebracht. Das Politbüro der SED fasste demnach im Juli 1981 den Beschluss, die Friedensbewegung im Westen zu unterstützen, während entsprechende Bestrebungen in der DDR selbst unterdrückt wurden.

Es war für das Regime nicht ganz einfach, mit diesem Widerspruch umzugehen. Vor allem die Evangelische Kirche in der DDR genoss nicht nur eine gewisse Selbständigkeit gegenüber dem Staat, sie pflegte auch enge Kontakte zur Kirche in der Bundesrepublik Deutschland. Sie war eine Art gesamtdeutsche Institution. Pfarrer Rainer Eppelmann, der ironischer Weise später der letzte Verteidigungsminister der DDR werden sollte, verfasste zusammen mit Robert Havemann im Februar 1982 den berühmten »Berliner Appell: Frieden schaffen, ohne Waffen«. Generalsekretär Honecker ließ ihn unter anderem mit dem Vorwurf der »Zusammenarbeit mit DDR-feindlichen Kräften im Ausland« festnehmen.

Spätestens 1983, im Jahr der Stationierung der amerikanischen Mittelstreckenwaffen in Europa, kann man von einer umfassenden, zwischen SED und Stasi abgestimmten Strategie gegenüber der Friedensbewegung sprechen. Das Politbüro der SED beschloss im Januar des Jahres die »breitestmögliche Zusammenfassung aller Friedenskräfte und Förderung entsprechender Initiativen«. Der Minister für Staatssicherheit, Erich Mielke, folgerte daraus für seine Behörde: »Stärkere Unterstützung der Bewegung gegen Stationierung in westlichen Ländern, besonders BRD, durch geeignete, wirksame aktive Maßnahmen, unter Nutzung der Mittel und Möglichkeiten des MfS« (Ministerium für Staatssicherheit). Die Führung der DDR versuchte alles, um Gesprächspartner in Westdeutschland zu gewinnen. Im Oktober 1983 wurde Petra Kelly, Abgeordnete und Bundesvorsitzende der Grünen, von Generalsekretär Honecker persönlich empfangen. Ihr Besuch aber zeigte dem Regime auch die Grenzen seiner Möglichkeiten, die Friedensbewegung zu kontrollieren. Als Kelly ihren Aufenthalt in Ost-Berlin auch zu einem Treffen mit der Friedensbewegung in der DDR im Hause Pfarrer Eppelmanns nutzte, erhielt sie ein Einreiseverbot. Erich Mielke persönlich hob es später wieder auf.

SED und Stasi hatten im Grunde lange vor dem NATO-Doppelbeschluss begonnen, Widerstand in der Bundesrepublik Deutschland gegen das westliche Bündnis zu organisieren. Seit Anfang der sechziger Jahre unterstützten sie die Studentenbewegung, die nicht nur gegen die Notstandsgesetze, sondern vor allem gegen den Krieg der USA in Vietnam, gegen die NATO und die Bundeswehr auftraten. Der Gründungsmythos dieser Bewegung, die Ermordung des Studenten Benno Ohnesorg im Juni 1967 durch den Polizisten Karl-Heinz Kurras bei den Demonstrationen gegen den Schah von Persien in West-Berlin, erscheint heute in einem völlig neuen Licht. Es hat sich herausgestellt, dass Kurras Agent der Stasi war. Die Ikone der Studentenbewegung, Rudi Dutschke, hatte ebenfalls die Zusammenarbeit mit der SED oder mit ihrem West-Berliner Ableger, der »Sozialistischen Einheitspartei West-Berlins« (SEW) gesucht. Im November 1967 hatte er sich offen dafür ausgesprochen. Er lud die Freie Deutsche Jugend (FDJ) der DDR zu einer Konferenz über den Krieg in Vietnam ein, um »eine gemeinsame Strategie des sozialistischen Lagers gegen den internationalen Imperialismus zu erarbeiten«.

FDP

Wie aber stand es um die FDP, deren ältere Politiker zum Teil ihre Wurzeln in Ostdeutschland oder in der DDR besaßen? Gerade in der FDP gab es seit den fünfziger Jahren eine starke, gegen Atomwaffen in der Bundesrepublik gerichtete Strömung. Der NATO-Doppelbeschluss war auch in der FDP umstritten. Die Diskussion über ihn führte die Partei in eine tiefe Krise. Im Jahr 1981 musste Genscher die Vertrauensfrage stellen. Er erklärte, dass er bei einer Ablehnung des Doppelbeschlusses in seiner Partei »die Verantwortung für die Sicherheit der Bundesrepublik in der Bundesregierung nicht mehr tragen könne«[70]. Erst 1982, im Jahr des Koalitionswechsels, fand er in der FDP eine klare Mehrheit, die den NATO-Doppelbeschluss unterstützte.

Als Genscher 1974 Parteivorsitzender und Außenminister wurde, gab es zwei Strömungen in der FDP. Auf der einen Seite standen die Befürworter der »realistischen Entspannungspolitik« Genschers. In Anlehnung an das »Harmel-Konzept« der NATO forderten sie ein Gleichgewicht von Sicherheit und Entspannung. Das Auswärtige Amt unter Führung Genschers hatte im Zusammenhang mit der Diskussion über die Neutronenbombe bereits 1978 ein paralleles Vorgehen von Modernisierung und Rüstungskontrolle gefordert. Dies war der Kern des späteren NATO-Doppelbeschlusses. Genscher hatte das Konzept nicht nur in der FDP durchgesetzt, sondern es als Außenminister im April 1979 auch in die Beratungen der NATO eingeführt. Auf der anderen Seite gab es eine innerparteiliche Opposition, die sich grundsätzlich gegen eine Stärkung der nuklearen Abschreckung wandte. Sie lehnte den Bau der von den USA angebotenen Neutronenbombe sowie schließlich den NATO-Doppelbeschluss ab.

Wichtigster Gegenspieler Genschers in dieser heftigen innerparteilichen Kontroverse war der Vorsitzende des Bundesfachausschusses für Außen-, Deutschland- und Europapolitik, William Borm. Er war in den siebziger Jahren zu einer Art Symbolfigur der innerparteilichen Kritik an Genscher und seiner »realistischen Entspannungspolitik« geworden. Im Dezember 1979 stimmte er im Bundesvorstand der FDP als einziger gegen den NATO-Doppelbeschluss. Auf dem Kölner Parteitag der FDP 1981 gelang es ihm, mehr als ein Drittel der Delegierten für eine Opposition gegen Genscher und seine Haltung in der Frage der Nachrüstung zu gewinnen. Gegen den Willen der Parteiführung nahm er im Oktober desselben Jahres als einer der Hauptredner der Friedensbewegung an der Massendemonstration im Bonner Hofgarten teil.

Borm war zu einer echten Gefahr für Genschers Sicherheitspolitik und damit für die Umsetzung des NATO-Doppelbeschlusses geworden. Er verbündete sich mit den Politikern der SPD, die sich gegen den Bundeskanzler auflehnten und die Nachrüstung bekämpften. Das war in dieser Situation deshalb brisant, weil Generalsekretär Breschnew mit seinem Vorschlag, ein Moratorium für Mittelstreckenwaffen einzuführen, große Teile der Friedensbewegung gewonnen hatte. Borm hatte vor einer »eilfertigen Ablehnung« des Vorschlags gewarnt. Ein solches Moratorium aber hätte bedeutet, dass die sowjetische Überlegenheit in dieser Waffenkategorie gleichsam bestätigt worden wäre.

Genscher war sich der Gefahr bewusst. Er beklagte, dass die Außenpolitik zum »Dreschflegel einer maßlosen innenpolitischen Auseinandersetzung« gemacht worden sei, und wandte sich mit einem dringenden Appell an die Mitglieder seiner Partei: »Ich habe mich nicht gescheut, und ich werde mich in Zukunft nicht scheuen, denen entgegenzutreten, die sich gegen die von der Bundesregierung für notwendig gehaltenen Verteidigungsanstrengungen wenden, die mit der Bundeswehr nichts im Sinn haben, und gegen solche, für die die Westbindung mehr ein notwendiges Übel als eine Sache gemeinsamer Überzeugungen und Wertvorstellungen ist.«[71] Genscher hatte verstanden, dass der NATO-Doppelbeschluss zur Existenzfrage nicht nur der Bundesregierung, sondern auch des westlichen Bündnisses geworden war. Das Vertrauensverhältnis zwischen Genscher und Borm war zerrüttet. Als Genscher sich 1982 schließlich mit seiner Sicherheitspolitik in der FDP durchsetzte und als Parteivorsitzender wiedergewählt wurde, zog Borm die Konsequenzen: Er kandidierte nicht mehr für den Bundesvorstand.

Die Geschichte des Koalitionswechsels müsste im Licht der heutigen Erkenntnisse über Borm eigentlich neu geschrieben werden. Erst 1987 wurde bekannt, dass Borm schon seit Ende der fünfziger Jahre »inoffizieller Mitarbeiter« der Stasi war. Der Senat von Berlin hob deswegen das Ehrengrab, das Borm als sogenannter »Stadtältester« zustand, im September 2009 auf. 1895 in Hamburg geboren, studierte Borm Volkswirtschaft in Berlin und war zwischen den Kriegen Unternehmer. 1929 gründete er eine Firma für Elektroakustik. 1945 schloss er sich – so wie Genscher – der Liberaldemokratischen Partei (LDP) an. Seit er 1950 von der Volkspolizei der DDR wegen »Boykotthetze« verhaftet wurde und mehrere Jahre in verschiedenen Haftanstalten verbrachte, besaß er den Nimbus des politischen Häftlings. Er hatte sich schon vor der Haft für die Zusammenarbeit mit der Stasi verpflichtet. Möglicherweise spielte Erpressung eine Rolle.

Borm war Mitglied der FDP und von 1960 bis 1969 ihr Landesvorsitzender in West-Berlin. Dort begründete er 1963 die Koaliion mit der SPD Willy Brandts, die viele rückblickend als Vorboten der sozialliberalen Koalition auf Bundesebene 1969 betrachteten. Er unterstützte die Passierscheinverhandlungen des Berliner Senats mit der DDR, die als ein Vorläufer der später gemeinsamen Deutschland- und Ostpolitik von FDP und SPD galten. Sein großer Einfluss in der Bundespartei und auf ihre Außenpolitik beruhte vor allem auf seiner Mitgliedschaft im Bundesvorstand seit 1960. Er behielt diesen Einfluss bis zu seinem Ausscheiden aus der Partei im Jahr der Wende 1982.

Während dieser ganzen Zeit hielt er engen Kontakt zur Stasi. Er traf sich regelmäßig mit dem Chef der Auslandsaufklärung, Markus Wolf, und mit Führungsoffizieren. Es ist eine bittere Ironie der Geschichte, dass Borms intellektuelle Beiträge zur Deutschland- und Entspannungspolitik der FDP, sogar Bundestagsreden und Artikel in führenden Zeitungen, die ihm ja beträchtliches Ansehen in der Bundesrepublik Deutschland verschafften, teilweise von Mitarbeitern der Stasi verfasst wurden. Rechtzeitig vor dem Höhepunkt der Debatte über den NATO-Doppelbeschluss erhielt er 1978 einen persönlichen Sekretär zur Seite, der Borm bei seiner Kampagne gegen den Kurs Genschers half. Er bezog sein Gehalt von der Stasi. Borm erhielt zahlreiche Ehrungen der Bundesrepublik Deutschland, darunter das Große Bundesverdienstkreuz mit Stern. William Borm war von großer schlanker Statur und verstand es, mit einer gewissen Würde aufzutreten. Seine Freunde, auch Markus Wolf, nannten ihn deshalb »Sir William«.

Die Sowjetunion und die DDR trieben einen ungeheuren Aufwand, um die sogenannte »Nachrüstung« zu verhindern. Schon deshalb kann es keinen Zweifel mehr an der historischen Bedeutung des NATO-Doppelbeschlusses geben. Der Westen hatte seine politische Handlungsfähigkeit unter Beweis gestellt. Wäre dies aber ohne Wechsel der Regierung 1982 möglich gewesen? Gewiss nicht. Schmidt sind offenbar schon früh Zweifel an der Regierungsfähigkeit seiner Partei gekommen. Im Mai 1974, noch bevor er zum Bundeskanzler gewählt wurde, ermahnte er die Fraktion der SPD: »Wir haben uns sehr nahe an den Punkt herangebegen, an dem wir für die ganzen siebziger Jahre die Chance verspielen können, ein Mandat zur Gesetzgebung und zur Regierung überhaupt noch erlangen zu können.«[72]

Immer wieder wurde über die Frage diskutiert, ob es eher die Wirtschafts- oder die Sicherheitspolitik war, die die SPD spaltete und später dazu führte, dass die Partei ihrem Bundeskanzler nicht mehr folgte. Bundeswirtschaftsminister Graf Lambsdorff wollte mit seinen Vorschlägen, dem für die SPD kaum annehmbaren sogenannten »Lambsdorff-Papier«, den Bundeskanzler provozieren und vielleicht auch die Koalition beenden. »Bedingten Vorsatz«[73] nannte er das später. Für Schmidt spielen im Rückblick beide Themen »kaum eine Rolle«[74] bei dem Rückzug der FDP. Für ihn bleibt die Wende ein Spiel mit der Macht, bei dem Genscher Graf Lambsdorff möglicherweise instrumentalisierte. Immerhin gibt Schmidt heute zu, dass der Regierungswechsel eigentlich ein ganz »normaler Vorgang« war.

Genscher erinnert sich eher an seine damalige Rolle als Außenminister. Er sieht die Ursachen für die Wende ganz überwiegend beim NATO-Doppelbeschluss. Als Genscher 1979 im Bundestag über den NATO-Doppelbeschluss berichtete, fiel ihm auf, dass Schmidt zu diesem wichtigen Thema nicht selbst das Wort ergriff, auch nicht Mitglieder der Führung von Partei und Fraktion. In Kenntnis der Stimmung in seiner Partei wich Schmidt diesem Thema aus. Dasselbe wiederholte sich auf dem Parteitag der SPD 1982 in München. Schmidt versuchte, seinen Koalitionspartner darüber zu beruhigen. Er sandte ihm seinen engen Vertrauten, Staatsminister im Bundeskanzleramt, Hans-Jürgen Wischnewski. Dieser versicherte Genscher, dass die Ergebnisse des Parteitags die Arbeit der Bundesregierung nicht berühren würden, was schon für sich ein merkwürdiger Vorgang ist. Höchst alarmiert aber war der Außenminister von der Mitteilung Wischnewskis, dass Schmidt einer wirtschaftspolitischen Debatte deshalb ausgewichen sei, weil dann auch der NATO-Doppelbeschluss auf dem Parteitag zur Sprache gekommen wäre. Schmidt befürchtete eine Ablehnung dieses Beschlusses durch die Delegierten. Auf dem Kölner Parteitag der SPD nach der Wende schließlich konnte Schmidt nur noch 4 Prozent der Delegierten für seine Sicherheitspolitik gewinnen. Die Partei drohte zu zerfallen. Ihr Vorsitzender, Willy Brandt, sprach sich gegen den NATO-Doppelbeschluss aus, wohl in dem verständlichen Versuch, die Partei zusammenzuhalten. Der damalige Verteidigungsminister Hans Apel, der sich mit Genscher in der Sicherheitspolitik weitgehend einig war, beschreibt die damalige Situation heute wohl zutreffend mit den drastischen Worten: »Die Partei hatte keinen Bock mehr auf Regieren.«[75]

Es muss für die Politiker der SPD in der Tat nicht einfach gewesen sein, gleich zwei unpopuläre Themen bei den Wählern zu vertreten, Sparprogramme und NATO-Doppelbeschluss. Unter solchen Umständen ist es schwierig, politische Führung zu übernehmen. Leichter ist es, einen Sündenbock zu suchen. Apel, ein sehr guter Freund Schmidts, gibt heute zu, dass die These vom »Verrat« durch die FDP der Versuch war, eine »Kulisse«[76] aufzubauen, hinter der man verbergen wollte, wie es um die Partei und ihr Verhältnis zum Bundeskanzler stand. Schließlich ging es nur noch darum, wer die Initiative bei der Beendigung der Koalition ergriff. Genscher vermutet, dass Schmidt in der Woche um den 13. September 1982 beschloss, die Koalition zu beenden. Er traf Schmidt auf eigenen Wunsch am 17. September, um ihm seinen Entschluss mitzuteilen, als Mitglied der Bundesregierung zurückzutreten. Schmidt, der am selben Tag beabsichtigt hatte, im Bundestag die Entlassung der FDP-Minister bekannt zu geben, stellte fest, dass Genscher ihm zuvorgekommen war. Im Rückblick bezeichnet er dies als einen »handwerklichen Fehler«: »Weil ich anständig sein wollte, habe ich dem damaligen FDP-Chef Hans-Dietrich Genscher vorab erzählt, dass ich seine Minister entlassen würde. Dadurch gab ich ihm die Gelegenheit, mir eine halbe Stunde zuvorzukommen und seinerseits den Rücktritt der FDP-Minister zu erklären. Ich war derjenige, der jetzt Schluss machen wollte. Er hat mich gelinkt, das kann einer sagen, aber ich selbst hatte den Fehler gemacht.«[77]

Die Wende war vollzogen. Genscher hatte sich behauptet und seine Außenpolitik durchgesetzt. Im Grunde hatte auch die FDP mit ihrem Berliner Parteitag, der in seiner Konsequenz ja die Unterstützung der Bundesregierung für den NATO-Doppelbeschluss sicherte, Geschichte gemacht. Genscher hatte die Existenz seiner Partei aufs Spiel gesetzt »für ein richtig erkanntes und notwendiges Ziel«. »Es ging nicht um Taktik«[78], beteuert er heute. Diese Leistung politischer Führung wird auch nicht dadurch geschmälert, dass Genscher lange zögerte, die Koalition zu beenden. Noch im Juni 1982 schien er zu hoffen, die Entscheidung über den Bundeshaushalt im Jahr 1983 abwarten zu können. Vertraute Genschers vermuten heute, dass er zeitweise die Kontrolle über das Geschehen verlor. Klaus Kinkel will Genscher zur Beendigung der Koalition »getrieben« haben, »sehr stark sogar«. Genscher habe die Dinge »überlang laufen lassen«[79]. Gerhart Baums Urteil mag auch dadurch geprägt sein, dass er damals versuchte, die Wende zu verhindern: »Im Vergleich hat Genschers Staatskunst versagt. Da haben ihn andere getrieben. Er wollte das finessenreicher machen, nicht so über Nacht. Nicht mit dem Makel des Verrats belastet. Das Heft des Handelns ist ihm aus der Hand genommen worden«[80].

Genscher wusste, was er wollte. Er konnte sich aber nicht sicher sein, wie es ausgeht. Natürlich wusste er schon seit langem, dass Helmut Kohl grundsätzlich eine christlich-liberale Koalition bevorzugte und Genschers Sicherheitspolitik unterstützte. Der NATO-Doppelbeschluss konnte nur in einer Koalition mit der CDU umgesetzt werden. Genscher macht hieraus kein Hehl. Die für März 1983 vorgezogenen Neuwahlen bedeuteten allerdings ein großes Risiko, das er ohne Zögern einging. Die neue Koalition wurde wider Erwarten mit rund 7 Prozent der Wählerstimmen eindrucksvoll bestätigt und damit auch Genscher als Außenminister und Vizekanzler. Genscher hatte gewagt und gewonnen. Das Votum der Wähler legitimierte seine Entscheidung zusätzlich.

»Genschman«

Nach diesem Koalitionswechsel hat Genscher das tiefste Tal seiner politischen Karriere durchschritten. Er »litt wie ein Hund«, wie ein Mitarbeiter beobachtete. Der Verlust der Popularität schmerzte dabei wohl am meisten. Sein Wiederaufstieg in der Folge hatte etwas von einem Wunder an sich. Er zeigte nicht nur Genschers Meisterschaft im Umgang mit den Medien, sondern auch die bewundernswerte Professionalität seiner Mitarbeiter im Auswärtigen Amt bei diesem Geschäft. Die Referate für Presse und für Öffentlichkeitsarbeit stiegen zu den wichtigsten Stabsstellen im AA auf. Jürgen Chrobog und Reinhard Bettzuege waren als jeweilige Leiter legendär und genossen das besondere Vertrauen des Außenministers.

Genscher lebte als Politiker in einer Art Symbiose mit den Journalisten. Beide Seiten brauchten einander. Die Journalisten hatten sich daran gewöhnt, dass sie in den sogenannten Hintergrundgesprächen und Unterrichtungen auch während offizieller Reisen ins Ausland vom Minister und seinen Mitarbeitern ins Bild gesetzt wurden. Natürlich fand eine Auswahl statt. Es wurden die Medien bevorzugt, die politischen Einfluss versprachen. Zudem pflegte er enge persönliche Beziehungen zu einigen Journalisten. Dazu gehörte seit den sechziger Jahren vor allem der Herausgeber des »Spiegels«, Rudolf Augstein. Genscher hatte in den siebziger Jahren dessen kurze Karriere als Abgeordneter der FDP im Deutschen Bundestag gefördert. Gerade das Beispiel Augstein aber zeigt, dass Symbiose Unabhängigkeit des Urteils nicht behindern muss. Den Koalitionswechsel 1982 kritisierte Augstein härter als mancher andere prominente Journalist. Er nannte Genscher zutreffend den Hauptverantwortlichen. Der »Spiegel« hatte vor dieser Wende auch enthüllt, dass Genscher sich mit Vertretern der Verlage Burda und Springer getroffen hatte um das Echo in der Presse auf einen Wechsel der Koalition abschätzen zu können. Augstein aber respektierte Genscher als Außenpolitiker und wegen seiner Verdienste um die Deutsche Einheit. Er schrieb 1997: »Für mich steht nicht in Frage, dass Genscher im Vereinigungsprozess eine mindestens so große Rolle gespielt hat wie Helmut Kohl selbst.«

Die Erkenntnis, dass Wissen Macht ist, gilt gerade in der Außenpolitik. Genscher war einfach besser informiert als viele seiner Kollegen und konnte deshalb schneller reagieren und überlegter handeln. Bereits um 5 Uhr morgens wurden ihm regionale und überregionale Tageszeitungen, eine Zusammenstellung auch internationaler Presse sowie wöchentlich die Magazine »Der Spiegel«, »Focus« und »Stern« in sein Haus in Pech geliefert. Im Laufe des Tages wurden dem Außenminister ungefähr stündlich ausgewählte Meldungen der Nachrichtenagenturen vorgelegt. Die Mitarbeiter durften sich nicht scheuen, die Informationen auch in die Sitzungen des Bundeskabinetts oder – auf Auslandsreisen – in die Gespräche und Konferenzen hineinzureichen. Mancher ausländische Kollege Genschers wunderte oder mokierte sich darüber.

Letztlich waren die Medien für Genscher Instrumente politischer Führung. Er begnügte sich nicht damit, auf Fragen Antworten zu geben, sondern wollte mit politischen Botschaften durchdringen. Noch von zu Hause diktierte Genscher seiner Sekretärin im Auswärtigem Amt meist um etwa 7.30 Uhr morgens seine Verlautbarungen an die Medien, übrigens ohne sie mit irgendjemandem abzustimmen. Die Mitarbeiter des Pressereferats riefen von sich aus in den Redaktionen an, um Botschaften zu übermitteln, manchmal sogar, um Korrekturen in der Berichterstattung zu verlangen. Dieselben Botschaften wurden immer wieder verkündet. Das Neue lag in den Nuancen. Erkennen konnten sie oft nur diejenigen, die eine besondere Nähe zu Genscher hatten und seine Art zu denken kannten. So schloss sich der Kreis. Genscher beschreibt sein Verhältnis zu den Medien rückblickend für seine Verhältnisse recht offen: »Wenn Sie es kritisch schreiben wollen, könnte man sagen, ich habe die Medien instrumentalisiert. Ich würde sagen, ich habe sie genutzt, um meine Ziele zu erläutern.«[81]

Es sollte sich nach der Koalitionswende sogar erweisen, dass Popularität bis zu einem gewissen Grad machbar ist. Hierbei erwarb sich der Leiter der Öffentlichkeitsarbeit im Auswärtigen Amt besondere Verdienste. Bettzuege gelang es, durch eine ganz auf die Person Genscher zugeschnittene Öffentlichkeitsarbeit den Außenminister vorübergehend in die Nähe einer Ikone zu rücken. Genscher bekam Unterhaltungswert. 1984 trat er zum ersten Mal in der abendfüllenden Unterhaltungssendung »Na sowas!« von Thomas Gottschalk auf. Es war ein Erfolg. Der anfänglich zögernde Genscher wurde ein gern gesehener Gast in Fernsehshows. Er wurde so einem breiten Publikum bekannt, das sich sonst für die Außenpolitik nicht interessierte. Seine Popularität überstieg die des Bundeskanzlers, der sich beim Presse- und Informationsamt der Bundesregierung prompt darüber beschwerte, dass es zu einer vergleichbaren Werbung für ihn selbst nicht in der Lage sei.

Ende der achtziger Jahre wurde der Außenminister für kurze Zeit sogar zu einer Art Kultfigur, die sich »Genschman« nannte. Bettzuege hatte einen Vorschlag des satirischen Magazins »Titanic« aufgegriffen, das Genscher in Anlehnung an den Superhelden »Batman« als Comicfigur aufbauen wollte. Man schreckte auch nicht davor zurück, »Genschman«-Rucksäcke und -Sonnenbrillen zu verkaufen. Es bildeten sich »Genschman«-Fanklubs. Genschers Rede vor der Vollversammlung der Vereinten Nationen wurde in einem »Rap« verarbeitet. Genschers Popularität beruhte aber letztlich auf seiner Authentizität. Davon zeugen die vielen gelungenen Karikaturen, die es von ihm gibt; bei Versteigerungen waren sie für die Öffentlichkeitsarbeit des Auswärtigen Amtes ein spektakulärer Erfolg.

Innenminister

Genscher ist heute vor allem als der »immerwährende Außenminister« bekannt. Seine Amtszeit als Innenminister zwischen 1969 und 1974 ist zu Unrecht etwas in Vergessenheit geraten. Gerade in diesen Jahren aber wurde die Bundesregierung vor innere Herausforderungen gestellt, an denen sie beinahe zerbrach. Der Rechtsstaat wurde vom Terrorismus bedroht. Im Umgang mit ihm stand der Innenminister vor einem Dilemma: Staat und Gesellschaft waren einerseits mit polizeilichen Mitteln zu schützen. Andererseits musste der Rechtsstaat in seiner Reaktion und der Wahl seiner Mittel seine Glaubwürdigkeit behalten. Diese zu erschüttern gehörte ja zu den Zielen der Terroristen.

Die Diskussion in der Öffentlichkeit wurde erregt, teilweise hysterisch geführt. Die Grenzen zwischen der politischen Bewegung der sogenannten Außerparlamentarischen Opposition (APO) und dem Terrorismus der Roten Armee Fraktion (RAF) drohten zu verschwimmen. Der Innenminister durfte keiner Illusion über den totalitären Charakter des Terrorismus erliegen. Andersdenkende wurden von der RAF ermordet. Sie galten ihr nicht als Menschen, sondern als Vertreter und »Charaktermasken« des zu bekämpfenden »Systems«. Ulrike Meinhof hatte über Polizisten gesagt: »Der Typ in Uniform ist ein Schwein, das ist kein Mensch, und so haben wir uns mit ihm auseinanderzusetzen. ...es ist falsch, überhaupt mit diesen Leuten zu reden, und natürlich kann geschossen werden.«[82] Der Staat musste sich als handlungsfähig erweisen.

Andererseits konnte der Innenminister in der innenpolitischen Diskussion nur dann bestehen und seine politische Autorität wahren, wenn er die gesellschaftlichen und politischen Bedingungen des Terrorismus verstand und in Rechnung stellte. Er konnte nur handlungsfähig bleiben, wenn er nicht Opfer der Polarisierung wurde. Der Terrorismus sollte für Genscher die größte Herausforderung an seine politischen Führungseigenschaften bedeuten. Der Überfall auf die israelische Olympia-Mannschaft in München 1972 stellte zudem den Menschen Genscher in dramatischer Weise auf die bisher schwerste Probe in seinem Leben.

Ein ganz anderes Licht auf Genscher wirft die sogenannte »Guillaume-Affäre«. Sie ist der wohl bedeutendste Fall von Spionage in der deutschen Nachkriegsgeschichte. Im April 1974 wurde Günter Guillaume festgenommen, seit 1972 einer der engsten Mitarbeiter Bundeskanzler Brandts. Guillaume war Offizier der Nationalen Volksarmee (NVA) und Mitarbeiter der Stasi. Brandt übernahm die politische Verantwortung und trat im Mai 1974 als Bundeskanzler zurück. Genscher aber war als Innenminister und Vorgesetzter des zuständigen Verfassungsschutzes verantwortlich. Die Affäre hätte ihn sein Amt kosten können. Es fragt sich, ob Genscher nicht einmal im Leben seine ausgeprägte Vorsicht verließ und ob ihm vielleicht sogar eine Nachlässigkeit zur Falle geriet. Spätere Äußerungen seines damaligen Büroleiters Kinkel lassen dies vermuten. Jedenfalls blieb Genscher vor allem deshalb im Amt, weil er 1974 schon großen politischen Einfluss ausübte und in der Koalition unentbehrlich war.

Seine Reaktion auf den Terrorismus zeigt Genscher als den Politiker, der politische Führung übernimmt und gestaltet. Seine Rolle in der Guillaume-Affäre dagegen lässt den »Cunctator« (Klaus Kinkel) erkennen. Beide Vorgänge haben eines gemeinsam: Sie rühren an die Essenz der Erfahrungen des Menschen Genscher. Wie musste auf ihn, der Nationalsozialismus und Kommunismus erlebt hatte, das Totalitäre im Terrorismus wirken? Wie weit konnte er in seiner unbestrittenen Fähigkeit gehen, ein solches politisches Phänomen zu verstehen und Motive in Rechnung zu stellen? Diese Eigenschaft sollte ihn ja später als Außenminister besonders auszeichnen. Die eigentliche, traurige Ironie aber musste für Genscher darin bestehen, dass in beiden Fällen die Staatssicherheit der DDR ihre Hand im Spiel hatte. Die logistische und finanzielle Unterstützung der RAF galt der Stasi als großer Erfolg. Den Einsatz des Spions Guillaume aber, der zum Sturz des großen Repräsentanten der Entspannungspolitik geführt hatte, beklagte Markus Wolf im Nachhinein als die größte Panne der Stasi.

Den Zeitgenossen galt Genscher als ein fähiger Innenminister. Neidlos erkennt dies auch Egon Bahr an, dessen Partei Genscher sonst als »Law-and-order«-Minister kritisierte: »Wie der diesen Bauchladen Innenministerium zusammenhält, ist toll, bewundernswert. Ich bekam den Eindruck, er ist der beste Innenminister, den die Republik je hatte. Er hat auch Impulse gegeben. Und er kam vor. Er war eine Figur.«[83]

Dieses Lob war sicherlich auch der bemerkenswerten öffentlichen Präsenz Genschers geschuldet. Es gelang ihm offenbar, immer zur rechten Zeit an der richtigen Stelle zu sein. Damals entstand der Mythos seiner »Omnipräsenz«. Besonders wirkungsvoll war es, wenn er mit dem Hubschrauber am Ort eines Unglücks oder einer Katastrophe einschwebte, bei dem der Innenminister gefragt war. Einer seiner politischen Gegner, sein Vorgänger im Amt, Ernst Benda, nannte dies »show business«. Genschers Replik ist nicht nur rhetorisch zu verstehen. Sie ist als sein Verständnis von politischer Führung ernst zu nehmen: »Es gibt Situationen, in denen gezeigt werden muss, dass die politische Führung eines Staates bei denjenigen steht, die von einem Unglücksfall, von einer Katastrophe oder ähnlichen Ereignissen betroffen sind. Das ist der Grund, warum man sich dort zeigen sollte.«[84]

Ein halbes Jahr nach seinem Amtsantritt war Genscher nach Brandt und Scheel das bekannteste Mitglied der Bundesregierung. In den Umfragen lag er meist vor dem Vorsitzenden seiner Partei. Im März 1970 schrieb die ›Stuttgarter Zeitung‹: »Wer jagt arabische Terroristen? Wer streitet gegen Steuererhöhungen? Wer ist bei allen FDP-Krisen zur Stelle? Hans-Dietrich Genscher. Wer will die Verfassung reformieren? Wer erfreut sich der Hochachtung sogar Herbert Wehners? Wer wird die Deutschen zu olympischen Ehren führen? Wer lässt ›Schwarze Panther‹ in die Bundesrepublik einreisen? Wer schlägt sich mit ÖTV-Chef Kluncker herum? Wer sitzt in acht von neun Kabinettsausschüssen? Der Bundesinnenminister und stellvertretende Parteivorsitzende der Freien Demokraten – ›Big Man‹ Genscher, wie ihn der ›Bayern-Kurier‹ kürzlich neidvoll anerkennend genannt hat. Macht dieser Mann nur viel Wind, oder ist er der künftige FDP-Vorsitzende?«[85]

Angesichts dieses schnellen Erfolgs erstaunt es, dass Genscher ursprünglich gar nicht Innenminister werden wollte. Spätestens im Juni 1968 besprach Walter Scheel mit ihm die mögliche Zusammensetzung einer neuen Regierung. Dabei war zu diesem Zeitpunkt überhaupt noch nicht klar, mit wem die FDP eine Koalition eingehen wollte. In jedem Fall aber solle die FDP drei Ministerien beanspruchen. Scheel wollte Außenminister werden, Josef Ertl sollte als Vertreter des rechten Flügels in der FDP später das Landwirtschaftsministerium übernehmen. Was aber sollte mit Genscher geschehen?

Es ist typisch für ihn, dass er zunächst nicht nur die personelle Frage, sondern auch den Rahmen, die Funktion einer Koalition ins Auge fasste. Sie diene dazu, in Zeiten politischer Stürme die Verantwortung auf zwei Schultern zu verteilen. Dem Bundeskanzler müsse ein Vizekanzler zur Seite stehen, der das wichtigste Ressort, das Außenministerium, leitet. Der Finanzminister solle durch den Wirtschaftsminister der jeweils anderen Partei korrigiert werden können, der Innenminister durch den Justizminister. Niemals solle ein Partner in einem wichtigen Feld von der Verantwortung ausgeschlossen bleiben bzw. sich ihr entziehen.

Genscher hatte zu diesem Zeitpunkt seit sieben Jahren die Geschäfte der FDP-Bundestagsfraktion geführt. Wollte er nun ihr Vorsitzender werden? In seinen Memoiren geht er nicht darauf ein. Helmut Schmidt aber muss mit dieser Möglichkeit gerechnet haben. Er wolle zwar gern Verteidigungsminister werden. Wenn Genscher aber an Mischnicks Stelle als Fraktionsvorsitzender trete, bliebe er Fraktionsvorsitzender der SPD. Noch überraschender aber mag es sein, dass die FDP in den Koalitionsverhandlungen mit der SPD für Genscher zunächst das Finanzministerium beanspruchte, ein Ressort, das ihn persönlich interessierte. Der Politiker, dem die Materie zumindest im Vergleich zur Deutschlandpolitik nicht nahe stand, sah im Finanzministerium sicherlich den Schlüssel für Einfluss und Gestaltung. Außerdem hatte er sich als parlamentarischer Geschäftsführer mit allen Bereichen der Politik beschäftigt. Erst als die SPD auf dem erfahrenen Alex Möller als Finanzminister bestand, riet Genscher Scheel, im Interesse des Friedens in der Koalition auf den Anspruch der FDP zu verzichten. Genschers Entscheidung für das Innenministerium aber stieß in der Partei, auch in ihrer Führung, zunächst auf heftigen Widerstand. Ein Liberaler sollte zum ersten Mal in der Geschichte der Bundesrepublik Deutschland der Hüter der öffentlichen Ordnung werden, ein »Polizeiminister«, wie die Jungdemokraten sich empörten? Genscher nannte eine solche Haltung in seinen Erinnerungen ein Vorurteil, als sei er angetreten, es zu widerlegen. Das Dilemma aber lag auf der Hand und mag Genschers ursprüngliches Zögern erklären.

Terrorismus

Schon Ende 1969 hatte der Terrorismus in der Bundesrepublik Deutschland mit zahlreichen spontanen Bombenanschlägen auf Einrichtungen wie das jüdische Gemeindezentrum, das Amerika-Haus und das Büro der israelischen Fluggesellschaft El-AL in Berlin wie auch mit Attentaten auf einen Richter und Staatsanwalt begonnen. Zwei dieser ersten Ziele waren jüdische Einrichtungen. Im Sommer 1970 ließen sich Mitglieder der RAF in einem Lager der Palästinenser in Jordanien für den Guerilla-Kampf ausbilden. Der in West-Berlin lebende Palästinenser Said Dudin hatte die Reisen mehrerer Gruppen, darunter Horst Mahler, Ulrike Meinhof, Gudrun Ensslin und Andreas Baader organisiert und die Flugscheine der DDR-Fluglinie »Interflug« beschafft. Auf dem Weg zum Ost-Berliner Flughafen Schönefeld passierten die deutschen Terroristen die innerdeutsche Grenze mit Hilfe der Stasi und der ausdrücklichen Genehmigung Erich Mielkes. Sie trainierten in dem palästinensischen Lager zusammen mit den »Fedayin«, die sich für Anschläge auf Israel vorbereiteten. Es war der dortige Kommandant, Hassan Salameh oder Abu Hassan, der das Attentat der palästinensischen Terrorgruppe »Schwarzer September« auf die israelischen Sportler bei den Olympischen Spielen 1972 in München organisierte. Mit der Geiselnahme sollte neben der Freilassung von 232 Palästinensern aus israelischen Gefängnissen auch diejenige der Führung der RAF, Andreas Baader und Ulrike Meinhof, erpresst werden.

Diese Zusammenhänge kommen erst heute ans Licht, nachdem auch die internationalen Verbindungen der RAF erforscht sind. Wenn auch die sogenannte Solidarität mit den Vietkong im Krieg gegen die USA ein ursprüngliches Motiv der Studentenbewegung und später der RAF bildete, wurde die Zusammenarbeit mit palästinensischen Gruppen nun immer enger. Diese bildeten nicht nur die deutschen Terroristen in ihren Lagern aus, sondern verschafften ihnen auch Zuflucht in Beirut, Bagdad und Aden. Die Verbündeten der RAF entführten im Oktober 1977 die Lufthansa-Maschine »Landshut«, um die Freilassung von 11 Mitgliedern der Organisation zu erzwingen.

Der Kalte Krieg brachte es mit sich, dass die Geheimdienste der Sowjetunion und der DDR sich diese Verbindungen zu Nutze machten. Die Stasi gewährte in den achtziger Jahren Aussteigern der RAF Unterschlupf in der DDR. Sie bildete dort die Terroristen Helmut Pohl, Christian Klar, Adelheid Schulz und Inge Viett an Waffen und Sprengstoffen aus. Sowjetische Kriegsschiffe lieferten auf Vorschlag des Chefs des KGB, Juri Andropow, und auf Befehl Generalsekretärs Leonid Breschnew Waffen für die palästinensischen Gruppen im Golf von Aden ab.

Ausgerechnet die deutschen Terroristen, die ihren Vätern den Nationalsozialismus vorgeworfen hatten, brachten sich in große Nähe zu den Todfeinden Israels. Sie scheuten sich auch nicht, diese Tatsache ideologisch zu verbrämen. Nichts zeigt den Anspruch der RAF eindringlicher als das Pamphlet, das Ulrike Meinhof nach dem Attentat in München in ihrer Gefängniszelle in Köln schrieb: »Die Aktion des Schwarzen September in München – Zur Strategie des antiimperialistischen Kampfes«[86]. Die Druckschrift wurde in hoher Auflage in deutschen Universitäten ausgelegt. Sie pries den Anschlag, bei dem elf israelische Sportler, fünf palästinensische Terroristen und ein deutscher Polizist den Tod fanden, als beispielhaft für den Kampf gegen den Imperialismus. Zu ihm gehörte nach Auffassung der RAF eben auch Israel. Genscher wurde offenbar als Repräsentant der »Komplizenschaft« zwischen westdeutscher und israelischer Regierung gesehen: »Dass es noch besser gewesen wäre, Genscher als Geisel zu nehmen, weiß der Schwarze September selbst.« Welch perfide Ironie! Genscher hatte sich ja selbst als Geisel angeboten.

Ulrike Meinhof hatte durchaus richtig erkannt, dass die ersten Olympischen Spiele in Deutschland nach den Spielen von 1936 in Berlin auch einen Neuanfang nach der nationalsozialistischen Vergangenheit demonstrieren sollten. Es durfte aber nach ihrer Meinung nicht sein, dass das »faschistische Regime« mit den Olympischen Spielen »die Erinnerung an 1936, Auschwitz und Reichskristallnacht auslöschen« wollte. Genscher schien der RAF ein besonders gefährlicher Gegner zu sein, nicht nur weil er Innenminister war, sondern offenbar weil er eine Regierung vertrat, die sich gesellschaftspolitische Reformen vorgenommen hatte. Die Fronten mussten klar sein zwischen rechts und links, damit man einander besser bekämpfen konnte: »Genau nicht Dregger (ein besonders konservativer Abgeordneter der CDU und späterer Vorsitzender der Bundestagsfraktion), sondern genau nur Scheels Parteifreund Genscher kann die Massendeportationen der Palästinenser aus der BRD durchführen.« Gemeint sind die nach dem Attentat erfolgten Ausweisungen von Palästinensern aus der Bundesrepublik Deutschland, was damals im In- und Ausland tatsächlich umstritten war.

Der Anschlag von München 1972, die Geiselnahme von Juden in Deutschland, war weit mehr als eine Bedrohung der inneren Sicherheit. Genscher beschwört in seinen Erinnerungen »die ganze Last unserer Geschichte gegenüber Israel und dem jüdischen Volk. Siebenundzwanzig Jahre waren seit 1945 vergangen, und wieder sollten Juden in Deutschland ermordet werden.«[87] Er schildert seine Gedanken, als er dem entschlossenen Anführer der Geiselnehmer, der mehrere abzugsbereite Handgranaten am Körper trug, gegenübertrat: »Konnte er wissen, was es für uns als Deutsche bedeutete, dass ausgerechnet hier wieder Juden in Todesnot waren? Mord an Juden in Deutschland – 1972! Der Gedanke schnürte mir die Kehle zu. Gleichzeitig gewann ich mehr und mehr den Eindruck, dass er durch kein Argument, durch keinen Appell von seinen Bedingungen abzubringen war.«[88]

Genschers Handeln während der Ereignisse in München offenbart wie kein anderes Ereignis in seiner Biographie die Stärken seines Charakters. Der Innenminister bot sich als Ersatzgeisel anstelle der israelischen Gefangenen an. Angesichts der von Genscher erkannten Entschlossenheit der Terroristen ging er hiermit ein erhebliches Risiko ein. Er setzte sein Leben aufs Spiel. Sein damaliger persönlicher Referent, Klaus Kinkel, der während der Krise mit Genscher in ständigem Kontakt stand und auf dessen Bitte auch nach München gekommen war, bestätigt heute: »Ich hatte ihm gesagt – wenn er ehrlich ist, wird er es zugeben –, ich hatte gedacht, es könnte sein Ende sein, wirklich.«[89] Genscher jedenfalls musste damit rechnen. Er hatte sich von seiner Familie verabschiedet. Dass diese Haltung von großem persönlichen Mut zeugt, wird nicht dadurch in Frage gestellt, dass auch die anderen Mitglieder des politischen Krisenstabs bereit waren, sich als Ersatzgeisel zur Verfügung zu stellen.

Genscher übernahm Verantwortung, obwohl er gar nicht zuständig war. Die Gewährleistung der Sicherheit der Olympischen Spiele in München lag in Händen des bayerischen Innenministers, Bruno Merk, und des Polizeipräsidenten von München, Manfred Schreiber. Dieser war außerdem Sicherheitsbeauftragter des Olympischen Komitees. Neben dem Einsatzstab der Polizei richtete Genscher einen politischen Krisenstab ein, den er leitete und der engste Verbindung zur Bundesregierung hielt. Der Staatssekretär des Auswärtigen Amts, Sigismund von Braun, koordinierte die diplomatischen Aktivitäten, vor allem die Abstimmung mit der israelischen Regierung.

Kinkel erinnert sich heute, dass er Genscher zu seinem persönlichen Engagement gedrängt habe. Es hätte dessen aber nicht bedurft: »Für mich war selbstverständlich, dass ich als Bundesminister des Innern voll verantwortlich an dem politischen Krisenstab teilnahm, selbst wenn der Bund in diesem Fall keine polizeiliche Zuständigkeit besaß.«[90] Schreiber bestätigte später, dass Genscher auch der polizeilichen Einsatzleitung »nicht mehr von der Seite wich ... gar ihr wichtigster Teil wurde«[91]. Regierungssprecher Conrad Ahlers sah sich gar zu der Feststellung veranlasst, dass Genscher »keineswegs direkt zuständig« gewesen sei ... er habe »moralische Verantwortung« übernommen.

Die Polizeiaktion in Fürstenfeldbruck zur Befreiung der Geiseln war ein katastrophaler Fehlschlag. Alle Geiseln, ein deutscher Polizist und fünf Terroristen kamen ums Leben. Zusammen mit den zwei Israelis, die bereits beim Überfall im Olympischen Dorf in München erschossen worden waren, starben 17 Menschen. Genscher bot dem Bundeskanzler seinen Rücktritt an. Der Innenminister begründete seine Haltung mit dem Schaden, den die Vorgänge für das Ansehen der Bundesrepublik Deutschland im Ausland angerichtet hatten. Er stellte sich den überaus kritischen Fragen der internationalen Presse gleich am Morgen nach der gescheiterten Operation. Die einflussreiche israelische Zeitung »Haaretz« kommentierte: »Unsere Mannschaft ging nach München unter der Voraussetzung, dass das Gastgeberland für ihre Sicherheit sorgen würde, wie es auch für die Sicherheit aller anderen Teilnehmer dieser riesigen internationalen Versammlung eintreten würde. Diese Erwartung hat sich nicht erfüllt. Die Verantwortung dafür liegt bei den westdeutschen Behörden.« Günter Grass sprach von einem »Scherbengericht ... Was mühsam an neuem Ansehen und Vertrauen aufgebaut worden ist, wurde durch den Münchener Terroranschlag lädiert: im In- und Ausland drohen die alten Ressentiments wieder aufzubrechen.«

Brandt lehnte einen Rücktritt Genschers ab. »Ich werde Ihren Rücktritt auf keinen Fall annehmen. Keiner kann Ihnen auch nur den geringsten Vorwurf machen. Sie haben alles getan, was getan werden konnte.«[92] Auch Helmut Schmidt versicherte Genscher nach der Affäre seine Anerkennung und Wertschätzung. Genscher erinnert sich hieran mit Wärme, er werde diese Worte nie vergessen. 1972 wird sich das respektvolle Verhältnis Genschers zu seinem »zweiten« Bundeskanzler begründet haben, »auch wenn wir leider nie ein enges Verhältnis zueinander gefunden haben«[93].

Genscher schien viele politische Leben zu haben. Wider Erwarten ging der Innenminister nach dem tragischen Ausgang der Geiselnahme nicht geschwächt aus der Krise hervor. Sein Ruf war nicht beschädigt. Die Bevölkerung war wohl der Auffassung, dass das Mögliche getan worden war. Kinkel berichtet sogar von »Waschkörben« mit Post aus der Bevölkerung, die Genscher als Held feierte. Dies war alles andere als vorhersehbar. Jedenfalls nutzte Genscher die Gunst der Stunde, um die Lehren aus dem Fehlschlag zu ziehen und sich an den Ausbau des Bundesgrenzschutzes zu machen.

Schon im Juni 1972 hatte der Bundestag ein Gesetz einstimmig verabschiedet, das dem Bundesgrenzschutz erstmals auch die Funktion einer Eingreifreserve des Bundes zuwies. Eine solche Maßnahme war angesichts der traditionellen Zuständigkeit der Bundesländer für die Polizei durchaus umstritten. Der Schock der Katastrophe von München und Fürstenfeldbruck aber hatte eine politische Situation geschaffen, die den Bundestag veranlasste, ohne größere Aussprache die Mittel für die Aufstellung einer Antiterroreinheit des Bundesgrenzschutzes zu bewilligen. Die GSG 9 sollte auch zum Schutz von in Gefahr geratenen deutschen Staatsbürgern im Ausland eingesetzt werden können. Sie wurde durch ihre Befreiungsaktion in Mogadischu vom Oktober 1977 berühmt. Genscher stellte die Frage nach der Handlungsfähigkeit des Staates im richtigen Augenblick. Ihm war bewusst, dass nicht nur menschliches Versagen zum Scheitern der Polizei geführt hatte. Es waren nicht nur Fehler gemacht worden. Mit den damals zur Verfügung stehenden Mitteln und dem Stand der Ausbildung hatten die Sicherheitskräfte einfach keine Chance gegen die Terroristen. Deshalb musste es für den Innenminister befremdlich sein, dass Bundeskanzler Brandt damals von »einem erschreckenden Dokument deutscher Unfähigkeit« sprach.

Genscher erinnert sich an die Vorgänge in München als »die schrecklichste Erfahrung meiner ganzen Amtszeit als Mitglied der

Bundesregierung«. Er musste vor allem daran verzweifeln, dass er eigentlich so wenig Handlungsspielraum hatte, so wenig Kontrolle über die Entwicklungen. Die wichtigste Entscheidung wurde ihm abgenommen. Die israelische Regierung hatte von Anfang an klargestellt, dass auf die Forderungen der Geiselnehmer in keinem Fall einzugehen war. Konnte die Bundesregierung angesichts der besonderen Beziehungen zu Israel etwas anderes tun, als sich einverstanden zu erklären?

Bis heute ist nicht geklärt, wie stark der Einfluss der israelischen Regierung oder der Sicherheitskräfte auf die Entscheidungsprozesse in Bonn und München tatsächlich war. Genscher erwähnt beiläufig, dass er am Tag des Attentats mit einem »israelischen Spezialisten für Sicherheitsfragen« gesprochen habe, der mittags in München eintraf. Er nennt aber merkwürdiger Weise nicht den Namen oder die genaue Funktion dieses Vertreters eines Landes, dem in dieser Situation wohl eine Schlüsselrolle zukam. In anderen Quellen wird berichtet, dass sogar der Leiter des israelischen Geheimdienstes Mossad, General Zvi Zamir, bei der Aktion in Fürstenfeldbruck dabei war. Kann man sich vorstellen, dass der ranghöchste Sicherheitsbeamte Israels nur Zuschauer war? Der bayerische Innenminister antwortete ausweichend. Er versicherte, dass israelische Sicherheitskräfte »weder angeboten noch von uns angefordert worden waren«[94].

Was war Genschers nachhaltigste Leistung als Innenminister? Er nutzte die Herausforderung des Terrorismus, um Maßnahmen zum Schutz des Rechtsstaats in die Wege zu leiten, die nicht nur wirksam waren, sondern auch in der Öffentlichkeit angenommen wurden. Letzteres war in der polarisierten Diskussion der siebziger Jahre, »dem Krieg der sechs gegen sechzig Millionen« (Heinrich Böll), alles andere als selbstverständlich. Mit dem Namen Genscher verbindet sich ein in der Geschichte der Bundesrepublik Deutschland beispielloser Ausbau des Bundeskriminalamts, des Bundesgrenzschutzes und des Verfassungsschutzes. Und doch war er zeitweise der beliebteste Bonner Politiker. Der Rechtsstaat war weit davon entfernt, als »Unterdrückungssystem entlarvt« und von den Bürgern abgelehnt zu werden, wie manche Ideologen gehofft hatten. Man spürte wohl den Wandel des Zeitgeistes, den der Historiker Karl Dietrich Bracher beschrieb: Hatte Willy Brandt bei seiner ersten Regierungserklärung 1969 noch »Keine

Angst vor Experimenten!« postuliert und ein beachtliches Reformprogramm eingeleitet, traten »an die Stelle der großen Erwartungen nach wenigen Jahren die großen Befürchtungen«[95].

Im Herbst 1971, eineinhalb Jahre nach Gründung der RAF, ernannte Genscher den Mann zum Präsidenten des Bundeskriminalamts, der zum Symbol der Maßnahmen gegen den Terrorismus werden sollte, Horst Herold. Er war 1923 in Thüringen geboren, wurde im Krieg schwer verwundet und absolvierte nach dem Krieg in Nürnberg eine stetige juristische Karriere. 1967 wurde er Polizeipräsident dieser Stadt. Genscher hatte bei der Besetzung des Postens zwischen ihm und dem Münchener Polizeipräsidenten Schreiber zu wählen. Schreiber, dem Genscher nach den gemeinsamen Erfahrungen beim Münchener Geiseldrama eng verbunden blieb, wollte dann doch lieber in München bleiben. Herold war hochintelligent, perfektionistisch, kreativ und von psychologischem Einfühlungsvermögen. Bundeskanzler Schmidt nannte ihn später deshalb einen wichtigen Ratgeber«, »weil er sich besser als jeder andere von uns in die Gehirnwindungen der Terroristen versetzen konnte«[96].

Herold und Genscher waren wohl richtig fasziniert voneinander. Herold lobte bei Genscher Fähigkeiten, die ihn selbst zu einem überragenden Kriminalisten machten, nämlich »Fakten, die an sich sachlich weit auseinander lagen, in überraschend neuer Weise zu verknüpfen«[97]. Vor allem aber war Herold besessen von der Aufgabe, die Verbrechensbekämpfung durch Einführung der Datenverarbeitung zu modernisieren. Unter seiner Leitung hatte die Nürnberger Stadtpolizei damit als Erste in der Bundesrepublik Deutschland bereits Anfang der sechziger Jahre begonnen. Das BKA wurde deshalb so wirksam, weil es mit Hilfe der Datenverarbeitung zu einer gigantischen Schaltstelle von Information und Kommunikation aufgebaut wurde.

Als Herold 1971 sein Amt angetreten hatte, verfügte das BKA über einen Etat von fast 55 Millionen D-Mark und beschäftigte 1113 Mitarbeiter. Zehn Jahre später, als Herold ausschied, waren es 290 Millionen D-Mark und 3536 Beamte und Angestellte. 1979 waren auf 37 Dateien 4,7 Millionen Namen elektronisch gespeichert. Es gab umfangreiche Dateien mit Fotos, Fingerabdrücken und Schriftproben. Ein Meldesystem zwischen BKA und der Polizei in den Bundesländern ermöglichte schnelle Fahndungserfolge. Ende 1972 war der harte Kern der RAF gefasst: Andreas

Baader, Ulrike Meinhof, Gudrun Ensslin, Holger Meins und Jan-Carl Raspe.

Genscher hatte den politisch richtigen Zeitpunkt gewählt, um Tatsachen zu schaffen und sich durchzusetzen. Seine Maßnahmen erhöhten die Schlagkraft der Polizei nicht nur durch personelle Aufstockung sondern auch verbesserte Ausbildung und Ausrüstung. Genscher aber war kein »Polizeiminister«, wie manche politische Gegner ihn schalten. Er verweist heute darauf, dass in seiner Amtszeit Gesetze zur inneren Sicherheit nicht verschärft wurden. Genscher konnte für seine Politik sämtliche Innenminister der Länder für sich gewinnen. Bundeskanzler Brandt, der angetreten war, »mehr Demokratie zu wagen«, billigte sein Vorgehen. In einer Fernsehansprache vom Februar 1972 verurteilte er den Terrorismus in scharfer Form, ohne jegliche Relativierung. Er hatte vorher dem Bundespräsidenten Heinemann davon abgeraten, sich mit einem allgemeinen Aufruf zur Menschlichkeit auch für die Terroristen an die Bevölkerung zu wenden.

Die Zeit war damals auch reif für den so genannten »Extremistenbeschluss« oder Radikalenerlass vom Januar 1972. Der Bundeskanzler und die Ministerpräsidenten der Bundesländer hatten auf Empfehlung der Konferenz der Innenminister Grundsätze zur Frage der Beschäftigung von verfassungsfeindlichen Personen im öffentlichen Dienst beschlossen. Danach durfte in das Beamtenverhältnis nur berufen werden, wer die Gewähr dafür bot, jederzeit für die freiheitliche demokratische Grundordnung im Sinne des Grundgesetzes einzutreten. Der Beschluss betraf rechten und linken Extremismus gleichermaßen, zielte aber vor allem auf die Außerparlamentarische Opposition, die ihren »Marsch durch die Institutionen« angekündigt hatte. Genscher – und nicht nur er – hegte ursprünglich starke Bedenken gegen den »Extremistenbeschluss«. Es wurde erreicht, dass eine Ablehnung der Übernahme in den öffentlichen Dienst begründet werden musste. Hiermit stand den Betroffenen der Rechtsweg offen. Gerade diese Regelung mag Brandt seine Zustimmung erleichtert haben. In der hysterischen Diskussion dieser Monate war nicht leicht zu erraten, wohin sich die öffentliche Meinung bewegte. Genscher aber hatte richtig vermutet, dass die Bevölkerung ein entschlossenes Handeln der Bundesregierung belohnen würde. Die Bundestagswahlen vom Herbst 1972 bestätigten dies.

Dieser Konsens hielt allerdings nicht lange an. Gerhart Baum, seit 1978 Innenminister, verstand sich als der wahre Vertreter einer »liberalen« Innenpolitik. Er äußert im Rückblick über den Innenminister Genscher, dessen Parlamentarischer Staatssekretär er war: »Er war – sage ich mal plakativ – mehr Polizeiminister, als ich das war... Er war mehr Sicherheitsminister.«[98] Baum stand an der Spitze des sozialliberalen Flügels der FDP und trat später als entschiedener Gegner des Koalitionswechsels von 1982 auf. Als Innenminister bestimmte er den Datenschutz als seine politische Priorität und ließ umfangreiche Dateien des BKA wieder löschen. Er reagierte nicht auf diesbezügliche Warnungen Herolds. Desgleichen wandte sich Baum gegen den Extremistenbeschluss, der seit 1976 von den SPD- und FDP regierten Bundesländern nicht mehr befolgt wurde.

Baum und Genscher waren keine politischen Gegner. Im Gegenteil, sie waren vertraute politische Weggefährten, die sich gegenseitig ernst nahmen und sich über ihre unterschiedlichen Auffassungen bis heute lebhaft austauschen. Baum dachte später in einem Buch darüber nach, dass zur Freiheit die Unsicherheit gehört, womit er auch seine Amtsführung als Innenminister rechtfertigt. Für Genscher ist Sicherheit geradezu eine Voraussetzung der Freiheit, keinesfalls aber Selbstzweck. Seine innerparteilichen Gegner, die ihn in die Ecke eines reaktionären Vertreters von Recht und Ordnung stellen wollten, hatten ihn gründlich missverstanden.

Baum erkennt heute an, dass Genscher sich im Umgang mit dem Terrorismus und dem politischen Extremismus viele Gedanken machte. Er habe sich eingelassen »auf Hintergründe, Ursachen, Motive, das, was Menschen bewegt hat. Er ist ein Mann, der sagte: Der Mensch lebt nicht vom Brot allein. Wir können denen nicht nur irgendwelche technischen Dinge erzählen, sondern müssen sie ansprechen in ihren Sorgen, Nöten und Emotionen. Er hat den Terrorismus auch in seinen Ursprüngen und Wurzeln gesehen.«[99] Baum ging bei dem Versuch, den Terrorismus zu verstehen und dies öffentlich zu demonstrieren, sicherlich weiter als Genscher. Dieser hätte wahrscheinlich kein Gespräch mit einem verurteilten Terroristen geführt, wie dies Baum dann mit Horst Mahler tat.

Andererseits bemühte sich Genscher noch um Verständnis, als die Maßstäbe schon bedrohlich wankten. Wie sehr sich auch führende Intellektuelle verrennen konnten, zeigt das Beispiel Heinrich Böll. Seine Kritik an der aggressiven Berichterstattung vor allem der Zeitung »Bild« – »nackter Faschismus, Verhetzung, Lüge, Dreck« – wurde von vielen Zeitgenossen noch geteilt. Bölls 1974 erschienene Erzählung, »Die verlorene Ehre der Katharina Blum«[100], sieht er selbst als Pamphlet über die zerstörerische Wirkungen der Boulevardpresse. Der Untertitel seines Buches lautet: »Wie Gewalt entstehen und wohin sie führen kann«. In einer Vorbemerkung schreibt Böll in bitterer Ironie: »Personen und Handlung dieser Erzählung sind frei erfunden. Sollten sich bei der Schilderung gewisser journalistischer Praktiken Ähnlichkeiten mit den Praktiken der Bild-Zeitung ergeben haben, so sind diese Ähnlichkeiten weder beabsichtigt noch zufällig, sondern unvermeidlich.« Böll beschreibt, wie die Freundschaft einer Frau zu einem Straftäter in einer Zeitung so verzerrt und hasserfüllt dargestellt wird, dass diese Frau schließlich den verantwortlichen Reporter umbringt. Die Verfilmung des Stoffes durch Volker Schlöndorff und Margarethe von Trotta wurde durchaus positiv besprochen. Der amerikanische Sender CBS stellte eine Fassung für das Fernsehen her. Es folgten Theaterstücke und sogar eine Oper zum Thema. Genscher, der das Buch las, äußert sich heute zurückhaltend darüber: »Die Ehre der Katharina Blum konnte ich nicht nachvollziehen.«[101]

Als Böll im Magazin »Der Spiegel« so weit ging, die Gewalttaten Ulrike Meinhofs mit ihrem »Einblick in die Verhältnisse« erklären zu wollen, und schließlich die strafrechtliche Verfolgung der Terroristen mit der Bekämpfung der Regimegegner im Dritten Reich verglich, konnten ihm die meisten nicht mehr folgen. Mit seiner Forderung nach »Gnade, oder wenigstens freiem Geleit« für die inhaftierte Ulrike Meinhof lieferte er seinen Gegnern einen Vorwand, ihn dem »Dunstkreis des Terrorismus« zuzurechnen.

Es ist bezeichnend für Genscher, dass er gerade in einer derart brisanten Situation auf Böll zuging und ihn – auf Vorschlag Herbert Wehners – zu einem Gespräch in sein damaliges Privathaus auf dem Heiderhof in Bad Godesberg einlud. Böll sagte ohne Zögern zu. Es war Genschers erste persönliche Begegnung mit dem großen Schriftsteller. Sie dauerte einen ganzen Nachmittag. In seinen Erinnerungen äußert sich Genscher sehr respektvoll über Böll, »dessen literarisches Werk zum Ansehen der deutschen

Nachkriegsdemokratie Bedeutendes beigetragen hat«. Er gewann den Eindruck, dass eine Annäherung für beide möglich wurde. Heute sagt er rückblickend: »Böll ist nach meinem Gefühl beeindruckt aus diesem Gespräch weggegangen. Ich hatte ihm gesagt, für mich ist das Menschenleben das Entscheidende ... Einen Menschen zu töten und sich zum Richter über einen anderen Menschen zu machen, das ist inakzeptabel.«[102]

Genschers Schilderung des Gesprächs mit Böll ist eines der besten Zeugnisse für sein Verständnis von Liberalismus und einem liberalen Rechtsstaat. Die wichtigste Funktion dieses Staates ist für ihn die Sicherung der Freiheit. Eben dies erwarten die Bürger von ihm. Die Stärke des Rechtsstaats beruht nicht nur auf der Wirksamkeit der Mittel, mit denen er sich schützt, sondern vielmehr auf dem Vertrauen, das die Bürger ihm entgegenbringen. Wie auch in anderen Zusammenhängen, später auch in der Außenpolitik, ist hier für Genscher der Begriff Vertrauen zentral.

Typisch ist auch, wie er Prinzipien, die für Böll wichtig sind, aufgreift und sie in einen anderen Zusammenhang stellt, sozusagen »umdreht«. Er nennt den Terrorismus eine Bedrohung der Menschenwürde und ihrer Unantastbarkeit. Auf dieser Grundlage ist die Durchsetzung politischer Ziele mit Gewalt nicht mehr zu rechtfertigen. Genscher meint, eines der wichtigsten Gespräche in seinem Leben geführt zu haben. Es habe ihm geholfen, »differenzierter zu argumentieren«. Das Gespräch, das damals natürlich Aufsehen erregte, war keine politische Werbeveranstaltung. Es hat aber zweifellos die Glaubwürdigkeit des Innenministers in seiner Auseinandersetzung mit Terrorismus und Extremismus gestärkt. Darauf kam es ihm wohl auch an.

In der politischen Auseinandersetzung der siebziger Jahre war Genschers Standpunkt klar. Auch hier mögen seine frühen Erfahrungen in der DDR eine Rolle gespielt haben: »Wer den freiheitlichen Rechtsstaat durch die Diktatur des Proletariats ersetzen will, wer die kommunistische Diktatur der DDR als Vorbild preist und bei uns einführen möchte, der hat im öffentlichen Dienst nichts zu suchen.«[103] Genschers Strategie als Innenminister richtete sich weniger darauf, den Terrorismus zu bekämpfen. Er versuchte vielmehr, breite politische Unterstützung gegen ihn zu gewinnen. Er warnte »die träge Mehrheit, die die Segnungen unserer freiheitlichen Ordnung genießt, es aber anderen überlässt, sich öffentlich für diese Ordnung einzusetzen. Es gibt auch ein Demokratieschmarotzertum«[104], sagte er im Bundestag. Politische Führung übte er vor allem dadurch aus, dass er in einer kontroversen politischen Situation den Konsens der großen Mehrheit aufspürte und stärkte.

Bei seinen Erinnerungen an den Innenminister kommt Kinkel schließlich noch darauf zu sprechen, dass Genscher eine besondere Affinität zu den Organen der Sicherheit hatte. Der Bundesgrenzschutz sei seine »Spielzeugeisenbahn« gewesen. Sein Ministerbüro, also wohl Kinkel selbst, habe Genscher, »wenn er schlecht gelaunt war ... immer einen Parka angezogen und ihn an die deutsch-deutsche Grenze geschickt. Da hat er dann mit einem Fernglas hinübergeguckt, wo die Kasernen der Nationalen Volksarmee waren, und abends hat er mit den Angehörigen des Bundesgrenzschutzes Lieder gesungen«[105]. Kinkel behauptet auch, dass Genscher gern Verteidigungsminister geworden wäre. Allzu viel militärische Romantik sollte man bei ihm allerdings nicht vermuten.

Guillaume

Zwei Jahre nach dem Münchener Geiseldrama musste der Innenminister Genscher den politisch folgenreichsten Spionagefall in der Geschichte der Bundesrepublik Deutschland bewältigen. Am 24. April 1974 wurde Günter Guillaume, der seit 1972 Mitarbeiter des Parteivorsitzenden Willy Brandt gewesen war, wegen Verdachts der Spionage für die DDR verhaftet. Bei seiner Festnahme erklärte er, dass er Offizier der Nationalen Volksarmee sei. Guillaume lebte seit 1956 im Auftrag der Hauptverwaltung Aufklärung (HVA) des Ministeriums für Staatssicherheit in der Bundesrepublik Deutschland. Willy Brandt übernahm die politische Verantwortung – in einem Brief an Vizekanzler Scheel auch die persönliche – und trat am 7. Mai 1974 als Bundeskanzler zurück.

Welches politische Ränkespiel, welche politische Tragik verbarg sich hinter den Fakten? Welche Rolle spielte der Innenminister? War man damals Zuschauer bei einem Shakespeare'schen Königsdrama, wie manche bis heute vermuten? Die Guillaume-Affäre schien aus dem Stoff zu sein, aus dem Theaterstücke entstehen. Jedenfalls war der Zweiakter »Democracy« des britischen Autors Michael Frayn, in dem nicht nur Brandt und Guillaume, sondern auch Helmut Schmidt, Herbert Wehner, Horst Ehmke und eben auch Genscher auftreten, ein großer Erfolg. Autor und Stück erhielten nach der Uraufführung im Royal National Theatre 2003 in London renommierte Auszeichnungen.

Frayn sah in den Vorgängen um den Rücktritt Willy Brandts, die er sorgfältig recherchiert hatte, »Beispiele starker persönlicher Gefühle, von Loyalität und Eifersucht, von Mut und Verzweiflung«. Ihn interessierte die »Komplexität menschlicher Verhältnisse und von Menschen überhaupt sowie die daraus resultierenden Schwierigkeiten, unser Handeln zu gestalten und zu verstehen«. Genscher spielt in dem Stück eine eher zwielichtige Rolle. Guillaume kommt mit der rätselhaften Bemerkung zu Wort: »Das Ende dieser Regierung könnte sehr wohl Genscher bedeuten.« Er würde »Willy verlassen und eine Koalition mit der CDU eingehen«[106].

Frayn stützt sich u. a. auf die Memoiren Guillaumes, die allerdings äußerst fragwürdig sind. Der Spion insinuiert eine Verschwörung derer, die an einem Sturz Brandts interessiert gewesen seien: »Nollau (der Präsident des Bundesverfassungsschutzes) hielt das Messer hin und Genscher und Wehner gaben ihm den Schubs, der nötig war.«[107] Der Stasi war es ein weiteres Mal gelungen, die öffentliche Meinung in der Bundesrepublik zu täuschen und zu beeinflussen: Sie hatte das Buch Guillaumes praktisch verfasst. Der Chef der DDR-Spionage, der Leiter der Hauptverwaltung Aufklärung des MfS, Markus Wolf, gibt dies in seinen Erinnerungen zu: Guillaumes Buch sei deshalb von einem Mitarbeiter der Stasi geschrieben worden, »um die Peinlichkeit der Affäre für Bonn zu demonstrieren«[108].

Alle späteren Beteuerungen von DDR- und sowjetischer Seite, Erich Honecker sei über den Spion an der Seite des deutschen Bundeskanzlers überrascht gewesen oder habe dies bedauert, sind wenig glaubwürdig. Markus Wolf hatte sich nach dem Fall der Mauer in einem Brief an Brandt tatsächlich dafür entschuldigt, »dass der unter meiner Leitung stehende Nachrichtendienst der DDR zu den politisch so negativen Vorgängen beigetragen hat, die 1974 zu Ihrem Rücktritt führten«. Inzwischen zugängliche Dokumente der Stasi zeigen, dass die Führung der DDR die Anziehungskraft Brandts und seiner Ostpolitik auf die sowjetische Regierung fürchtete. In der Tat standen die Bundesrepublik Deutschland und die Sowjetunion ja vor dem Abschluss des Moskauer Vertrags. Der KGB hingegen hatte ein klares Interesse an der Entspannungspolitik, von der er sich Hilfe bei der Modernisierung der sowjetischen Wirtschaft versprach.

Wolf bezeichnete den Rücktritt Brandts im Zuge der Affäre im Nachhinein zwar als »politisches Eigentor für die DDR«, aber er sah den Wert der Erkenntnisse seines Spions darin, dass sie die Ernsthaftigkeit der Ostpolitik Brandts bestätigt hätten. Er versteigt sich zu dem Zynismus, Guillaume Verdienste um die Entspannung zwischen Bundesrepublik und DDR zuzuschreiben, »indem er uns den Friedenswillen Willy Brandts nachdrücklich vor Augen geführt hat«[109]. Brandt wiederum hegte den Verdacht, dass Honecker und Wehner, die seit gemeinsamen kommunistischen Zeiten ein sehr gutes Verhältnis pflegten, sich gegen ihn verschworen hätten. Damit mag er über das Ziel hinausgeschossen sein. In jedem Fall aber offenbart die Affäre Guillaume wie keine andere, welchen Einfluss das Regime der DDR auf das Geschehen in Bonn haben konnte, und wie sehr die Stasi dabei ihre Hand im Spiel hatte.

Vor allem zwei Fragen stellen sich. Warum blieb Guillaume fast ein Jahr in unmittelbarer Nähe des Bundeskanzlers, nachdem der Präsident des Bundesverfassungsschutzes, Günther Nollau, Genscher am 29. Mai 1973 vom Verdacht auf Spionage unterrichtet hatte? Warum nahm man hin, dass Guillaume den Bundeskanzler auf einer Urlaubsreise nach Norwegen begleitete, während derer der Spion Zugang zu geheimen Dokumenten erhielt?

Genscher gibt zu bedenken, dass der Verdacht gegen Guillaume nicht ausgereicht habe, ihn zu überführen. Was wäre gewesen, wenn sich der Verdacht als unbegründet erwiesen hätte? Erst die Auskunft, die dieser bei seiner Verhaftung selbst gab, war der entscheidende Beleg gewesen: »Ich bin Bürger der DDR und ihr Offizier. Respektieren Sie das!«[110] Immerhin war das Bundesamt für Verfassungsschutz aber schon im Frühjahr 1973 zu dem Schluss gekommen, dass in den fünfziger Jahren abgehörte und entschlüsselte Funksprüche der Stasi an Guillaume gerichtet waren. Nollau war überzeugt, dass Guillaume ein Spion des MfS war. Im Gespräch mit Genscher vom 29. Mai 1973 aber äußert er sich vorsichtig, wenn man einem vom Büroleiter Klaus Kinkel gefertigten Vermerk folgt: »Dr. Nollau erklärte, dass im Rahmen der systematischen Sicherheitsüberprüfungen des Bundeskanzleramtes sich ergeben habe, dass bestimmte Erkenntnisse auf den beim Bundeskanzler als persönlichen Mitarbeiter beschäftigten G. und dessen Ehefrau zutreffen würden.« Günter und Christel Guillaume böten »Anlass für die Vermutung – wie ähnlich gelagerte Fälle – gezielt als Agenten eingeschleust worden zu sein«. Der Vermerk war »streng geheim« eingestuft, erschien im September 1974 aber in der »Frankfurter Allgemeinen Zeitung«[111].

Genscher äußerte später – vor dem Guillaume-Untersuchungsausschuss und in den »Erinnerungen« – deutliche Zweifel daran, dass Nollau ihm damals ein vollständiges Bild gegeben habe. Nollau wiederum hatte den Eindruck, dass Genscher seine Hinweise nicht ernst genug nahm. Er gab aber später zu, dass er Genscher nicht vollständig informiert habe: »Ich habe, das ist richtig, Herrn Genscher nicht alles vorgetragen, was ich wusste, insbesondere nicht, dass eine Guillaume belastende, allerdings unsubstantiierte, alte Nachricht des BND (Bundesnachrichtendienst) vorlag. Ich habe das nicht unterlassen, weil ich Herrn Genscher etwas vorenthalten wollte, sondern weil ich meinen Zweck, seine Zustimmung zur Observation zu erlangen, als erreicht ansah.«[112]

Klarer kann man seine Absicht nicht enthüllen. Guillaume sollte weiter an der Seite des Bundeskanzlers bleiben, damit gerichtsverwertbare Beweise gegen ihn gesammelt werden konnten. Damit aber stellte Nollau das Interesse an der Überführung des Spions über den Schutz des Bundeskanzlers und die Sicherheit des Staates. Warum folgte ihm Genscher in diesem Punkt, warum ging er dieses große Risiko für den Bundeskanzler ein? Dieses Risiko war viel größer als das eines »nicht ausreichend begründeten Verdachts«, den Genscher fürchtete.

Genscher informierte Brandt über den Bericht Nollaus noch am selben Tag. Dieser erklärte sich damit einverstanden, dass Guillaume in seinem Amt belassen werden sollte. Auch Kinkel machte sich das Anliegen Nollaus zu Eigen, ohne sich weitere Gedanken über die möglichen Folgen für den Bundeskanzler zu machen. Er verweist auch heute auf das Drängen Nollaus auf Observierung. Dieses Argument ist der Kern seines Vermerks, der im Untersuchungsausschuss eine wichtige Rolle spielen sollte und von dem er heute sagt, dass er »Genscher mit gerettet hat«. Liegt nicht die politische Verantwortung beim Innenminister?

Diese Frage stellte sich in aller Schärfe, als es zu entscheiden galt, ob Guillaume den Bundeskanzler auf seiner Urlaubsreise nach Norwegen im Juli 1973 begleiten solle. Hätte Genscher nicht bedenken müssen, dass Guillaume bei dieser Gelegenheit auch Zugang zu geheimen Dokumenten haben würde, die dem Bundeskanzler aus Bonn übermittelt wurden. Brandt selbst verschwendete offenbar keinen Gedanken an die möglichen Gefahren. Er informierte lediglich den Chef des Bundeskanzleramts, Staatssekretär Horst Grabert, und den Leiter seines Büros im Kanzleramt, Reinhard Wilke. Beide verpflichtete er zum Stillschweigen, woran sich diese auch hielten. Zu Wilke sagte er wörtlich: »nichts anmerken lassen, nichts ändern«. Erst 35 Jahre später bricht Wilke sein Schweigen. Seine Memoiren erschienen im Jahr seines Todes 2010. Hierin kommt er, der beim Urlaub des Bundeskanzlers nicht dabei war, rückblickend zu dem Schluss: »Sowohl Nollau als auch sein Vorgesetzter Genscher hatten ... mit ihren Ratschlägen an den Bundeskanzler dazu beigetragen, dass Guillaume weiter seiner Agententätigkeit nachgehen und in Norwegen sogar Material einsehen konnte. Es waren vor allem diese Fahrlässigkeiten im Zusammenhang mit der Agentenaffäre Guillaume, derentwegen Willy Brandt die politische Verantwortung auf sich nahm und zurücktrat.«[113]

Auch Brandt äußerte sich mit zunehmendem zeitlichen Abstand immer deutlicher: »Wenn das wirklich so ernst gewesen war, dann hätte der Genscher mich warnen müssen, den überhaupt mitzunehmen. Es kann doch nicht sein, dass der Innenminister mich zum Versuchskaninchen macht.« So berichtet es jedenfalls heute Bahr.[114] Selbst Kinkel, der nicht nur im Untersuchungsausschuss alles getan hatte, um Genscher in Schutz zu nehmen, räumt inzwischen ein: »Würde der Genscher heute nicht zugestehen, aber es ist so. Das hätte er sozusagen nicht zulassen dürfen.«[115]

Arnulf Baring spricht in seinem Buch »Machtwechsel« in diesem Zusammenhang von einem »Fatalismus der Erschöpfung« beim Bundeskanzler. Alle Spekulationen aber über verborgene Motive des Politikers Genscher sind müßig. Selbst diejenigen in der SPD, die damals von Genscher eigentlich erwartet hatten, dass er an Stelle Brandts die Verantwortung in der Guillaume-

Affäre übernähme, unterstellen ihm keine politischen Machenschaften. Genscher steht auch heute noch zu seinem Grundsatz, dass er sich nicht in die operativen Maßnahmen von Polizei und Verfassungsschutz hatte einmischen wollen. Egon Bahr, der übrigens bei der Einstellung Guillaumes im Bundeskanzleramt Bedenken geäußert hatte (»ein gewisses Sicherheitsrisiko – gerade hier«), kann sich trotzdem auch heute nicht erklären, warum Genscher »sich so und nicht anders verhalten hat. Ich weiß es wirklich nicht«. Er lässt sich im Gespräch zu der Spekulation provozieren, »ob Genscher schon damals geliebäugelt hat mit einem Koalitionswechsel?«[116] Welches Interesse aber sollte Genscher am Sturz Brandts gehabt haben? Welche Interessen als Politiker hatte er damals überhaupt?

Schon im Sommer 1973 hatte Walter Scheel Genscher bei einem Spaziergang in Berchtesgaden anvertraut, dass er sich um das Amt des Bundespräsidenten bewerben wolle. Im Mai 1974 wurde er gewählt. Genscher folgte ihm als Bundesvorsitzender der FDP nach. Scheel hatte ihm geraten, Innenminister zu bleiben, ironischer Weise mit der Bemerkung, dass in der Außenpolitik »keine Lorbeeren mehr zu ernten seien«. Genscher aber gibt an, ganz andere Pläne gehabt zu haben. Er habe 1976 als Minister ausscheiden und sich um den Vorsitz des Finanzausschusses des Deutschen Bundestages bemühen wollen. Außerdem habe er vorgehabt, wieder seinem Beruf als Anwalt nachzugehen. Nach seiner Wahl zum Parteivorsitzenden sei er dann aber zu dem Schluss gekommen, dass diese Funktion besser mit dem Amt des Außen- als des Innenministers zu verbinden sei. Im Letzteren seien »sehr viele Minen verborgen«. Angesichts der gerade bestandenen doppelten Krise durch den Terrorismus und die Guillaume-Affäre sprach Genscher aus Erfahrung.

Im Februar 1974 führte er mit Bundeskanzler Willy Brandt in dessen Haus auf dem Venusberg ein Gespräch über die künftige Koalition, in der er selbst Vizekanzler und Außenminister sein sollte. Wer Genschers Bericht von diesem Gespräch liest, muss zu dem Schluss kommen, dass ihm die Aussicht auf eine Koalition mit Brandt sehr am Herzen lag. Ausdrücklich würdigte er Brandts Bereitschaft, einen starken Koalitionspartner an der Seite zu haben. Er hob die persönliche Loyalität des Vorsitzenden der SPD gegenüber der FDP hervor. Genscher freute sich später darüber, dass Brandt sich »ausgesprochen freundlich« über die Ernennung zum Vizekanzler und Außenminister geäußert habe. Kinkel berichtet schließlich, dass Genscher mit Brandt schon damals vereinbart hatte, dass er Außenminister werden sollte. Jeder Gedanke an ein mögliches Interesse Genschers an einer Schwächung oder gar einem Sturz Brandts ist unangebracht.

Dieser Schluss gilt umso mehr, als klar war, dass Helmut Schmidt auf Willy Brandt als Bundeskanzler folgen würde. Im Unterschied zu Brandt war Schmidt ursprünglich ein Gegner der sozialliberalen Koalition. Er hatte immer das Mehrheitswahlrecht befürwortet, das die FDP zu fürchten hatte. Mit einem gewissen Unverständnis fragt sich Genscher heute auch, warum Schmidt nach seiner Wahl zum Bundeskanzler zunächst nur ein Kernkabinett vorstellen wollte, zu dem Genscher nicht gehörte. Scheel habe aber gegenüber Schmidt klargestellt, dass er ohne die Beteiligung Genschers nicht Bundeskanzler werden könne. Es kann kein Zweifel daran bestehen, dass Genscher nicht nur ein grundsätzliches Interesse an einer stabilen Koalition, sondern auch an einem Bundeskanzler Brandt hatte, dessen Autorität und Ansehen unangetastet blieb.

Dies war ja schon vorher deutlich geworden, als er sich darüber sorgte, dass der Vorsitzende der SPD-Bundestagsfraktion Herbert Wehner Brandts Autorität in Frage stellte. Nachdem Wehner es ausgerechnet während eines Besuchs in Moskau im September 1973 wagte, den Bundeskanzler vor Journalisten als »abgeschlafft und entrückt« zu bezeichnen, griff Genscher ein. Er richtete seinem Parteivorsitzenden Walter Scheel aus: »Du musst jetzt zu Brandt gehen und ihm nahelegen, die SPD-Bundestagsfraktion vor die Wahl zu stellen: Wehner oder er. Immerhin ist Brandt Bundeskanzler. Wenn er diese Demontage seiner Person hinnimmt und Wehner nicht in seine Schranken weist, dann zerfällt seine Autorität weiter. Jetzt ist Brandt noch stark genug. Bald nicht mehr!«[117] Genscher vermutete, dass Wehner in Moskau »die Machtfrage gestellt« habe. Die Guillaume-Affäre war der Anlass, nicht der Grund für den Rücktritt Brandts.

Da Genscher vor Wehner gewarnt hatte, überrascht es, in seinen »Erinnerungen« zu lesen: »Ich war felsenfest überzeugt, dass man Wehner hundertprozentig vertrauen konnte.«[118] Genschers Äußerungen über Wehner verraten, dass er in gewisser Weise von dessen Persönlichkeit fasziniert war. Beruht das Interesse darauf, dass Wehner, wie Genscher auch, die Wirklichkeit des Kommunismus erlebt hatte? Der Unterschied aber fällt ins Auge. Wehner war Kommunist gewesen, Genscher von Anfang an Antikommunist, aus liberaler Überzeugung.

1906 in Dresden geboren und als Schüler Mitglied der Sozialistischen Arbeiterjugend trat Wehner 1927 der Kommunistischen Partei Deutschlands (KPD) bei. Im kommunistischen Widerstand gegen den Nationalsozialismus lernte er Erich Honecker kennen. 1935, inzwischen Mitglied des Zentralkomitees der KPD, emigrierte Wehner nach Moskau. Dort wohnte er bis 1941 im berüchtigten Hotel Lux, das Herberge für viele – vornehmlich deutsche – politische Exilanten und spätere kommunistische Führer wurde, darunter auch Walter Ulbricht, Wilhelm Pieck, Ernst Thälmann, Clara Zetkin, auch Markus Wolf und der Schriftsteller Wolfgang Leonhard. Die beiden letzten waren Mitglieder der sogenannten »Gruppe Ulbricht«, die im April 1945 aus Moskau nach Berlin ausgeflogen wurde, um in der Sowjetisch Besetzten Zone (SBZ) die kommunistische Regierung vorzubereiten. Wehner entkam der »Großen Säuberung« Stalins in diesen Jahren, denen gerade deutsche Kommunisten in Moskau zum Opfer fielen. Inzwischen belegen Dokumente, dass er damals mit der Geheimpolizei Stalins, dem NKWD, zusammenarbeitete. 1946 begann Wehners Karriere in der SPD, die besonders von seiner langen Amtszeit als Vorsitzender der Bundestagsfraktion von 1969 bis 1983 gekennzeichnet war. Er starb 1990 und wurde auf dem Burgfriedhof in Bad Godesberg beigesetzt.

Genscher hielt Wehner für einen Geläuterten. So ist seine Metapher zu verstehen, Wehner sei durch das »stalinistische Fegefeuer gegangen«. Genscher kann wohl auch die Angst nachfühlen, die Wehner seit seiner Mitgliedschaft in der Kommunistischen Partei und in Moskau ausgestanden hat. Sie war wohl auch der Grund, warum Wehner sich nicht am Redneraustausch mit der DDR in den frühen Jahren beteiligen wollte. Willy Brandt hielt wohl bis zu seinem Tod an dem Verdacht fest, dass Wehner sich in der Guillaume-Affäre mit der Führung der DDR, mit dem Kampfgefährten aus den dreißiger Jahren, Erich Honecker, verschworen habe. Wehners Besuch bei Honecker am 31. Mai 1973, zwei Tage nachdem Nollau, ein Vertrauter Wehners, Genscher über den Verdacht gegen Guillaume unterrichtet hatte, nährte entsprechende Gerüchte.

Genscher glaubt diesen Gerüchten nicht. Er hält »jeden Verdacht, Wehner könne als demokratischer Politiker in der Bundesrepublik die Sache der anderen Seite betrieben haben, für unbegründet«[119]. Neues Archivmaterial hat diese Schlussfolgerung inzwischen bestätigt. Wehner war sicher ein von seiner Vergangenheit, wahrscheinlich auch von einem Gefühl der Schuld getriebener Mensch. Mit Genscher teilte er nicht nur die Herkunft aus Mitteldeutschland, sondern auch die Sehnsucht nach der deutschen Einheit. Auf diesem Feld liegen ja auch seine Verdienste.

Wehners politische Leidenschaft galt der SPD. Er hat großen Anteil daran, dass sie nach der langen Phase christdemokratischer Bundeskanzler endlich regierungsfähig wurde. Er setzte 1959 das »Godesberger Programm« der SPD durch, mit der sie sich vom Marxismus abwandte und zur Volkspartei wurde. Der Erfolg seiner Partei und der von ihr geführten Regierung ging ihm über alles. Ihn sah er durch die politische Schwäche des Bundeskanzlers Brandt gefährdet. Dagegen traute er Helmut Schmidt eine straffe Führung zu. Insofern war sein Interesse klar. In der Nacht in Münstereifel, als Brandt die Konsequenzen aus der Guillaume-Affäre ziehen wollte, soll Wehner zu Schmidt gesagt haben: »Helmut, das musst du jetzt machen.« Dieser gibt an, vor diesem Amt »durchaus Manschetten« gehabt zu haben, was sicher nicht bedeutet, dass er nicht die Aufgabe auf sich zukommen sah. Jedenfalls versuchte er, Brandt mit heftigen Worten vom Rücktritt abzubringen.

Mit der Nachfolge von Genscher auf Scheel als Parteivorsitzender und Vizekanzler war eine Änderung der politischen Kräfte in der Regierung eingetreten. Genscher galt als Eckstein der Koalition. Ihn konnte man nicht entfernen, ohne diese Koalition zu gefährden. Genscher war unentbehrlich geworden. Er hatte seine Partei hinter sich. Hier lag der Grund für seinen wachsenden Einfluss, der angesichts seiner wirklich kleinen Partei vielen zum Ärgernis wurde. Für sein künftiges Amt des Außenministers aber, das er dann 18 Jahre lang sehr erfolgreich ausübte, war sein innenpolitisches Gewicht die beste Voraussetzung.

STAATSMANN

Im Jahr 1974 konnten sich manche Zeitgenossen weder einen Außenminister noch einen Staatsmann Genscher vorstellen. Manche machten sich über ihn lustig und fragten nach seinen Sprachkenntnissen. Das Urteil des »Spiegels«, wie es in einem internen Papier vom Frühjahr 1974 zum Ausdruck kommt, ist vernichtend: »Mit Genscher kommt eine Figur an die Spitze, die schon seit 20 Jahren in Bonn agiert, von der aber keiner sagen kann, wer er eigentlich ist. Er löst Befürchtungen aus, aber keine Begeisterung. War bisher ein deutscher Provinzpolitiker. Genscher kann weder englisch noch französisch. Er ist ein Politiker ohne Ausstrahlungskraft und Charisma. Hervorgetan hat Genscher sich durch einen unbändigen Aktionismus, Hektik, Betriebsamkeit, Show-Geschäft, eine Arbeitswut und Omnipräsenz, Alleskönnerei. Genschers Einzug ins Außenministerium sehen seine künftigen Untergebenen mit einiger Beklemmung entgegen. Aber sie rechnen damit, dass der außenpolitische Dilettant ohne den Apparat überhaupt nicht zurande kommen kann.«[1]

Wie sollte Genscher Profil gewinnen können, wo doch die großen Taten der Ostpolitik bereits vollbracht waren? Wie sollte er an der Seite eines erfahrenen Fachmanns sowohl der Sicherheitspolitik als auch der Wirtschafts- und Finanzpolitik, wie Helmut Schmidt es war, bestehen können? Standen Anfang der siebziger Jahre nicht die Fragen der Energie- und der internationalen Währungskrise im Vordergrund? Kinkel will damals überlegt haben: »Wie profilieren wir ihn jetzt?«[2] Kollege Henry Kissinger hatte ursprünglich den Eindruck, dass Genscher anfangs nicht viel von Außenpolitik verstand, aber »viel und schnell gelernt«[3] habe. Schließlich mag auch Walter Scheel Zweifel daran gehabt haben, dass Genscher für das Amt des Außenministers geeignet sei. Er riet ihm, Innenminister zu bleiben.

Genscher behauptet in seinen Erinnerungen, dass ihm erst im Gespräch mit Scheel im Sommer 1973 zum ersten Mal »das Außenministerium überhaupt als mögliche Perspektive meiner politischen Laufbahn vor Augen«[4] getreten sei. Dieses Amt ließe sich besser mit dem Vorsitz der Partei verbinden als das minenreiche Innenministerium. Traf er seine Entscheidung aus koalitionspolitischen Erwägungen? Tatsächlich stellte sich dann heraus, dass das Amt des Außenministers für den kleineren Koalitionspartner eine äußerst dankbare Aufgabe war. Sie gab ihm

Gewicht in der Koalition und konnte ihm beträchtliche Popularität einbringen.

Ein außenpolitischer Neuling war Genscher nicht. Als Fraktionsmitarbeiter, Parlamentarischer Geschäftsführer und Mitglied der engsten Führung der FDP hatte er einen großen Teil seiner Zeit und Energie vor allem deutschland- und entspannungspolitischen Themen gewidmet und sich mit außenpolitischen Grundsatzreden einen Namen gemacht. Nichts aber deutete damals darauf hin, dass Genscher nicht nur der am längsten dienende Außenminister seiner Zeit werden sollte, sondern auch ein besonders erfolgreicher. Im Laufe seiner achtzehnjährigen Amtszeit wurde er für die Deutschen, aber auch im Ausland zum Inbegriff der deutschen Diplomatie.

Genscher wurde ein Staatsmann, weil er »das Bild seines Landes in sich trägt« (André Maurois). Dieses Bild eines geeinten Deutschlands, aus dessen Mitte er kam und das in der Mitte eines geeinten Europas liegt, inspirierte ihn. Genscher war nicht nur ein Außenminister, der die Interessen Deutschlands in der Welt vertrat. Er wurde ein Staatsmann, der eine »gewisse Idee« (Charles de Gaulle) verwirklichen wollte. Dafür brachte er eine klare Vorstellung vom Ziel wie auch vom Weg dorthin mit. Er verband beides, Strategie und Taktik. Henry Kissinger sieht hierin das eigentliche Merkmal eines Staatsmannes. Seine Aufgabe sei es, »die Lücke zwischen Erfahrung und Vision zu schließen«.

Genscher wird zu Recht als Garant der Kontinuität der deutschen Außenpolitik gesehen, der die Errungenschaften der Entspannungs- und Sicherheitspolitik über die Wechsel der Koalitionen hinaus bewahrte. Weniger beachtet aber wurden die neuen Akzente, die er setzte. Genscher führte die Entspannungspolitik Bahrs und Brandts nicht einfach weiter, sondern entwickelte sie und gab ihr neue Dimensionen.

Die Entspannungspolitik verknüpfte er mit der Sicherheitspolitik. Die Sicherheitspolitik wiederum entwickelte sich immer mehr zur Rüstungskontrollpolitik. Das Kriterium des militärischen Gleichgewichts ergänzte Genscher durch Berücksichtigung des politischen Wandels. Er hatte ein politisches Verständnis von Sicherheit. Für ihn galt auch hier der Primat der Politik. Abrüstung wurde ein Mittel der Vertrauensbildung.

Genschers Außenpolitik war multilateral. Er setzte nicht nur auf Moskau, sondern vor allem auch auf Warschau, Prag und

Budapest sowie die anderen Staaten des früheren sowjetischen Machtbereichs. Er erkannte früh die Pluralität der nationalen Interessen auch im damaligen »Ostblock«. Die Konferenz über Sicherheit und Zusammenarbeit in Europa (KSZE), die zu seiner außenpolitischen Priorität in den siebziger Jahren aufrückte, ist schließlich der Inbegriff einer multilateralen Entspannungspolitik.

Genscher dachte in den Kategorien des Wandels, nicht der Stabilität. Er betonte den Prozesscharakter der Geschichte, sozusagen ihr Entwicklungspotential. In dieser Hinsicht unterschied er zwischen »Traditionalisten und Evolutionären«. Zu den Letzteren wollte er gehören. Er wollte alles fördern, was den Wandel in Europa möglich machte. Er ging auf die Bürgerbewegungen in Polen und der ČSSR zu, als die SPD sich damit schwer tat. Im Unterschied zu seinem Koalitionspartner Kohl erkannte er früh, was der Aufstieg Michail Gorbatschows für den Wandel nicht nur in der Sowjetunion, sondern auch in Europa bedeutete. Genschers Außenpolitik war etwas Neues. Man könnte sie eine Politik des friedlichen Wandels nennen.

Auch Genschers Europapolitik war eine Innovation. Die meisten Europapolitiker seiner Zeit verfolgten die Methode Robert Schumans und Jean Monnets, nämlich die europäische Integration durch eine »solidarité de fait«, durch konkrete Zusammenarbeit vor allem in der Wirtschafts- und Währungspolitik voranzubringen. Auf diesem Feld waren Helmut Schmidts Verdienste unbestritten. Der Unterschied liegt in den Motiven. Schmidt dachte ökonomisch, Genscher vor allem politisch. Für ihn war die Europäische Wirtschafts- und Währungsunion, die Einführung des Euro, nicht nur eine ökonomische, sondern vor allem eine politische Strategie zur Einigung Europas und zur Stärkung seiner Handlungsfähigkeit.

Die stärksten Korrekturen am historischen Bild dieses Außenministers sind hinsichtlich seiner Verdienste um die Vereinigung Deutschlands erforderlich geworden. Die Akten des Auswärtigen Amts belegen, wie sehr Genscher sich um die sogenannten »äußeren Aspekte« der Einheit verdient gemacht hat. Die Zwei-plus-Vier-Verhandlungen waren vor allem seine Angelegenheit. Dies gesteht Kohl auch zu. Ohne die besonderen persönlichen Beziehungen, die Genscher nicht nur mit seinen vier Kollegen, sondern zum Teil auch mit den Staatschefs pflegte, und ohne sein diplomatisches Geschick wäre das Ergebnis so nicht ausgefallen.

Der Zehn-Punkte-Plan des Bundeskanzlers Kohl hatte wütende Reaktionen bei den Partnern hervorgerufen. Die Haltung Frankreichs war ambivalent. Großbritannien stellte sich der Vereinigung entgegen. Vor allem aber stand Gorbatschow unter einem ungeheuren innenpolitischen Druck. In dieser gefährlichen Situation bestand die Verantwortung darin, vor allem den sicherheitspolitischen Sorgen der Sowjetunion Rechnung zu tragen. Genscher ist dabei weit gegangen, weiter, als bisher bekannt war. Angesichts der enttäuschten Hoffnungen Russlands nach dem Ende des Kalten Kriegs und des immer noch schwierigen Verhältnisses zur westlichen Allianz fragt sich, ob Genscher hiermit nicht historisch im Recht war.

Heftige Kritik erntete Genscher schließlich mit seiner Balkan-Politik. Durch sein Drängen auf Anerkennung der Unabhängigkeit Kroatiens und Sloweniens habe er die Auflösung Jugoslawiens beschleunigt. Sein möglicher Irrtum aber liegt nicht in der Wahl des Zeitpunkts. Das Problem ist ein konzeptionelles. Es berührt das Verhältnis Genschers zur Macht, zur militärischen Macht.

Friedlicher Wandel

Entspannung

Als Genscher Außenminister wurde, gab es den Deutsch-Sowjetischen Vertrag, den Deutsch-Polnischen Vertrag, das Vier-Mächte Abkommen über Berlin, den Grundlagenvertrag zwischen der Bundesrepublik Deutschland und der DDR sowie den Deutsch-Tschechoslowakischen Vertrag. War die Entspannungspolitik erfolgreich abgeschlossen?

Den Begriff Entspannung hat schon Konrad Adenauer verwendet. Danach erfuhr er mehrfach einen Wandel seines Inhalts. Charles de Gaulles Dreischritt »détente, entente und coopération« unterschied sich von den Ideen Brandts und Bahrs vor allem in der Vision Europas. Das Europa vom Atlantik bis zum Ural sollte von Frankreich geführt werden und ohne die Vereinigten Staaten von Amerika auskommen. Präsident Richard Nixon bezeichnete seine Bemühungen um das Verhältnis zur Sowjetunion ebenfalls mit dem französischen Begriff »Détente«. Die deutsche Entspannungspolitik verdächtigte er, neutralistische oder gar nationalistische Ziele zu verfolgen.

Aus amerikanischer Sicht war die Politik der »détente« eine Methode, mit der der geopolitische Machtkampf zwischen den USA und der Sowjetunion ausgetragen wurde. Nach dem Schock der Kuba-Krise war ein bewaffneter Konflikt der Supermächte undenkbar geworden. Nach Henry Kissingers Vorstellung sollte die Politik der détente die »Bedingungen für den geopolitischen Rückzug der Sowjetunion« schaffen. Auch wenn es zur Rhetorik aller amerikanischen Regierungen gehörte, die Sowjetunion als Bedrohung darzustellen, hatten Außenpolitiker wie George Kennan und Henry Kissinger die Schwächen und Unzulänglichkeiten des sowjetischen Systems erkannt. Schon die Politik der Eindämmung, des »containment«, war dazu erdacht, den vermuteten langsamen Niedergang der Sowjetunion zu begleiten und dabei größere Erschütterungen und Instabilitäten zu vermeiden.

Hierin liegt die Ähnlichkeit zur Entspannungspolitik von Brandt und Bahr. Letzterer hatte zwar den »Wandel durch Annäherung« propagiert, aber die Frage der Stabilität, der Sicherheit in Europa, als den Schlüssel der Entspannungspolitik bezeichnet.

»Transformation verlangt Stabilität.« Der Status quo sollte anerkannt werden, damit man ihn überwinden kann. Was für Bahr eine Art notwendiger Dialektik der Diplomatie gewesen sein mag, war für viele Zeitgenossen nur ein Paradox. Jedenfalls wurde Bahr durch den Primat der Stabilität zu bedenklichen Schlussfolgerungen verleitet. Wenn ein vereintes Deutschland, das ja das eigentliche Ziel der gesamten Entspannungspolitik war, ein Problem für die Sicherheit in Europa darstellte, so durfte es weder der NATO noch dem Warschauer Pakt angehören. Ein gesamteuropäisches Sicherheitssystem musste beide Bündnisse irgendwann ersetzen. In einer solchen Logik verbot es sich auch, die Kontrolle der Sowjetunion über die anderen Staaten des Warschauer Pakts in Frage zu stellen: »Denn das würde wahrscheinlich zu schweren Erschütterungen im Ostblock und damit zu einer gefährlichen Destabilisierung in ganz Europa führen.«

Die Geschichte aber verlief anders. Das vereinte Deutschland blieb Mitglied der NATO, der Warschauer Pakt und die Sowjetunion lösten sich auf, ohne dass es dort zu neuen Kriegen kam. Die sicherheitspolitische Verengung des Blicks machte blind für den Wandel in Europa. Die Entspannungspolitik richtete sich an die Regime. Der Wandel aber ging von den Bürgern aus. Timothy Garton Ash hat Bahr nach dem Ende des Kalten Kriegs mit dieser Wahrheit konfrontiert. Bahr gibt heute zu, »alles von den Regierungen und wenig vom Volk erwartet zu haben«. Heute bereut er, die Sicherheit, die »Machtfrage«, wie er sagt, als den Kern der Entspannungspolitik betrachtet zu haben: »Die Politik hat die Sicherheitsfrage überholt.«[5]

Vor dem Hintergrund dieser Irrtümer ist der eigenständige Beitrag Genschers zur Entspannungspolitik nicht mehr zu verkennen. Er besteht vor allem darin, dass er den Wandel in den mittel- und osteuropäischen Staaten und damit im Verhältnis zwischen West und Ost früh erkannt und uneingeschränkt, ohne Umwege auf ihn gesetzt hat. Helmut Kohl erkennt dies heute ausdrücklich an: »Von der Überzeugung, dass es sich bei dem beginnenden Reformprozess im Osten um den Vorboten einer grundlegenden Veränderung der geopolitischen Lage handelte, war Hans-Dietrich Genscher nicht abzubringen.«[6]

Genscher hat den Wandel der Stabilität übergeordnet. Dies entsprach ja auch seinem Verständnis vom Primat der Politik. Die Forschung zur Geschichte des Kalten Kriegs bestätigt, dass politische und ideologische Kräfte den Ausschlag gaben, nicht die Wirtschaft. Die Sowjetunion ist nicht »totgerüstet« worden. Sie musste für ihre gigantischen Streitkräfte zwar durchgehend einen höheren Prozentsatz ihres Bruttoinlandsprodukts (15%) als die USA (6%) ausgeben, aber ihre Wirtschaft brach erst dann zusammen, als Gorbatschow wirtschaftliche Reformen politisch durchzusetzen begann.

KSZE

Das Potential des Wandels, das in der Konferenz über Sicherheit und Zusammenarbeit in Europa (KSZE) steckte, bemerkte Genscher als einer der ersten westlichen Politiker. Schon in seiner »Stuttgarter Rede« von 1966 war seine Absicht zu erkennen, die sowjetische Idee, die Nachkriegsordnung in Europa durch eine Konferenz zu bestätigen, für westliche Interessen zu nutzen. Die Schlussakte der KSZE von 1975 und der sogenannte KSZE-Prozess sind ein historisches Beispiel dafür, wie eine Idee in der Durchführung in ihr Gegenteil verkehrt werden kann. In den Worten Genschers: »Die KSZE wurde keine einmalige Zusammenkunft, auf der alle Regierungschefs in Europa durch einen völkerrechtlich gültigen Vertrag den gegenwärtigen politischen, gesellschaftlichen und territorialen Status quo völkerrechtlich besiegelten. Sie entwickelte sich im Gegenteil zu einem dynamischen Prozess, der auf die Überwindung der Teilung des Kontinents gerichtet war.«[7]

Vieles spricht dafür, dass dieser Prozess schließlich auch zur Erosion der sowjetischen Herrschaft in Europa beitrug. Zu diesem Schluss kommt auch Henry Kissinger im Rückblick. Ursprünglich taten sich sowohl sowjetische als auch amerikanische Außenpolitiker schwer mit der KSZE, weil sie den Kalten Krieg nur für eine machtpolitische Konfrontation hielten. Deshalb sah sich die sowjetische Führung in ihren Erwartungen an die KSZE schließlich getäuscht, und die amerikanische nahm sie viel zu lange nicht ernst.

Genscher verstand die Dynamik der KSZE, die mit der gängigen Realpolitik wenig zu tun hat. Er sah Prozesse statt Strukturen, Verknüpfungen statt Gegensätze, Wandel statt Stabilität, Bürger statt Regierungen, Multipolarität statt Bipolarität. Für ihn war die KSZE eine Innovation der Diplomatie. Die zehn Prinzipien erlaubten alle möglichen Tauschgeschäfte: Gewaltverzicht, Unverletzlichkeit der Grenzen, Nicht-Einmischung in innere Angelegenheiten gegen Achtung der Menschenrechte, Freizügigkeit, Selbstbestimmungsrecht und Zusammenarbeit der Staaten. Die Prinzipien waren so verknüpft, dass keine Seite sich nur das herauspicken konnte, was ihrem nationalen Interesse entsprach. Sie sind von grundlegender Bedeutung und werden folglich gleichermaßen und vorbehaltlos angewendet, wobei jedes von ihnen unter Beachtung der anderen ausgelegt wird. In dem multilateralen Rahmen der Verhandlungen konnten auch kleinere und neutrale Staaten ihre Interessen zur Geltung bringen. Auf diese Weise wurde die harte Bipolarität des Kalten Krieges aufgeweicht. »Die Konferenz findet außerhalb der militärischen Bündnisse statt«, steht in den Schlussempfehlungen.[8]

Schließlich entwickelte die KSZE ein Eigengewicht. Die Interessen vieler Teilnehmer standen auf dem Spiel. Sie hatten ein Forum gefunden, auf das sie nicht mehr verzichten wollten. Jede Konferenz wurde zum Ausgangspunkt einer neuen Konferenz. Die KSZE war zu einem kontinuierlichen Dialog über Normen und deren Einhaltung geworden. Die demokratischen Bewegungen in den mittel- und osteuropäischen Staaten beriefen sich darauf. Genscher war entschlossen, den Faden des Dialogs auch dann nicht abreißen zu lassen, als die Entspannungspolitik nach der sowjetischen Intervention in Afghanistan 1979 und der Verhängung des Kriegsrechts in Polen 1981 vor allem von den USA in Frage gestellt wurde.

Genscher konnte seinen Kollegen Henry Kissinger, der die KSZE ursprünglich als »unschädlich, aber unsinnig« bezeichnet hatte, schließlich vom Wert der KSZE überzeugen. Einem vertraulichen Vermerk über ein Gespräch Genschers mit dem späteren Sicherheitsberater Präsident Bushs sen., Brent Scowcroft, ist dessen Eingeständnis zu entnehmen, dass die USA sich damals »schrecklich geirrt« hätten. Er gab zu, dass Genscher »die Lage von Anfang an richtig eingeschätzt habe. Er kenne sich eben aus mit Institutionalisierung«[9]. Die amerikanische und die sowjetische Führung hatten sich beide geirrt, weil sie die KSZE nicht ernst genommen hatten. Kissinger und Breschnew hatten sich immer wieder gegenseitig versichert, dass die Schlussakte von Helsinki nur ein Stück Papier sei, das vor allem dazu angetan sei, die Verbündeten zu beruhigen. Die Machtverhältnisse seien dadurch nicht in Frage gestellt. Die kommunistischen Geheimdienste erlagen wohl auch der Illusion, dass sie die politische Opposition dauerhaft kontrollieren könnten.

Als Genscher im Mai 1974 sein Amt als Außenminister antrat, waren die Verhandlungen zur Schlussakte der KSZE schon weit gediehen. Das aus deutscher Sicht wichtigste Problem aber war noch nicht gelöst: Wie konnte in einer Formulierung über die Grenzen in Europa sichergestellt werden, dass die deutsche Frage weiterhin offen blieb, dass also eine Änderung der Grenze zwischen beiden deutschen Staaten in Zukunft nicht ausgeschlossen wurde? Dies war doch immer das wichtigste Anliegen Genschers. Es spielte später bei den Zwei-plus-Vier-Verhandlungen eine entscheidende Rolle.

Genscher erkannte sofort die Bedeutung dieser Frage. Sein damaliger Politischer Direktor, Günther van Well, hatte den neuen Außenminister schon in den ersten Tagen nach Amtsantritt damit befasst. Die Ostverträge hatten die deutsche Frage nicht entschieden. Im Gegenteil, im »Brief zur deutschen Einheit« war ausdrücklich festgestellt worden, dass das Ziel, »in freier Selbstbestimmung die Einheit des deutschen Volkes zu vollenden«, nicht im Widerspruch zum Moskauer Vertrag stand. Genschers Vorgänger Scheel hatte schon erfolgreich verhindert, dass die sowjetische Seite die Konferenz von Helsinki als eine Art Friedenskonferenz über Deutschland missbrauchen könnte. Vor allem deshalb ist die Schlusserklärung der KSZE kein völkerrechtlicher Vertrag.

Gromykos wichtigstes Anliegen war es dagegen, mit dem Prinzip der »Unverletzlichkeit der Grenzen« indirekt auch die Teilung Deutschlands in der Schlussakte festzuschreiben. Es ist ihm nicht gelungen, was umso erstaunlicher ist, als auch die westlichen Verbündeten die Bundesrepublik in dieser Frage zunächst nur halbherzig unterstützten. Gromyko hielt Genscher dies während der Verhandlungen einmal in fast höhnischer Weise vor. Die USA,

Frankreich und Großbritannien sahen im Prinzip der »Unverletzlichkeit der Grenzen« vor allem eine Garantie für die deutsch-polnische Grenze, die Oder-Neiße-Linie. Genscher stellte deshalb von Anfang an klar, dass es ihm ausschließlich um die mögliche Herstellung der deutschen Einheit ging.

Der Schlüssel zur Lösung war die Formel von der friedlichen Veränderung der Grenzen, in der englischen Konferenzsprache »peaceful change«. Für die Schlussakte von Helsinki bedeutete sie, dass die friedliche Veränderung von Grenzen möglich blieb. In ihr lautet der entscheidende Satz: » Sie (die Teilnehmerstaaten) sind der Auffassung, dass ihre Grenzen, in Übereinstimmung mit dem Völkerrecht, durch friedliche Mittel und durch Vereinbarung verändert werden können.«[10] Was für Bundeskanzler Schmidt »juristische Spielerei« war, das fasste für Genscher sein ganzes Verständnis von Politik und Geschichte zusammen. Die KSZE war für ihn ein Prozess, der auf friedliche Weise schließlich auch zur Überwindung der Teilung Europas führen sollte.

Wie ist es Genscher gelungen, dieses Verständnis in den Verhandlungen mit den beiden mächtigsten Kollegen, dem sowjetischen und dem amerikanischen, durchzusetzen? Gromyko trat einen »vollständigen Rückzug« (Genscher) an. Der ursprünglich wenig interessierte bis skeptische Kissinger leistete Genscher entscheidende Hilfestellung. Genscher war gerade ein paar Monate im Amt und bewies bereits beachtliches diplomatisches Geschick. Die ersten vertraulichen Unterredungen, gerade mit Kissinger und Gromyko, zeigen, dass er ernst genommen wurde.

Bei seinem ersten Vier-Augen-Gespräch mit Henry Kissinger im Juni 1974 in Bad Reichenhall erlebte er einen von der »Watergate-Affäre« gezeichneten amerikanischen Außenminister. Die Rede kam relativ schnell auf das Thema KSZE. Kissinger schnitt es an. Der Wortlaut lässt keinen Zweifel daran, wie wenig er von der Konferenz hielt: »Er habe die KSZE nicht erfunden. Er sei bemüht, sie möglichst ohne schädigende Nachwirkung zu Ende zu bringen.«[11] Distanzierter konnte man sich nicht äußern. Genscher kam – für ihn untypisch – ohne Umschweife zur Sache: »In der Substanz gehe es bei der KSZE darum, dass der Grundsatz des ›peaceful change‹ gewahrt werden müsse«[12]. Dieser Anfang war nicht vielversprechend. Wie konnte Genscher Kissinger schließlich dafür gewinnen, dieses deutsche Anliegen gegenüber dem sowjetischen Außenminister zu vertreten und durchzusetzen?

Genscher vermutet heute, dass Kissinger dem neuen Kollegen einfach helfen wollte. Der angeblich unerfahrene deutsche Außenminister wandte zum ersten Mal eine diplomatische Methode an, die einem Billardspiel »über die Bande« gleicht. Der amerikanische Außenminister war bereit, ein deutsches Anliegen im eigenen Namen vorzubringen, damit es überzeugender wirkte. Er konnte damit gleichzeitig von der sowjetischen Seite Kompromisse mit dem Hinweis verlangen, dass er ja noch mit den Deutschen Rücksprache halten müsse.

Genscher nennt dieses Vorgehen zu Recht einen »klassischen Fall geschickter Verhandlungsführung«. Diese Methode wandte er danach noch häufiger an. Im Vorfeld der Zwei-plus-Vier-Gespräche etwa ermutigte er den französischen Staatspräsidenten Mitterrand, Bundeskanzler Kohl in der Frage der Oder-Neiße-Linie zu beeinflussen. In dieser Frage bestand ja ein ernster Dissens zwischen Bundeskanzler und Vizekanzler. Eine solche indirekte, komplizierte Diplomatie birgt natürlich Risiken. Sie kann zur Verwirrung führen. Gromyko scheint es zeitweise nicht mehr ganz klar gewesen zu sein, welche Bedeutung die amerikanische oder die deutsche Seite dem Prinzip des »friedlichen Wandels« jeweils beimaß.

Die KSZE wurde für Genscher schließlich zu einer Art »idée fixe«. Sie war der Rahmen für die Europäische Friedensordnung – das Ziel seiner Außenpolitik. 1984 beauftragte er seinen Planungsstab, sich zu diesem Punkt grundsätzliche Gedanken zu machen. Die vertraulichen Vermerke zeigen, auf welch hohem intellektuellen Niveau der Minister und seine Beamten zum Beispiel die Frage diskutierten, ob die Europäische Friedensordnung ein Prozess oder ein Zustand sei. Der Planungsstab bestätigte die Bedeutung, die das Prinzip des »friedlichen Wandels« in der Schlussakte von Helsinki einnahm: »Die Evolutionsklausel indossiert die nötige politische Dynamik entgegen jeder bloßen Festschreibung des Status quo. Hiermit ist ein vom Osten – widerwillig – konzedierter Hebel zum Wandel kodifiziert.«[13]

War die KSZE der Schlüssel zur Lösung der großen europäischen Fragen? Im November 1990 versprach ihre »Charta von Paris«, die auf Genschers Ideen zurückging, ein »neues Europa«, in dem die westlichen Werte von allen geteilt werden. Im selben Jahr wurde der erste gesamteuropäische Vertrag über konventionelle Abrüstung (VKSE) unterzeichnet. Genscher glaubte, dass er in dieser Situation die KSZE zu einer wirklich starken und handlungsfähigen Organisation machen könne. Sein Vorschlag aber, die KSZE mit einem Sicherheitsrat nach dem Vorbild der Vereinten Nationen auszustatten, wurde nur vom tschechoslowakischen Präsidenten Václav Havel unterstützt. Die Grenzen der KSZE waren spätestens dann zu erkennen, als das Versprechen, nach dem Kalten Krieg die Spaltung Europas vollständig zu überwinden, nicht eingelöst wurde. Mit der Erweiterung der NATO wurde eine neue Trennlinie gezogen. Genscher hatte dieses Problem in seiner Schärfe früh erkannt und suchte während der Zwei-plus-Vier-Verhandlungen nach einer Lösung.

Demokratische Bewegung

Die Entspannungspolitik der SPD wandte sich im Interesse der Stabilität vor allem an die Regierungen der kommunistischen Staaten. Genscher aber hatte sich nicht gescheut, direkt auf die Opposition, die Bürgerbewegungen in Prag und Warschau zuzugehen. Bereits 1968, während des »Prager Frühlings«, hatte er zusammen mit Scheel die tschechoslowakische Hauptstadt besucht. Bei seinem dortigen ersten Besuch als Außenminister traf er den Erzbischof, Kardinal Tomášek, der von der kommunistischen Führung der ČSSR noch stärker bedrängt wurde als der Klerus der Katholischen Kirche in Polen. Genscher bestand auf dem Zugang der Medien zu diesem Treffen. Er war sich dabei bewusst, dass deutsches und österreichisches Fernsehen in den Randgebieten der ČSSR empfangen werden konnte. Eine ähnliche Herausforderung für das Regime in Prag war die Einladung Genschers an Vertreter der Charta 77 zu Gesprächen in der deutschen Botschaft. Unter ihnen war der Dissident und Außenminister der Regierung Dubček, Jiří Hájek, den Genscher bereits im Jahr der Niederschlagung des Prager Aufstandes 1968 getroffen hatte. Die deutschen Botschafter waren von Genscher angewiesen worden, engen Kontakt zur Opposition zu pflegen.

In Polen war während der ersten Amtsjahre Genschers kein Wandel zu erkennen. Das deutsch-polnische Verhältnis hatte sich seit Unterzeichnung des Warschauer Vertrags 1970 für beide Seiten enttäuschend entwickelt. Die polnische Regierung blieb hart gegenüber den Deutschen in Polen, die in die Bundesrepublik ausreisen wollten. Sie musste damit auf eine rasche Wirtschaftshilfe der deutschen Regierung verzichten. Im Oktober 1975 unterzeichneten Genscher und sein polnischer Kollege Stefan Olszowski zwei Abkommen (Renten- und Unfallversicherung, Finanzkredit von 1 Mrd. DM), die einen Ausgleich zwischen beiden Interessen darstellen sollten.

Die Ratifizierung der Abkommen im Deutschen Bundesrat geriet zu einer Machtprobe zwischen der Opposition, also den von CDU und CSU regierten Bundesländern auf der einen und vor allem Genscher auf der anderen Seite. Der CSU-Vorsitzende Strauß wollte die Gelegenheit nutzen, mit der Entspannungspolitik allgemein abzurechnen. Es stand also viel auf dem Spiel. Trotzdem versteht es sich nicht von selbst, dass Genscher in seinem zweiten Amtsjahr bereit war, seine politische Existenz wegen einer solchen Frage in die Waagschale zu werfen. Nach letzten Verhandlungen über den Text der Vereinbarungen mit dem stellvertretenden polnischen Außenminister Józef Czyrek über eine Standleitung zwischen Bonn und Warschau versicherte Genscher ihm, dass er als Außenminister zurücktreten werde, wenn die Ratifizierung im Bundesrat scheitern sollte. Er setzte auf den niedersächsischen Ministerpräsidenten Ernst Albrecht, der die Mehrheit im Bundesrat sichern konnte. Albrecht bestand auf Nachbesserungen im Text der Vereinbarung, die die Garantie für die Ausreise von Deutschen und Polen stärkte, war aber zu einer Zustimmung bereit. Genscher und Albrecht gingen beide hohe Risiken ein. Sie vertrauten einander. Für den Fall des Scheiterns der Vereinbarung im Bundesrat hatte Albrecht seinerseits Genscher seinen Rücktritt als Ministerpräsident von Niedersachsen angekündigt.

Genscher widersprach einmal mehr seinem Ruf als vorsichtiger Taktierer. Sein Verhalten war mutig, eigentlich kühn. Es kann nur damit erklärt werden, dass es ihm um viel mehr als dieses Abkommen ging. Die Aussöhnung mit Polen stellte er auf eine Stufe mit der Annäherung zwischen Deutschen und Franzosen, die eigentliche Grundlage für die europäische Integration. Er nannte das

Leiden der Polen unter dem Nationalsozialismus in einem Atemzug mit dem Schicksal der europäischen Juden. Genschers Verhältnis zu Polen war auch historisch, moralisch motiviert. Das erklärt auch seine feste Haltung zur Anerkennung der Oder-Neiße-Grenze.

Wie aber stellte sich Genscher zum Wandel in Polen, der mit den Streiks in der Danziger Lenin-Werft im August 1980 und der Gründung der Gewerkschaft Solidarność einsetzte? Timothy Garton Ash bezeichnet diese Ereignisse als den Anfang vom Ende des sogenannten Ostblocks. Die Aufstände von Ost-Berlin 1953, von Budapest 1956 und von Prag 1968 waren noch jedes Mal von sowjetischen Panzern erdrückt worden. Im Polen des Jahres 1980 war dies offenbar zum ersten Mal nicht mehr möglich. In einer für ihn typischen rhetorischen Formel stellte Genscher den Unterschied der Systeme heraus. Sowjetische Panzer seien in Polen, um die Freiheit der Gewerkschaft zu verhindern, amerikanische Panzer in Westeuropa garantierten diese Freiheit.

Seit der Öffnung sowjetischer und polnischer Archive ist bekannt, wie die Mitglieder der Politbüros in Moskau und Warschau auf die Ereignisse in Danzig reagierten.[14] In einem ersten, üblichen Reflex wurde eine Intervention auf sowjetischer Seite durchaus erwogen. Es überrascht nicht, dass sich hiermit das für Ideologie zuständige Mitglied im Politbüro der KPdSU, Michail Suslow, und Verteidigungsminister Dmitri Ustinow hervortaten. Auch Außenminister Andrej Gromyko war anfangs der Meinung, dass man »Polen einfach nicht verlieren« durfte. Generalsekretär Breschnew befürchtete, dass die Unruhen in Polen auf andere Staaten des Warschauer Pakts, vor allem die DDR, übergreifen könnten. Die DDR selbst hatte in einer Konferenz des Warschauer Pakts auf hartes Eingreifen gedrängt. Schließlich wurden die sowjetischen Streitkräfte an der Grenze zu Polen und in der DDR in Alarmbereitschaft versetzt.

Bald aber überwogen die Bedenken. Die Gefahr eines Bürgerkriegs in Polen war zu groß. Das Politbüro in Moskau scheute wohl auch davor zurück, das Verhältnis zum Westen nach der sowjetischen Intervention in Afghanistan im Dezember 1979 noch weiter zu belasten. Am 10. Dezember 1980 erklärten Suslow, Andropow und Gromyko übereinstimmend, dass »eine Entsendung von Truppen überhaupt nicht in Betracht gezogen werden könne«. Andropow fügte hinzu: »Wir müssen bis zum Schluss an dieser Position festhalten. Ich weiß nicht, wie die Dinge in Polen ausgehen werden, aber selbst wenn Polen unter die Kontrolle von Solidarność fällt, dann wird es eben so sein ... Wir müssen uns in erster Linie um unser eigenes Land und um die Stärkung der Sowjetunion kümmern. Das ist unsere Hauptlinie.«

Es ist bezeichnend, dass Juri Andropow diese letzte Feststellung traf. Er war seit 1967 Chef des KGB und wusste besser als jeder andere in der Sowjetunion, wie es um das Land bestellt war und vor welch ungeheuren Problemen es stand. Er wurde als Generalsekretär Gorbatschows Mentor und beauftragte ihn mit den ersten Studien für eine Reform des sowjetischen Systems. Damals stellte er im Politbüro klar, dass das wichtigste sowjetische Interesse die Entwicklung des eigenen Landes war. Sie hatte Vorrang vor dem Erhalt der Herrschaft über die Staaten des Ostblocks. Diese wurden mehr und mehr als Belastung empfunden. Polen sollte seinen eigenen Weg gehen. Die »Sinatra-Doktrin« des späteren Generalsekretärs Gorbatschow – von seinem Pressesprecher so genannt in Anlehnung an das Lied »My Way« – galt schon 1980.

Der zunehmende Realismus der sowjetischen Führung über die eigene Lage blieb den westlichen Geheimdiensten genauso verborgen wie die im Politbüro verbreitete Einsicht, dass der Einmarsch in Afghanistan am 25. Dezember 1979 ein Fehler war. Gromyko hatte seine Kollegen davor gewarnt, dass mit einer militärischen Intervention »alles über Bord geworfen würde, was wir in den letzten Jahren an Anstrengungen hinsichtlich Entspannung, Waffenreduzierung und dergleichen mehr unternommen haben«. Ustinow und Andropow konnten den zögernden Generalsekretär Breschnew am 8. Dezember 1979 nur noch mit dem Argument zum Einmarsch in Afghanistan drängen, dass die USA dort Kurzstreckenraketen aufstellen könnten, die sowjetisches Territorium erreichten.

Ein friedlicher Wandel im kommunistischen System war denkbar. In Polen kündigte er sich an und vollzog sich in einer Weise, die Genscher vermutete. Für die sowjetische Führung sollte künftig die Modernisierung des eigenen Landes absoluten Vorrang haben. Dies musste nicht nur Reformen der Innen- und Außenpolitik in der Sowjetunion selbst nach sich ziehen, sondern auch

Spielraum für die Staaten im kommunistischen Herrschaftsbereich schaffen. Genscher erkannte den Wandel deshalb so früh, weil er seinem Verständnis von Geschichte entsprach. Aber der damalige Politische Direktor des Auswärtigen Amts, Klaus Blech, riet ihm zur Vorsicht. In einer vertraulichen Aufzeichnung heißt es: »Der Westen kann nicht eine Destabilisierung Polens wünschen ... er solle deutlich machen, dass er nicht an einer Änderung des politischen Status quo (Zugehörigkeit Polens zum Warschauer Pakt, führende Rolle der polnischen kommunistischen Partei) interessiert ist«[15].

Politiker der FDP waren die Ersten, die der demokratischen Bewegung in Polen öffentlich ihre Unterstützung zusicherten. Dies galt nicht nur für die wirtschaftlichen, sondern gerade für die politischen Forderungen von Solidarność. Über die deutliche Zurückhaltung der SPD-Politiker zeigte sich die polnische Gewerkschaft später sehr enttäuscht. Egon Bahr fand ihren Generalstreik im August 1980 schlicht »verrückt«. Er konnte sich nicht vorstellen, dass die Sowjetunion es tatsächlich hinnahm. Heute bekennt er: »Wir haben Solidarność unterschätzt und nicht ernst genommen.«[16]

Wie unterschiedlich die Vorstellungen von Entspannungspolitik waren, zeigte sich vor allem in den Reaktionen auf die Verhängung des Kriegsrechts über Polen. Regierungschef General Wojciech Jaruzelski gab den Befehl in der Nacht zum 13. Dezember 1981 und ließ unzählige Mitglieder der Solidarność verhaften. Bundeskanzler Helmut Schmidt hielt sich zu diesem Zeitpunkt nicht weit von der polnischen Grenze entfernt am Werbellinsee in Brandenburg auf. Dort traf er sich mit Generalsekretär Erich Honecker zu einem Gipfel, der wegen des sowjetischen Einmarschs in Afghanistan und der sich ausweitenden Streiks in Polen zwei Mal verschoben worden war. Genscher begleitete den Bundeskanzler nicht, weil er als Außenminister für die deutsch-deutschen Beziehungen nicht zuständig war.

Trotz der Ereignisse in Polen entschied sich Schmidt, seine Gespräche mit Honecker nicht zu unterbrechen. Immerhin hätte er sich fragen können, ob nicht die DDR ihre Hand im Spiel hatte. Später stellte sich heraus, dass die Nationale Volksarmee (NVA) sich damals für einen Einmarsch im Nachbarland vorbereitete. Zur Situation in Polen äußerte sich Schmidt auf einer Pressekonferenz zum Abschluss seines Besuchs in einer Weise, die ihm bis heute heftige Kritik in Deutschland und in der Welt einbrachte: »Herr Honecker ist genauso bestürzt gewesen wie ich, dass dies nun notwendig war.«[17] In der Schlusserklärung warnte Schmidt überdies davor, »dass sich aus Polen Entwicklungen ergeben könnten, die uns beide stören und in Mitleidenschaft ziehen können«. Christian Hacke kommt in seiner Darstellung der deutschen Außenpolitik zu dem Schluss: »Das Treffen in Werbellin war eines der bedrückendsten deutschen Wintermärchen, die je politisch stattgefunden haben.«[18]

Stabilität als oberstes Prinzip sollte vor allem für die Deutschlandpolitik gelten. Die Opposition in Bonn warf Schmidt vor, den Besuch in der DDR nicht sofort abgebrochen zu haben. Der CSU-Vorsitzende Strauß sprach von »politischer Instinktlosigkeit und Unredlichkeit«. Schmidt versteht auch heute nicht die Kritik: »Eine Schnapsidee, einen Besuch zu unterbrechen, weil in einem Nachbarland eine innenpolitische Umwälzung stattfindet, in einem Nachbarland. Dazu muss man ein Scharfmacher der CSU gewesen sein, um das zu vertreten.«[19]

Genscher hielt sich damals mit Kommentaren zurück. Heute weicht er der Frage eher aus, setzt aber in der für ihn typischen Weise einen kleinen Akzent: »Ich hätte an seiner Stelle nicht gesagt, dass man einmarschieren oder Kriegsrecht machen musste. Ich habe natürlich darüber nachgedacht, was muss er jetzt machen. Ich bin zu dem Ergebnis gekommen, das kann man nur aus der Situation heraus vor Ort entscheiden. So hat er das ja auch getan ... Ich glaube, dass er im Grund mit dem Besuch auch etwas bewirkt hat im positiven Sinne. Wir waren ja interessiert daran, das innerdeutsche Verhältnis fortzuentwickeln. Insofern habe ich da keine prinzipielle Kritik anzumerken.«[20]

Schmidt und Genscher waren sich darin einig, dass die Entspannungspolitik nach den Krisen um Afghanistan und Polen gerettet werden müsse. Genscher näherte sich hierbei auffällig der Diktion des Koalitionspartners an. Gut drei Wochen nach der sowjetischen Intervention in Afghanistan stellte er im Deutschen Bundestag unumwunden fest: »Wir wollen Stabilität.« Die Grenzen des Wandels wurden offenbar – wie bei Schmidt – von der Deutschlandpolitik gesetzt: »Als einer, dessen Herz unverändert in und für seine mitteldeutsche Heimat schlägt, sage ich: Ich kann mir nicht vorstellen, dass es ein Volk geben kann, dem mehr daran gelegen sein muss, dass wir in Europa an Entspannung und Ausgleich weiterarbeiten können, als dieses deutsche Volk, das gezwungen ist, in zwei Staaten zu leben.«[21] Dieser eindringliche Appell brachte ihm den Glückwunsch Willy Brandts ein, der nach der Rede von seinem Sitz aufgestanden war und quer durch den Saal zur Regierungsbank ging. Genscher betont, dass er das nur einmal in seiner politischen Laufbahn erlebt hat.

Im Gegensatz aber zum sozialdemokratischen Verständnis von Entspannungspolitik nahm Genscher wenig Rücksicht auf sein Verhältnis zu den kommunistischen Regimen. Schon im November 1980 warnte er zum ersten Mal öffentlich die sowjetische Führung unmissverständlich vor einer Einmischung in Polen. Im Gespräch mit Präsident Jaruzelski während eines Besuchs in Warschau im März 1981 äußerte er sich noch deutlicher: »Wenn eine fremde Macht mit militärischer Gewalt in die inneren Angelegenheit Polens eingreift, dann wird das unabsehbare Folgen haben. Es wird die Lage in Europa grundlegend ändern.«[22] Schließlich fand der Bundestag am 18. Dezember 1981, unter dem Eindruck der Entscheidungen Jaruzelskis fünf Tage zuvor, zu einer gemeinsamen Entschließung, in der die sofortige Aufhebung des Kriegsrechts, die Freilassung der Verhafteten und die Aufnahme eines Dialogs mit den führenden Persönlichkeiten der Solidarność und mit der Katholischen Kirche gefordert wurden. Genscher befand sich nun im Konsens.

Sein Verhalten gegenüber dem Regime in Warschau aber unterschied sich weiterhin deutlich von dem führender SPD-Politiker. Als Willy Brandt im Dezember 1985 aus Anlass des 15. Jahrestages des Warschauer Vertrags Polen besuchte, beschränkte er sich auf Begegnungen mit den Vertretern des Regimes. Er vermied dabei jedes Zeichen der Anerkennung für die demokratische Bewegung. Er versäumte auch, die Opfer dieser Bewegung zu würdigen. Der Führer der Solidarność, Lech Wałęsa, nahm es Brandt sehr übel, dass dieser auch eine Einladung zu einem Gespräch in Danzig ausschlug.

Genscher hingegen hatte bei der Vorbereitung seines Besuchs in Warschau im November 1984 nicht vor, auf solche Vorgaben der Gastgeber einzugehen. Vor allem bestand er darauf, am Grab des von Sicherheitskräften im selben Jahr ermordeten Priesters Jerzy

Popieluszko einen Kranz niederzulegen, was als besonders starkes Zeichen der Unterstützung für die Freiheitsbewegung aufgefasst wurde. Dies galt auch für die polnische Regierung. Sie lehnte die Wünsche Genschers genauso ab wie den Vorschlag der Botschaft der Bundesrepublik in Warschau, die Oppositionellen Lech Wałęsa, Bronisław Geremek und Janusz Onyszkiewicz zu einem Empfang einzuladen. Für Genscher hatten diese Fragen keine protokollarische, sondern eine hoch politische Bedeutung. Wenige Stunden vor dem geplanten Abflug sagte er seine Reise ab. Im Januar 1988 konnte er schließlich Lech Wałęsa begegnen. Die polnische Regierung mochte sich dem nicht mehr offen entgegenstellen, sie »stand mit dem Rücken zur Wand«, wie Genscher sich erinnert.

Andererseits verstand er auch, dass der Wandel in Polen von innen kommen musste und dass Druck von außen wenig ausrichten konnte. Die heute zugänglichen Protokolle der Sitzungen des Politbüros in Warschau aus den achtziger Jahren geben ihm nachträglich Recht. Die nach der Verhängung des Kriegsrechts einsetzenden wirtschaftlichen Sanktionen der USA beantwortete Jaruzelski nur damit, dass er die bilateralen Beziehungen drastisch einschränkte. Die USA verloren dadurch vorübergehend Einfluss auf das Regime. Solidarność aber profitierte, wie auch die demokratischen Bewegungen in Ungarn und der Tschechoslowakei, von der Hilfe, die ihr vor allem von privaten Gruppen und dem amerikanischen National Endowment for Democracy zuteil wurde.

Im Januar 1983 wurde das Kriegsrecht aufgehoben. Die Beratungen des Politbüros, die dieser Entscheidung vorausgingen, lassen weniger die Sorge über die Haltung des Westens als über die innere Lage erkennen. Der Tod Leonid Breschnews am 10. November 1982 bot wohl den geeigneten Anlass, die innere Krise zu überwinden. »Den richtigen Augenblick wählen, das ist der Schlüssel«, sagte Jaruzelski. Er verordnete schließlich im September 1986 eine allgemeine Amnestie für die politischen Gefangenen. Die Verhandlungen des Politbüros aus diesem Jahr beweisen, dass die polnische Führung weniger von den amerikanischen Sanktionen verschreckt war, aber sie hoffte auf wirtschaftliche Zusammenarbeit mit anderen europäischen Staaten, vor allem mit der Bundesrepublik Deutschland. Sollte die Karotte doch besser wirken als der Knüppel?

Die Befunde sind widersprüchlich. Die Bundesrepublik war der größte Gläubiger Polens. Schon 1981 beliefen sich die Kredite ihrer Banken auf insgesamt 15 Milliarden DM. Genscher hatte sich, ebenso wie Bundeskanzler Schmidt, immer wieder für die wirtschaftliche Zusammenarbeit eingesetzt. In seiner politischen Logik war dies erfolgreich. Die Bundesrepublik hatte unter den europäischen Staaten den größten Einfluss in Polen. Die wirtschaftliche Logik aber war eine andere. Westliche Kredite und der damit verbundene Handel sollten dazu beitragen, die Planwirtschaft zu modernisieren. Tatsächlich aber wurde die Hilfe oft genug als Ersatz für Reformen genutzt. Die Wirtschaft stagnierte und die steigenden Schulden vergrößerten die Abhängigkeit vom Westen. Indessen waren die Erwartungen der Bevölkerung auf Wohlstand gestiegen und enttäuscht worden. Eine solche Krise aber war wiederum einer der Gründe für die Streiks in Danzig und die Entstehung von Solidarność.

Die Dialektik von Hilfe und Abhängigkeit hatte schließlich auch die DDR an den Rand des wirtschaftlichen Zusammenbruchs gebracht. Es erstaunt auch heute noch, dass die westlichen Staaten sich so lange von den offiziellen Statistiken der DDR täuschen ließen. Die DDR galt seit vielen Jahren als zehntstärkste Industrienation der Welt. Dieser Mythos diente sogar noch nach der Vereinigung denen als Argument, die westdeutsches wirtschaftliches Engagement in der ehemaligen DDR als »Ausverkauf« und »Kahlschlag« brandmarkten.

Nach dem Sturz Honeckers am 17. Oktober 1989 aber wollte die neue Führung unter Egon Krenz sich ein Bild von der Lage machen. Am 30. Oktober erhielt der Generalsekretär ein vernichtendes Gutachten seiner Wirtschaftsexperten: Die DDR war zahlungsunfähig, die Schulden nicht mehr zu bezahlen. Die Industrie sei in keiner Weise produktiv oder gar wettbewerbsfähig. Der Leiter der Plankommission der DDR, seit 1965 Gerhard Schürer, kam zu dem Schluss, dass der Lebensstandard in der DDR um fast ein Drittel gesenkt werden müsse, wenn man den Bankrott des Staates vermeiden wolle. Krenz reiste am 1. November 1989 nach Moskau, um dem wichtigsten Partner ein ungeschminktes Bild der Not zu geben. Gorbatschow konnte natürlich nicht helfen. Er mahnte Krenz – neun Tage vor dem Fall der Mauer – allerdings unmissverständlich, aus der wirtschaftlichen Lage keine

Folgerungen für die Deutschlandpolitik zu ziehen. Eine Vereinigung Deutschlands sei nicht aktuell.

Günter Mittag, zu dieser Zeit der für Wirtschaftsfragen zuständige ZK-Sekretär der SED, und Alexander Schalck-Golodkowski, Staatssekretär im Ministerium für Außenhandel, gaben nach dem Ende der DDR zu, dass die Planwirtschaft bereits Anfang der achtziger Jahre am Boden lag und Unruhen in der Bevölkerung befürchtet wurden. Es sei damals schon um »Sein oder Nichtsein der DDR gegangen«. Folgt man dieser selbstkritischen Analyse, so rettete die Bürgschaft der Bundesregierung für einen Kredit deutscher Banken von 1 Milliarde DM schon im Jahr 1983 die Existenz der DDR. Strauß hatte sich öffentlich gerühmt, diesen Kredit eingefädelt zu haben. Tatsächlich bemühten sich alle Bundesregierungen, die Stabilität der DDR nicht zu gefährden. Darüber gab es einen Konsens aller Parteien. Er wurde von Genscher ausdrücklich geteilt. Sein späteres Bekenntnis, dass für den Wandel in Mittel- und Osteuropa auch Instabilitäten in Kauf genommen werden müssten, durfte wohl nicht für die DDR gelten.

Aus der Sicht des Ost-Berliner Regimes hing die Stabilität der DDR von zwei Voraussetzungen ab, wirtschaftlicher Hilfe und der Anerkennung der DDR als normaler Staat. Auch diesem zweiten Ziel war Honecker immer näher gekommen. Sein Besuch in der Bundesrepublik sollte diese Erfolge krönen. Er fand im September 1987 statt. Bundeskanzler Kohl hatte sich lange gesträubt, die von seinem Vorgänger ausgesprochene Einladung in die Tat umzusetzen. Der Empfang Honeckers in Bonn sei »eine der bittersten Stunden in seiner politischen Laufbahn gewesen«. In seiner Tischrede, die vom westdeutschen Fernsehen auch in große Teile der DDR übertragen werden konnte, ließ er keinen Zweifel an seinem politischen Willen zur deutschen Einheit und am Gegensatz der Systeme: »Die Bundesregierung hält fest an der Einheit der Nation ... Wirklicher Friede ist auch nicht möglich ohne Gewährleistung der Menschenrechte.«[23] Honecker widersprach nicht, was ihm übrigens in den eigenen Reihen vorgehalten wurde. Immerhin war Kohl der Bundeskanzler, zu dessen Amtszeit die DDR und die deutsche Teilung die höchste Form der Anerkennung gefunden hatte.

Genscher widmet dieser historischen Begegnung, deren Teilnehmer er war, in seinen Memoiren merkwürdiger Weise wenig Raum.

Es fällt auf, wie sehr er um eine Rechtfertigung des Besuchs bemüht ist. Er könne zu einer Verbesserung des Verhältnisses zwischen West und Ost beitragen und den Menschen in der DDR Erleichterungen bringen. Genscher hoffte vor allem, dass der Besuch Honeckers das Bewusstsein von der Einheit der Nation wach halte. Gerade deshalb könne der Staatschef der DDR eigentlich gar kein Interesse an diesem Besuch haben, hatte er Kohl gesagt. Die Stasi kam damals tatsächlich zu dem Schluss, dass der Besuch Honeckers den Wunsch der eigenen Bevölkerung verstärkte, selbst den westlichen Nachbarn zu besuchen. Dieser Wunsch war ja schon vorher mit Sorge konstatiert worden, selbst bei Angehörigen der Nationalen Volksarmee und Volkspolizei sowie Mitgliedern der SED. Die Enttäuschung darüber, dass Reiseerleichterungen ausblieben, konnte die Unzufriedenheit der Bevölkerung nur verschärfen.

Genscher machte sozusagen gemeinsame Sache mit den Deutschen in der DDR, nicht mit den Kommunisten. Sozialdemokraten und Kommunisten hingegen strebten eine »Sicherheitspartnerschaft« an. Sie beruhte auch auf der Annahme, dass der Friede in Europa von der Existenz zweier deutscher Staaten abhinge. Nur wenige Politiker der SPD hielten an der Perspektive der deutschen Einheit fest. Willy Brandt hatte noch in seinen 1989 erschienenen »Erinnerungen« die Wiedervereinigung »die spezifische Lebenslüge der zweiten deutschen Republik« genannt.[24]

Im August 1987, am Vorabend des Honecker-Besuchs in Bonn, stellte eine gemeinsame Arbeitsgruppe aus Vertretern der Grundwertekommission der SPD sowie der Akademie der Gesellschaftswissenschaften des Zentralkomitees der SED ein gemeinsames Dokument vor. Es trug den Titel »Der Streit der Ideologien und die gemeinsame Sicherheit« und wurde nicht nur in den westdeutschen Medien veröffentlicht, sondern auch im Organ der SED, »Neues Deutschland«. Es war nicht so sehr der Inhalt des Dokuments, der in der Bundesrepublik Anstoß erregte. Immerhin belegte es eine offene Diskussion der Werte beider Systeme, so offen, dass die Führung der SED sich später distanzierte. Genscher nannte in einem Gespräch mit Otto Reinhold, dem Rektor der Akademie für Gesellschaftswissenschaften, das Papier eben aus diesem Grunde »sehr bedeutend«.

Der immer enger werdende Austausch aber zwischen SPD- und SED-Politikern wurde nicht nur von der CDU und CSU als »Nebenaußenpolitik« kritisiert. Vertrat Egon Bahr noch das nationale Interesse, als er im Gespräch mit Honecker im Mai 1986 die Anerkennung der DDR-Staatsbürgerschaft für den Fall in Aussicht stellte, dass die SPD die Bundestagswahlen im Januar 1987 gewinnt? Hätte die Bundesregierung damals auf die einheitliche deutsche Staatsbürgerschaft verzichtet, hätte man den Menschen, die im Sommer und Herbst 1989 aus der DDR in die Botschaften der Bundesrepublik Deutschland in Prag, Budapest und Warschau flüchteten, nicht so helfen können, wie es geschehen ist. Stärker konnte der Gegensatz zu Genschers Deutschlandpolitik nicht sein.

Genscher ging es darum, dass die Deutschen sich ihrer Zusammengehörigkeit bewusst und die Chancen zur Vereinigung offen blieben. Die Demonstranten in den Städten der DDR, die 1989 »Wir sind ein Volk« riefen, gaben ihm Recht. Anders als in Polen und der Tschechoslowakei aber suchte Genscher in der DDR nicht die Nähe zur demokratischen Bewegung. Dort gab es allerdings auch keine Persönlichkeiten wie Lech Wałęsa oder Václav Havel. Sie waren entweder schon vor 1989 in die Bundesrepublik ausgereist oder freigekauft worden. Die Führung der DDR hatte bis zum Ende alles getan, um einen Wandel zu verhindern. Alle Bundesregierungen haben ihr im Namen der Stabilität dabei geholfen. Als die DDR endlich gezwungen werden sollte, sich zu reformieren, brach sie zusammen. Ein solches Schicksal hatte Alexis de Tocqueville allen autoritären und totalitären Systemen vorausgesagt.

So ist auch Genschers Verständnis von Stabilität nicht ganz frei von Widersprüchen. In einem vertraulichen Gespräch mit seinem sowjetischen Kollegen Eduard Schewardnadse versicherte er diesem bereits im Juni 1989: »Es komme uns darauf an, dass die Verhältnisse in der DDR möglichst stabil gehalten werden könnten, wir wollten eben keine Destabilisierung.«[25] Die Klarheit der Stellungnahme überrascht. Wahrscheinlich aber entspricht sie weniger der Überzeugung Genschers als dass sie ein für ihn typisches Mittel der Diplomatie ist, den sowjetischen Partner in einer für ihn sehr schwierigen Phase, die zur deutschen Einheit zu führen versprach, zu beruhigen.

Können die Ereignisse, die zum Fall der Berliner Mauer und zur Deutschen Einheit führten, eine Revolution genannt werden? Für Genscher bestand darüber kein Zweifel: »Waren wir nicht Zeugen einer Revolution von unten, deren Triebkraft das Volk war? Zweihundert Jahre nach der Französischen Revolution wurde erneut ein Ancien Régime, das sich historisch überlebt hatte, durch eine Levée en masse entmachtet. Das Volk setzte seinen Willen gegen die alte Herrschaft durch! Aber es geschah gewaltfrei, ohne Blutvergießen, und eben dies bleibt das besondere geschichtliche Verdienst der Menschen in der DDR. Sie haben damit alle Deutschen reicher gemacht.«[26]

Wie dies für die deutsche Geschichte nicht untypisch ist, war die Revolution von 1989 eine doppelte, eine Freiheits- und eine nationale Revolution. Aus den Rufen »Wir sind das Volk« wurde die Parole »Wir sind ein Volk.« Letztere wurde in Halle, der Geburtsstadt Genschers, zum ersten Mal skandiert. Es geschah ebenfalls in Halle, bei einer Demonstration der Bürgerrechtsbewegung »Neues Forum«, dass die Menge sich zum »Deutschland einig Vaterland« bekannte. Solche Forderungen aber gingen dem »Neuen Forum« damals zu weit. Bärbel Bohley rief den Demonstranten in Halle entgegen: »Ja seid ihr denn alle verrückt geworden?« Andere prominente Bürgerrechtler wie die Schriftstellerin Christa Wolf bestanden auf einer Weiterentwicklung und Demokratisierung des Sozialismus. Sie warnte vor dem »Ausverkauf unserer materiellen und moralischen Werte«.

Es wäre ein Missverständnis, zwischen Volk und Bürgerbewegung zu unterscheiden. Letzterer kommt aber das historische Verdienst zu, dem Massenprotest Form und Stimme gegeben zu haben. Sie war es, die die Partei offen herausforderte, auf freien Wahlen bestand und die Verbindung mit der Opposition in Polen und der Tschechoslowakei wie auch zu den westlichen Medien hielt. Der Wandel musste organisiert werden, Mahnwachen abgehalten und gegen Festnahmen protestiert werden. Die Bürgerrechtler dokumentierten die Tyrannei der SED und Stasi, schrieben die Programme der neuen Parteien und führten schließlich Wahlkampf. Nicht nur Genscher fehlt heute jedes Verständnis dafür, die Revolution von 1989 zu einer Bewegung umzudeuten, der es bloß um die Freiheit des Konsums und die Einführung der DM gegangen sei. Der Politiker der Grünen und später der SPD, Otto Schily, hatte als Antwort auf die Frage nach den Motiven der Revolution eine Banane hochgehalten.

Es widerspricht der These von der Revolution nicht, dass die DDR auch wegen der Schwäche und Unfähigkeit der politischen

Führung untergegangen ist. Sie hat zuletzt nur noch Fehler gemacht, wie die Jubelfeiern zum 40. Jahrestag der DDR oder vorher die gefälschten Wahlen zeigen. Die neuen Regelungen für die Ausreise aus der DDR, die Günter Schabowski, damals Sekretär des Zentralkomitees der SED für Informationswesen, also eine Art Regierungssprecher, auf einer Pressekonferenz am 9. November 1989 verlas, waren aus der Konfusion entstanden und unverständlich. Der letzte Versuch der Führung der DDR, die Öffnung der Grenze zu kontrollieren, führte zum befreienden Chaos und zum Fall der Mauer. Jede Revolution geht mit der Schwäche des alten Regimes einher. In diesem Fall hat wohl Lenin Recht behalten. Revolutionen entstehen, »wenn die oben nicht mehr können und die unten nicht mehr wollen«.

Letzteres war mit der Flucht von immer mehr Menschen aus der DDR ja offenbar geworden. Genschers vom Jubel unterbrochener Satz, »Ich bin heute zu Ihnen gekommen«, mit dem er auf dem Balkon des Palais Lobkowitz die Ausreise der DDR-Bürger, die sich in die Botschaft der Bundesrepublick Deutschland in Prag geflüchtet hatten, verkündete, gilt manchem als der Höhepunkt seiner Karriere. Für ihn selbst ist es »die bewegendste Stunde meines politischen Lebens«[27].

Der Strom der Flüchtlinge hatte während des Sommers 1989 immer mehr zugenommen. Genscher wundert sich noch heute darüber, dass der damalige Leiter »Arbeitsstab Deutschlandpolitik« im Bundeskanzleramt, Claus-Jürgen Duisberg, sich noch im August 1989 auf »einige beschauliche Tage«[28] freute. Schewardnadse bestätigt, dass Genscher ihn bereits im September 1988 in New York auf den zu erwartenden Aufruhr in der DDR hingewiesen habe. Die Erklärung Honeckers zum Jahrestag des Baus der Berliner Mauer am 13. August 1989 musste diese Bewegung noch beschleunigen: »Die Mauer wird nicht niedergelegt, solange die Bedingungen weiterbestehen, die zu ihrer Errichtung führten, und solche Bedingungen bestehen weiter.« Tatsächlich stellten die wachsenden Flüchtlingszahlen einen politischen Druck auf die DDR dar, die kurz davor war, ihren 40. Geburtstag zu feiern.

In der Ständigen Vertretung in Ostberlin befanden sich am 7. August 1989 über 80 Personen, darunter Familien mit Kindern. Sie weigerten sich, die Ständige Vertretung zu verlassen, wenn ihren Anträgen auf Ausreise aus der DDR nicht entsprochen würde. Die Situation verschärfte sich. Bundeskanzler Kohl und der für die Beziehungen zur DDR zuständige Chef des Bundeskanzleramts, Bundesminister Rudolf Seiters, aber waren im Urlaub. Schließlich entschied Seiters, dass die Ständige Vertretung in Ost-Berlin am 8. August geschlossen wird. Sie wurde erst einen Tag nach dem Fall der Mauer wieder geöffnet. Die Entscheidung wurde auf einer Pressekonferenz am selben Tag ausgerechnet mit dem Argument begründet, dass die Bundesregierung die Lage nicht dramatisieren und die praktische Zusammenarbeit mit der DDR nicht gefährden wolle.

Am 9. August appellierte Seiters an die zur Ausreise bereiten Bürger der DDR, nicht den Weg über die Vertretungen der Bundesrepublik Deutschland zu suchen. Denjenigen, die sich in der Ständigen Vertretung aufhielten, wurde nahegelegt, das Gebäude zu verlassen. Schließlich versuchte der Bundeskanzler, ein Telefongespräch mit Erich Honecker zu führen, der sich aber nach einer Operation im Krankenhaus aufhielt und nicht an den Apparat kommen wollte. Gespräche zwischen Seiters und dem Ersten Stellvertretenden Außenminister der DDR, Herbert Krolikowski, endeten erfolglos. Am 8. September 1989 verließen 117 DDR-Bürger nach sechs Wochen die Ständige Vertretung in Ost-Berlin. Ihnen war lediglich Straffreiheit und prinzipiell die Rückkehr an den Arbeitsplatz, nicht aber die Ausreise zugesichert worden.

Die DDR erwartete nun von der Bundesregierung nichts Geringeres, als ihre Botschaften in Prag, Warschau und Budapest zu schließen und den Bürgern der DDR keine Zuflucht zu gewähren. Seiters hatte Genscher diese Forderung überbracht. Sollte die Bundesregierung der DDR hier entgegenkommen? Die Botschaften aber lagen in der Zuständigkeit des Außenministers. Dieser wies das Ansinnen der DDR zurück. Es dürften keine »neuen Mauern« errichtet werden. Genscher ordnete an, dass alle Flüchtlinge aufgenommen, untergebracht und versorgt werden.

Durch die Schließung der Ständigen Vertretung in Ost-Berlin erhöhte sich der Druck auf die Botschaften der Bundesrepublik Deutschland in Prag, Budapest und Warschau. In der Prager Botschaft nahm die Zahl der Flüchtlinge noch dramatischer zu, nachdem die Regierung der Tschechoslowakei die Grenze zu Ungarn geschlossen hatte. Die Regierung in Budapest hatte sich nach Verhandlungen, die Genscher während einer Rekonvaleszenz nach einem Herzinfarkt – auch mit Hilfe seiner Mitarbeiter Kastrup und Jansen – führte und nach einem geheimen Treffen mit Bundeskanzler Kohl und Genscher im August 1989 entschlossen, die DDR-Flüchtlinge in ihrem Land über Österreich in die Bundesrepublik ausreisen zu lassen. Der Bonner Botschafter in Prag, Hermann Huber, berichtete, dass mit 2500 Flüchtlingen in seiner Residenz die »kritische Grenze« erreicht sei.

In der letzten Septemberwoche 1989 verhandelte Genscher am Rande der UN-Vollversammlung mit seinen Kollegen aus der Sowjetunion, der DDR und der Tschechoslowakei über die Frage der Flüchtlinge. Der Prager Außenminister Johanes stellte sich stur und lehnte eine Verantwortung seiner Regierung ab. Fischer sagte – »allerdings sehr zögerlich« – Weiterleitung nach Ost-Berlin zu. Schewardnadse aber war von der Schilderung der dramatischen Lage durch Genscher »äußerst betroffen«, wie es im geheimen Vermerk über dieses Gespräch steht. Er sagte sofortige Unterstützung in dem von BM (Bundesminister Genscher) erbetenen Sinne zu. Er werde sofort entsprechende Telegramme nach Berlin, Prag und Moskau schicken.[29] Ihm ist es wohl zu verdanken, dass die Regierungen in Ost-Berlin und Prag schließlich auf den Druck aus Moskau reagierten. Auch Baker und Dumas intervenierten auf Bitte Genschers. Nicht erst die Szene auf dem Balkon der Prager Botschaft am 30. September 1989 unterstreicht die Rolle, die Genscher in dieser entscheidenden Entwicklung spielte.

Die Flüchtlinge haben sozusagen Geschichte geschrieben. Ihre massenhafte Flucht aus der DDR verschärfte die Krise des Systems. Der Zusammenbruch war unvermeidlich, die Feiern zum 40. Jahrestag der DDR eine Farce. Insofern haben die Flüchtlinge auch – ganz im Sinne Jacob Burckhardts – Geschichte »beschleunigt«. Von der Öffnung der ungarischen Grenze am 10. September über die »Balkonszene« von Prag vom 30. September bis zu den Demonstrationen von 70 000 Menschen in Leipzig am 9. Oktober 1989, die das Regime nicht mehr verhindern konnte, lag nicht einmal ein Monat. Aber welch eine historische Sequenz! Genschers Vorhersage, dass es im Sommer zu »dramatischen Entwicklungen« komme, hatte sich erfüllt. Er hat alles getan, um die »Beschleunigung der Geschichte« nicht nur nicht aufzuhalten, sondern sie auch zu gestalten. Hierbei half ihm das Vertrauen, das ihm die Flüchtlinge entgegenbrachten. Sie hätten es sonst nicht gewagt, von Prag aus in Zügen, die durch die DDR fuhren, in die Freiheit zu reisen.

Gorbatschow

Epochale Einschnitte in der Geschichte verbinden sich meist mit bestimmten Schlüsseldaten. Der 9. November 1989 markiert insofern das Ende des Kalten Kriegs, als die Berliner Mauer auch die Trennlinie zwischen den Blöcken in Europa war. Am 3. Dezember 1989 aber erklärten George Bush und Michail Gorbatschow bei einem Gipfeltreffen auf einem Schiff vor Malta den Kalten Krieg offiziell für beendet. Je nach Fragestellung rücken andere Daten in den Blick. Wann war der Anfang vom Ende des Kalten Kriegs? Die Kuba-Krise hatte beiden Supermächten bereits 1962 in dramatischer Weise gezeigt, dass sie sich verständigen müssen.

Ein Durchbruch in den Beziehungen zwischen den USA und der Sowjetunion aber war erst möglich, als Michail Gorbatschow am 11. März 1985 Generalsekretär der KPdSU wurde. Es tut der historischen Bedeutung Gorbatschows keinen Abbruch, wenn man heute auch an den Vorläufer der Reformen am sowjetischen System erinnert, an den Mentor Gorbatschows, Juri Andropow. Ihm hatte seine lange Amtszeit als Chef des KGB von 1967 bis 1982 wohl deutlicher als anderen vor Augen geführt, dass die Sowjetunion ohne Reformen am Ende sei. Als Generalsekretär der KPdSU von 1982 bis 1984 versuchte er, Staat und Wirtschaft zu modernisieren, das Rechtssystem zu erneuern, die Öffentlichkeit zu stärken, Bürokratie zu kontrollieren und Korruption zu bekämpfen. Was wäre daraus geworden, wenn Andropow nicht durch Diabetes, Krebs und Nierenversagen geschwächt gewesen und 1984 gestorben wäre?

Gorbatschow war enger Mitarbeiter Andropows und hatte von ihm gelernt. Er teilte auch dessen Absicht, den Sozialismus zu erneuern. Es ist umstritten, ob Andropow, der seit 1978 Mitglied des Zentralkomitees der KPdSU war, Gorbatschow zu seinem Nachfolger als Generalsekretär auserkoren hatte. Bekanntlich wurde nach Andropows Tod der ebenfalls schwer kranke Konstantin Tschernenko in seinem 72. Lebensjahr Generalsekretär.

Genscher weiß von den Umständen dieser Wahl zu berichten, Gorbatschow habe sie ihm erzählt. In den schriftlichen Erinnerungen beider Politiker finden sich keine Hinweise. Gorbatschow zufolge legte Andropow in einem Brief an das Zentralkomitee die Gründe dar, warum er seine Amtsgeschäfte nicht weiter wahrnehmen könne, und verband dies mit einigen Empfehlungen für die zu verfolgende weitere Politik. Im letzten Satz soll er Gorbatschow als seinen Vertreter und damit indirekt auch als seinen Nachfolger empfohlen haben. Diesen Satz aber ließ Tschernenko aus, als er den Brief im Zentralkomitee verlas. Gorbatschow erinnert sich im Gespräch mit Genscher, dass er damals überlegte, ob er sich melden und den Betrug aufdecken solle. Er kannte den Wortlaut des Briefes. Schließlich sei er zu dem Schluss gekommen, dass auch Tschernenko wegen seiner Krankheit nicht lange im Amt bleiben werde. So ist es gekommen. 1985 wurde Gorbatschow ausgerechnet auf Empfehlung Gromykos, der Gorbatschow als Mann »mit eisernen Zähnen« vorgestellt hatte, zum Generalsekretär gewählt. Die Perestroika hätte vielleicht sogar einige Jahre früher beginnen können.

Gerade das Ende des Kalten Krieges demonstriert das Wirken starker Persönlichkeiten. Der Ausgang war offen. Alles hätte anders kommen können. Am 18. August 1991 organisierten der sowjetische Vizepräsident Gennadi Janajew, der Ministerpräsident Valentin Pawlow, der Verteidigungsminister Dmitri Jasow, der Innenminister Boris Pugo und der Chef des KGB, Wladimir Krjutschkow, einen Putsch gegen ihren Präsidenten Gorbatschow. Er wurde in seiner Ferienwohnung auf der Krim festgehalten. Nach drei Tagen endete die Verschwörung in einem Fiasko. Gorbatschow aber hatte die Kontrolle über die Entwicklung in der Sowjetunion verloren. Er trat am 25. Dezember 1991 als Präsident zurück. Die Sowjetunion hörte auf zu existieren. Um Gorbatschow wurde es sehr einsam. Genscher hatte diese Tragik sofort gespürt. Er war an diesem Weihnachtsfeiertag der einzige ausländische Partner und Freund, der Gorbatschow am Telefon erreichte. Bei diesem Gespräch vertraute ihm Gorbatschow an: »Ich verlasse jetzt den Kreml.«[30]

Anatoli Tschernajew, von 1986 bis 1991 engster Berater Gorbatschows für Internationale Angelegenheiten, stellt heute im Rückblick fest, dass der Westen erst die Erfahrung des August-Putsches machen musste, um zu verstehen, wie ernsthaft die Gefahr war. An Warnungen hatte es allerdings nicht gemangelt. Schon im Juni 1990 hatte die Botschaft der Bundesrepublik in Moskau über Gorbatschow berichtet, dass »aus dem Treiber von gestern ein Getriebener« geworden sei, dass er »längst nicht mehr die politische Tagesordnung diktiere«. Eine »weitere Destabilisierung der Sowjetunion« sei zu befürchten. Die Botschaft – und mit ihr der Außenminister – kamen zu dem Schluss: »Gorbatschow wird Hilfe brauchen.«[31]

Das friedliche Ende des Kalten Krieges und die damit möglich gewordene Vereinigung Deutschlands war alles andere als eine zwangsläufige Entwicklung. Beides war ein Werk der »Großmacht Diplomatie« (Henry Kissinger). Niccolò Machiavelli erwartet von einem Staatsmann außer der »fortuna« auch die »virtù« und die Einsicht in die »necessità«, also besondere Fähigkeiten und die Einsicht in die Notwendigkeit einer historischen Entwicklung. Der Staatsmann kann nur verantwortlich handeln, wenn er die Entwicklungen begreift und die richtigen Schlüsse daraus zieht.

Nirgends wird dies deutlicher als beim Umgang der westlichen Politiker mit dem »Phänomen« Gorbatschow. Margaret Thatcher und François Mitterrand hatten nach ihren ersten Treffen mit Gorbatschow 1984 und 1985 zwar den Eindruck, dass sie es mit einem sowjetischen Funktionär »neuen Typs« zu tun hätten. Gorbatschow war in der Tat der erste sowjetische Staatschef, der zu einem offenen Dialog in der Lage war, also Gespräche führen konnte, ohne von Sprechzetteln ablesen zu müssen. Was aber seine Ideen und sein politischer Wille zur Modernisierung der Sowjetunion für den Wandel in Europa bedeuten würden, ist damals noch nicht erkannt worden.

Das gilt auch für Helmut Kohl. Seiner ersten Begegnung mit dem gerade gewählten Generalsekretär anlässlich der Trauerfeier für Konstantin Tschernenko im März 1985 widmet Kohl in seinen Erinnerungen genau fünf Sätze. Das Gesprächsklima sei »äußerst frostig« geblieben, das Treffen habe sich zu einer »scharfen Auseinandersetzung«[32] entwickelt. Kohls außenpolitischer Berater Teltschik gibt heute zu: »Wir hatten das Problem mit dem Bundeskanzler, dass er zumindest noch misstrauisch war.«[33]

Einen Fehler historischen Ausmaßes aber beging Kohl in dem Interview, das er dem amerikanischen Wochenmagazin »Newsweek« am 15. Oktober 1986 gab. Hierin sagte er über Gorbatschow wörtlich: »Er ist ein moderner kommunistischer Führer, der sich auf Public Relations versteht. Goebbels, einer von jenen, die für die Verbrechen der Hitler-Ära verantwortlich waren, war auch ein Experte für Public Relations.« Der Wortlaut ist durch einen Tonbandmitschnitt bestätigt. Er wird auch von Teltschik heute nicht bestritten. Er erklärt, dass man damals bei der Redaktion des Interviews im Bundeskanzleramt zwei Sätze hätte streichen müssen, »auch wenn er (Kohl) dies gesagt hat«[34]. Der Bundeskanzler distanzierte sich zwar von seinen Äußerungen, war aber nicht zu einer offiziellen Entschuldigung bereit.

Es ist eine bittere Ironie, dass ausgerechnet Genscher, der vier Monate später die Welt dazu aufrufen sollte, Gorbatschow »beim Wort zu nehmen«, seinem sowjetischen Amtskollegen Schewardnadse bei einem Treffen im November 1986 eine Erklärung des Bundeskanzlers überbringen musste, die nicht ganz den Tatsachen entsprach: »Der Bundeskanzler hat ... festgestellt, dass sein Gespräch mit ›Newsweek‹ nicht korrekt wiedergegeben worden ist.«[35] Dieser Versuch des Einlenkens konnte nicht ganz verhindern, dass die deutsch-sowjetischen Beziehungen und vor allem das Verhältnis zwischen Kohl und Gorbatschow nachhaltig gestört waren. Schewardnadse sprach gegenüber Genscher von einem »beispiellosen Fall in den deutsch-sowjetischen Beziehungen«[36]. Gorbatschow hielt Kohl zwei Jahre auf Distanz. Wadim Sagladin, damals stellvertretender Leiter der Internationalen Abteilung des Zentralkomitees der KPdSU und enger Berater Gorbatschows, bestätigt, dass das Interview Kohls eine zweijährige Verzögerung in der Entwicklung der Beziehungen mit der Bundesrepublik bewirkt habe.

Für die Modernisierung der Sowjetunion aber war die Bundesrepublik der wichtigste Partner. Zwei Jahre waren in diesem Prozess eine lange Zeit, in der sich der Widerstand der politischen Gegner Gorbatschows gegen seine Pläne bilden und stärken konnte. Teltschik bekennt heute: »Der Bundeskanzler wollte noch nicht wahrhaben, dass sich da substanziell etwas ändert.«[37] In seinen »Erinnerungen« urteilt Gorbatschow, dass die Bundesrepublik einer der letzten großen Staaten gewesen sei, deren Führungen in der Perestroika eine Chance für die Veränderung der ganzen internationalen Lage erkannt habe.

Insoweit der Wandel in Europa überhaupt einer historischen Persönlichkeit zugeordnet werden kann, so ist diese Persönlichkeit Michail Gorbatschow. Genschers Leistung als Staatsmann liegt vor allem darin, dass er dies früher als andere sah und sich – gegen eine weitverbreitete Skepsis – dazu bekannte. In Washington brachte ihm dies den Vorwurf des »Genscherismus« ein. Genscher verstand schon bei seinem ersten Gespräch mit Gorbatschow am 21. Juli 1986, dass zwischen der Innen- und Außenpolitik des sowjetischen Generalsekretärs ein Zusammenhang bestand: »Unser unumstößlicher Eindruck war jedenfalls, dass Gorbatschow es mit seiner Reformpolitik ernst meinte; sie hatte den Rubikon schon überschritten. Demokratie und Wirtschaftsreformen, ihre beiden zentralen Punkte, zogen zwangsläufig die neue Außenpolitik nach sich. Sie war keineswegs eine taktische, jederzeit veränderliche Variante, sondern wurde zur berechenbaren, auch durch die innere Entwicklung bestimmten Konstanten.«[38]

Dabei hatte das Gespräch im Juli 1986 mit einer relativ scharfen Kontroverse über Mittelstreckenraketen begonnen. Genscher aber bewies seine Fähigkeit, den Verlauf von Gesprächen zu beeinflussen, ihnen eine neue Richtung zu geben. Der Ton wurde freundlicher, als die deutsch-sowjetischen Beziehungen und eine künftige Zusammenarbeit zur Sprache kamen. Aus den Gesprächsprotokollen des Politbüros wissen wir heute, dass Gorbatschow die Bedeutung dieser Beziehung für seine Reformpolitik bereits zu diesem Zeitpunkt erfasst hatte. Deshalb schlug er Genscher im Gespräch schließlich vor, eine »neue Seite aufzuschlagen in unseren Beziehungen«. Für den Außenminister war dies der »entscheidende Satz – nun war Klarheit geschaffen. Wir konnten beginnen, gemeinsam über die Zukunft zu sprechen«[39].

Ein gutes halbes Jahr später entschloss sich Genscher, ein klares öffentliches Signal zur Unterstützung Gorbatschows zu geben. Die Nachbeben des »Newsweek«-Interviews mit dem Bundeskanzler waren zu diesem Zeitpunkt noch zu spüren. Von Genschers Rede vor dem Weltwirtschaftsforum in Davos am 1. Februar 1987 ist heute meist nur der letzte Satz bekannt: »Nehmen wir Gorbatschow ernst, nehmen wir ihn beim Wort!«[40] Dass dieser Aufruf damals von vielen als Blauäugigkeit missverstanden wurde, lag auch an der Übersetzung ins Englische (take him at his word). Dabei hatte Genscher in seiner Rede klargestellt, dass der Westen Gorbatschow nur dann als Partner anerkennen solle,

»wenn den Worten Taten folgen«. Außerdem forderte er nicht dazu auf, Gorbatschow blind zu vertrauen, sondern vielmehr die Chancen zu nutzen, die sich aus der neuen Situation in Moskau für die Wahrnehmung der eigenen Interessen ergeben könnten.

Die Rede in Davos enthält zudem eine Analyse der Reformpolitik Gorbatschows, deren Richtigkeit durch die jüngste historische Forschung bestätigt wird. Genscher hatte die Logik der Perestroika begriffen: Sie setzte eine neue Außenpolitik der Sowjetunion voraus. Gorbatschow hatte schon vor 1987 im Politbüro die Fehler seiner Vorgänger beim Namen genannt: zu hohe Aufwendungen für das Militär, vor allem die Aufrüstung bei den SS-20, Einmarsch in Afghanistan, technologische Rückständigkeit. Die Modernisierung der Sowjetunion war nur in der Zusammenarbeit mit dem Westen, vor allem der Bundesrepublik Deutschland zu erreichen. Am 11. Juni 1987 sagt Gorbatschow im Politbüro über die Bundesrepublik Deutschland: »Wir müssen dieses Land an uns ziehen.«[41]

Vor allem belegen die russischen Protokolle, dass Gorbatschow in diesen Beziehungen Genscher eine besondere Rolle zugedacht hatte. Sein erstes Gespräch mit dem deutschen Außenminister im Juli 1986 eröffnete er mit den Worten, dass der Besuch »über den üblichen Rahmen hinausgehe«[42]. Dass dies mehr als eine höfliche Floskel war, zeigte sich bei den folgenden Treffen. Als Richard von Weizsäcker Gorbatschow am 7. Juli 1987 mit der Absicht aufsuchte, einen neuen Anfang in den bilateralen Beziehungen zu wagen, erinnerte Gorbatschow den Bundespräsidenten gleich bei der Begrüßung an seine Vereinbarung mit Genscher, »eine neue Seite aufzuschlagen«[43]. Bei einer Nachbesprechung dieses Besuchs im Politbüro schlug Gorbatschow vor, Genscher in den Kontakten mit der Bundesrepublik anderen Politikern »voranzustellen«. Es fiel in diesem Gespräch auch das Wort von der Bundesrepublik Deutschland als dem »wichtigsten Staat in Westeuropa«. Gorbatschow gab schließlich offen zu, dass die Sowjetunion an den Beziehungen mit den Westdeutschen »mehr Interesse habe als diese selbst«[44].

Gorbatschow hielt sich dabei an die Bundesregierung, die im Amt war. Sein Botschafter in Bonn, Julij Kwizinski, hatte ihm geraten, auf Kohl und Genscher zu setzen. Valentin Falin hingegen, der 1988 der letzte Leiter der Internationalen Abteilung des Zentralkomitees der KPdSU wurde, hatte auf eine Rückkehr der ihm vertrauten Sozialdemokraten in Bonn an die Macht gehofft. Mit ihnen hatte er seinerzeit den Moskauer Vertrag ausgehandelt.

Gorbatschow aber machte sich sein eigenes Bild. Er bezeichnete Kohl im Politbüro als »nicht konstruktiv« und ließ sogar erkennen, dass der Bundeskanzler ihm nicht sympathisch sei. Man müsse ihm »weitere Lektionen erteilen«[45]. Gleichzeitig beobachtete er das gut funktionierende Zusammenspiel seines Außenministers Schewardnadse mit Genscher. »Ich habe den Kanzler ein, zwei Mal im Jahr getroffen und deshalb haben der damalige Minister für Auswärtige Angelegenheiten der UdSSR Schewardnadse und ich viele wichtige Dinge mit Hans-Dietrich Genscher besprochen.« Bei seinem Besuch am 13. Juni 1989 in Bonn würdigte Gorbatschow den »großen Beitrag, den die Außenminister bei der Entwicklung unserer Beziehungen« spielten. Noch im Jahr 2009 antwortete Gorbatschow auf eine entsprechende Frage: »Genscher hat eine gewaltige (ogromny) Rolle gespielt.«[46]

Abrüstung

In der Logik der Perestroika lag es auch, dass Gorbatschow sein Land von den Lasten des Rüstungswettlaufs befreien wollte. Ihm war klar, dass er hierbei die Initiative übernehmen musste. Die Protokolle aus dem Politbüro zeigen, dass er dazu entschlossen war: »Die USA wollen, dass die Verhandlungsmaschinerie leerläuft, aber das Wettrüsten überlastet unsere Wirtschaft. Deswegen brauchen wir einen Durchbruch, der Prozess muss beginnen.«[47] Solche Überlegungen wurden schon im Oktober 1986 angestellt und kündigten nach der von Ustinow, Andropow und Gromyko betriebenen Rüstungspolitik einen Paradigmenwechsel an. Genscher erkannte auch hier früher als andere, dass Gorbatschow »die entscheidenden Zugeständnisse« in der Abrüstung gemacht hatte. Die Reaktionen des Westens bezeichnete er als »kleinmütig«. Es versteht sich von selbst, dass Genscher mit einer solchen Haltung den Vorwurf des »Genscherismus« weiter nährte.

Dabei ist sein strategisches Verständnis der Rolle von Nuklearwaffen relativ orthodox. Auch für ihn hing die Sicherheit West-Europas bis zu einer grundlegenden Änderung des West-Ost-Verhältnisses von der nuklearen Abschreckung ab. Deshalb war er zunächst betroffen – genauso wie die meisten Sicherheitspolitiker in beiden Bündnissen – über die Initiative Präsident Ronald Reagans, alle Nuklearwaffen weltweit abzuschaffen. Reagan verurteilte Nuklearwaffen moralisch. Auf dem Gipfeltreffen in Reykjavik im Oktober 1986 traf er auf einen ähnlich gesinnten sowjetischen Staatschef, der in seiner Haltung zu Nuklearwaffen auch vom Unglück im Kernreaktor von Tschernobyl geprägt war. Genschers Kollege Außenminister George Shultz schilderte den historischen Moment des Gesprächs zwischen Reagan und Gorbatschow. Hiernach sagte Reagan zum Entsetzen seiner Berater plötzlich: »Von mir aus können wir alle Nuklearwaffen abschaffen.« Gorbatschow erwiderte ohne Zögern: »Das können wir machen. Lassen Sie uns sie beseitigen.«[48] Eine Übereinkunft ist damals an der Strategischen Verteidigungsinitiative gescheitert. Reagan wollte an Forschung, Entwicklung und Erprobung von SDI festhalten. Gorbatschow wollte SDI verhindern, weil die Sowjetunion sich nicht einen neuen Wettlauf bei diesen Systemen leisten sollte.

Das Treffen von Reykjavik war dennoch ein Durchbruch: Die Führer der USA und der Sowjetunion teilten die Vision einer Welt ohne Nuklearwaffen. Im Februar 1987 löste Gorbatschow das Junktim zwischen SDI und den Verhandlungen über die nuklearen Mittelstreckenraketen (INF) auf. Genscher hatte sich bei diesen Verhandlungen von Anfang an für eine Nulllösung eingesetzt, lange bevor die USA sie als ihren Vorschlag einführten. Sie bedeutete eine asymmetrische Abrüstung, sowjetische Systeme mit insgesamt 1335 nuklearen Sprengköpfen gegen amerikanische Systeme mit insgesamt nur 216 Sprengköpfen. Als Gorbatschow dem Westen im April 1987 die sogenannte doppelte Nulllösung, also die Einbeziehung der Raketen mit Reichweite von 500–1000 km in die INF-Verhandlungen, anbot, musste er sich gegen starken Widerstand seiner eigenen Militärs durchsetzen. Den 700 Flugkörpern der Sowjetunion in diesem Bereich hatte die NATO mit Ausnahme der 78 deutschen Pershing-IA-Raketen nichts entgegenzusetzen. Eine Beseitigung wäre also besonders asymmetrisch ausgefallen. Die USA griffen die doppelte Nulllösung bereitwillig auf. Das Pentagon rechnete wohl auch nicht damit, dass die Sowjetunion ihren Vorschlag ernst meinte.

In Bonn aber löste die Aussicht, dass nach einem INF-Vertrag in Mitteleuropa nur noch nukleare Systeme mit einer Reichweite von unter 500 km stationiert werden könnten, Besorgnis aus. Zum Einsatz würden diese Systeme ja praktisch nur auf deutschem Boden, dem Territorium der Bundesrepublik Deutschland und der DDR, kommen. In der Regierungskoalition von CDU/CSU und FDP kam es im Mai 1987 darüber zu einer schweren Kontroverse. Aus Genschers Sicht tat sich wieder einmal der Gegensatz zwischen »Traditionalisten und Evolutionären« auf. Der Bundeskanzler sah in der Abschaffung der Pershing IA-Raketen eine Gefährdung der nuklearen Abschreckung und damit der Sicherheit der Bundesrepublik. Vor allem traf Kohl auf den Widerstand des CSU-Vorsitzenden Strauß. Genscher hingegen begriff die historische Chance: Erstmals in der Geschichte würde eine ganze Kategorie von Massenvernichtungswaffen aus der Welt geschafft. In einer Regierungserklärung vom 4. Juni 1987 stimmte Kohl schließlich der doppelten Nulllösung zu. Die Bedingung, die er nannte, war ebenfalls in Genschers Sinne: Auch über amerikanische und sowjetische landgestützte Nuklearsysteme mit einer Reichweite unterhalb 500 km sollte verhandelt werden. Genscher hatte sich durchgesetzt. Seitdem übernahm er in der Abrüstung die politische Führung.

Das zeigte sich schon im August 1987. Die Sowjetunion war nicht bereit, die deutschen Pershing-IA-Raketen, deren Sprengköpfe von den USA verwahrt wurden, aus einem INF-Abkommen auszuschließen. Schewardnadse hatte gegenüber seinem deutschen Kollegen keinen Zweifel daran gelassen. Der sowjetische Botschafter in Bonn, Julij Kwizinski, bedrängte Genscher sogar in dessen Urlaubsort in Südfrankreich. Für den deutschen Außenminister war es unvorstellbar, dass der INF-Vertrag an dieser Frage scheitern könnte. Der Bundeskanzler aber zog sich, wie die meisten Mitglieder der CDU/CSU Fraktion, auf das formale Argument zurück, dass die deutschen Pershing-IA »Drittstaatensysteme«, also weder amerikanische noch sowjetische seien.

Die Meinungsverschiedenheit drohte bei der Dimension, die auf dem Spiel stand, zu einem Machtkampf zwischen Kohl und Genscher zu werden. Auch wenn Kohl sich den Argumenten Genschers kaum entziehen konnte, durfte in der Öffentlichkeit doch nicht der Eindruck entstehen, dass der Bundeskanzler seine

Meinung auf Druck des Koalitionspartners änderte. Genscher hatte dies natürlich verstanden und sicherte Kohl bei einem eindringlichen Gespräch im Bundeskanzleramt zu, dass er sich jetzt nicht öffentlich äußere. Am 27. August 1987 erklärte sich Kohl schließlich bereit, mit der endgültigen Beseitigung aller sowjetischen und amerikanischen »Flugkörper mittlerer und kürzerer Reichweite« auch die deutschen Pershing-IA-Raketen abzubauen. Genscher hatte sich ein weiteres Mal durchgesetzt. Man hielt es für erforderlich, der Presse zu erklären, dass der Bundeskanzler seine Entscheidung allein getroffen hatte. Am 8. Dezember 1987 konnten die USA und die Sowjetunion den INF-Vertrag unterzeichnen. Drei Jahre später waren 846 amerikanische und 1846 sowjetische Raketen zerstört.

Die Bundesregierung hatte der doppelten Nulllösung unter der Bedingung zugestimmt, dass schließlich auch über die nuklearen Systeme mit einer Reichweite von unter 500 km verhandelt werden müsse. In dieser Kategorie verfügte die NATO über 88 so genannte »LANCE«-Raketen, die Sowjetunion aber über 830 vergleichbare Systeme (SS-21, Frog). Da die NATO die LANCE-Raketen Mitte der neunziger Jahre außer Dienst stellen wollten, sollte möglichst früh über ein neues System entschieden werden. In dieser Logik war die Strategie der Abschreckung unvereinbar mit einer vollständigen »Entnuklearisierung Europas«, also einer dritten Nulllösung bei den nuklearen Kurzstreckenraketen (SNF). Diese Systeme, zu denen auch die nukleare Artillerie gehörte, sollten also modernisiert werden. Darauf drängten natürlich auch die amerikanischen Rüstungsfirmen.

Nichts konnte Genschers Verständnis von friedlichem Wandel in Europa schärfer widersprechen als diese Haltung, die im Bündnis vor allem von den USA und Großbritannien vertreten wurde. Der Bundeskanzler hatte im November 1988 in der NATO eine Nulllösung bei den nuklearen Kurzstreckenraketen ausgeschlossen. Der Verteidigungsminister schloss sich ihm an. Wie sollte Genscher sich gegen eine solche Front durchsetzen? Er war als einer der wenigen Staatsmänner in Europa spätestens im Sommer 1988 zu der Erkenntnis gelangt, dass »dramatische Veränderungen in Ost-Europa bevorstanden«. Die Modernisierung von nuklearen Systemen war in seinen Augen sozusagen ein Anachronismus.

Genscher sollte sich wieder gegen großen Widerstand durchsetzen. Seine Methoden waren nicht nur typisch für ihn, sondern auch Lehrstücke der Diplomatie. Da er im Augenblick einen Mehrheitstrend in der NATO nicht umkehren konnte, setzte er sich einerseits für eine Verschiebung der Entscheidung ein bis zu einem Zeitpunkt, an dem die Entscheidung angesichts erwarteter neuer politischer Entwicklungen obsolet wäre. So ist es ja nach dem Ende des Kalten Kriegs auch gekommen. Andererseits verknüpfte Genscher das Thema nukleare Kurzstreckenraketen in einer Weise mit anderen Problemen, dass eine klare Entscheidung sehr schwierig wurde.

Nichts anderes stellte das sogenannte »Gesamtkonzept für Rüstungskontrolle und Abrüstung« dar, das Genscher erfunden hatte. Es brachte die Frage der nuklearen Kurzstreckenraketen in eine komplizierte Verbindung zur Abrüstung bei den strategischen nuklearen Systemen, den chemischen Waffen und konventionellen Streitkräften. Der damalige Beauftragte der Bundesregierung für Rüstungskontrolle und Abrüstung, Josef Holik, konnte dieses Konzept schließlich auch den amerikanischen Partnern schmackhaft machen. Der Berater Präsident Reagans für diese Fragen, Max Kampelman, hielt das Gesamtkonzept auch »unter dem Aspekt gesichtswahrender Sprachregelung für das ganze Bündnis für interessant«[49]. Genauso hatte es Genscher wohl gemeint.

Schon im Juni 1987 versicherte Präsident Reagan Bundeskanzler Kohl bei einem Frühstück, dass er dem Gesamtkonzept grundsätzlich zustimme. Bis zum Gipfel der NATO Ende Mai 1989, der endgültig über die Frage der Modernisierung entscheiden sollte, musste Genscher aber seinen amerikanischen Kollegen Baker weiter überzeugen. Dieser berief sich unter anderem auf die harte Haltung Großbritanniens. Genscher pochte in Gesprächen mit Baker sehr selbstbewusst auf die deutschen nationalen Interessen: »Die NATO ähnelt einer Aktiengesellschaft. In der Hauptversammlung entscheiden die Stimmpakete. Ich möchte Sie daran erinnern, dass England nur wenige schwere Panzer mehr besitzt als Holland. Deutschland aber stellt ein Vielfaches an schweren Panzern. Wenn Sie möchten, kann ich Ihnen den deutschen Beitrag in der NATO im Vergleich zu den anderen Staaten zeigen. Wir bestehen lediglich auf Offenhaltung einer Option.«[50]

Schließlich erklärte die NATO auf ihrer Gipfelkonferenz Ende Mai 1989: »Die Frage der Einführung und Stationierung eines Folgesystems für die LANCE wird erst 1992 im Lichte der sicherheitspolitischen Gesamtentwicklung behandelt.«[51] 1992 aber war die Frage ad absurdum geführt. Genscher hatte dies vorausgesehen. Er verstand Abrüstung nie nur nuklearstrategisch oder technisch, sondern vornehmlich als ein politisches Instrument. Abrüstung stand für ihn sozusagen unter dem Primat der Politik. Sie war für Genscher ein »Katalysator« des friedlichen Wandels in Europa, wie er sich ausdrückte.

EUROPA

»Varziner Diktat«

Reichskanzler Otto von Bismarck bemerkte 1876 in seinem »Varziner Diktat«: »Ich habe das Wort Europa immer im Munde derjenigen Politiker gefunden, die von anderen Mächten etwas verlangten, das sie in eigenem Namen nicht zu fordern wagten.«[52] Galt dieses Wort nicht in besonderer Weise für die Außenpolitik der Bundesrepublik Deutschland? Das nationale Interesse wurde verschwiegen oder mit dem europäischen Interesse gleichgesetzt, schien sich in diesem aufzulösen oder gar hinter ihm zu verstecken. Die Formel Bundeskanzler Adenauers, dass europäische und deutsche Einigung »zwei Seiten einer Medaille« seien, war vage genug, um außenpolitischen Spielraum zu lassen. Kohl hat diese Formel oft zitiert. Genscher pflegte von der Identität der deutschen und europäischen Interessen zu sprechen. Er war immer der Auffassung gewesen, dass die europäische Einigung, die Westbindung geradezu eine Bedingung der deutschen Einheit war. In den fünfziger Jahren widersprach er hiermit anderen Vertretern seiner Partei aber auch der SPD, die einen Konflikt zwischen den Zielen der europäischen und deutschen Einigung sahen.

Auf Adenauer schien das Diktum Bismarcks zu passen. Der Bundeskanzler führte sozusagen das Wort Europa stets im Munde. Er dachte aber vor allem an die Wiedererlangung der Souveränität der Bundesrepublik Deutschland. Das war das eigentliche Ziel, Europa das Mittel. Europa war Adenauer darüber hinaus ein Mittel, künftige Sonderwege Deutschlands ein für alle Mal auszuschließen. Er traute offenbar den Deutschen nicht. Deshalb bedrängte er 1954 in dramatischer Weise den luxemburgischen Ministerpräsidenten Joseph Bech: »Wenn ich einmal nicht mehr da bin, weiß ich nicht, was aus Deutschland werden soll, wenn es uns doch noch gelingen sollte, Europa rechtzeitig zu schaffen.«[53]

Als Willy Brandt der erste sozialdemokratische Bundeskanzler wurde, war die Europapolitik Schumachers längst überwunden.

Doch auch die Westpolitik der sozialliberalen Koalition hatte einen instrumentellen Charakter. Das eigentliche Ziel war die Ostpolitik. Brandt selbst sprach von seiner Westpolitik – in Anlehnung an Robert Musil – als einer »Parallel-Aktion« zur Ostpolitik. Auch im Denken Bahrs stand die Westintegration einer gesamteuropäischen, West und Ost gemeinsamen Sicherheit entgegen. Außenminister Scheel dagegen hatte die FDP, schon bevor er Parteivorsitzender geworden war, auf einen eindeutigen europäischen Kurs geführt.

Was Genschers Europapolitik angeht, so führt die These Bismarcks in die Irre. Die Europäische Union war für Genscher kein Vorwand, kein bloßes Mittel, mit dem er die großen Ziele der Überwindung der Teilung Europas und Deutschlands verfolgte. Die Europäische Union war für Genscher vielmehr ein Ziel an sich. Bei seinem Amtsantritt als Außenminister hatte er auch schon eine klare Vorstellung von der Finalität der Europäischen Union: Sie sollte ein handlungsfähiger Akteur auf der weltpolitischen Bühne werden und anderen Regionen auf der Welt als Modell dienen. In der Bundesrepublik Deutschland der siebziger Jahre waren solche Ideen originell wenn nicht visionär. Sie sind schon in den ersten Stellungnahmen und Reden des Außenministers nachzuweisen.

Genschers Europapolitik beginnt nicht erst mit der bekannten Genscher-Colombo-Initiative von 1981. Im Unterschied zur Deutschlandpolitik aber trat Genscher zuerst nicht mit großen Entwürfen hervor: »Wollte man die Diskussion jetzt mit bestimmten Modellen beleben, würde man alles nur schwieriger machen.«[54] Vorsichtig tastete er sich heran und prüfte das Terrain. Die Absicht aber war klar: Er wollte die Europäische Union nicht auf ihre technokratischen Aspekte, auf die ermüdenden Debatten über die Finanzierung von Gemeinsamer Agrar- und Regionalpolitik verengen. 1976 sagte er: »Die Europäische Gemeinschaft ist nicht nur eine Vereinigung zur Sicherung des materiellen Wohlstandes ihrer Mitglieder. Sie ist vielmehr die Trägerin der großen geschichtlichen Idee von der Freiheit und Würde des Menschen. Als solche trägt sie, noch vor allen wirtschaftlichen Notwendigkeiten, ihren Sinn in sich selbst.«[55]

Ohne dass er sich auf Jean Monnet oder Robert Schuman ausdrücklich bezieht, hält er doch die Vorstellung der beiden großen

Europäer für unzureichend, dass die europäische Integration weniger eine Vision als ein Prozess ist, der durch konkrete Zusammenarbeit (solidarité de fait) am Leben gehalten wird. An französische Vorbilder erinnern die Ideen Genschers allerdings schon. Auch das Europa »vom Atlantik zum Ural« General de Gaulles sollte ein Akteur in einer multipolaren Welt sein, eine Idee, die sich noch im Wort Jacques Chiracs von der »Europe Puissance« wiederfindet. Genscher konnte diese Konzepte allerdings aus einem sehr einfachen Grund nicht ausdrücklich aufgreifen: Die französischen Präsidenten, die in ihrer Außenpolitik alle mehr oder weniger »gaullistisch« dachten, verstanden Europa meist als Gegengewicht zu den Vereinigten Staaten von Amerika. Genscher dagegen hatte bereits in seiner ersten konzeptionellen Rede in Stuttgart 1966 klargestellt, dass die USA ihren festen Platz in einer gesamteuropäischen Ordnung haben müssten. Darin liegt der entscheidende Unterschied.

Die Gemeinsamkeiten aber mit der französischen Vorstellung von einer multipolaren Welt und der Rolle Europas darin überwiegen und sind verblüffend: In einer »Welt kontinentaler Mächte – USA, UdSSR, China – und großer Verhandlungsblöcke – Ölländer, Entwicklungsländer ... kann der einzelne europäische Staat seine Lebensinteressen nicht mehr ausreichend zur Geltung bringen. Allein auf sich gestellt ist er vielmehr mehr oder weniger Objekt, nicht Subjekt der Weltpolitik. Nur vereint kann das freie Europa Herr seines Schicksals sein.«[56] Dies ist der Kern der europapolitischen Grundsatzrede, die Genscher schon 1976 vor Arbeitgeberverbänden in Düsseldorf gehalten hatte. Unter seiner Führung profilierte sich die FDP als die »deutsche Europapartei, wobei sie durchaus an Walter Scheel anknüpfen konnte. 1975 verabschiedete die FDP ein europapolitisches Grundsatzprogramm, in dem ein bundesstaatliches Europa gefordert wurde. Die eigentliche Bedeutung dieses von Genscher mitgestalteten Programms aber liegt nicht nur in dem Vorschlag, dass ein demokratisch legitimiertes Europäisches Parlament eine Verfassung für eine Europäische Union und einen europäischen Grundrechtskatalog ausarbeiten solle. Genscher und die FDP wollten eine europäische Regierung, also ein Europa, das tatsächlich in der Lage ist, eine gemeinsame Außen- und sogar Verteidigungspolitik zu betreiben.

Was Bundeskanzler Schmidt für eine »Spielwiese« seines Außenministers hielt, andere Beobachter für die angebliche Suche des Vizekanzlers nach Profil, waren tatsächlich konzeptionelle Überlegungen für Initiativen, mit denen er in den achtziger Jahren politische Führung in der Europapolitik übernehmen sollte: Genscher-Colombo-Initiative und Einheitliche Europäische Akte (EEA). Genscher interessierte sich weniger für die traditionelle Debatte darüber, ob Europa intergouvernemental oder bundesstaatlich zu organisieren sei, also ob man sich ein »Europa der Vaterländer« (de Gaulle) oder die Vereinigten Staaten von Europa (Hallstein) wünschen solle. Er ließ diese Frage einfach hinter sich. Ihm kam es auf die Handlungsfähigkeit Europas an. Die Unterscheidung zwischen vergemeinschafteten und intergouvernementalen Methoden einer europäischen Außenpolitik hielt er für künstlich, eigentlich müßig.

Der Präsident der EG-Kommission, Jacques Delors, nahm später daran Anstoß. Genscher wollte die gerade geschaffene – intergouvernemental funktionierende – Europäische Politische Zusammenarbeit (EPZ) zu einem Instrument ausbauen, mit dem Europa eine angemessene Rolle in der Welt spielen konnte. In einem Entwurf seiner Antwort auf die Große Anfrage der CDU/CSU zur Europapolitik im Mai 1979 unterstreicht der Minister mit seiner grünen Tinte einen einzigen Satz: »Wir haben gleichzeitig mit der Gründung der Europäischen Zusammenarbeit den Weg zu einer gemeinsamen Europäischen Außenpolitik beschritten.«[57] Die Europäer sollten eine gemeinsame Haltung zu den damals drängenden Problemen der Nahostpolitik und der KSZE finden können. Die »Erklärung von Venedig« von 1980, in der die EG erstmals ausdrücklich das Selbstbestimmungsrecht der Palästinenser fordert und eine eigene Rolle in der Nahostpolitik beansprucht, war ein erster größerer Erfolg. Auch in der KSZE stimmten die Mitgliedstaaten der EG sich immer mehr untereinander ab.

Beide Entwicklungen sind vor allem der engen Zusammenarbeit Genschers mit seinem französischen Kollegen Jean François-Poncet zu verdanken. Das Verhältnis der beiden Außenminister ist zwar nicht mit der späteren engen Freundschaft Genschers mit Dumas zu vergleichen, aber wie dieser hatte auch François-Poncet ein besonderes Verhältnis zu Deutschland. Er war dort aufgewachsen, als sein Vater, André François-Poncet, der schon das Berlin der nationalsozialistischen Zeit als Diplomat erlebt hatte und dem Vichy-Regime nahe stand, Hoher Kommissar und danach Botschafter Frankreichs in Deutschland war. Vor allem aber war Jean François-Poncet – wie Dumas auch – von seinem deutschen Kollegen angetan. Er nennt ihn »den großen Außenminister der damaligen Zeit«[58]. Er bestätigt darüber hinaus, dass Genscher eine gewisse Affinität zu Frankreich habe, und findet dies für einen deutschen Außenminister eher »erstaunlich«. Man darf annehmen, dass François-Poncet damit auch die Ähnlichkeit zwischen Genschers Idee von Europa und der französischen im Sinn hatte.

Regionale Zusammenarbeit

Genscher kommt heute immer wieder auf das zurück, was er bereits in seinen ersten Jahren als Außenminister vertrat: Europa ist nicht nur ein Akteur der internationalen Politik im Werden, sondern auch ein Modell regionaler Zusammenarbeit, das »zu einem wichtigen Element der neuen stabilen Weltordnung werden« könnte. Hier zeigt er sich als ein moderner Denker der Diplomatie. Im Unterschied etwa zu Henry Kissinger, der in Theorie und Praxis eher an der Staatenwelt des Westfälischen Friedens festhält, versucht Genscher, Globalisierung und Interdependenz als neue Phänomene der internationalen Politik, einer »Welt im Übergang«, zu begreifen.

Außenpolitik wird für ihn zu einem Instrument, mit dem die Globalisierung gestaltet werden kann. Hieran sollten auch kleinere Staaten mitwirken und sich behaupten können. Auch ihnen sollte es möglich sein, »durch regionalen Zusammenschluss gleichberechtigter Staaten die eigene Unabhängigkeit zu schützen und zu stärken«[59]. Sein Verständnis von Globalisierung und von der Bedeutung regionaler Zusammenarbeit ist vor allem politisch. Der Primat der Politik gilt auch der Globalisierung. Genscher nimmt die in der Charta der Vereinten Nationen verankerte Möglichkeit (Kapitel VIII) ernst, dass »regionale Abmachungen« mehr politische Verantwortung übernehmen sollen. Deshalb betrieb er schon 1974 den europäisch-arabischen Dialog, die Zusammenarbeit der Europäischen Gemeinschaft mit ASEAN (dem damaligen Zusammenschluss von Indonesien, Malaysia, Philippinen, Singapur, Thailand, Brunei) 1978 und danach mit dem Golf-Kooperationsrat.

Erfolgreich aber war vor allem die europäische Initiative zur Stärkung der regionalen politischen Zusammenarbeit in Zentralamerika. Sie wurde von Genscher und seinem französischen Kollegen Claude Cheysson angestoßen. Beiden ist es zu verdanken, dass 1984 die Außenminister von Costa Rica, Guatemala, Honduras, Nicaragua, El Salvador und Panama zum ersten Mal im sogenannten »San-José-Dialog« zusammenkamen. In drei dieser Staaten, in Nicaragua, El Salvador und Guatemala, tobten damals Bürgerkriege. Die EG unterstützte ebenfalls auf das Betreiben Genschers hin die sogenannte »Contadora-Gruppe« (Kolumbien, Mexiko, Venezuela). Sie vermittelte einen Friedensplan für die drei zentralamerikanischen Staaten. Die Idee zu diesem so genannten »Abkommen von Esquipulas« hatte der Präsident von Costa Rica, Óscar Arias. 1987 erhielt er dafür den Friedensnobelpreis. Arias war mit Genscher gut befreundet und sein wichtigster Partner bei der regionalen Zusammenarbeit zwischen Europäischer Gemeinschaft und Zentralamerika.

Heute ist ein wenig in Vergessenheit geraten, wie stark die Bürgerkriege in Zentralamerika damals die Weltöffentlichkeit beschäftigten. Der bewaffnete Konflikt in Nicaragua zwischen den »Sandinisten«, die sich als kommunistische Befreiungsbewegung verstanden, und den von den USA unterstützten »Contras« wurde in der Bundesrepublik zum Gegenstand heftiger Auseinandersetzung zwischen den politischen Parteien. Genschers Initiativen trafen darüber hinaus auf den Argwohn der US-amerikanischen Regierung, die in den Bürgerkriegen einmal mehr vor allem eine Auseinandersetzung mit dem Kommunismus sah.

Genscher machte intern aus seiner Kritik am nordamerikanischen Anspruch, Zentralamerika als »Hinterhof« zu betrachten, kein Hehl. Als die USA 1983 Grenada besetzten, um die dortige linksgerichtete Regierung zu stürzen, fragte Genscher seinen Referenten für Zentralamerika, wie weit denn Grenada vom Festland der USA entfernt sei, ob man es also noch als »Hinterhof« betrachten könne. Die sogenannte »Iran-Contra-Affäre«, die aufgedeckte Finanzierung der Contras in Nicaragua durch Einnahmen aus geheimen Waffenverkäufen der USA an den Iran, brachte Präsident Reagan und Vizepräsident Bush schließlich an den Rand der politischen Handlungsunfähigkeit. Erst vor diesem Hintergrund kann man die politische Dimension der Initiativen Genschers richtig einschätzen.

Regionale Zusammenarbeit war für Genscher auch ein Mittel, der Übertragung des Ost-West-Konflikts auf die Staaten der Dritten Welt entgegenzuwirken. Er unterstützte demonstrativ die Bewegung der Blockfreien und deren Streben nach Unabhängigkeit und nationaler Identität. Dies war unter den westlichen Politikern damals keineswegs selbstverständlich. Die Blockfreien Staaten waren in der Vollversammlung der Vereinten Nationen deutlich in der Mehrheit, 40 von ihnen waren afrikanische Staaten. Sie hatten die Bundesrepublik Deutschland wegen ihrer Zusammenarbeit mit dem Apartheidregime immer wieder an den Pranger gestellt. Von 1976 bis 1979 und nochmals 1981 wurde die Bundesrepublik in jeder Generalversammlung wegen wirtschaftlicher, nuklearer oder militärischer Zusammenarbeit mit Südafrika unter Namensnennung verurteilt. Aus der Sicht Genschers musste dies eine Belastung der Außenpolitik sein, die sich die Bundesrepublik, die ja erst 1973 Mitglied der Vereinten Nationen geworden war, nicht leisten durfte. Genscher war entschlossen, über die EG hinaus auch die Vereinten Nationen als weltpolitische Bühne zu nutzen.

Seine Ablehnung der Politik der Apartheid als Verletzung der Menschenrechte war eine prinzipielle. Zudem konnte die Bundesregierung ihre Forderung nach dem Selbstbestimmungsrecht der Deutschen umso glaubwürdiger vertreten, wenn sie sich für das gleiche Recht anderer Völker einsetzte, damit auch für die Unabhängigkeit Namibias von der Republik Südafrika. Es ist hierbei nicht ohne Ironie, dass in Namibia, einer früheren deutschen Kolonie, die Hälfte der weißen Bevölkerung deutscher Abstammung war. Der UN-Sicherheitsrat hatte eine Kontaktgruppe gebildet, die eine Verfassung und ein Wahlgesetz für Namibia ausarbeiten sollte. Die Bundesrepublik, die für die Jahre 1977 und 1978 erstmals in den Sicherheitsrat gewählt wurde, war neben den USA, Frankreich, Großbritannien und Kanada Mitglied dieser Gruppe. Genscher war erstmals zu einem Akteur in einem Rahmen geworden, der über den europäischen hinausging. Er verhandelte die Lösung für einen der weltpolitischen Brennpunkte jener Zeit. Hier zeigte er sich bereit, politische Tabus zu brechen: Genscher hielt engen Kontakt zur SWAPO, der Bewegung zur Befreiung Namibias. Ihr Vorsitzender, Sam Nujoma, wurde zu offiziellen Besuchen nach Bonn eingeladen. Für manche Kollegen Genschers war die SWAPO nur eine Gruppe von Terroristen. Von der so genannten »Turnhallen-Konferenz« in Windhuk, in der alle ethnischen Gruppen Namibias vertreten sein sollten, war die SWAPO ausgeschlossen, obwohl die UNO sie als einzige legitime Repräsentantin Namibias anerkannt hatte. Genscher brachte sich durch seine Politik gegenüber Südafrika in einen Konflikt, der auf innenpolitischer wie auch auf außenpolitischer Bühne ausgetragen wurde.

Vor allem die USA hatten sich lange dagegen gesperrt, Beziehungen mit der SWAPO und ihrem Vorsitzenden aufzunehmen. Genscher aber gelang es schließlich, den Widerstand des amerikanischen Kollegen in der Kontaktgruppe, Chester Crocker, zu überwinden. Als sehr hilfreich erwies sich hierbei George Shultz, der 1982 Alexander Haig als amerikanischer Außenminister abgelöst hatte. Genscher hatte seine Haltung zu den sogenannten Befreiungsbewegungen bereits in seiner Rede vor der UN-Vollversammlung 1977 unmissverständlich dargelegt: »Wir sind für die Unabhängigkeit der afrikanischen Staaten und für die Gleichberechtigung der Rassen. Wir sind gegen Kolonialismus, gegen Rassendiskriminierung jeglicher Art und gegen jeden Versuch, durch Machtpolitik von außen neue Abhängigkeiten in Afrika zu begründen...Die Bundesrepublik Deutschland ist sich einig mit all denen, die sich in den Befreiungsbewegungen und anderswo für Selbstbestimmung und Menschenrechte mit friedlichen Mitteln einsetzen.«[60]

Im Jahr 1980 konnte die südafrikanische Oppositionspartei, der National African Congress (ANC), ein Verbindungsbüro in Bonn eröffnen. 1986 kam Genscher – trotz starker Bedenken des Bundeskanzlers – mit dem Präsidenten des ANC, Oliver Tambo, zu einer offiziellen Begegnung zusammen. Den späteren ersten schwarzen Präsidenten Südafrikas, Nelson Mandela, der insgesamt 27 Jahre seines Lebens in politischer Haft verbracht hatte und den westliche Staatsmänner wie Ronald Reagan oder Margaret Thatcher noch Ende der achtziger Jahre als »Terroristen« bezeichneten, nannte Genscher »einen Glücksfall für das ganze südliche Afrika«. Er hatte sich bei der südafrikanischen Regierung immer wieder für die Freilassung Mandelas eingesetzt, typischer Weise mit einer politischen, nicht nur humanitären Begründung: Seine Autorität mache ihn zu einem Verhandlungspartner im Konflikt über die Apartheid, mit dem eine Regelung möglich sei.

Eine solche Haltung wurde auch für die innenpolitischen Gegner Genschers zum Stein des Anstoßes. Besonders heftig und polemisch reagierte der Vorsitzende der CSU, Franz Josef Strauß: »Für die Zukunft sehe ich düstere Wolken über Namibia aufziehen. Wir müssen damit rechnen, dass die SWAPO, eine Organisation, deren Weg von Gewalt, Brandschatzung und Mord gekennzeichnet ist und die sich dennoch seit Jahren des besonderen Wohlwollens des deutschen Außenministers erfreut, die Macht übernehmen wird.«[61] Als Helmut Kohl 1982 Bundeskanzler wurde, forderte Strauß in den Koalitionsverhandlungen, dass der für Südafrika zuständige Referatsleiter im Auswärtigen Amt, Hans-Joachim Vergau, von seinem Amt entbunden werde. Hiermit konnte er sich aber nicht durchsetzen.

Europa und USA

Wie fügte sich Genschers Idee von der Rolle Europas in der Welt in den Rahmen der Transatlantischen Partnerschaft, die von allen Parteien als eine Art Staatsräson der Bundesrepublik Deutschland anerkannt wurde? Der alte Streit zwischen den sogenannten »Gaullisten«, die ein starkes Europa unter deutsch-französischer Führung wollten, und den »Atlantikern«, die an der engen Bindung an die USA vor allem aus sicherheitspolitischen Gründen festhielten, war noch nicht gelöst. Genscher setzte sich auch über diese Dogmatik elegant hinweg. Er verband die Gegensätze, ließ aber keinen Zweifel daran, dass sich Europa und die USA auf Augenhöhe begegnen sollten. Dabei greift er geschickt das Bild John F. Kennedys von den transatlantischen Beziehungen auf, die auf zwei Säulen ruhen sollten. Ein Gleichgewicht könne nur durch eine Stärkung der europäischen

Säule erreicht werden.»Europa und Amerika bilden die beiden Pfeiler der Atlantischen Brücke, sie ergänzen einander; Amerika braucht ein Europa, das handlungsfähig und selbstbewusst ist. Deshalb müssen beide Pfeiler stark und tragfähig sein. Diesseits und jenseits des Atlantiks gab es immer wieder Klagen über ein Ungleichgewicht im Bündnis. Dass diese Klagen aufkamen, lag wesentlich an Europa selbst. Denn nicht die USA haben Europa ein größeres Gewicht im Bündnis verweigert. Es sind die häufige Uneinigkeit und Entscheidungsschwäche der Europäer, die ihre Rolle im Bündnis beeinträchtigen. Wir wollen deshalb den europäischen Pfeiler stärken.«[62]

Was hat Genscher tatsächlich für die transatlantischen Beziehungen getan, die sich nach den Auseinandersetzungen über deutsche Lieferungen von Kernkraftwerken an Brasilien, über die Neutronenwaffe sowie schließlich über den Boykott der Olympischen Spiele in Moskau nach dem sowjetischen Einmarsch in Afghanistan rapide verschlechtert hatten? Wie kam er damals zu dem Titel »Lordsiegelbewahrer der transatlantischen Beziehungen«, auf den er heute noch besonders stolz ist?

Es gibt wohl kaum ein besseres Beispiel für die Bedeutung der Persönlichkeit in der Geschichte als die schwierige Phase der deutsch-amerikanischen Beziehungen nach Amtsantritt des Präsidenten Jimmy Carter 1977. Dessen persönliches Verhältnis zu Helmut Schmidt war so schlecht, wie es zwischen einem deutschen Bundeskanzler und einem amerikanischen Präsidenten bis dahin wahrscheinlich noch nie gewesen war. Man konnte durchaus von einem »Zerwürfnis« sprechen.[63] Gute Beziehungen zur westlichen Führungsmacht aber liegen im nationalen Interesse der Bundesrepublik Deutschland. Schmidt schien dieses Problem nicht ernst zu nehmen. Auf die Frage, ob es nicht das Interesse eines Staatsmannes sein muss, den eigenen Einfluss bei wichtigen Partnern zu wahren, entgegnete er: »Das ist das typische Ziel des Auswärtigen Amtes. Die sind immer froh, wenn sie irgendwo einen kleinen Einfluss ausüben können. Das verstehe ich sehr gut. Aber ich teile das nicht.«[64]

Wie Augenzeugen auch noch 30 Jahre nach den Ereignissen berichten, fand Carter das Verhalten des deutschen Bundeskanzlers unerträglich und unverständlich. Sein Ärger lässt sich erahnen, wenn man heute die Antwort Schmidts auf eine entsprechende

Frage hört: »Da ging es um das Verhältnis zu einer geistig minderbemittelten Regierung.«[65]. Die Berichte der Zeitzeugen sind eine eindrucksvolle Lektion, was persönlicher Stil in der Diplomatie bewirken oder auch anrichten kann. Carters Sicherheitsberater Zbigniew Brzezinski bestätigt, dass die Persönlichkeiten Schmidts und Carters auch dann heftig aneinander geraten konnten, wenn es keine sachlichen Meinungsverschiedenheiten gab: »Darum war es so rätselhaft, leicht bizarr.«[66] Für Brzezinski besteht kein Zweifel daran, dass »das Verhalten Schmidts sehr zur Verschlechterung des deutsch-amerikanischen Verhältnisses dadurch beigetragen habe, dass es die Herabwürdigung des amerikanischen Präsidenten in Deutschland legitimierte und zur Mode machte«[67]. Carter selbst, der Schmidt ursprünglich bewundert hatte, beschrieb ihn schließlich in seinen Memoiren als einen »irgendwie instabilen Angeber, der nicht aufhört, noch wirtschaftliche Vorträge zu halten, wenn andere schon wissen, was er sagen will«[68].

Das Verhältnis zwischen Schmidt und Carter war nachhaltiger gestört, als es selbst Genscher bewusst war: Er glaubte nach dem Weltwirtschaftsgipfel 1978 in Bonn, dass »die Zeichen auf Harmonie« stehen. Brzezinski aber vermerkte über dieses Treffen in seinem Tagebuch, dass Carter »Schmidt-Schnauze die Meinung gesagt habe«. Bezeichnend für das Konkurrenzverhältnis ist auch der Hinweis Brzezinskis, dass sein Präsident und nicht der Bundeskanzler der »Star« des Gipfels gewesen sei. Standen beide Staatschefs in einem Wettbewerb um die Führung im westlichen Bündnis?

Im Juni 1980 kam es bei einem Treffen zwischen Schmidt und Carter in Venedig zu einem Eklat. Carter bezeichnete die Begegnung in seinen Memoiren als »unglaublich«. Der deutsche Bundeskanzler hielt dem amerikanischen Präsidenten eine vierzigminütige »ungewöhnliche Standpauke«, wie Berndt von Staden, von 1973 bis 1979 Botschafter in Washington und danach Außenpolitischer Berater des Bundeskanzlers, berichtete. Auf dessen Vermerk des Gesprächs bezog sich Schmidt in seinen eigenen Erinnerungen. Bezeichnender Weise verschweigt er aber die Wertung von Stadens: »Dieses Verhältnis lässt sich zwar unter Kontrolle bringen. Zu einem guten lässt es sich aber nicht mehr machen.«[69]

Ein damaliger Mitarbeiter Brzezinskis aus dem Sicherheitsrat, Stephen Larrabee, der auch auf Grund seiner Deutschkenntnisse ein verlässlicher Zeuge der Begegnungen zwischen Schmidt und Carter war, unterstreicht im Rückblick den Gegensatz zwischen den beiden Persönlichkeiten. Schmidt habe die tiefe Religiosität des Baptisten aus dem amerikanischen Süden nicht verstanden und abgelehnt. Carters Stärke, von Beruf Ingenieur, sei die Kenntnis der Details gewesen, weniger das strategische Denken, das Schmidt von seinen intellektuellen Bekanntschaften an der Ostküste der USA gewohnt war.[70]

Brzezinski selbst hält daran fest, dass die Animositäten zwischen den beiden Staatschefs vor allem in der Persönlichkeit Schmidts begründet waren. Darüber äußert er sich heute in einer Offenheit, die man aus seinen Memoiren noch nicht kennt: »Jeder hier wusste, dass Schmidt sehr intelligent, aber extrem eitel und in gewisser Hinsicht eine seltsam erratische Persönlichkeit war, die sehr persönliche Neigungen und Abneigungen hegte, und manchmal sogar pathologische Probleme im Sinne übermäßiger Irritationen und Überdramatisierungen hervorrief.«[71]

Carter habe seine Berater gefragt, wie mit »Schmidts Irrationalität« umzugehen sei. Der deutsche Bundeskanzler habe sich wie »ein paranoides Kind« aufgeführt. Brzezinski wandte sich an Genscher, den er für einen »umsichtigen und höchst verantwortungsvollen Staatsmann« hielt. Er warnte vor einem Schaden für das deutschamerikanische Verhältnis, wenn Schmidt sich weiter so verhalte. Genscher versuchte, den Sicherheitsberater zu beruhigen, bei einer Gelegenheit auch den Präsidenten selbst. Carter hatte sich nach einer Auseinandersetzung mit Schmidt an Genscher mit der Frage gewandt: »War ich zu hart?« Genscher hatte geantwortet: »Ich wäre härter gewesen.«[72] Sein Verhältnis zu Carter bezeichnet Genscher als »ungewöhnlich gut, persönlich sogar sehr eng«.

Angesichts dieser äußerst angespannten Atmosphäre im deutsch-amerikanischen Verhältnis kommt Genscher das Verdienst zu, hier einen Ausgleich geschaffen zu haben. Seine damaligen amerikanischen Partner bestätigen, dass sie ihn damals als eine »stabilisierende Persönlichkeit« angesehen hätten. Er habe die Sensibilität besessen, die in strategisch wichtigen Beziehungen notwendig sei. Genscher sei es zusammen mit seinem Kollegen Cyrus Vance gelungen, den Schaden zu begrenzen. Vance hatte Genscher als den »Turm« bezeichnet, auf den die amerikanische Seite baue.

So war es dann der deutsche Außenminister, nicht der Bundeskanzler, der im April 1978 nach Washington reiste, um mit Präsident Carter eine gesichtswahrende Lösung im Streit über die Einführung der Neutronenbombe zu finden. Vance hatte seinen Präsidenten davor gewarnt, dass eine Rücknahme seiner Entscheidung zur Produktion dieser Waffe seinem Ansehen bei den Verbündeten schade. Vor allem Schmidt und Genscher hatten sich für diese Entscheidung gegen großen Widerstand im eigenen Land und im Bündnis eingesetzt. Vance verstand, dass Genscher seinen Besuch auch dazu nutzte, um Carter an die Perspektive von Rüstungskontrollverhandlungen zu erinnern: »Außenminister Hans-Dietrich Genscher, ein großartiger Mann und ein treuer Freund der Vereinigten Staaten, eilte nach Washington, um die deutsche Position zu bestätigen, dass die ERW (Enhanced Radiation Warhead = Neutronenbombe) nur dann stationiert werden sollte, wenn Rüstungskontrollverhandlungen scheiterten.«[73] Hatte Genscher den NATO-Doppelbeschluss vorweggenommen?

Noch eine andere, seinerzeit geheim gehaltene Episode zeigt, dass Genscher sich das Vertrauen des amerikanischen Präsidenten erworben hatte: Genscher wurde zum Vermittler bei den Verhandlungen über die Freilassung der amerikanischen Geiseln im Iran. Am 4. November 1979 hatten islamistische Studenten, Gefolgsleute des religiösen Führers der Islamischen Republik Iran, Ayatollah Ruhollah Khomeini, die amerikanische Botschaft in Teheran gestürmt und 66 amerikanische Staatsbürger als Geiseln genommen. Sie verlangten die Auslieferung des früheren Schahs des Iran, Mohammad Reza Pahlawi, der im Juli 1979 von der Revolution Khomeinis gestürzt worden war und sich dann in den Vereinigten Staaten aufhielt.

Im September 1980 suchte ein enger Vertrauter Khomeinis, Sadegh Tabatabai, Genscher in Bonn auf und bat ihn, in der Geiselaffäre einen Kontakt mit der amerikanischen Regierung herzustellen. Er selbst wolle mit einem Beauftragten Carters in Bonn verhandeln. Genscher werde gebeten, nicht nur Zeuge der Verhandlungen sondern auch Garant einer möglichen Einigung zu sein. Aus einem späteren, geheimen Brief des Staatssekretärs im amerikanischen Außenministerium, Warren Christopher, an Genscher geht hervor, dass die Deutsche Bank dazu ausersehen war, die Rückzahlung der in den USA eingefrorenen iranischen Vermögen zu organisieren. Die neue iranische Führung habe Vertrauen in Genscher, nicht nur wegen der traditionellen Verbindungen beider Länder, sondern auch wegen der bekannten Haltung Genschers zum früheren Regime des Schahs. In der Tat hatte Genscher dem Schah skeptisch gegenübergestanden und vermutet, dass er sich nicht lange halten könne. Weder als Innen- noch als Außenminister hatte er dem Land während dieser Zeit einen Besuch abgestattet.

Carter befand sich in einer verzweifelten Situation, besonders nachdem ein Versuch zur Befreiung der Geiseln im April 1980 tragisch gescheitert war. Acht amerikanische Soldaten waren beim Absturz eines Hubschraubers umgekommen. Außenminister Cyrus Vance, der die geheime militärische Aktion abgelehnt hatte, reichte seinen Rücktritt ein. Carter hatte ein starkes Interesse an Verhandlungen. Andererseits betont er in seinen Erinnerungen, dass er ja die Vertrauenswürdigkeit des iranischen Beauftragten nicht beurteilen konnte. Aber er vertraute wohl Genscher. Er überließ es auch nicht seinem neuen Außenminister Edmund Muskie, Genscher zu antworten, sondern griff selbst zum Telefon. Dann entsandte er Christopher nach Bonn. Brzezinski erinnert sich, dass »wir froh waren, jemanden wie Genscher zu haben mit seinem Prestige und Ansehen in Persien«[74].

Die Verhandlungen kamen zum Abschluss. Der Transport der Geiseln war für die ersten Oktobertage 1980 vorgesehen, mit einem deutschen Flugzeug. Dann aber begann der iranisch-irakische Krieg. Den Ausbruch dieses Krieges lastete Khomeini Carter an. Er wollte ihn wohl demütigen. Die iranische Führung entließ die Geiseln erst im Januar 1981, wenige Minuten nachdem der neue Präsident der Vereinigten Staaten, Ronald Reagan, vereidigt worden war. Carter vermutet heute, dass Mitarbeiter Reagans damals mit Abgesandten Khomeinis verhandelt hatten, um ihrem Präsidenten einen ersten schnellen außenpolitischen Erfolg zuzuspielen.

Wenn in der Diplomatie die persönlichen Beziehungen zählen, die ein Staatsmann zu seinen wichtigsten Partnern aufzubauen vermag, dann ist Genscher in der Tat der »Lordsiegelbewahrer« der deutsch-amerikanischen Beziehungen. Bereits sein freundschaftliches Verhältnis zu Henry Kissinger hatte konkrete außenpolitische Ergebnisse zur Folge, wie die Verhandlungen über die KSZE-Schlussakte von Helsinki gezeigt hatten. Der amerikanische Außenminister war in den siebziger Jahren so etwas wie der Star der internationalen Politik und der Medien. Dass er dem Neuling Genscher gleich zu Anfang seiner Karriere so kollegial begegnete, hatte Genscher sehr geholfen, Ansehen als Außenminister zu erwerben. Genscher hat ihm das nie vergessen.

Später wurden sie Freunde. Für Kissinger, jüdischer Emigrant aus Fürth, der an Deutschland auch mit Bitterkeit denken musste, war dies alles andere als selbstverständlich. Eine gewisse Parallele zur späteren Freundschaft mit Roland Dumas drängt sich auf, obwohl dessen Leidensgeschichte mit Deutschland dramatischer war. Kissinger hatte Genschers Gewicht in der Bundesregierung von Anfang an als beträchtlich eingeschätzt und dies seiner »machtvollen Persönlichkeit« zugeschrieben. Er würdigt ihn in seinen Erinnerungen als einen Kollegen, der zwar »spät zur Diplomatie gekommen sei, aber doch ein außergewöhnliches Talent dafür zeige. Er verstand, dass Deutschlands exponierte Lage keine komplizierten Manöver erlaube. Er hatte Einfluss auf Grund seiner Berechenbarkeit, seines guten Urteilsvermögens, seines Scharfsinns, seines Gefühls für Anstand sowie seiner Fähigkeit, Vertrauen zu erwecken. Während meiner Amtszeit und der meiner Nachfolger wurde er als eine Führungspersönlichkeit erkannt, der man mit äußerster Ernsthaftigkeit begegnete; einer Persönlichkeit, deren Ansichten einem Mut machten, wenn sie einen bestätigten oder eine willkommene Warnung waren bei den wenigen Gelegenheiten, bei denen wir nicht übereinstimmten. Für mich war unsere persönliche Freundschaft eine der Belohnungen im öffentlichen Leben.«[75] Kissinger nannte Genscher schließlich einen »formidablen«[76] Außenminister, was man mit »eindrucksvoll«, »enorm«, aber auch mit »gewaltig« übersetzen kann.

»Drei-Stufen-Rakete«

Die ersten Amtsjahre Genschers waren für europapolitische Initiativen eigentlich denkbar ungeeignet. Die Ölkrise von 1973 und der zunehmende Verfall des Dollars nach dem Zusammenbruch des Bretton-Woods-Systems 1971 hatten die Probleme des Weltwirtschafts- und Währungssystems in das Zentrum der Außenpolitik gerückt. Dies war die Domäne Helmut Schmidts, des gelernten Ökonomen, der seinen späteren Ruf als bedeutender Bundeskanzler vor allem auf seinen Umgang mit diesen Problemen gründete. Den großen Volkswirtschaften des Westens war schnell klar, dass sie die Krise nur in enger Abstimmung bewältigen konnten.

Im November 1975 kamen die Staats- und Regierungschefs der USA, Frankreichs, Großbritanniens, Italiens, Deutschlands und Japans auf Anregung des französischen Präsidenten Valéry Giscard d´Estaing in Rambouillet zum ersten Weltwirtschaftsgipfel zusammen. Schmidt hatte wohl zeitgleich dieselbe Idee, wie Genscher sich erinnert. Schmidt und Giscard d´Estaing wollten vor allem eine europäische Antwort auf die Energie- und Währungskrise finden. Die heftigen Schwankungen der Wechselkurse richteten beträchtlichen Schaden in den europäischen Volkswirtschaften an. Der Dollar war auf Grund des wachsenden Zahlungsbilanzdefizits der USA weiter gefallen. Es lag nahe, die europäischen Währungen zu koordinieren.

Erste Überlegungen des Luxemburgischen Premierministers Pierre Werner von 1970 zu diesem Problem waren wegen der Weltwirtschaftskrise nicht weiter gediehen. Das Bekenntnis der Staats- und Regierungschefs der EG zu einer Europäischen Union mit einer Wirtschafts- und Währungsunion von 1972 blieb vorerst ohne Folgen. Es ist das große Verdienst Schmidts und Giscards, in einer gemeinsamen deutsch-französischen Anstrengung das Europäische Währungssystem (EWS), das auf einer Verrechnungseinheit, dem ECU (European Currency Unit), beruht, geschaffen zu haben. Es wurde 1978 vom Europäischen Rat beschlossen. Schmidt und Giscard d´Estaing, die einander sehr respektierten und in enger Freundschaft verbunden waren, hatten Deutschland und Frankreich zu einem »Motor« der europäischen Wirtschaftsintegration gemacht.

Christian Hacke bezeichnete in seiner Darstellung der Außenpolitik der Bundesrepublik Deutschland das EWS allerdings als »einzigen wichtigen Beitrag zur europäischen Integration« der beiden Staatsmänner. »Beide haben Europa nicht institutionell gedacht, sondern vielmehr tagespolitisch und pragmatisch regiert. Schmidts, aber auch Giscards Europapolitik trägt bisweilen Züge des Zufälligen. Schmidt, aber auch Giscard, hatten keine europapolitische Vision, keine strukturelle Motorik in Richtung Integration und kein geschlossenes Konzept vor Augen. Ihre Europapolitik war kalkuliert mit Blick für die aktuellen Probleme.«[77] Wenn dieses Urteil auch zu hart erscheinen mag, kann man doch festhalten, dass Schmidts Europapolitik vor allem ökonomisch motiviert war. Hier liegt der wichtigste Unterschied zur Europapolitik Genschers. Für sie galt der Primat der Politik: »Wir wollen und können ... Europa nicht nur vom Ökonomischen her bauen«[78], sagte er schon 1976.

Als Genscher sein Amt als Außenminister antrat, war Europa in den Augen vieler Bürger eine ferne, undurchsichtige und kostspielige Bürokratie in Brüssel. Die Medien verbreiteten das Schlagwort »Eurosklerose«. In der Bundesrepublik hatten viele Bürger zudem den Eindruck, dass das eigene Land einen zu hohen Anteil an den Kosten der EG, etwa an ihrer Agrar-, Regional- und Strukturpolitik übernommen habe. Bundesfinanzminister Hans Apel sprach vom »Zahlmeister« Europas und konnte sich des Beifalls sicher sein.

Gegen solche Argumente wandte sich Genscher nicht nur mit dem Hinweis, dass die Bundesrepublik wirtschaftlich großen Nutzen aus dem Gemeinsamen Markt zog. 1975 kam er den Forderungen Großbritanniens nach Neuverhandlungen der britischen Beitragszahlungen an die EG vor allem aus politischen Gründen entgegen. Die Europäische Union war für ihn ohne Großbritannien nicht denkbar. Premierminister Harold Wilson empfahl nach dem Kompromiss des Europäischen Rats von Dublin, an dem Genscher großen Anteil hatte, dann auch den britischen Wählern, dem Beitritt zur EG zuzustimmen. Im Rückblick würdigt der damalige Kollege Genschers, James Callaghan, diesen als »leidenschaftlichen Verfechter der Europäischen Einheit, als einen Mann, der Brücken baute, wenn Schwierigkeiten zwischen den Mitgliedstaaten entstanden, und als einen hart arbeitenden Kollegen, der den Finger am Puls der Europäischen Gemeinschaft hatte.«[79]

Auch die Erweiterung der EG um Portugal, Griechenland und Spanien wurden wegen des damaligen wirtschaftlichen Rückstands dieser Länder in der Öffentlichkeit überwiegend als eine finanzielle Belastung gesehen. Genscher aber wollte nach dem Ende der Diktaturen in den drei Ländern 1974 und 1975 vor allem die jungen Demokratien ermutigen. Vor dem Europäischen

Parlament sagte er 1978: »Primär politisch motiviert ist ... der Beitrittsantrag der drei neuen Demokratien im Süden Europas und primär politisch motiviert ist ebenso das Ja der Gemeinschaft zum Beitritt.«[80]

Genschers europapolitischer Ehrgeiz aber ging über diese ersten Schritte hinaus. Seine Idee von einem handlungsfähigen Europa war mit einer enttäuschenden Realität konfrontiert: Die EG hatte keine gemeinsame Antwort auf die großen außenpolitischen Herausforderungen Ende der siebziger Jahre gefunden: sowjetische Rüstung mit SS-20-Raketen, NATO-Doppelbeschluss, politische Krise in Polen, Folgen des sowjetischen Einmarschs in Afghanistan und der islamischen Revolution im Iran. Die Politische Union Europas war in weiter Ferne.

In dieser Situation entschied sich Genscher Anfang 1981 für einen Schritt, der eine Art Befreiungsschlag war. Er stellte ein Konzept der Europäischen Union vor, das angesichts der damaligen europapolitischen Lethargie kühn genannt werden kann. Auf dem traditionellen Dreikönigstreffen der FDP im Januar 1981 forderte Genscher nichts Geringeres als einen »Vertrag über die Europäische Union«, in dem die (supranationale) Europäische Gemeinschaft und die (intergouvernementale) Europäische Politische Zusammenarbeit unter dem Dach des Europäischen Rats zusammengefasst werden sollten. Der Europäische Rat sollte durch vermehrte Anwendung der Mehrheitsabstimmung, die EPZ durch Befassung auch mit sicherheitspolitischen Fragen gestärkt werden. Als Ergebnis stellte sich Genscher eine starke politische Union vor, die ein gleichgewichtiger Partner der USA sein könne.

Der Vorstoß ähnelte in seiner Methode einer Initiative, die Genscher genau 15 Jahre zuvor unternommen hatte, übrigens am gleichen Ort, in Stuttgart und ebenfalls als Vertreter der FDP. Er stellt in seinen »Erinnerungen« diesen Zusammenhang ausdrücklich her. 1966 war Genscher mit seinem Konzept für eine gesamteuropäische Friedensordnung ebenfalls über den herrschenden innen- und außenpolitischen Konsens hinausgegangen. In beiden Fällen war allerdings die Reaktion verhalten und gemischt.

Besonders enttäuschend muss für Genscher der mangelnde Rückhalt beim Bundeskanzler gewesen sein. Genscher geht in seinen Erinnerungen mit keinem Wort darauf ein. Dabei ähnelten sich beider Auffassungen von einer starken Rolle des Europäischen Rats. Schmidt hatte 1974 gemeinsam mit Giscard d´Estaing durchgesetzt, dass diese Institution die bisherigen EG-Gipfeltreffen ersetzen sollte. Innerhalb dieses Rahmens aber hatte für Schmidt die bilaterale Zusammenarbeit mit Frankreich absoluten Vorrang. So bestand er in der Presseerklärung über die Kabinettssitzung am 18. September 1981, in der die Initiative Genschers behandelt wurde, auf dem Satz: »Besondere Bedeutung hat unverändert die deutsch-französische Zusammenarbeit.« Wie so oft in der Diplomatie lässt sich die Zurückhaltung Schmidts vielleicht auch psychologisch erklären, mit dem Konkurrenzverhältnis zwischen Bundes- und Vizekanzler in der Außenpolitik. Heute auf Genschers europapolitische Initiative angesprochen, sagt Schmidt: »Ich habe es auch nicht so ganz ernst genommen. Jedenfalls habe ich es keineswegs missbilligt, habe nur gedacht, da kommt nicht viel heraus. Ist auch nichts daraus geworden.«[81]

Hans Apel, der als Finanzminister schon die Europapolitik Genschers wegen ihrer angeblichen Kosten kritisiert hatte, wandte sich im Bundeskabinett nun als Verteidigungsminister gegen die Einbeziehung der Sicherheitspolitik in die Europäische Union. Er lehnte Genschers Vorschlag zur Schaffung eines Rats der Verteidigungsminister ab. Die »Süddeutsche Zeitung« vermutete damals, dass Schmidt und Apel »ein europäisches Steckenpferd der FDP abbremsen wollten«. Das Bundeskabinett rang sich nicht dazu durch, einen völkerrechtlichen Vertrag über die Europäische Union ins Auge zu fassen, wie Genscher es gefordert hatte. Seine Idee aber, die Institutionen der EG in einer »Europäischen Akte« zusammenzufassen, hatte Bestand.

Auch unter den europäischen Partnern war das Echo auf Genschers Vorstoß verhalten. Nur der italienische Außenminister Emilio Colombo unterstützte Genscher ausdrücklich. Beide Kollegen, die sich gut verstanden, brachten die »Europäischen Akte« zusammen weiter voran. Die Ideen Genschers wurden zur »Genscher-Colombo«-Initiative. Wo aber blieb der deutsch-französische »Motor«, der die europäische Integration bei anderen Gelegenheiten angetrieben hatte? Mit der Unterstützung Frankreichs hätte die Initiative Genschers weitaus größere Erfolgschancen gehabt, wäre der Weg zur Europäischen Union kürzer gewesen. Es zeigte sich an diesem Beispiel einmal mehr die Bedeutung personeller Konstellationen für die Außenpolitik.

Von Bundeskanzler Schmidt konnte man angesichts seines offenkundigen Desinteresses nicht erwarten, dass er sich für die Initiative Genschers beim neuen französischen Präsidenten François Mitterrand einsetzte. Ein solcher Versuch hätte auch darunter gelitten, dass sich beide Staatschefs, die der gleichen Parteienfamilie entstammten, nicht besonders gut verstanden. Nachdem Schmidt im französischen Wahlkampf offen den Gegenkandidaten zu Mitterrand, seinen Freund Giscard d´Estaing, unterstützt hatte, war dies nicht weiter verwunderlich. Der Sozialdemokrat Schmidt zeigte zudem offenes Unverständnis für die Bemühungen Mitterrands, eine vereinigte Linke unter Einschluss der Kommunisten zustande zu bringen.

Mitterrand wiederum stieß sich offenbar auch am persönlichen Stil Schmidts. Er begegnete dem Bundeskanzler mit einer gewissen Kälte, wie der damalige Generalsekretär des Elysée und spätere Außenminister Hubert Védrine berichtet. Mitterrand vertraute Roland Dumas an, dass er Schmidt für einen – wörtlich – »kaputten Charakter«[82] (foutu caractère) hält. Der deutsche Bundeskanzler begegne ihm »mürrisch« und erwecke den Eindruck, dass er sich ständig ärgere. Die Ernennung Claude Cheyssons zum Außenminister war aber als eine freundliche Geste Mitterrands gegenüber dem deutschen Partner gemeint. Cheysson beherrschte nicht nur die deutsche Sprache, sondern hatte auch gute Verbindungen »jenseits des Rheins«, wie man in Paris sagt. Aber auch er bot sich nicht als Partner Genschers für seine Initiative an. Mitterrand und er setzten einfach ganz andere politische Prioritäten. Der neue Präsident war mit dem Programm seiner sozialistischen Partei angetreten, Europa sozialer zu gestalten. Sein Parteifreund Cheysson sollte ihm dabei helfen. An einer institutionellen Erneuerung der EG wirkte Frankreich vorerst nicht mit.

In der Bundesrepublik Deutschland allerdings beflügelte der Regierungswechsel 1982 Genschers Pläne. Die Europapolitik war das wichtigste außenpolitische Bindemittel der neuen Koalition. CDU und CSU hatten schon vor dem Regierungswechsel Genschers Initiative ausdrücklich unterstützt. Bundeskanzler Kohl teilte die europäischen Überzeugungen seines Vizekanzlers. Beide waren entschlossen, auf dem Gipfel der EG im Juni 1983 in Stuttgart Fortschritte auf dem Weg zur Europäischen Union zu erzielen.

Die schließlich verabschiedete »Feierliche Deklaration zur Europäischen Union« ist allerdings damals allgemein als ein Rückschlag für Genscher gewertet worden, nicht wegen ihres Inhalts, sondern wegen ihrer Form. Genscher hatte ja ursprünglich einen völkerrechtlichen Vertrag ins Auge gefasst. Noch nicht einmal die Bezeichnung »Akte« konnte sich wegen des britischen Widerstandes durchsetzen. Immerhin wurde die Erklärung von den Staats- und Regierungschefs, dem Präsidenten der EG-Kommission und den Außenministern unterzeichnet, was unüblich ist und der Erklärung schließlich doch ein besonderes politisches Gewicht verlieh.

Ihre Bedeutung lag vor allem darin, dass sie eine entscheidende Etappe auf dem Weg von der Genscher-Colombo-Initiative 1981 über die Einheitliche Europäische Akte 1986 zum Vertrag von Maastricht 1991 war. Der damalige Präsident der EG-Kommission Jacques Delors erinnert sich, dass die »Genscher-Colombo-Initiative die gesamten achtziger Jahre lang die Europapolitik bestimmt, inspiriert, vorangetrieben«[83] hat. Der Vertrag von Maastricht kam deshalb so schnell zustande, weil auf Genschers frühere Initiativen zurückgegriffen werden konnte. Diese Vorarbeiten »bestimmten den Verhandlungsrahmen«[84], wie Hans Werner Lautenschlager, damals zuständiger Staatssekretär im Auswärtigen Amt, berichtete. Genscher hatte die genannten Etappen der Europapolitik eine »Dreistufen-Rakete« genannt. Dieses Bild ist nicht nur originell, sondern auch zutreffend.

Aber die Frage bleibt, ob Genscher mit der von ihm angestoßenen Entwicklung seinem Ziel eines handlungsfähigen Europa näher gekommen war. Mit der Europäischen Politischen Zusammenarbeit und dem Europäischen Rat wurden gerade die zwischenstaatlichen Institutionen der EG gestärkt, nicht die gemeinschaftlichen. Im Vertrag von Maastricht wurden die drei Säulen der Europäischen Union streng getrennt: Europäische Gemeinschaft, Gemeinsame Außen- und Sicherheitspolitik (GASP) sowie Zusammenarbeit auf den Gebieten Justiz und Inneres. Die Vorkämpfer eines gemeinschaftlichen Europas, allen voran Jacques Delors, konnten damit nicht einverstanden sein. Aus seiner Sicht musste ein Kompromiss zwischen gemeinschaftlichen und zwischenstaatlichen Elementen der Europäischen Union gefunden werden, weil diese ja sowohl die Völker als auch die Regierungen repräsentiere.

Vor allem aber wollte Delors die Kommission, der er vorstand, als gemeinschaftliche Institution der EG stärken. Er kritisierte Genschers Initiative, die dieser inzwischen zusammen mit seinem neuen Kollegen Roland Dumas vorangebracht hatte, als eine Art Neuauflage des sogenannten Fouchet-Plans. Diese französische Initiative aus den fünfziger Jahren zielte auf eine rein zwischenstaatliche politische Organisation europäischer Staaten. Delors stellte sich statt der drei Säulen der Europäischen Union eine Art Baum vor, in dessen Zweigen die verschiedenen Formen der Politik und Integration gleichsam wie in einer »Osmose«[85] aufeinander wirkten. Er benutzt dieses Bild noch heute, um seine Vision Europas zu erklären. Sie wurde damals vor allem von den französischen und britischen Regierungen, aber auch von der deutschen nicht geteilt. An Genscher gewandt stellte er rückblickend die Frage: »Vielleicht bedauert es Genscher heute, dass er damals, in diesem entscheidenden Moment, seine Unterstützung meines Vorschlags nicht aufrecht erhalten hat.«[86]

Gerade in seiner Europapolitik zeigt sich die für Genscher typische Verbindung von Realismus und Vision. Ihm war damals klar, dass alle Pläne für ein gemeinschaftliches, gar bundesstaatliches Europa auf den entschlossenen Widerstand vor allem der großen Mitgliedstaaten der EG treffen würden. An seiner Vision aber eines Europas, das seine Rolle auf der internationalen Bühne spielen, also außen- und sicherheitspolitisch gemeinsam handeln kann, hielt er fest. Das intergouvernementale Europa stand für ihn dazu nicht im Widerspruch. Er nahm es sozusagen in Kauf. Genscher schob diesen alten, unfruchtbaren Streit zwischen Föderalisten und Vertretern des Europas der Nationen einfach beiseite und folgte seiner Methode, die man den Primat der Politik nennen kann. Er nutzte die wirtschaftliche Dynamik, die gemäß der »Methode Monnet« die europäische Integration antrieb, für sein politisches Ziel eines handlungsfähigen Europas. Dies kann man die »Methode Genscher« nennen.

Schon seine mit Colombo gemeinsam unternommene Initiative von 1981 war für den deutschen Außenminister vor allem ein politisches Projekt. Erst auf Druck des italienischen Kollegen wurden wirtschaftliche Fragen aufgenommen. Anschaulich wird die »Methode Genscher« bei den Verhandlungen über die Einheitliche Europäische Akte 1985. Wichtigstes Thema war das

Weißbuch Delors' über die Verwirklichung des gemeinsamen Binnenmarkts bis Ende 1992. Die Bundesrepublik Deutschland, die damals fast die Hälfte ihrer Waren und Dienstleistungen in die Märkte der EG exportierte, hatte das größte Interesse an einer weiteren Liberalisierung. Für sie warben der Bundesverband der Deutschen Industrie (BDI) und die Bundesvereinigung der Arbeitgeberverbände. Die sozialistische französische Regierung unter Präsident Mitterrand hatte 1984 ihre fehlgeschlagene, auf den nationalen Markt orientierte Wirtschaftspolitik aufgegeben und zeigte ebenfalls Interesse an einer Reform des Binnenmarkts der EG. »Modernisierung oder Niedergang« hieß das Schlagwort in Frankreich.

Vor allem wirtschaftliche Interessen also brachten zwar die Verhandlungen über die Einheitliche Europäische Akte voran, aber für Genscher zählten die Beschlüsse zur Stärkung der Institutionen der EG. Das Europäische Parlament gewann zusätzliche Kompetenzen, der Europäische Rat wurde zu einem Organ der EG, die Europäische Politische Zusammenarbeit erhielt eine rechtliche Grundlage, und die qualifizierte Mehrheitsentscheidung wurde auf weitere Bereiche ausgedehnt.

Die EG wurde in den Augen Genschers politischer. Er sah die zweite Stufe seiner »Rakete« gleichsam als Schubkraft für den politischen Wandel in Europa, der sich Mitte der achtziger Jahre beschleunigte. So ist seine Äußerung zu verstehen, dass die Einheitliche Europäische Akte »zur rechten Zeit« kam. Genscher kämpfte regelrecht für die Einsetzung einer Regierungskonferenz über die Einheitliche Europäische Akte, vor allem auf dem Europäischen Rat in Mailand im Juni 1985. Dessen Beschlüsse beruhen auf einem Vorschlag, den Genscher während dieses Gipfels in einer schlaflosen Nacht und am nächsten Morgen beim Rasieren formuliert hatte. Er nannte diesen Vorschlag »Badezimmerpapier«[87].

Er gewann Mitterrand sogar dafür, den zögernden Partnern, allen voran Premierministerin Thatcher, mit einer Mehrheitsentscheidung zu drohen. Die Lage wurde dramatisch. Der luxemburgische Außenminister Jacques Poos warf Genscher vor, die EG zu spalten. Dessen Antwort ist typisch für sein Denken in den Kategorien politischer Handlungsfähigkeit. Er entgegnete Poos: »Im Gegenteil, wir setzen den Zug in Bewegung.«[88] Genscher hatte sich durchgesetzt und er hatte Recht behalten: Großbritannien, das eine institutionelle Stärkung der EG eigentlich nicht wollte, beteiligte sich dennoch an der Regierungskonferenz. Margaret Thatcher hatte diesmal das diplomatische Gesetz beachtet, dass man politische Entscheidungen nur beeinflussen kann, wenn man an ihnen beteiligt ist. Genscher hatte seinen Erfolg auch der engen Abstimmung mit Frankreich zu verdanken. Damals begann seine Freundschaft mit Roland Dumas, den Mitterrand 1983 zum Europaminister und 1984 zum Außenminister ernannt hatte.

So wie das wirtschaftliche Projekt des gemeinsamen Binnenmarktes das politische Projekt Europa befördert hatte, wollte Genscher in der ersten Hälfte der achtziger Jahre auch technologische Fragen in den Dienst seiner europapolitischen Ziele stellen. Er begann von der »Notwendigkeit der technologischen Selbstbehauptung Europas«[89] zu sprechen. Aus heutiger Sicht erscheint es sehr weitblickend, dass Genscher damals schon die Frage nach dem Platz Europas und seiner Wettbewerbsfähigkeit in einer globalisierten Welt stellte.

Jedenfalls traf er mit einer Rede über dieses Thema im April 1985 den Nerv seines französischen Partners, der sich seit einiger Zeit ähnliche Gedanken machte. Dumas war sich mit Mitterrand sehr schnell darin einig, dass sich ein neues Feld deutsch-französischer Zusammenarbeit öffne. Er kündigte Genscher einen Tag nach dessen Rede am Telefon an, er werde eine gemeinsame Initiative zur europäischen technologischen Zusammenarbeit vorschlagen. Sie wurde unter dem Namen »EUREKA« schon zwei Tage nach Genschers Rede vorgestellt. Der deutsch-französische Motor funktionierte gut.

Meinungsverschiedenheiten gab es allerdings über die mit dem Projekt verbundenen politischen Absichten. Die französische Regierung dachte daran, EUREKA der amerikanischen Strategischen Verteidigungsinitiative (SDI) als Alternative entgegenzustellen. Es zeigt sich wieder einmal, dass Genschers Vorstellung von einem handlungsfähigen Europa und die französische Idee der »Europe Puissance« nicht ganz das Gleiche waren. Genscher ließ sich nie auf eine gegen die USA gerichtete Spitze ein. Außerdem sollte EUREKA aus seiner Sicht von zivilem, weniger militärischem Nutzen sein.

Genscher teilte allerdings die Abneigung Mitterrands und Dumas' gegen SDI, dies jedoch aus anderen außen- und sicherheitspolitischen Gründen. Die französische Regierung befürchtete, dass ein System zur Abwehr ballistischer Raketen die Strategie der Abschreckung in Frage stellen könne. Auf ihr beruhte die französische Verteidigungsdoktrin. Genscher aber sorgte sich über die Auswirkungen, die solche Projekte auf das Verhältnis zwischen West und Ost haben könnten, das er seit Gorbatschows Amtsantritt 1985 im Wandel begriffen sah. Auch in diesem Zusammenhang ließ sich Genscher vom Primat der Politik leiten. Den möglichen Nutzen der SDI für die deutsche Wirtschaft hielt er mit Recht für gering. Der von Teltschik geleiteten Erkundungsreise zu diesem Thema nach Washington war wenig Erfolg beschieden. Die deutsche Wirtschaft erhielt kaum Aufträge, sich an der SDI zu beteiligen. Sie beschränkte sich auf »Blechschmiedearbeiten«, wie Genscher dies ironisch nannte.

Euro

Es gehört zu den historischen Legenden, der Euro sei der Preis gewesen, den Bundeskanzler Kohl Präsident Mitterrand für dessen Zustimmung zur Vereinigung Deutschlands bezahlte. Ein Blick auf die Entstehungsgeschichte der Europäischen Wirtschafts- und Währungsunion (EWWU) müsste eigentlich genügen, um diese Legende aus der Welt zu schaffen. Als über die deutsche Einheit verhandelt wurde, war der Euro längst auf dem Weg. Dabei muss man nicht bis zum Werner-Plan für ein Europäisches Währungssystem 1970 oder den Beschluss zur Einführung des EWS 1978 zurückgehen. Der Euro lag in der Logik des Binnenmarkts, in dem eine nationale Wirtschafts- und Währungspolitik eigentlich nicht mehr möglich war. Er wäre irgendwann eingeführt worden, auch wenn es keine Vereinigung Deutschlands gegeben hätte.

Vor allem französische, aber auch deutsche Unternehmer hatten sich in den achtziger Jahren immer wieder für eine europäische Währungsunion ausgesprochen, um die Schwankungen der Wechselkurse zu verringern und die Finanzierung ihrer Geschäfte zu erleichtern. Die französische Wirtschaft und Regierung hatten zudem ein Interesse daran, das Ungleichgewicht zwischen der eigenen Währung und der stärkeren Deutschen Mark auszugleichen. Sie sah in einer Währungsunion sozusagen ein Mittel der Mitbestimmung über die deutsche Währungspolitik. Der damalige Gouverneur der Französischen Zentralbank, Jacques de Larosière, konnte es nicht deutlicher ausdrücken: »Heute bin ich der Gouverneur einer Zentralbank, der sich zusammen mit seiner Nation entschlossen hat, der deutschen Währungspolitik zu folgen, ohne dafür ausdrücklich gestimmt zu haben. Als Teil einer europäischen Zentralbank hätte ich wenigstens eine Stimme.«[90]. Der Berater Mitterrands, Jacques Attali, äußert sich im Rückblick noch brutaler. Der wichtigste Zweck der Währungsunion sei es gewesen, »die Deutsche Mark loszuwerden«[91].

1986 wurde vor allem auf französisches Betreiben die Europäische Wirtschafts- und Währungsunion in der »Einheitlichen Europäischen Akte« als Ziel genannt. Der Präsident der EG-Kommission Delors präsentierte dem Ministerrat der EG im Herbst 1987 seine Überlegungen dazu und schlug die Einsetzung einer Gruppe von »Weisen« vor, die die Fragen einer einheitlichen europäischen Währung erörtern sollte. Bundeskanzler Kohl bat Delors bei einem privaten Treffen in seiner pfälzischen Heimat, den Vorsitz dieses »Delors-Ausschusses« zu übernehmen. Ihm gehörten auch die Präsidenten der Zentralbanken sowie Experten an. Im Februar 1988 legte Genscher ein Memorandum zur Europäischen Wirtschafts- und Währungsunion vor. Der Europäische Rat beauftragte im Juni 1988 beim Gipfel in Hannover den »Delors-Ausschuss«, innerhalb eines Jahres konkrete Schritte zur Verwirklichung der Europäischen Wirtschafts- und Währungsunion vorzuschlagen. Im Dezember 1989, nach dem Fall der Berliner Mauer, aber vor allen Verhandlungen über die deutsche Einheit, beschloss der Europäische Rat in Straßburg die Einberufung einer Regierungskonferenz über die Wirtschafts- und Währungsunion. Damit war der politische Durchbruch erreicht. Gemäß dem Vertrag von Maastricht 1991 sollte die EWWU bis spätestens 1. Januar 1999 errichtet werden.

In der Bundesregierung war der Finanzminister für die EWWU zuständig. Sein damaliger Staatssekretär Hans Tietmeyer bescheinigte aber dem damaligen Außenminister, dass er »das Ganze in Gang gesetzt hat«. Tietmeyers Nachfolger, der spätere Bundespräsident Horst Köhler, bestätigte dies, ebenso Jacques Delors:

»Was die Währungsunion angeht, so war es Genscher, der zuerst davon gesprochen hat, sogar bevor ich den Mund geöffnet habe ... der erste, der das Streichholz angezündet hat, war Genscher.«[92] War die EWWU ein außenpolitisches Projekt?

Auf jeden Fall war sie dies aus der Sicht Genschers. Nachweislich seit März 1987, also noch vor Delors' Initiative, warb Genscher in vielen Reden für das Vorhaben. Spätestens mit Beginn der deutschen EG-Präsidentschaft im ersten Halbjahr 1988 setzte sich Genscher an die Spitze der Bewegung. Das »Memorandum für die Schaffung eines europäischen Währungsraumes und einer europäischen Zentralbank«[93] vom Februar 1988, das der Vortragende Legationsrat im Auswärtigen Amt und spätere Botschafter bei der EG, Wilhelm Schönfelder, ausgearbeitet hatte, war die Grundlage des Mandats, das der Europäische Rat im Juni 1988 in Hannover dem »Delors-Ausschuss« gab. Das Memorandum war übrigens weder mit dem Bundeskanzler noch mit dem Bundesfinanzminister abgesprochen. In der Folge konnte sich Genscher gegen die Bedenken Finanzminister Stoltenbergs durchsetzen. Dieser hatte vor einer Gefährdung der Geldwertstabilität gewarnt.

Der Außenminister begründete die EWWU zuerst vornehmlich mit wirtschafts- und währungspolitischen Argumenten. Sie sei eine notwendige Konsequenz des Binnenmarkts. Hierüber gab es ja auch nur wenige Meinungsverschiedenheiten in der Bundesregierung. Im Gegensatz zum Bundeskanzler aber drängte Genscher auf konkrete Termine der Umsetzung. Schon daran ist zu erkennen, dass für Genscher die raison d'être der EWWU eigentlich eine politische war. Delors hatte dies gleich verstanden: »Für Genscher war die Währungsunion nicht nur ein notwendiges Pendant des Binnenmarktes. Sie galt ihm auch als notwendiges, ja dringliches Stabilitätselement für den westeuropäischen Kontinent, denn er spürte, dass sich das gesamte Ost-West-Verhältnis durch den Amtsantritt Michail Gorbatschows als Generalsekretär der KPdSU in der Sowjetunion im Mai 1985 verschoben hatte. Die Währungsunion bedeutete für Genscher genau jenen Quantensprung, dessen Europa angesichts dieser Herausforderung für das Ost-West Verhältnis bedurfte.«[94] Genscher selbst hätte es nicht besser ausdrücken können.

Die EWWU war nicht der Preis für die Wiedervereinigung. Als sich aber die Zwei-plus-Vier-Verhandlungen über die Herstellung der deutschen Einheit abzeichneten, sah Genscher die Chance einer vorteilhaften Verknüpfung. Der von ihm geleitete Kabinettsausschuss Deutsche Einheit kam im März 1990 zu dem Ergebnis: »Wir erleichtern die außenpolitischen Bedingungen für die Herstellung der deutschen Einheit ... erheblich, wenn wir der europäischen Integration auf dem Gebiet der beabsichtigten Europäischen Währungsunion eine sichtbaren Anstoß geben.«

Allenfalls könnte sich Frankreich fragen, ob es einen Preis gezahlt hatte. Die EWWU ist weitgehend dem deutschen Modell, der Deutschen Bundesbank und ihrer Unabhängigkeit sowie dem strikten deutschen Stabilitäts- und Wachstumsgesetz nachgebildet. Der Sitz der Europäischen Zentralbank war Frankfurt, entgegen dem französischen Wunsch. Die europäische Währung wurde Euro getauft und nicht ECU, wie die französische Regierung in Erinnerung an die alte französische Währung vorgeschlagen hatte. Präsident Mitterrand aber drängte auf einen schnellen Abschluss der Verhandlungen. Die EWWU war sein wichtigstes außenpolitisches Projekt. Sie entsprach dem wirtschaftlichen Interesse Frankreichs, war für Mitterrand aber auch ein Mittel, die Bundesrepublik angesichts der Unsicherheiten im West-Ost-Verhältnis noch stärker in Europa zu verankern.

Genscher hatte dies richtig erkannt. Er war sich mit dem Bundeskanzler über die politische Bedeutung des Euro einig. Beide stemmten sich deshalb dem Widerstand entgegen, der vor allem vom damaligen Präsidenten der Bundesbank, Karl Otto Pöhl, kam. Er fürchtete um die Unabhängigkeit der Bundesbank und die Stabilität der Währung. Zeitweise dachte er an Rücktritt, wirkte dann aber doch an den Beratungen mit, um sie zu beeinflussen. Wahrscheinlich rechnete er auch nicht damit, dass die Währungsunion in absehbarer Zeit verwirklicht würde. Die deutsche Bevölkerung lehnte das Projekt mehrheitlich ab. Die Schlagzeile der Bild-Zeitung hieß: »Das Ende der D-Mark«.

Es war nicht zu übersehen, dass Kohl auch die Bundestagswahlen im Dezember 1990 im Blick hatte. Deshalb wollte er nicht, dass die Regierungskonferenz über die EWWU, über die er sich mit Mitterrand grundsätzlich schon im Sommer 1989 geeinigt hatte, vor diesen Wahlen zusammentrat. Mitterrand war sich über die Motive Kohls im Klaren und zeigte sich verärgert. Er äußerte sich intern abfällig über Kohl, dem er eine zu sehr an der

Innenpolitik orientierte Außenpolitik vorwarf (»électoraliste« = Wahltaktiker). Den Einwand Kohls, dass die politische Union der wirtschafts- und währungspolitischen vorangehen müsse, hielt er für eine Verzögerungstaktik. Auch Delors hatte Kohl davor gewarnt, beides gleichzeitig zu verfolgen.

Die Politische Union aber war das gemeinsame Projekt Kohls und Genschers. Beide waren weit davon entfernt, nur taktische Ziele zu verfolgen. Sie sahen eine Chance, die Dynamik der Vereinigung Deutschlands auch für die politische Stärkung der Europäischen Gemeinschaft zu nutzen. So setzten sie schließlich durch, dass Ende 1990 neben der Regierungskonferenz über die Europäische Wirtschafts- und Währungsunion auch eine Konferenz für die Politische Union eingesetzt wurde. Mitterrand gab seinen Widerstand gegen mögliche institutionelle Neuerungen der EG wohl nach den Wahlen zur Volkskammer in der DDR im März 1990 auf. Der Wahlsieg von Kohls »Allianz für Deutschland« bedeutete auch eine starke Unterstützung für die Politik des Bundeskanzlers.

Mitterrand setzte auf eine gemeinsame deutsch-französische Initiative, um die Entwicklung zu beeinflussen. Bundeskanzleramt und Elysée arbeiteten intensiv an einer gemeinsamen Position zur Politischen Union. Ausführliche handschriftliche Bemerkungen Kohls auf den Akten zeigen, dass er die Angelegenheit auch selbst in die Hand nahm. Schon im April 1990 wandten sich Kohl und Mitterrand in einem gemeinsamen Schreiben an den irischen Präsidenten des Europäischen Rates mit der Bitte, dass die Regierungskonferenzen über die Politische Union und zur Währungsunion gleichzeitig stattfinden sollten. Es sei an der Zeit, »die Gesamtheit der Beziehungen zwischen den Mitgliedstaaten in eine Europäische Union umzuwandeln und diese mit den notwendigen Aktionsmitteln auszustatten, wie es die Einheitliche Europäische Akte vorgesehen hat«[95].

Dann kamen die Außenminister Genscher und Dumas wieder ins Spiel. Mitterrand wusste, dass sie sich schnell verständigen würden. Außerdem sollten sie die gemeinsamen Vorschläge präsentieren. Auf dem Gipfel in Dublin Ende April wurde schließlich beschlossen, die EG noch vor Ende 1992 in eine Europäische Union umzuwandeln. Frédéric Bozo beschrieb sehr treffend den deutsch-französischen Kompromiss, der schließlich zu den Ergebnissen von Maastricht führte: »Anerkennung der Notwendigkeit einer ehrgeizigen institutionellen Reform durch die Franzosen, Zustimmung der Deutschen zu einer Regelung, die der intergouvernementalen Logik den Vorrang gibt.«[96] Genschers und Dumas' Handschrift ist unschwer zu erkennen.

DEUTSCHE EINHEIT

Geschichtspolitik

Kaum eine Episode deutscher Geschichte ist so gut dokumentiert wie die Vereinigung Deutschlands. Innerhalb kurzer Zeit wurden die betreffenden Akten des Bundeskanzleramtes aus den Jahren 1989 und 1990[97] herausgegeben und zu umfangreichen Darstellungen der Vorgänge verarbeitet. Auch zu den Beständen der Bundesministerien für Innerdeutsche Beziehungen und des Innern sowie der Ständigen Vertretung in Ost-Berlin gab es freien Zugang. »Eine Sondergenehmigung hat den Zugang bereits wenige Jahre nach Abschluss des Einigungsprozesses eröffnet, was sonst nach dem Jahr 2020 ein Fall für die Historiker gewesen wäre.«[98]

Das Auswärtige Amt hingegen hielt sich an das Archivgesetz mit seiner gesetzlichen Sperrfrist von 30 Jahren. Frank Elbe, wichtigster Unterhändler Genschers mit der amerikanischen Seite, bediente sich in seinem Bericht über die Verhandlungen deshalb eigener Notizen und Gesprächsvermerke[99]. Die Autoren des Standardwerks aus amerikanischer Sicht, Philip Zelikow und Condoleezza Rice[100], beide in einer Doppelrolle als Politikwissenschaftler und Akteure, erhielten Zugang zu allen Dokumenten des Weißen Hauses, des amerikanischen Außenministeriums wie auch des Bundeskanzleramts. Sie führten zahlreiche Interviews mit den damals beteiligten Personen. Von ähnlicher Gründlichkeit und Qualität der Quellen sind die Analysen der Rolle Frankreichs durch Frédéric Bozo[101] und Tilo Schabert[102] sowie der sowjetischen Seite durch Rafael Biermann[103].

Die besten Studien sowjetischer Zeitzeugen stammen von den damaligen Beratern Gorbatschows, Andrej Gratschow[104], Anatoli Tschernajew[105] und Georgi Schachnasarow[106]. Die Protokolle der Beratungen im Politbüro der KPdSU über die Frage der deutschen Einheit wurden veröffentlicht, bisher allerdings nur in russischer Sprache.[107] Das britische Foreign Office gab die eigenen Quellen erst in jüngster Zeit vollständig frei.[108] Das Auswärtige Amt will es ihm gleichtun.[109]

Schließlich veröffentlichten die wichtigsten Akteure ihre Erinnerungen: Helmut Kohl[110], Hans-Dietrich Genscher[111], George Bush sen. und Brent Scowcroft[112], James Baker[113], Michail Gorbatschow[114], Eduard Schewardnadse[115]. Auf französischer Seite sind vor allem die Erinnerungen des damaligen Generalsekretärs des Elysée und engsten Mitarbeiters François Mitterrands, Hubert Védrine[116], zu nennen, auf britischer Seite die Memoiren Margaret Thatchers[117] und Douglas Hurds[118].

Die Memoiren, aber auch die wissenschaftliche Literatur lassen teilweise eine gewisse Absicht erkennen. Der Eindruck einer regelrechten Geschichtspolitik drängt sich manchmal auf. Die Freigabe von vertraulichen Briefen, Berichten, Gesprächsprotokollen und Vermerken aus dem Kanzleramt vor Ablauf der Sperrfrist durch Helmut Kohl belegt, auch dessen Anspruch, als »Kanzler der Einheit« in die Geschichte einzugehen: »Ich wollte Deutschlands Einheit«[119], lautet der Titel seiner Darstellung. Vor diesem Hintergrund ist die damalige Entscheidung des Außenministers Genscher und seines Nachfolgers Kinkel, das Archivgesetz zu respektieren und die Akten des Auswärtigen Amts nicht zugänglich zu machen, folgenschwer: Genschers Rolle bei den Verhandlungen über die »äußeren Aspekte der Herstellung der deutschen Einheit« – wie es im Beschluss der Außenminister der USA, der Sowjetunion, Frankreichs, Großbritanniens und der beiden deutschen Staaten am Rande der »Open-Skies«-Konferenz in Ottawa im Februar 1990[120] heißt – konnte bisher nicht angemessen dokumentiert und gewürdigt werden.

Die Studie von Frank Elbe (und Richard Kiessler) wurde ausdrücklich in der Absicht geschrieben, hier einen Ausgleich zu schaffen. Sie war gleichzeitig der Versuch, der Analyse Zelikows und Rice' etwas entgegenzusetzen. Letztere hoben naturgemäß die Rolle Präsident Bushs hervor und ließen die Einheit vornehmlich als Ergebnis des Zusammenspiels von Bush und Kohl erscheinen. Über Frankreich und Großbritannien heißt es im Übrigen, dass sie es in den entscheidenden Augenblicken an politischer Führung fehlen ließen.

Gegen diese Behauptung wiederum wendet sich Bozo. Er versucht, die Vorwürfe zu entkräften, Mitterrand hätte die Vereinigung verhindern wollen. Der Beitrag des französischen Präsidenten habe – außer seinem Insistieren in der Frage der

Oder-Neiße-Grenze – vor allem darin bestanden, die Herstellung der deutschen Einheit mit Fortschritten bei der europäischen Einigung zu verknüpfen.

In den sowjetischen Darstellungen wird unausgesprochen die These verfolgt, dass die Sowjetunion den Kalten Krieg verlor. Es klingt der Vorwurf durch, dass westliche Verhandlungspartner in der für die Sowjetunion zentralen Frage der Zukunft der NATO zu Versprechungen bereit gewesen seien, die man dann nicht eingehalten habe.

Auch die Freigabe der Akten des britischen Außenministeriums könnte von Geschichtspolitik motiviert sein. Die Dokumente belegen, dass es im Foreign Office durchaus Widerstand gegen die wenig konstruktive Haltung der Premierministerin zur Vereinigung und ihrer erfolglosen Politik gab. Dies ist auch den Erinnerungen Douglas Hurds zu entnehmen.

Wichtige Zeitzeugen lassen heute durchblicken, dass sie die historische Bedeutung Genschers für unterschätzt halten. Allen voran hob Gorbatschow bei mehreren Gelegenheiten, zuerst bei einem Treffen mit Bundespräsident Richard von Weizsäcker im November 1990, zwei Monate nach der Unterzeichnung des Zwei-plus-Vier-Vertrags, den »großen und vorbildlichen Beitrag Genschers«[121] hervor. Bei der mit sieben Monaten relativ kurzen Dauer der Zwei-plus-Vier-Verhandlungen wurden die beträchtlichen Hindernisse, vor allem bei den sicherheitspolitischen Fragen, oft verkannt. Im Hinblick darauf kommt Henry Kissinger zu dem Schluss: »Dass die deutsche Einheit trotz dieser Hindernisse verwirklicht wurde, ist zum großen Teil dem Geschick und der Beharrlichkeit Hans-Dietrich Genschers zu verdanken.« Kissinger hatte offenbar Genschers Bemühungen im Blick, eine für die Sowjetunion gesichtswahrende Form der Mitgliedschaft des vereinten Deutschland in der NATO zu finden. Für den ehemaligen amerikanischen Außenminister und Historiker besteht Genschers »besondere Leistung« darin, »dass es ihm gelang, während der entscheidenden Phase, die zur Wiedervereinigung führte, Adenauers starre Haltung durch eine Prise bismarckscher Flexibilität zu lockern«[122].

Anerkennung zollen auch Zeitzeugen, die Genscher sonst kritisch gegenüberstanden. Auf die gezielte Frage, ob er Genscher für einen bedeutenden Außenminister hält, bestätigt Egon Bahr: »Gemessen an der Rolle, die er (Genscher) in der entscheidenden Phase zur Implementierung der außenpolitischen Ergebnisse gespielt hat, ein bedeutender.«[123] Schließlich bestätigt auch Horst Teltschik im Rückblick: »Die Zwei-plus-Vier-Verhandlungen waren seine (Genschers) Leistung, sie selbstständig zu führen, natürlich in Abstimmung mit dem Kanzler.«[124]

Zu einem abschließenden Urteil über Genschers Beitrag zur Vereinigung Deutschlands wird man erst aus größerer zeitlicher Distanz kommen können. Es wird aber vor allem seine diplomatischen Leistungen würdigen, die sogenannte außenpolitische Absicherung der Einheit. Sie war ja zeitweise äußerst gefährdet. Gorbatschows Machtstellung war einer größeren Bedrohung ausgesetzt als bisher bekannt. Westliche Verhandlungspartner, die auf die Schwäche der Sowjetunion setzten, riskierten ein gefährliches Spiel. Genschers Rolle bestand nicht nur darin, »den Mantel der Geschichte« zu ergreifen. Er folgte den Konzepten, die er seit den sechziger Jahren entwickelt hatte. Die Vereinigung Deutschlands sollte das Ergebnis der Überwindung der Teilung Europas sein und von den beteiligten Mächten auch so verstanden werden.

Zehn Punkte

Helmut Kohl erwarb sich seinen Ruf als »Kanzler der Einheit« vor allem durch seinen Zehn-Punkte-Plan. In seiner Rede vor dem Deutschen Bundestag am 28. November 1989 schlug er unter anderem verstärkte Wirtschaftshilfe für die DDR vor, wenn »ein grundlegender Wandel des politischen und wirtschaftlichen Systems in der DDR verbindlich beschlossen und unumkehrbar in Gang gesetzt wird«. Als Antwort auf den Vorschlag des Ministerpräsidenten der DDR, Hans Modrow, sprach Kohl sich ferner für die Entwicklung einer »Vertragsgemeinschaft« mit der DDR und »konföderativer Strukturen«[125] zwischen beiden deutschen Staaten aus. Der Bundeskanzler übernahm die Initiative bei der Lösung der Deutschen Frage. Er setzte sich »an die Spitze der Bewegung«, wie Horst Teltschik es empfohlen hatte. Kohl stimmte sich hierbei weder mit den wichtigsten Verbündeten noch mit dem

Koalitionspartner ab. Für Genscher war dies ein Affront. Dies aber gibt er erst heute zu: »Normalerweise hätte das zu einer Koalitionskrise führen müssen.«[126]

Noch in seinen »Erinnerungen« hat Genscher es versäumt, Klarheit über diesen Vertrauensbruch zu schaffen. Er beschwichtigt: »Dass die Zehn-Punkte Erklärung nicht mit dem Koalitionspartner abgestimmt wurde, war eine Angelegenheit der Koalition.«[127] Sein Politischer Direktor und spätere Staatssekretär des Auswärtigen Amts, Dieter Kastrup, bestätigte, wie verärgert Genscher war. Dieser berichtet erst jetzt, dass Kohl ihm nach der Rede auf der Regierungsbank sagte: »Ich musste auch etwas für meine Partei tun.«[128]

Die von Teltschik geschilderte Entstehungsgeschichte der Zehn-Punkte-Erklärung provoziert die Frage, warum Genscher sich so vornehm zurückhielt. Er hatte die Rede des Bundeskanzlers in seiner Entgegnung sogar mit der Feststellung begrüßt, sie liege in der Kontinuität der deutschen Außenpolitik. Dabei war er ja offenbar nicht dieser Meinung, wie sich heute herausstellt. Eine Konföderation war nie deutschlandpolitisches Ziel der Bundesregierung gewesen. Vor allem aber war die Entwicklung in der DDR bereits über eine solche Lösung hinaus gediehen. Kohl hatte im Entwurf seiner Rede dann auch den Begriff »konföderative Strukturen« durch die Ziele »Föderation« und »Wiedervereinigung« ergänzt. Zu diesem Zeitpunkt hielt der Bundeskanzler eine solche Entwicklung nach eigenen Angaben in einem Zeitraum von drei oder vier Jahren für möglich. Teltschik erinnert sich, dass der Bundeskanzler und er selbst die Einheit damals in »fünf bis zehn Jahren« erwarteten.[129]

Die beiden wichtigsten außenpolitischen Probleme aber wurden in der Zehn-Punkte-Erklärung gar nicht erwähnt: Die Frage der Oder-Neiße-Grenze und der Bündniszugehörigkeit eines vereinten Deutschlands. Beide Fragen sollten in den Auseinandersetzungen mit den Partnern über die »äußeren Aspekte der Herstellung der Einheit« aber die Hauptrolle spielen.

Die Rede Kohls war nicht nur der legitime Versuch, die politische Initiative in der Frage der deutschen Einheit zu ergreifen, sondern auch eine von Teltschik vorgeschlagene Maßnahme der Öffentlichkeitsarbeit und der innenpolitischen Profilierung: »Ich halte jetzt den Zeitpunkt für gekommen, zu dem der Bundeskanzler öffentlich die Meinungsführerschaft im Hinblick auf die Wiedervereinigung übernehmen muss ... Würde er es nicht tun, bestünde die Gefahr, dass diese Aufgabe von der FDP oder der SPD übernommen würde.«[130] Klarer kann man eine innenpolitische Konkurrenzsituation nicht beschreiben. Eine ausgewählte Gruppe von Journalisten wurde am Vorabend der Debatte im Bundestag informiert, also vor dem Koalitionspartner Genscher, vor den anderen Spitzen der Koalition und vor den Verbündeten. Die Fraktionen erhielten den Text mit Beginn der Rede des Bundeskanzlers. »Es muss alles vermieden werden, wodurch der Inhalt der Rede vorzeitig bekannt werden und der Überraschungseffekt morgen im Bundestag verloren gehen könnte.«[131] Kohl handelte auch als Innenpolitiker, nicht nur als Staatsmann. Genschers Schweigen darüber war hingegen wohl das Bemühen, in dieser Situation vor allem als Staatsmann zu handeln. Er hielt es im nationalen Interesse für geboten, in dieser Situation dem Ausland kein Bild der Zerstrittenheit seiner Regierung zu bieten.

Die Zehn-Punkte Rede Kohls hatte bei den wichtigsten außenpolitischen Partnern heftige Reaktionen hervorgerufen. Sie waren weitaus kritischer, als es das Kanzleramt in internen Aufzeichnungen festhielt und als es nach außen dargestellt wurde. »Unter den drei Westmächten gibt es eine deutlich abgestufte Haltung zur Wiedervereinigung: am positivsten die USA, zurückhaltender Frankreich und gegenüber beiden deutlich abfallend Großbritannien. Der mögliche Prozess einer Wiedervereinigung wird – wenn überhaupt angesprochen – als langsam, vorsichtig, demokratisch und evolutionär gewünscht, ebenso wie eine Einbettung in den europäischen Einigungsprozess.«[132] Gerade in dieser kritischen Phase der deutschen Entwicklung, als die DDR zusammenbrach und sich die Frage der Einheit stellte, war man aber auf die Hilfe dieser Partner dringend angewiesen. Insofern gefährdete die diplomatisch unvorbereitete Initiative des Bundeskanzlers die Herstellung der Deutschen Einheit. Erst als der Bundeskanzler am 28. November 1989 bereits im Bundestag sprach, informierte Teltschik die Botschafter der westlichen Mächte.

Nur an Präsident Bush sen. wurde vorher der Redetext übermittelt. Er kam in Washington allerdings erst am Abend des 28. November an, als die Zehn Punkte in der ganzen Welt schon für Schlagzeilen gesorgt hatten. Am nächsten Morgen führte Kohl ein halbstündiges Gespräch mit dem Präsidenten. Die amerikanische Regierung sollte sich als der wichtigste und wohlwollendste Partner bei der Vereinigung zeigen. Über Kohls Alleingang aber war man sehr verärgert, auch der Präsident. Sein Sicherheitsberater Brent Scowcroft rief seinen Kollegen Teltschik an und stellte ihn zur Rede. Außenminister James Baker bekennt heute, dass sie »erschüttert, aus der Fassung gebracht« (upset) waren. Ausgerechnet der Partner, »ohne den es die Vereinigung so nicht gegeben habe«, sei nicht informiert worden.[133]

Die amerikanische Regierung hatte vor allem ein Bekenntnis zur NATO vermisst. Die Mitgliedschaft des vereinten Deutschland in der westlichen Allianz sollte nur wenig später die Bedingung für die amerikanische Unterstützung werden. Brent Scowcroft war besorgt, dass der Bundeskanzler auf eigene Faust handelt. Dass Scowcroft sich die Überraschung dadurch erklärte, dass der Bundeskanzler ja auch seinen Außenminister nicht einweihen wollte, konnte die Irritationen nur verstärken. Die öffentlichen Reaktionen der USA allerdings lassen diese Sorgen nicht erkennen. Dafür gibt es eine einfache Erklärung: Die amerikanische Regierung wollte den Eindruck vermeiden, dass sie nicht unterrichtet wurde.

Der mögliche Schaden für die deutsch-amerikanischen Beziehungen wurde wohl auch dadurch begrenzt, dass die Interessenlage in Washington für die deutschen Anliegen günstig war. Präsident Bush hatte die Bundesrepublik Ende Mai 1989 bei seinem Besuch in Mainz zum »partner in leadership« erklärt. Der Streit um die Modernisierung der nuklearen Kurzstreckenwaffen hatte die amerikanische und die Bundesregierung einander offenbar nicht entfremdet. Genscher, der diesen Streit in vorderster Front ausgefochten hatte, stellte zufrieden fest: »Die konsequente und selbstbewusste und mit großem Nachdruck begründete Haltung der Bundesregierung hatte das deutsch-amerikanische Verhältnis nicht etwa beeinträchtigt, sondern gestärkt.«[134] Schließlich hatte der erfahrene Henry Kissinger Präsident Bush bei einem Abendessen am 13. November 1989 – also vor den Zehn Punkten Kohls – geraten, »Schulter an Schulter mit dem westdeutschen Kanzler zu marschieren, da der Vereinigungsprozess nicht mehr aufzuhalten sei.«[135]

Außenpolitische Priorität blieb für Bush aber das Verhältnis zur Sowjetunion und die Neugestaltung der West-Ost-Beziehungen insgesamt. Die USA wollten hierbei die politische Führung übernehmen und nicht die Initiative dem dynamischen Generalsekretär der Sowjetunion überlassen. Die Deutschen konnten aus Sicht des engsten Beraters des amerikanischen Außenministers, Bob Zoellick, bei der Annäherung zwischen West und Ost eine Schlüsselrolle spielen. Deshalb hatte er die Formel vom »partner in leadership« geprägt. Andererseits durfte die deutsche Frage auch aus amerikanischer Sicht Gorbatschow und seine Reformen nicht gefährden. Deshalb zeigt sich Bush vorsichtig und wollte nach dem Fall der Berliner Mauer »nicht auf ihr tanzen«. Am Tag nach diesem Ereignis hatte Gorbatschow dem Präsidenten seine Sorge über eine »Destabilisierung« in der DDR übermittelt. Als einziger unter den westlichen Partnern der Bundesrepublik aber erinnerten die USA offen daran, dass sie sich bereits im Deutschlandvertrag 1952 auf eine Vereinigung Deutschlands verpflichtet hatten. Die deutsche Botschaft in Washington zog im Januar 1990 die Bilanz: »Von allen Verbündeten sind die Amerikaner diejenigen, die unser Streben nach nationaler Einheit und unsere Politik gegenüber Osteuropa und der SU nicht nur verstehen, sondern politisch und emotional mitzutragen bereit sind.«[136]

Der Fall der Berliner Mauer traf die amerikanische Führung nicht unvorbereitet. Im Sommer 1989 hatte sich in Washington eine intensive Debatte über die deutsche Frage entfaltet zwischen Weißem Haus, Nationalem Sicherheitsrat und Außenministerium einerseits sowie innerhalb des Außenministeriums andererseits, zwischen der Europaabteilung und dem Planungsstab. Der in der Frage einer möglichen Vereinigung Deutschlands zögerliche Sicherheitsberater, Brent Scowcroft, rang mit einem Außenminister, der gleich nach seinem Amtsantritt im Januar 1989 die Bedeutung der deutschen Frage erkannt hatte. Dies zeigen die Privatakten James Bakers, die der Öffentlichkeit noch nicht zugänglich sind. Bis in den Oktober 1989 hinein versuchte Scowcroft Baker zu bremsen. Er ließ eine Passage über das Thema Wiedervereinigung im Entwurf der Rede des Präsidenten für seinen Besuch in Mainz streichen, den Baker eingefügt hatte. Für Scowcroft war dieses Thema zu »heikel«. Er bestand auch darauf, in einer Rede Bakers das Wort »Wiedervereinigung« durch den merkwürdigen Begriff

»Aussöhnung« zu ersetzen. Im Bundeskanzleramt war man über dieses Wort besonders enttäuscht und rechnete ihn irrtümlich Baker selbst zu.

Man konnte auf deutscher Seite damals nicht wissen, dass der neue amerikanische Außenminister schon im Februar 1989 vermutet hatte, dass die amerikanische Regierung sich mit dem Thema Deutsche Einheit zu befassen hätte. Bakers wichtigstes Anliegen war es, dass die amerikanische Regierung die Initiative in der deutschen Frage übernahm, um mögliche Entwicklungen steuern zu können. Er war im Übrigen davon überzeugt, dass sich die Macht innerhalb Europas nach Bonn verlagern würde, nicht nur aus wirtschaftlichen Gründen, sondern auch auf Grund der Öffnung Osteuropas. Der damalige Leiter des Planungsstabs im amerikanischen Außenministerium, Dennis Ross, teilte diesen typisch amerikanischen Ansatz der Diplomatie: Wer die Initiative ergreift, der gestaltet die Realität. »Framing« nennt Ross dies, was man noch am ehesten übersetzen kann mit »den Rahmen setzen«.[137]

Ein solcher Rahmen waren die vier Punkte, die Ross für Baker als Antwort der amerikanischen Regierung auf den Zehn-Punkte-Plan formulierte. Der grundsätzlich freundliche Tenor der Stellungnahme des amerikanischen Außenministers konnte nicht darüber hinwegtäuschen, dass seine vier Punkte zwei Forderungen enthielten, die in den Zehn Punkten Kohls fehlen, die Bindung eines vereinten Deutschlands an die NATO und die »Unverletzlichkeit der Grenzen in Europa«. Mit letzterem war die Oder-Neiße-Grenze gemeint. Es fehlte in diesem Zusammenhang nicht der Hinweis auf »die Möglichkeit von Veränderungen dieser Grenzen nur mit friedlichen Mitteln«. Hiermit hatte Ross die Formel aufgenommen, die Genscher bei den Verhandlungen der KSZE-Schlussakte von Helsinki seinerzeit durchgesetzt hatte. Schließlich hatte Ross Baker auch überzeugt, nicht von Wiedervereinigung, sondern von Selbstbestimmung zu sprechen. Auf eine institutionelle Form wollte sich die amerikanische Regierung also vorerst noch nicht festlegen.

In der amerikanischen Regierung hatte Baker wohl das beste Vertrauensverhältnis zum Präsidenten. Beide waren in der gemeinsamen Zeit in Texas Tennispartner, Baker hatte den Wahlkampf für Bush erfolgreich geführt. Nun sollte sich seine Deutschlandpolitik immer mehr durchsetzen. Vor diesem Hintergrund wird klar, dass Genschers enges Verhältnis zu Baker seine eigene Rolle bei der Vereinigung nur verstärken konnte. Ein Glücksfall der Diplomatie war auch das Zusammenspiel der engsten Mitarbeiter der beiden Außenminister, Frank Elbe auf deutscher Seite sowie Bob Zoellick und Dennis Ross auf amerikanischer. Zoellick stellte später fest, dass bei der Vereinigung Deutschlands die Außenministerien der beiden Staaten besser zusammengearbeitet hätten als das Weiße Haus und das Bundeskanzleramt. Dies lag vor allem an der Freundschaft zwischen Genscher und Baker.

Allerdings begann sie unter schwierigen Umständen. Genscher und Verteidigungsminister Stoltenberg hatten die undankbare Aufgabe bekommen, die Entscheidung der Bundesregierung vom April 1989, die besonders von den USA geforderte Modernisierung der nuklearen Kurzstreckenraketen zu verschieben, in Washington zu erklären. Baker bereitete Genscher einen sehr frostigen Empfang im State Department, nachdem er die deutsche Delegation eine Viertelstunde hatte warten lassen. Botschafter Jürgen Ruhfus bestätigt heute, dass Genscher kurz davor war, wieder zu gehen, und überredet werden musste, zu bleiben.

Nach 20 Minuten sehr steifer Verhandlungen im großen Kreis griff Genscher zu einer für ihn sehr typischen Methode. Er zog die Initiative an sich, unterbrach die Sitzung und verlangte die Fortsetzung des Gesprächs in kleinem Kreis, also er und Stoltenberg mit Baker und Sicherheitsberater Scowcroft. Genscher hatte sich wieder einmal Respekt verschafft. In der nun merklich entspannten Atmosphäre des folgenden Mittagessens stellte dann Baker seine berühmte Frage, die in zwei Versionen überliefert ist. »Erklär uns doch einmal, Hans-Dietrich, warum manche dich für einen schlechten Kerl halten. Ich finde dich gar nicht so übel«[138], oder auch: »wieso man uns aus Bonn fortgesetzt erzählt, dass es auf deine Haltung nicht ankommt«[139]. Letzteres Zitat zeigt, dass man die Differenzen zwischen Genscher und seinem Auswärtigen Amt auf der einen Seite sowie dem Bundeskanzleramt und seinem Außenpolitischen Abteilungsleiter auf der anderen in Washington durchaus wahrnahm.

Nicht zuletzt hatte Richard Burt, der damalige amerikanische Botschafter in Bonn, nach eigener Aussage seinen Außenminister zu einem engen Verhältnis zu Genscher gedrängt. Es war im beiderseitigen Interesse. Aus dem gegenseitigen Respekt zwischen

Genscher und Baker wuchs das Vertrauen. Baker bestätigt dies im Rückblick ausdrücklich: »Er hat nie sein Wort gebrochen und ich das meine nicht; er sagte nie etwas, das sich als unwahr herausgestellt hat.«[140] Baker betont außerdem, dass er Genscher als Person einfach mochte. Er entfaltet ein beachtliches Talent dabei, Genschers Stimme und Gestik liebevoll nachzuahmen. Dennis Ross, der bei den meisten Begegnungen der beiden Außenminister anwesend war, zeigte sich zudem beeindruckt vom Niveau ihrer Gespräche. Sehr ernsthaft und gedankenvoll seien sie gewesen. Ähnlich wie Genscher innerhalb der Bundesregierung war Baker in der amerikanischen Administration derjenige, der den Wandel in Europa früher als andere erkannte. Mit fast den gleichen Worten wie Genscher stellte Baker in seinen Memoiren die Chancen des Wandels heraus. Wie der deutsche Außenminister warnte er davor, dass »die Forderung nach Stabilität zu sehr nach einer Befürwortung des Status quo (klingt)...Veränderungen sind nicht notwendiger Weise destabilisierend. Im Gegenteil, sie sind der einzige Weg, um wieder Legitimität herzustellen und Stabilität zu sichern«[141].

Die enge Abstimmung zwischen dem deutschen und dem amerikanischen Außenminister bei der Vereinigung beruhte auf Gemeinsamkeiten der politischen Philosophie. Beide sind Rechtsanwälte und haben gelernt, »sich in die Lage des Gegenanwalts und seiner Klienten zu versetzen«, wie Baker schrieb. Seine Erkenntnis, dass es in der Diplomatie manchmal mehr auf die Art und Weise als auf die Substanz ankommt, dass »Worte das entscheidende Mittel zum Zweck« sind, würde von Genscher geteilt. Die spätere Außenministerin Condoleezza Rice, die während der deutschen Vereinigung im Nationalen Sicherheitsrat der USA für die Sowjetunion zuständig war, hat Kohls Zehn Punkte einmal als »Politik der Stärke« bezeichnet. Aus ihrer Sicht war dies eine Anerkennung. Baker aber und Genscher waren von dieser Haltung weit entfernt. Sie erkannten die Bedeutung der Reformen Gorbatschows für den Wandel in Europa und waren sich der Gefährdung des sowjetischen Staatschefs bewusst. Baker nannte in seinen Memoiren als wichtigste Frage seiner Amtszeit, »ob Gorbatschow überlebt«[142].

In Paris traf die Nachricht von Kohls Initiative in einem politisch besonders ungünstigen Moment ein. Noch am Vortag der

Zehn-Punkte-Rede hatte der französische Präsident einen Brief des Bundeskanzlers erhalten, in dem dieser seinen Plan mit keinem Wort erwähnte. Jacques Attali bezeichnete diese Tatsache später als »surrealistisch«[143]. Noch schwerer aber wog, dass Kohl in seinem Schreiben vom 27. November den von Mitterrand vorgeschlagenen Zeitplan für die Europäische Wirtschafts- und Währungsunion ablehnte. Kohl sprach sich für den Dezember 1990 als Termin für die Einberufung der Regierungskonferenz über die EWWU aus, ein Jahr später, als Mitterrand vorgeschlagen hatte. Es handelte sich um das wichtigste außenpolitische Projekt des französischen Präsidenten. Ein falscheres Signal konnte man zu diesem Zeitpunkt nicht senden.

Der Zehn-Punkte-Plan wurde von der französischen Regierung und der politischen Klasse in Paris überwiegend als Versuch des Bundeskanzlers gewertet, die deutsche über die europäische Einigung zu stellen. Dabei hatte Kohl im Brief vom 27. November vorgeschlagen, die institutionellen Reformen der EG zu beschleunigen, also mit der Regierungskonferenz über die Wirtschafts- und Währungsunion auch eine über die Politische Union einzuberufen. Die Art und Weise der Zehn-Punkte-Initiative am darauf folgenden Tag aber ließ den Inhalt dieses Briefes in den Hintergrund treten. Ähnlich wie die amerikanische wollte auch die französische Regierung sich nicht anmerken lassen, dass sie von ihrem wichtigsten Partner überrascht worden war. Mitterrand äußerte am Tag nach der Erklärung Kohls, dass diese »keinen geschockt habe«. Die deutsche Einheit sei »normal, legitim«. »Sie könne sich aber nur auf friedliche und demokratische Weise vollziehen«[144], betonte er später immer wieder.

Tatsächlich aber war Mitterrand höchst verärgert, weniger über den Inhalt der Erklärung als über die Tatsache, dass er nicht vorher informiert worden war. Von den Zehn Punkten erfuhr er erst aus den Nachrichtenagenturen. Eine offizielle französische Übersetzung hielt er zwei Tage nach der Rede Kohls in Händen. Mitterrands Generalsekretär im Elysée, Jean-Louis Bianco, vermutete einen Versuch der Bundesregierung, Paris gleichsam »ins Abseits zu manövrieren.«[145] Die französischen Medien stellten damals ein »wachsendes Misstrauen zwischen Paris und Bonn«[146] fest, das Ende November eingesetzt habe. Die deutsche Botschaft in Paris sorgte sich, dass die deutsch-französischen Beziehungen auf längere Sicht belastet sein könnten. In einem Bericht vom 18. Dezember 1989 vermutete sie, dass der Widerstand gegen eine Vereinigung Deutschlands vor allem aus der Politischen Klasse in Paris komme. Die Bevölkerung zeige dagegen Symphatie für die Begeisterung der Deutschen. Mitterrand selbst rechne mit der Deutschen Einheit, wolle aber, dass sie in »geordneten Bahnen« erreicht werde. Somit säßen »die Bremser in der Beamtenschaft, nicht im Elysée«. Der Bericht endet mit der sogenannten üblichen »Wertung«. Die Politische Klasse Frankreichs sehe durch die sich abzeichnende Vereinigung Deutschlands die französische Führung in Europa »durchkreuzt«. Das deutsch-französische Verhältnis gedeihe eben nur bei einem »ungefähren Gleichgewicht« beider Partner.[147] Roland Dumas bestätigt heute, dass sein Präsident in der Tat damals »verärgert, etwas verletzt, sehr enttäuscht«[148] war. Er fragt sich, ob Kohls Vorgehen den Regeln der Freundschaft, mindestens der Höflichkeit entsprach. Auch der damalige Sprecher des französischen Präsidenten, Hubert Védrine, erinnert sich, dass bei aller Freundschaft zwischen Kohl und Mitterrand ein gewisses Misstrauen bei Letzterem geblieben sei.[149]

In den Chroniken der Ereignisse zwischen der Zehn-Punkte-Rede und dem dramatischen Gipfel der EG in Straßburg am 8./9. Dezember 1989 wird die Rolle der beiden Außenminister in der deutsch-französischen Abstimmung über die deutsche Frage wenig beachtet. Es waren aber Genscher und Dumas, die bei diesem Gipfel, als die Ressentiments der europäischen Partner dem Bundeskanzler die Zornesröte in das Gesicht trieben, in einer Nachtsitzung die sehr schwierige Aufgabe hatten, das Kommuniqué zu erarbeiten. In ihm bekannten sich die europäischen Partner – erstmals mit den Worten des Briefs zur deutschen Einheit von 1970 – zur deutschen Einheit in freier Selbstbestimmung.

Auch Dumas hatte nach der Zehn-Punkte-Erklärung des Bundeskanzlers Genscher angerufen und aufgebracht eine Erklärung verlangt. Er war kaum dadurch zu besänftigen, dass Genscher ihm dabei lachend berichtete, er sei auch nicht eingeweiht worden. Dumas beansprucht für sich die Idee, dass Genscher zu einem Besuch nach Paris kommen sollte, um dem französischen Präsidenten die Initiative Kohls zu erklären und ihn in dieser Hinsicht sozusagen zu beruhigen. Mitterrand sagte im Gespräch mit Genscher am 30. November wörtlich, er habe »großes Vertrauen in den Bundesminister und unterhalte ausgezeichnete Beziehungen zum Bundeskanzler«[150]. Was für eine feine Unterscheidung! Sollte Genscher vermitteln?

Mitterrand nahm die Begegnung mit Genscher offenbar sehr ernst. Genscher wiederum erinnert sich an sie als »wichtigstes Gespräch mit dem Staatspräsidenten überhaupt«. Dieser brachte seine Anliegen so eindringlich vor, dass er sie mehrfach wiederholte. Dies zeigt die geheime Niederschrift Botschafter Pfeffers, der sich bemühte, den Wortlaut möglichst genau wiederzugeben, »weil durch die Wiedergabe der insistierenden Wiederholungen die Hauptargumente besonders deutlich hervortreten«[151].

Es lag auf der Hand, dass Mitterrand nach dem Brief Kohls vom 27. November vor allem auf den Zeitplan der Europäischen Wirtschafts- und Währungsunion zu sprechen kam. Er kritisierte in scharfer Form, dass der Bundeskanzler »zur Zeit bremse ... Bisher sei die Bundesrepublik Deutschland immer Motor im europäischen Einigungsprozess gewesen. Jetzt sei sie Bremse«[152]. In ultimativer Form kündigte Mitterrand an, den Bundeskanzler auf dem EG-Gipfel in Straßburg mit dem französischen Standpunkt zum Zeitplan der EWWU zu konfrontieren.

In diesem Gespräch wurde auch deutlich, wie sehr die EWWU für Mitterrand das Mittel zur Einbindung eines vereinten Deutschlands war. Sie sollte verhindern, dass die europäischen Partner, die sich »diesem neuen Körper von 80 Millionen Menschen gegenübersehen, nach neuen Gegengewichten suchen«. Mitterrand beschwor die Last der Geschichte. Er »malt sich die Zukunft im Licht der Vergangenheit aus«[153], wie Hubert Védrine dies einmal treffend ausdrückte. Der französische Präsident verwies auch bei anderen Gelegenheiten immer wieder auf die Gefahr einer »Rückkehr zum Jahr 1913«, womit er den Nationalismus meint: »Nationalismus bedeutet Krieg.«

Mit diesem Argument verstand sich Mitterrand auch während der Zwei-plus-Vier-Verhandlungen als Anwalt Polens und seiner Forderungen nach Anerkennung der Oder-Neiße-Grenze. Diese Haltung war wohl auch taktisch motiviert. Védrine glaubt, dass Mitterrand die Frage der Grenze eines vereinten Deutschlands mit Polen neben der EWWU als »Hebel«[154] gegenüber der Bundesrepublik dienen sollte. Schließlich klang im Gespräch mit Genscher auch Mitterrands Sorge um das Schicksal Gorbatschows an. Bei der Vereinigung Deutschlands müssten die sowjetischen Interessen in Rechnung gestellt werden. Gerade dieser Gedanke rückte bei Mitterrand in der Folge immer mehr in den Vordergrund. Frédéric Bozo spricht von einer »Obsession Gorbatschow« beim französischen Präsidenten.[155]

Aus Genschers Einlassungen im Gespräch mit Mitterrand mag erkennbar werden, warum Dumas auf dieses Treffen gedrängt hatte: Genscher war in diesem Augenblick der französischen Haltung näher als der seines Bundeskanzlers. Dies galt für die Rücksichtnahme auf Gorbatschow (»keinen einseitigen Nutzen aus den Schwierigkeiten der sozialistischen Länder ziehen«), die Oder-Neiße-Grenze (»klare Haltung zur polnischen Westgrenze«) und vor allem für den Zeitplan der EWWU. Schließlich hatte Genscher 1988 für dieses Projekt die Initiative ergriffen. Jetzt sagte er Mitterrand zu, dass in Straßburg eine Entscheidung darüber getroffen werde. »Er habe dem Staatspräsidenten und Dumas noch nie etwas gesagt, was er nicht nachher unter Beweis gestellt habe.« Dieses Zitat aus dem geheimen Vermerk fehlt in der Wiedergabe des Gesprächs durch Genscher in seinen Erinnerungen. Wie konnte er sich so festlegen? Er hatte wohl den Bundeskanzler überzeugt. Kohl stimmte dem französischen Zeitplan für die EWWU auf dem Straßburger Gipfel zu.

Genscher und Dumas verstanden sich immer besser. In den Fragen, in denen Genscher der französischen Haltung näher war als derjenigen des Bundeskanzlers, führte er gleichsam Mitterrand oder Dumas ins Feld gegen Kohl. Als Dumas in Berlin einmal die feste französische Haltung zur Anerkennung der Oder-Neiße-Grenze vertrat, applaudierte Genscher ihm als Erster, was den anwesenden Bundeskanzler irritierte. Kohl beschwerte sich telefonisch bei Mitterrand. Dieser ließ ihn allerdings wissen, dass Dumas französischer und nicht deutscher Außenminister sei und sich in dieser Eigenschaft geäußert hätte. Kohls Abneigung gegen Dumas wurde immer tiefer. Im französischen Fernsehen ließ sich der Bundeskanzler später zu der Bemerkung hinreißen, dass Dumas die Deutschen nicht verstehe. Dies aber wusste Genscher, dem Mitterrand und Dumas vertrauten, besser. Im Rückblick stellte Dumas fest: »Mitterrand hörte letztlich mehr auf Genscher als auf Kohl – durch meine Vermittlung.«[156] Immer dann, wenn sein Präsident sich über die Absichten des deutschen Bundeskanzlers nicht im Klaren gewesen sei, habe er sich auf die enge Abstimmung zwischen Genscher und Dumas verlassen.

Aus Sicht des Bundeskanzlers war vor diesem Hintergrund sein Misstrauen gegenüber Dumas verständlich. Er bat Mitterrand, seinen Außenminister von wichtigen bilateralen Verhandlungen auszuschließen. Dies bedeutete natürlich auch, dass Genscher nicht daran teilnehmen konnte. Schließlich verkomplizierte sich das Verhältnis der beiden Staatschefs auch dadurch, dass ihre engsten Berater, Horst Teltschik und Jacques Attali, einander nicht gerade freundschaftliche Gefühle entgegenbrachten.

Über das persönliche Verhältnis zwischen Kohl und Mitterrand wurde viel gerätselt. Beide sprachen von Freundschaft, waren sich aber auch bewusst, dass sie sehr verschieden waren. Die Körperfülle und Bodenständigkeit des einen und die eher zierliche Erscheinung, das intellektuelle und zeremonielle Gehabe des anderen bildeten einen sichtbaren Gegensatz. Doch haben sie auch manches gemeinsam, wie historisches Denken und politischen Instinkt. Beide teilten die Überzeugung, dass nur ein enges Verhältnis zwischen dem deutschen und dem französischen Staatschef Fortschritte der europäischen Einigung ermöglichten. Deshalb meint Hubert Védrine heute, dass die Freundschaft zwischen Kohl und Mitterrand ursprünglich eher Ausdruck eines politischen Willens als spontaner Gefühle war.

Kohl bestätigte später, dass beide Persönlichkeiten »nicht geschaffen füreinander« waren und zunächst »keine Zuneigung« füreinander empfunden hätten. Hubert Védrine bemerkt, dass Mitterrand von der Persönlichkeit Kohls ursprünglich nicht beeindruckt gewesen sei, aber nach und nach dessen Intelligenz und die taktischen Fähigkeiten schätzen gelernt habe. Aber es blieb bei Mitterrand der Verdacht, dass Kohl manchmal die Innen- über die Außenpolitik stellte, dass er eher »électoraliste« (Wahltaktiker) als Staatsmann sei. Schließlich aber waren sie doch freundschaftlich verbunden. Nur sehr zögernd räumte Kohl später ein, dass diese Freundschaft im Verlauf der deutschen Vereinigung nicht frei von Enttäuschungen blieb.[157] Im Dezember 1989 jedenfalls spürten wohl beide, dass der deutsch-französische Dialog gestört war. Die Aussprache auf dem Landsitz Mitterrands, Latché am Atlantik, am 4. Januar 1990 sollte sie einander wieder näher bringen und Missverständnisse ausräumen. Mitterrand versicherte Kohl, dass die Vereinigung für ihn eine historische Realität sei und dass er als Deutscher natürlich auch für einen möglichst schnellen Vollzug wäre. Aber er sei eben Franzose. Das Bekenntnis war glaubwürdig und stellte Klarheit her. Mitterrand insistierte auch auf seinen wichtigsten Anliegen, der Unterstützung für Gorbatschow und der Bestätigung der Oder-Neiße-Grenze. Beides lag auch Genscher am Herzen. Das geschickte Zusammenspiel zwischen Genscher und Dumas begründete die historische Bedeutung des Gespanns. Im Ergebnis führte das Beharren Genschers in den Fragen des Zeitplans der EWWU und der Oder-Neiße-Grenze zu einer deutsch-französischen Annäherung in einer kritischen Zeit.

Zunächst aber hatte die Bundesregierung in den Wochen nach der Zehn-Punkte-Erklärung allen Grund, sich über die französische Haltung zu wundern. Genschers Formulierung scheint hier etwas blauäugig: »Zu keiner Zeit hatte ich Anlass, an der Unterstützung Frankreichs für die deutsche Vereinigung zu zweifeln.« Besondere Irritationen in Bonn hatten die Besuche Mitterrands in Kiew am 6. Dezember 1989 und in der DDR vom 20. bis 22. Dezember hervorgerufen. Kohl gestand später ein, dass seit diesem Zeitpunkt seine persönlichen Beziehungen zu Mitterrand auf »die Probe gestellt wurden«. In Kiew erlebte Mitterrand, dass der sowjetische Generalsekretär – einen Tag nach der stürmischen Begegnung mit Genscher – genauso empört über die Zehn Punkte war wie er selbst. Gorbatschow wiederholte sein Wort vom »Diktat« Kohls und warf diesem vor, dass seine Politik »provinziell« sei. Der Bundeskanzler benehme sich »wie ein Elefant im Porzellanladen«. Die französischen Vermerke[158] belegen nach Ansicht Frédéric Bozos aber nicht die gängige These, dass Mitterrand bei seinem Besuch in Kiew eine französisch-sowjetische Abstimmung darüber gesucht habe, sich gemeinsam der deutschen Einheit entgegenzustellen. Vielmehr habe Gorbatschow ein solches Ansinnen vorgebracht, »da ihm sonst die Ablösung durch das Militär bevorstehe«. Schewardnadse habe im Gespräch mit Dumas gefordert: »Es ist jetzt notwendig, dass ihr Franzosen eine klare Position bezieht.« Dumas wiederholte die französische Position, wonach die Deutschen ein Recht auf Selbstbestimmung hätten, dieses Recht aber in demokratischer und friedlicher Form wahrnehmen müssten.

Dass Mitterrand mit seinem Besuch auch seine Unterstützung für Gorbatschow und dessen Reformen ausdrücken wollte, kann nicht überraschen und entspricht der deutschen Haltung. Das Treffen in Kiew enthüllte wohl vor allem, dass der französische Präsident mitunter in den Kategorien des 19. Jahrhunderts dachte: »Das gute Auskommen zwischen Frankreich und Russland bildet einen der Hauptfaktoren des europäischen Gleichgewichts. Die augenblicklichen Schwierigkeiten Europas machen diese Demonstration (das Treffen mit Gorbatschow) noch notwendiger.«

Mitterrands Besuch in der DDR vom 20. bis 22. Dezember 1989 wirft ernstere Fragen auf. Dumas hatte Genscher einen Tag vor der Abreise ins Bild gesetzt. Genschers Antwort war im Wortlaut kühler, als es seine »Erinnerungen« erkennen lassen: »Wenn Ihr unbedingt die ersten und die letzten sein wollt, die diese ostdeutsche Führung treffen, dann fahrt hin.«[159] Allerdings sei ein Bekenntnis Mitterrands zur deutschen Einheit hilfreich. Der französische Präsident versicherte dann auch den Studenten der Universität Leipzig in einer Diskussion, dass die Einheit eine Sache der Deutschen sei.

Es kann nach Lage der vertraulichen Akten des Außenministeriums der DDR keinen Zweifel daran geben, dass das Regime in Ost-Berlin, dessen Tage gezählt waren, den Besuch des französischen Präsidenten als eine dringend benötigte Bestätigung wertete. In einer internen Aufzeichnung des Ministeriums für Auswärtige Angelegenheiten heißt es: »Es handelt sich um den ersten DDR-Besuch durch ein Staatsoberhaupt einer der drei westlichen Siegermächte, der zur Aufwertung des internationalen Ansehens der DDR und ihrer Regierung beiträgt ... Frankreich geht davon aus, dass die DDR in den nächsten Jahren als Staat in Europa existiert und eine Perspektive hat. ... Es kam das Interesse Mitterrands an einer Konsolidierung der DDR, an ihrer ökonomischen und politischen Stabilisierung zum Ausdruck. ... Mitterrand begrüßte die Idee von Ministerpräsident Modrow über die Schaffung einer Vertragsgemeinschaft zwischen beiden deutschen Staaten.«[160]

Die Bundesregierung wäre aber noch beunruhigter gewesen, hätte sie seinerzeit die Vermerke des MfAA über die Gespräche Mitterrands mit der Führung der DDR gekannt. Der französische Präsident konnte offenbar seine historischen Obsessionen kaum zügeln. Im Gespräch mit Gregor Gysi, dem Vorsitzenden der SED-Nachfolgepartei, sprach Mitterrand von möglichen »ernsten Konsequenzen« einer Vereinigung und warnte wieder einmal vor einer »Rückkehr zur Lage von 1913«. Diesmal aber ging Mitterrand weit über die Frage der Oder-Neiße-Grenze hinaus: »Vielfältige Ursachen von Konflikten würden entstehen: Jugoslawien, Transsilvanien, Siebenbürgen, ČSSR (Sudeten), polnisch-deutsche Grenze. ... Ein Deutschland von 80 Millionen birgt immer die latente Forderung in sich nach Schlesien, Pommern, Masuren, Sudetenland und Tschechoslowakei ... Wir errichten wieder die Allianzen von 1914.«[161]

Védrine berichtete später, dass die engste Umgebung Mitterrands den Besuch als einen »Irrtum«[162] erkannte. Der Präsident selbst aber war nicht dieser Meinung. Seine Argumentation hatte Methode, weil er offenbar so dachte. Dies zeigte sich in noch erschreckenderer Weise im Gespräch mit der britischen Premierministerin Margaret Thatcher am 20. Januar 1990. Mitterrand verstieg sich zu der Behauptung, dass die Vereinigung die Deutschen wieder zu den »schlechten Deutschen« mache, die sie einst gewesen seien. Sie würden sich »mit einer gewissen Brutalität benehmen und sich so auf die Vereinigung konzentrieren, dass sie alles andere außer Acht ließen«. Er habe bei seinem Besuch in der DDR keine »Begeisterung für die Einheit« entdeckt. Demonstrationen seien sicher von »Agenten West-Deutschlands« ermutigt worden. Wenn die Deutschen könnten, würden sie im Krieg verlorene Gebiete wiedererlangen wollen. »Sie würden vielleicht sogar mehr Raum als Hitler gewinnen.«[163]

Dumas bestreitet das Zitat. Es erscheint ihm »übertrieben, ungehobelt, unwahrscheinlich«[164]. Es habe nicht den Auffassungen seines Präsidenten entsprochen. Allerdings hatte Dumas nicht selbst an dem Treffen teilgenommen. Der außenpolitische Berater Thatchers, Charles Powell, hatte seinen Bericht, der dieses Zitat enthält, seinerzeit als »extrem vertraulich« eingestuft und die Premierministerin um »sehr begrenzte Verteilung« gebeten. Erst seit Freigabe der Akten des britischen Foreign Office im Jahr 2009 zum Thema Vereinigung ist der Gesprächsvermerk bekannt. Frédéric Bozo, der ihn in seiner Darstellung der französischen Haltung noch nicht verwerten konnte, besteht aber darauf, dass Mitterrand jedenfalls nicht auf das Angebot Margaret Thatchers einging, sich gemeinsam in einer Art neuer französisch-britischer Entente der Vereinigung entgegenzustellen. Dazu war er in der Tat zu sehr Realist. Er antwortete der Premierministerin damals: »Nichts wäre schlimmer, als die Deutschen an ihre Verpflichtungen zu erinnern und dann festzustellen, dass wir keine Mittel haben, uns durchzusetzen.«[165]

Es bleibt aber zu erklären, warum Mitterrand sich zu solchen Äußerungen hinreißen ließ. Dumas vermutete in einem anderen Zusammenhang, dass Mitterrand in gewisser Weise dem Charme der sehr starken Persönlichkeit der britischen Premierministerin erliegen konnte. Er habe auch kaum gewagt, ihr zu widersprechen. In seinem Gespräch mit ihr vom 20. Januar 1990 nannte er sie seine »liebe Freundin«. Ganz sicher aber waren Mitterrand und Thatcher nicht so etwas wie Komplizen. Immerhin schienen sie aber geistesverwandt zu sein. Beide begegneten der Vereinigung mit der fixen Idee, dass die Geschichte sich wiederholen könne. Ihr Denken entsprach genau dem, was Friedrich Nietzsche in seiner Schrift vom »Nutzen und Nachteil der Historie für das Leben« beschrieben hatte: Sich im Vergangenen zu verlieren, in ihm gefangen zu sein kann die Fähigkeit beeinträchtigen, die Zukunft zu gestalten. Mitterrand aber zog andere Schlussfolgerungen als Margaret Thatcher. Seine Lösung der Deutschen Frage bestand darin, die europäische Integration zu beschleunigen. Das war der bisher unterschätzte Beitrag Mitterrands zur Herstellung der deutschen Einheit. Für Margaret Thatcher dagegen blieb Mitterrands Europapolitik eine Gefahr für britische Interessen. Beide Staatschefs konnten in dieser Situation gar nicht zusammenkommen. Mit Kohl aber und vor allem Genscher war sich Mitterrand grundsätzlich einig über die Notwendigkeit der Europäischen Union.

Auch gegenüber der britischen Premierministerin musste Genscher bei einem Besuch in London am 29. November die Zehn Punkte Kohls verteidigen. In seiner Schilderung des Gesprächs versucht Genscher die Tatsache zu verharmlosen, dass Margaret Thatcher die einzige Regierungschefin der Westmächte war, die eine Vereinigung Deutschlands hatte verhindern wollen: »Ich hatte den Eindruck, dass Frau Thatcher Vorbehalte gegen die deutsche Vereinigung hegte.«[166] In diesem Gespräch aber beschränkte sie sich auf die Kritik, dass durch die Zehn-Punkte-Erklärung

»plötzlich alles in Bewegung geraten sei«, nachdem man beim letzten Gipfel der EG »festen Boden unter den Füßen« gewonnen habe. Außenminister Douglas Hurd nahm den Bundeskanzler mit den Worten in Schutz, dieser habe ja keinen Zeitplan für die Vereinigung genannt. Hurd versuchte auch später, die starre Haltung der Premierministerin zu korrigieren. Genscher schien es schon bei diesem ersten Gespräch gespürt zu haben: »Auf Douglas Hurd konnte ich in jedem Fall rechnen.« Eine »Diplomatie über die Bande« aber, wie Genscher und Dumas sie betrieben, war im britischen Fall nicht möglich. Genscher und Hurd stimmten sich zwar sehr genau ab und waren sich über vieles einig, vor allem darüber, dass die Vereinigung unvermeidlich war. Hurd aber hatte offenbar wenig Einfluss auf die »eiserne Lady«. Erst sehr spät konnte er einen gewissen Wandel in der Haltung der britischen Regierung herbeiführen.

Die Botschaft der Bundesrepublik Deutschland in London versuchte, Genscher das Widerstreben der Premierministerin und die abweisende Haltung eines Teils der britischen politischen Klasse zu erklären. Sie berichtete am 20. Dezember 1989: »Die nunmehr greifbare rasche deutsch-deutsche Annäherung ... rührte an eingefleischtes europäisches Gleichgewichtsdenken und spülte – insbesondere bei der älteren Generation – überwunden geglaubte antideutsche Emotionen an die Oberfläche. Letztere resultieren hier weniger aus den Ängsten vor einem wiedererstehenden Radikalismus als vielmehr aus der Befürchtung vor den angeblichen Charaktereigenschaften des Deutschen, die wirtschaftliche Kraft in politische Dominanz und nationale Arroganz umsetzen könnten. Dies dürfte auch erklären, weshalb in GB (Großbritannien) viele so misstrauisch sind in Bezug auf unsere wiederholten Beteuerungen, wir seien fest in Europa eingebunden. Den Briten, deren fester Glaube an die Größe der Nation seit Jahrhunderten ungebrochen ist, können nur schwer verstehen, dass für die Mehrheit der Deutschen auf Grund unserer jüngsten Geschichte der Nationalismus auf der Werteskala hinter Begriffen wie Freiheit, Demokratie und auch hinter der europäischen Idee rangiert. Die erkennbar spärlichen Lippenbekenntnisse der Premierministerin zum Recht auf Selbstbestimmung der Deutschen reflektieren daher bedauerlicher Weise mehr Zurückhaltung und Mangel an Wärme als den verständlichen Wunsch nach einer schrittweisen, stabilen Steuerung des Prozesses des unvermeidlichen deutsch-deutschen Zusammenwachsens.«[167]

Der Bericht der Botschaft enthüllt das Ausmaß an Irrationalität, das der Haltung Thatchers eigen war. Später bestätigten auch ihre Memoiren, dass ihre Außenpolitik nicht nur von nationalen Interessen, sondern auch von wirren Annahmen über deutsche Charaktereigenschaften und Geschichte bestimmt war. Diesem Thema wurde sogar eine Konferenz im März 1990 auf dem Landsitz Chequers gewidmet. Neben Thatcher und Hurd nahmen immerhin die weltweit bekannten Historiker Gordon Craig, Fritz Stern, Norman Stone und Timothy Garton Ash daran teil. Die damalige Veröffentlichung des geheimen Gesprächsvermerks in der Presse war ein Skandal. Die Premierministerin hatte die These unwidersprochen gelassen, dass der angebliche Nationalcharakter der Deutschen auch Eigenschaften wie »Aggressivität, Egoismus, Minderwertigkeitskomplexe und Sentimentalität« umfasse. Großbritannien müsse sich Sorgen machen über die Neigung der Deutschen zum »Exzess, zur Übertreibung und zur Überschätzung der eigenen Fähigkeiten«.[168] Margaret Thatcher war in der Tat im britischen Gleichgewichtsdenken des 19. Jahrhunderts gefangen. Sie hegte eine gewisse Abneigung gegen alles »Europäisch-Kontinentale«, nicht nur gegenüber Deutschland, sondern auch im Hinblick auf Frankreich. Das deutsche Engagement für die Europäische Einigung wertete sie als die »zwanghafte Beschäftigung« eines Staates, der auf Grund seiner Geschichte mit einem schwachen Selbstbewusstsein ausgestattet sei. Vor allem hielt sie die europäische Integration aus britischer Sicht für gefährlich. Sie hatte wohl tatsächlich Angst vor einem von Deutschland dominierten Europa. Ihr Verhältnis zum Bundeskanzler blieb nicht nur unterkühlt, sie begegnete ihm mitunter aggressiv.

Aus ihrer Abneigung gegen die Europäische Gemeinschaft hatte Thatcher seit ihrer vielbeachteten Grundsatzrede 1988 am Europa-Kolleg in Brügge keinen Hehl gemacht. »Sie könne keine Institution sehen, ohne mit ihrer Handtasche danach zu schlagen«[169], lautete ein geflügeltes Wort. Die einzige Organisation, die sie in ihrem vornehmlich sicherheitspolitischen Denken ernst nahm, war die NATO. Deren Funktion verstand sie genauso wie der erste Generalsekretär der Organisation, Lord Ismay, nämlich die Amerikaner drinnen, die Russen draußen und die Deutschen klein

(»down«) zu halten. Auf dem Gipfel in Straßburg am 8./9. Dezember 1989 sprach sie etwas aus, das andere europäische Regierungschefs nur gedacht haben mögen: Seit dem Deutschlandvertrag von 1952 hätten manche Partner der Bundesrepublik Deutschland ihre Unterstützung für die deutsche Einheit nur deshalb öffentlich bekundet, weil sie an eine Verwirklichung nicht glaubten.

Die jüngst freigegebenen Akten des Foreign Office dokumentieren die mutigen Versuche Douglas Hurds und seines Botschafters in Bonn, Sir Christopher Mallaby, die Premierministerin zu einer konstruktiven Haltung zu bewegen. Kurz nach der Öffnung der Berliner Mauer stellte Mallaby in einem geheimen Bericht an seinen Außenminister einen »Wendepunkt der deutschen Nachkriegsgeschichte«[170] fest. Es fällt auf, dass dieser Bericht ansonsten sein Augenmerk auf den deutschen Außenminister lenkt. Dieser sei derzeit der beliebteste Politiker in der Bundesrepublik und habe das Gefühl, dass seine Vorhersagen über den Wandel in den West-Ost Beziehungen sich erfüllen würden. Es fehlt nicht der Hinweis, dass Genscher sich von den Ereignissen in der DDR sehr bewegt zeige, weil dies ja schließlich seine Heimat sei. Mallaby hatte auch viele frühere Berichte dem deutschen Außenminister gewidmet, dem er bescheinigt, dass er die NATO zu mehr Zusammenarbeit zwischen West und Ost führe. Verbunden ist damit allerdings die Warnung, dass Genscher zu unnötigen Konzessionen gegenüber dem Osten bereit sein könnte.

Zwei Tage nach der Zehn-Punkte-Rede des Bundeskanzlers drängte der britische Botschafter auf eine öffentliche Erklärung Hurds, die zumindest das Recht der deutschen auf Selbstbestimmung herausstellen sollte. Mallaby betonte, dass die britische Zurückhaltung in Bonn sehr auffalle, vor allem im Vergleich mit den Äußerungen des amerikanischen und des französischen Außenministers. Hurd hatte sich am Tag des Mauerfalls auf Druck der Premierministerin sehr vorsichtig geäußert: »Entscheidend ist meiner Ansicht nach im Augenblick allerdings nicht die Forderung der Massen nach Wiedervereinigung, sondern nach Reformen.« Die entsprechende Pressemitteilung der Britischen Botschaft in Bonn vom selben Tag erregte im Auswärtigen Amt großes Aufsehen, was man an den handschriftlichen Notizen auf einem umlaufenden Exemplar sehen kann. In den darauf folgenden Tagen wiederholte

Hurd bei mehreren Gelegenheiten, dass die »Vereinigung nicht auf der politischen Tagesordnung sei«.

Danach aber wurde der britische Außenminister zunehmend mutiger. Im Januar 1990 legte er seiner Premierministerin ein Memorandum zur Vorbereitung des Gesprächs mit Mitterrand am 20. desselben Monats vor, das an Deutlichkeit nichts zu wünschen übrig lässt: »Wenn die Bevölkerung der Bundesrepublik und der DDR sich in Freiheit und Demokratie für die Einheit entscheidet, gibt es keine andere Möglichkeit, dies aufzuhalten, als mit militärischer Gewalt.« Die Frage sei jetzt, wie man diesen Prozess am besten beeinflussen und britische sowie westliche Interessen maximieren könne. Hurd erinnerte die Premierministerin damit an die britische Tradition von Pragmatismus und Interessenpolitik. Sie reagierte aber nicht. Im Februar 1990 setzte Hurd nach. Er sagt im britischen Parlament: »Als Freunde des neuen und demokratischen Deutschland können wir froh darüber sein, dass die Jahre der schmerzhaften Teilung zu Ende gehen.« Die deutsche Botschaft in London berichtete, dieser Satz in der Rede sei vom Stab der Premierministerin in Downing Street 10 vorher gestrichen worden. Hurd aber hatte sich darüber hinweggesetzt. Im Mai 1990 berichtete die deutsche Botschaft schließlich begeistert, dass der britische Außenminister »sich an die Spitze der Befürworter eines zügigen deutschen Einigungsprozesses gesetzt« hat.[171] Die Premierministerin aber schien nach wie vor unbeeindruckt. Der damalige britische Staatsminister für Europa, William Waldegrave, gelangte später zu dem Schluss, die Haltung Thatchers sei »eine der jämmerlichsten Episoden der jüngeren britischen Diplomatie« gewesen. Sie war jedenfalls kein Lehrstück kluger Diplomatie im Sinne der nationalen Interessen. Nicht nur war Großbritannien bei der Bundesregierung »auf dem Tiefststand seines Ansehens«, wie der britische Botschafter im Februar 1990 berichtete. Die britische Rolle wurde in Bonn auch nicht als bedeutend für die Vereinigung angesehen.

Mit Gorbatschow traf Genscher am 5. Dezember 1989 zusammen. Dieses dramatisch verlaufene Gespräch bewies noch eindringlicher als Genschers Begegnungen mit Mitterrand und mit Margaret Thatcher, dass das Vorgehen des Bundeskanzlers außenpolitischen Schaden angerichtet und die Zustimmung des für die Vereinigung wichtigsten Partners zeitweise in Frage stellte.

Gorbatschow fühlte sich nicht nur von den Ereignissen, sondern vom Bundeskanzler persönlich überrollt. Kohl hatte ihm drei Wochen zuvor am Telefon versichert, dass er sich mit ihm über die sich beschleunigende Entwicklung in der DDR eng abstimmen werde.

Der vertrauliche und jetzt zugängliche Vermerk des Gesprächs mit Genscher lässt erkennen, dass Gorbatschows Zorn heftiger war, als die anwesenden Zeugen, neben Genscher sein Politischer Direktor Kastrup und sein Botschafter in Moskau, Blech, sowie auf sowjetischer Seite Schewardnadse und Berater Sagladin, verlautbaren ließen. Genscher hatte seinerzeit Weisung gegeben, nur einen kurzen Bericht an das Auswärtige Amt zu senden, der die brisanten Details nicht enthält. Der Vermerk selbst aber blieb unter Verschluss.[172]

In seinen »Erinnerungen« äußert sich Genscher für seine Verhältnisse ungewöhnlich deutlich: »Es sollte meine unerfreulichste Begegnung mit dem Generalsekretär werden, in dem ich als erster einen Mann erkannt hatte, der mit seiner Politik die Welt verändern würde. Das bedauerte ich besonders deshalb, weil die Chance, mit Gorbatschow über die wirklich wichtigen Themen zu sprechen, für den Moment vertan war. Ich dachte an die unerfreuliche Begegnung mit Schewardnadse in Wien nach dem ›Newsweek‹-Interview zurück. Auch jetzt durfte es keinen Eklat zwischen Bonn und Moskau geben, denn Moskau musste für die deutsche Einheit gewonnen werden; hier lag der Schlüssel. ... Niemals zuvor und danach habe ich Gorbatschow so erregt und so bitter erlebt.«[173]

Gorbatschow eröffnete das Gespräch mit dem Hinweis, dass er Genscher als einen privilegierten Gesprächspartner ansehe. Später bestätigte er, dass er damals darauf vertraute, dass Genscher angesichts einer drohenden Verschlechterung der deutsch-sowjetischen Beziehungen die sowjetischen Sorgen verstand. Jetzt aber ließ er keinen Zweifel daran, dass die Situation »schwierig« sei. Genschers Ausführungen zeigen nicht nur die übliche gute Vorbereitung, sondern sind auch ein Beispiel seiner Kunst, deutsche Interessen klar zu vertreten, dabei aber auch auf die wichtigsten Belange des Gesprächspartners einzugehen. Nachdem er Gorbatschow deutlich gemacht hatte, dass die Entwicklung in der DDR unumkehrbar sei, nannte er alle Punkte, die für Gorbatschow wichtig waren: Unterstützung seiner Reformen einschließlich der wirtschaftlichen Zusammenarbeit mit dem Westen, Abrüstung, KSZE, polnische Westgrenze.

Gorbatschow redete sich dann aber in Rage und war bis zum Ende des Gesprächs nicht mehr zu besänftigen. In seinem Ärger, der nicht gespielt schien, ließ er sich zu Formulierungen hinreißen, die man nicht von ihm gewohnt war. Er sprach von einem »äußerst gefährlichen ... provinziellen, egoistischen Herangehen« des Bundeskanzlers. Mehrfach erinnerte Gorbatschow daran, dass der Bundeskanzler ihm versprochen habe, ihn vor wichtigen Schritten, die die DDR oder die Sowjetunion beträfen, zu konsultieren. Glaube der Bundeskanzler, »seine Musik habe zu spielen begonnen und er brauche nur noch die Märsche zu spielen?« Gorbatschow fiel sogar zeitweise in die Terminologie des Kalten Kriegs zurück. Er warf Kohl »waschechten Revanchismus« vor. Seine Zehn Punkte seien die »Bestattung des europäischen Prozesses«, sie enthielten »gefährliche Elemente«.

Es wurde klar, dass Gorbatschows Ärger insbesondere dem Punkt drei der Erklärung Kohls galt, in dem ein grundlegender Wandel des politischen und wirtschaftlichen Systems der DDR gefordert wird. Darauf bezog sich das Wort des Generalsekretärs vom »Diktat«, das allerdings nicht in diesem Gespräch am 5. Dezember fiel. In einer gewissen Parallele zu Mitterrand kritisierte Gorbatschow schließlich die innenpolitischen Motive der Zehn-Punkte-Erklärung: »Er sehe, dass die Entwicklung zum Gegenstand des Wahlkampfes gemacht werde.« Gorbatschow beendete das Gespräch mit einer unverhohlenen Drohung: »Wenn die westdeutsche Seite allerdings das fortsetze, was der Bundeskanzler mit seinem Programm erklärt habe, werde die sowjetische Regierung morgen etwas anderes sagen.«[174] Dass Gorbatschow beim Abschied einen gewissen Zusammenhang zwischen gesamteuropäischen Prozessen und deutscher Frage herzustellen schien, hat Genscher in seinen »Erinnerungen« wahrscheinlich überbewertet. Im sowjetischen Vermerk fehlt dieser Hinweis. Wie so oft, wollte Genscher offenbar auch diesem Gespräch etwas Positives abgewinnen. Die Abgeordneten im Bundestag, die er über seinen Besuch in Moskau anschließend unterrichtete, wurden über die wahre Haltung des sowjetischen Generalsekretärs zum Zehn-Punkte-Plan im Unklaren gelassen.

Es ist andererseits nicht zu übersehen, dass Gorbatschow auch versuchte, sein Verhältnis zu Genscher zu festigen, den »er persönlich sehr respektiere«. Er wusste, dass es Meinungsverschiedenheiten zwischen Bundeskanzler und Außenminister gab. Genscher musste sich davor hüten, dass andere sie ausnutzten. Gorbatschows im geheimen Gesprächsvermerk protokollierten Satz, »BM (Bundesminister) grenze sich davon (vom Stil Kohls) nicht deutlich ab«, hat Genscher später gestrichen. Im Gespräch aber ging er immerhin so weit, Gorbatschow wissen zu lassen, »dass er gegebenenfalls notwendige Auseinandersetzungen nicht scheue«. Hiermit sprach er offen seine Stellung in der Bundesregierung an. Auf Gorbatschows genüsslich vorgebrachten Hinweis, dass Genscher selbst nicht in den Zehn-Punkte-Plan eingeweiht war, reagierte er empfindlich. Er strich im Protokoll seine Antwort: »BM bejaht.«[175] Tatsächlich hatte er die Äußerung Gorbatschows scharf zurückgewiesen. Genscher wurde in Moskau ernst genommen. Sein Treffen mit Gorbatschow vom 5. Dezember 1989 war eine Bestätigung. Zwanzig Jahre nach dem Ereignis erinnerte sich Gorbatschow: »Genscher und ich lasen diese Zehn Punkte. Seitdem wurde kein Schritt ohne seine kompetente Beteiligung getan.«[176]

Die sowjetische Reaktion auf die Zehn Punkte des Bundeskanzlers ist auch ein Beleg dafür, dass in der Diplomatie der Stil manchmal wichtiger ist als die Substanz. In seinem Ärger über den Mangel an Konsultation hatte Gorbatschow übersehen, dass Kohls Vorschlag, in einem ersten Schritt auf dem Weg zur Einheit »konföderative Strukturen« zwischen Bundesrepublik und DDR zu bilden, aus sowjetischer Sicht die Grundlage eines Kompromisses hätte sein können. Dieser Vorschlag war ja von Modrows Begriff einer »Vertragsgemeinschaft« inspiriert. Die DDR wäre vorerst erhalten geblieben. Eine solche Annahme aber hatte Genscher sofort als unrealistisch erkannt. Auch Teltschik schien dieses Problem gesehen zu haben. In den Diskussionen im Kanzleramt vor der Zehn-Punkte-Erklärung wandte er sich gegen den Begriff Konföderation. Schließlich war von »konföderativen Strukturen« die Rede, wobei sich die Frage stellt, worin der Unterschied besteht. Von der Sache her hätte der Stufenplan Kohls Gorbatschow aber eher beruhigen müssen.

Inzwischen wurde die Entstehungsgeschichte dieses Vorschlags erhellt. Der frühere stellvertretende Leiter der Internationalen Abteilung des ZK der KPdSU, Andrej Gratschow, der Vertreter Falins, zeichnete sie nach.[177] Der Zehn-Punkte-Plan beruhte danach auch auf Vorstellungen, die Falin und sein Mitarbeiter Nikolai Portugalow Teltschik nahegebracht hatten. Die beiden sowjetischen Deutschlandpolitiker hatten Teltschik eine konföderative Lösung vorgeschlagen. Portugalow gab später zu, dass Falins und seine Initiative das Ziel hatte, »den unvermeidlichen Prozess zu unseren (sowjetischen) Gunsten zu kanalisieren«. Die Existenz beider deutscher Staaten wäre noch für einige Zeit aufrechterhalten worden. Sollte Portugalow, der auch Offizier des KGB war, vielleicht sogar eine klassische Kampagne der Desinformation versucht haben?

Jedenfalls wusste Gorbatschow nichts von der Initiative Falins. Der zuständige Abteilungsleiter im Zentralkomitee der KPdSU hatte beschlossen, auf eigene Faust zu handeln. Nach seiner Ansicht hatte Gorbatschow kein Konzept für den Umgang mit der Deutschen Frage. Falin ging praktisch in Opposition zu seinem Generalsekretär. Ihm genügte es nicht, dass die Sowjetunion sich angesichts der Entwicklungen in der DDR zurückhielt. Er wollte, dass die sich abzeichnende Vereinigung von der Sowjetunion kontrolliert werde und nach ihren Regeln verlief. Diese Regel sollte die Konföderation beider deutscher Staaten sein, die die DDR zumindest für einige Zeit retten konnte. Es ist eine Ironie der Geschichte, dass Falin dieses Modell knapp 20 Jahre zuvor mit der damaligen Bundesregierung schon einmal vertraulich besprochen hatte, während er den Moskauer Vertrag verhandelte. In beiden Fällen überging Falin seine Vorgesetzten. Seine Ostpolitik hatte der damalige sowjetische Botschafter in Bonn an Außenminister Gromyko, der dieser Politik skeptisch gegenüberstand, vorbei betrieben.

Jetzt umging Falin auch Gorbatschow und Schewardnadse. Zu Gorbatschow hatte er den direkten Zugang verloren. Den neuen sowjetischen Außenminister hielt er für unprofessionell. Botschafter Julij Kwizinski in Bonn, der ein gutes Verhältnis zu Genscher hatte und im Unterschied zu Falin in der deutschen Frage entschieden auf die amtierende Koalition setzte, war seit langem ein Rivale Falins. Die Botschaft sollte deshalb von Portugalow direkt im Bonner Kanzleramt überbracht werden. Selbst Tschernajew, der zuständige Mitarbeiter Gorbatschows, wurde nicht ins Bild gesetzt. Auf diesem Wege, über Teltschik, sollte der Bundeskanzler vom Konzept der Konföderation überzeugt werden, damit dieser dann wiederum Gorbatschow damit konfrontiere. Dies ist mit dem Zehn-Punkte-Plan in durch Kohl und Teltschik etwas modifizierter Form ja auch geschehen.

Teltschik selbst führt die Idee von den »konföderativen Strukturen« auf seine Gespräche mit Nikolai Portugalow zurück. Am 21. November 1989, eine Woche vor der Zehn-Punkte-Erklärung, übergab Portugalow Teltschik ein sieben Seiten langes, handgeschriebenes Papier mit Überlegungen zur sowjetischen Deutschlandpolitik. Er wies Teltschik ausdrücklich darauf hin, dass der Teil des Papiers, der sich mit der Zusammenarbeit zwischen beiden deutschen Staaten befasst, nur mit Falin abgesprochen war. Gerade in dieser Passage aber finden sich die Gedanken zu einer deutschen Konföderation. Es überrascht nicht, dass Portugalow für diesen Plan mit der Bemerkung wirbt, dass er für die Sowjetunion »quasi Undenkbares« enthalte. Warum aber fühlte sich Teltschik »elektrisiert« und nahm an, dass »schier Unglaubliches in Gang gekommen ist«?[178] Später stellte er sogar befriedigt fest, dass sein Gespräch mit Portugalow beim Kanzler Wirkung zeigte. Hatte Teltschik sich nicht selbst einmal über Falin beschwert, er sei »seit langem derjenige in Moskau, der am kompromisslosesten die gegen Deutschland gerichteten Positionen vertritt«? Er gehöre zur »deutschen Mafia«[179] im Kreml, die schon den sturen Außenminister Gromyko beraten habe.

Gorbatschow reagierte auf den Inhalt des Zehn-Punkte-Plans anders als erwartet, wahrscheinlich vor allem deswegen, weil er völlig überrascht war. Der Plan und die Art seiner Präsentation erregte sogar sein Misstrauen und verhärtete zeitweise seine Haltung in der Deutschen Frage. Kohl war ausgesprochen verärgert und überschüttete Teltschik mit Vorwürfen. In seinen öffentlichen Äußerungen gab Gorbatschow – genau wie seine amerikanischen und französischen Kollegen – natürlich vor, nicht überrascht worden zu sein, um den Eindruck zu vermitteln, dass er die Entwicklung unter Kontrolle habe. Tatsächlich war er weit davon entfernt. Falin hatte eine Diplomatie über die Bande versucht. Genscher, dem so etwas nicht fremd ist, hatte dieses Spiel durchschaut und allen Grund, misstrauisch zu sein. Auch in dieser Hinsicht wäre seine Skepsis über die Zehn Punkte zu verstehen.

Entgegen vielen Spekulationen vor allem deutscher Gesprächspartner hatte sich Gorbatschow wohl erst spät ernsthaft mit der deutschen Frage beschäftigt. Sein Interesse für die Bundesrepublik Deutschland galt dem Partner für die Modernisierung der Sowjetunion, die Perestroika. Schewardnadse will Gorbatschow schon 1985 gedrängt haben, das Thema mit seinen Mitarbeitern zu erörtern, wohl ohne Erfolg. Wadim Medwedew, früheres Mitglied des Politbüros, behauptet, dass in diesem Gremium die deutsche Frage erstmals im Herbst 1989 auf der Tagesordnung stand. Insofern hatten Bundespräsident von Weizsäcker und Genscher während ihres Besuchs beim sowjetischen Generalsekretär 1987 dessen Kommentar zum Thema wohl überinterpretiert. Gorbatschow hatte im Gespräch wie üblich die »Realität zweier deutscher Staaten« betont und vorgegeben, dass er eine deutsche Frage nicht kenne. Man solle »die Antworten der Geschichte überlassen. Niemand von uns wisse, was in hundert Jahren sein werde«.[180] Vor der Presse gaben Weizsäcker und Genscher daraufhin bekannt, dass für Gorbatschow die Deutsche Frage offen sei. Es ist nicht ganz klar, ob beide Politiker aus der nichtssagenden Bemerkung Gorbatschows wirklich Hoffnung für die deutsche Einheit schöpften oder nur »Geschichtspolitik« betrieben.

Diese Frage drängt sich auch für Gorbatschows Besuch in Bonn im Juni 1989 auf. Bundeskanzler Kohl führt dessen späteren Sinneswandel in der Frage der deutschen Einheit auf seinen nächtlichen Spaziergang mit dem sowjetischen Staatschef im Garten des Kanzleramts zurück. Bei dieser Gelegenheit kamen sich beide Partner persönlich näher. Sie hätten auf den Rhein geschaut, und das sei der »entscheidende Moment« auf dem Weg zur deutschen Einheit gewesen. Kohl will Gorbatschow bei dieser Gelegenheit mit dem Bild beeindruckt haben, dass die deutsche Einheit ähnlich wie der mächtige Strom des Rheins nicht aufzuhalten sei. Der Dolmetscher bei diesem Gespräch und enge Berater Gorbatschows, Wadim Sagladin, bestreitet dies und kann noch nicht einmal bestätigen, dass über dieses Thema überhaupt gesprochen wurde. Wie dem auch sei, die Szene am Rhein war zu einem Mythos gediehen, den der Bundeskanzler später immer wieder beschwor.

Gorbatschow und seine Frau Raissa waren damals von dem begeisterten Empfang durch die deutsche Bevölkerung tief beeindruckt. Portugalow musste beide darüber aufklären, dass die »Gorbimania« nicht nur ihnen, sondern auch der Perspektive einer deutschen Vereinigung galt. Gorbatschow war darüber eher erschrocken. Sein Besuch in Ost-Berlin im Oktober 1989 anlässlich des 40. Jahrestags der Gründung der DDR musste ihn schließlich überzeugen, dass seine Zwei-Staaten-Theorie nicht mehr zu halten war. Die DDR war am Ende und Generalsekretär Honecker unfähig und nicht willens, Reformen nach dem Vorbild der Perestroika einzuleiten. Als die Jugendlichen, die zu den öffentlichen Aufmärschen bestellt waren, nicht Honecker, sondern Gorbatschow zujubelten, wandte sich der ehemalige Ministerpräsident Polens, Mieczysław Rakowski, mit der Bemerkung an Gorbatschow: »Das bedeutet das Ende.« Gorbatschow bestätigt heute, dass er damals mit »Ja« geantwortet habe.[181]

Diese Erkenntnis und die Scharen von DDR-Flüchtlingen konnten Gorbatschow aber nicht dazu bewegen, ein Konzept für eine mögliche deutsche Einheit ins Auge zu fassen. Er ermöglichte sie am Ende dadurch, dass er sich nicht einmischte. Die Mauer fiel, weil er sie nicht mit militärischen Mitteln schützte. Er erwog auch zu keinem Zeitpunkt, sowjetische Streitkräfte einzusetzen, und widerstand allem Drängen aus der Roten Armee und durch den KGB. Schewardnadse behauptet heute, dass die Gefahr eines Eingreifens sowjetischer Streitkräfte »real« war.[182] Auf seine Initiative hin sei Gorbatschow mit ihm im November 1989 eigens zu dem Zweck nach Ost-Berlin geflogen, um den dortigen Befehlshabern absolute Zurückhaltung abzuverlangen.

Gorbatschow behauptet heute, dass er den Staatschefs aller Warschauer-Pakt-Staaten schon 1985, anlässlich der Trauerfeierlichkeiten für Konstantin Tschernenko in Moskau, versichert habe, dass die Sowjetunion in ihren Ländern nie militärisch intervenieren werde. Gorbatschow folgte jetzt auch nicht dem Rat einiger seiner Deutschland-Experten wie etwa Falin und Kwizinski, wenigstens die Stationierung sowjetischer Streitkräfte in der DDR als politisches Druckmittel zu nutzen. In dieser Haltung liegt vielleicht Gorbatschows größte historische Leistung. Der letzte Generalsekretär der SED, Egon Krenz, bestätigte später, dass man einer gewaltsamen Auseinandersetzung nahe war. Er meinte damit aber die Nationale Volksarmee. Der Verteidigungsminister der DDR, General Heinz Keßler, hatte drei Divisionen in Bereitschaft versetzt.

Die wohl einzige umfassende Beratung der Deutschen Frage durch die sowjetische Führung fand im Gebäude des Zentralkomitees der KPdSU am »Alten Platz« am 26. Januar 1990 statt. Die sowjetischen Protokolle zeigen, dass Gorbatschow, Premierminister Ryschkow, Außenminister Schewardnadse, Verteidigungsminister Jasow, Generalstabschef Akromejew und KGB-Chef Krjutschkow sich spätestens zu diesem Zeitpunkt darin einig waren, dass die DDR nicht mehr zu halten und eine Vereinigung beider deutscher Staaten nicht mehr auszuschließen war.[183] Der Chef des KGB verfügte wohl über die besten Informationen: »Die Tage der SED sind gezählt. Die ist kein Hebel mehr und keine Stütze für uns.« Krjutschkow empfahl: »Unser Volk muss langsam an die Wiedervereinigung Deutschlands gewöhnt werden.« Gorbatschows Antwort bewies seinen gesunden Pragmatismus: »Das Wichtigste wäre jetzt, wie auch immer das Endziel heißen mag – meinetwegen auch Wiedervereinigung –, dass der Vorgang zeitlich in die Länge gezogen wird.« Eine Mitgliedschaft des vereinten Deutschlands in der NATO aber lehnte Gorbatschow zu diesem Zeitpunkt noch kategorisch ab.

Der »Durchbruch« in der Deutschen Frage, den Teltschik bei der Begegnung des Bundeskanzlers mit Gorbatschow zwei Wochen nach dieser Sitzung im Kreml begeistert feststellen konnte, war also schon vorher erfolgt. Dies konnte die deutsche Delegation, die am 10. Februar 1990 in Moskau eintraf, natürlich nicht wissen. Sie hörte Gorbatschows Ausführungen mit ungläubigem Staunen. Teltschik hielt als »entscheidende Sätze« fest: »Es gebe zwischen der Sowjetunion, der Bundesrepublik und der DDR keine Meinungsverschiedenheiten über die Einheit und über das Recht der Menschen, sie anzustreben. Sie müssten selbst wissen, welchen Weg sie gehen wollen.«[184] Teltschiks Darstellung des Gesprächs zwischen Kohl und Gorbatschow, bei dem nur er und Tschernajew noch anwesend waren, ist naturgemäß selektiv. Kritische Einlassungen des sowjetischen Generalsekretärs werden übergangen. Gemäß den sowjetischen Protokollen insistierte Gorbatschow lange auf die für Kohl schwierigen Fragen der polnischen Westgrenze und des militärischen Status eines vereinten Deutschlands. Er forderte eine Stabilisierung der DDR und warf Kohl Einmischung in die inneren Angelegenheiten der DDR vor. Gorbatschow knüpft die Deutsche Einheit an Bedingungen: »Die

Deutschen müssen selbst ihre Wahl treffen, und die Deutschen müssen über unsere Haltung, über unsere Position Bescheid wissen.« Als der Bundeskanzler wissen wollte, ob »die Frage der Einheit Sache der Deutschen selbst ist«, antwortete Gorbatschow: »Ja, aber im Kontext der Realitäten.«[185] Auch die sonst vorsichtige sowjetische offizielle Nachrichtenagentur TASS stellte Übereinstimmung darin fest, »dass die Deutschen selbst die Frage der Einheit der deutschen Nation lösen und selbst ihre Wahl treffen müssen, in welchen Staatsformen, zu welchen Zeitpunkten, mit welchem Tempo und zu welchen Bedingungen sie diese Einheit realisieren werden«.[186] Die sowjetische Haltung war in der Tat relativ klar, aber konditioniert. Für die deutschen Teilnehmer hatte die Begegnung mit dem Generalsekretär ein Nachspiel, das geradezu exemplarisch den grundsätzlichen Konflikt zwischen Diplomatie und Innenpolitik zeigt. Teltschik bezeichnete das Ergebnis des Treffens in seinen Erinnerungen als »Triumph für Helmut Kohl, der als Kanzler der deutschen Einheit in die Geschichte eingehen wird.« Er forderte den Bundeskanzler auf, seinen »Riesenerfolg« besser zu »verkaufen«, und hielt ihm die in der Tat erfolgreichere Öffentlichkeitsarbeit Genschers vor.[187]

Teltschik sah das Verhältnis zwischen Kohl und Genscher offenbar immer mehr von Konkurrenz beherrscht. Die Wahlen in der DDR standen unmittelbar bevor. Als Teltschik aber schließlich in den Medien mit dem Satz zitiert wurde, der Bundeskanzler habe »den Schlüssel zur deutschen Einheit in Moskau abgeholt« und der liege jetzt in Bonn, war Kohl außer sich. Es konnte ihn auch nicht beruhigen, dass Teltschik sich in seiner Äußerung an Formulierungen der »Süddeutschen Zeitung« anlehnte.[188] Kohl spürte wohl diesmal sehr genau, dass jedes Auftrumpfen gegenüber Gorbatschow die diplomatischen Bemühungen um die deutsche Einheit gefährden konnte. Genscher und seine Mitarbeiter waren entsetzt und nannten Teltschik einen »Amateur«[189]. In seinen Erinnerungen an diesen Skandal spricht Genscher von einem damals möglichen »Scheitern all dessen, was jetzt zum Greifen nahe vor uns lag: die Einheit eines souveränen Deutschland«.

Deutsche Einheit

Zwei plus Vier

Am 18. Dezember 1989, zwanzig Tage nach der Zehn-Punkte-Erklärung des Bundeskanzlers, kam der britische Botschafter in Bonn, Sir Mallaby, in einem geheimen Bericht an seinen Außenminister Hurd zu dem Schluss, dass Kohl für seine Initiative »einen Preis gezahlt« hätte.[190] Er bezieht sich auf das Treffen der Botschafter der Vier Mächte, das am 11. Dezember 1989 erstmals seit 18 Jahren wieder stattgefunden hatte, ausgerechnet im Gebäude des Alliierten Kontrollrats in Berlin. Auch wenn die westlichen Vertreter sich widerstrebend gaben und die Gespräche auf Berlin betreffende Fragen begrenzen wollten, folgten sie doch der Anregung des sowjetischen Kollegen Kotschemassow. Dieser aber hatte im Sinn, eine Verantwortung der Vier Mächte auch für die Sicherheit in Europa und die Beziehungen zwischen beiden deutschen Staaten zu begründen. Die Botschafter Walters, Boidevaix und Mallaby zögerten nicht, sich für ein Vierer-Foto mit Kotschemassow vor dem Gebäude des Alliierten Kontrollrats zur Verfügung zu stellen. Das Foto rief in der deutschen Öffentlichkeit zu Recht Empörung hervor und wurde allgemein als anachronistisch empfunden. Botschafter Walters nannte es im Nachhinein »das schlimmste Foto des Jahres«.

Das Treffen der Vier Mächte war ein lauter Warnschuss. Die Zehn-Punkte-Erklärung des Bundeskanzlers mag für die »inneren Aspekte« der Herstellung der Einheit förderlich gewesen sein, für die »äußeren Aspekte« war sie äußerst gefährlich. Sie rief die normalen Reflexe von Nationalstaaten hervor, deren Regierungen es nicht lieben, überrumpelt zu werden. Eine mögliche Vereinigung beider deutscher Staaten rührte an das Gleichgewicht in Europa. Zum Zeitpunkt des Treffens im Alliierten Kontrollrat waren mehrere Alternativen zu den späteren Zwei-plus-Vier-Verhandlungen denkbar, die den interessierten Staaten Mitsprache gesichert, aber die Einheit in weitere Ferne gerückt hätten. Hierzu gehörten unter anderem Friedensverhandlungen zwischen beiden deutschen Staaten und den Teilnehmerstaaten des Zweiten Weltkriegs, eine Vier-Mächte-Konferenz oder eine Lösung im Rahmen der KSZE. Letztere wurde ernsthaft in Betracht gezogen, nicht nur von der Sowjetunion, sondern auch von Frankreich und Großbritannien mit dem Hintergedanken, die Einheit zu verzögern.

Paris und London waren sich ja anfangs mit Moskau darüber einig, dass die Verantwortlichkeiten der Vier Mächte das beste Mittel seien, um den eigenen Einfluss bei der Herstellung der Einheit zu wahren. Selbst der amerikanische Sicherheitsberater Scowcroft fragte Genscher bei einer Begegnung in Washington im November 1989, ob die Bundesregierung das Selbstbestimmungsrecht der Deutschen im Rahmen einer Friedenskonferenz oder einer Konferenz der Vier Mächte wahrnehmen wolle. Die für die Herstellung der Einheit wichtigsten Regierungen waren in ihren Reaktionen also weit von den Vorstellungen des Bundeskanzlers entfernt, der am 19. Dezember 1989 in Dresden mit Ministerpräsident Modrow eine »Vertragsgemeinschaft« zwischen der Bundesrepublik Deutschland und der DDR vereinbarte, sozusagen eine »Zwei-plus-Null-Lösung«. Dieser Plan wurde durch die Ereignisse überholt.

Genscher war durch die Reaktionen im Ausland auf die Zehn-Punkte-Erklärung aufs Höchste alarmiert und reagierte mit einer Klarheit, die manche Partner damals wohl überraschte. Er demonstrierte, dass in der Diplomatie auch manchmal Pflöcke eingeschlagen werden müssen. Schon im Gespräch mit Scowcroft stellte er klar, dass die Bundesrepublik mit Verhandlungen nach dem Muster der Genfer Vier-Mächte-Konferenz von 1959, bei denen die beiden deutschen Staaten an einem »Katzentisch« gesessen hätten, nicht mehr einverstanden sein konnte. So etwas verletze die »Würde unseres Volkes«, beschied er seine Kollegen am Rande der Konferenz der NATO-Außenminister, wenige Tage nach der Begegnung im Gebäude des Kontrollrats. »Ich gehe davon aus, dass es das letzte Treffen dieser Art war.«[191] Genscher spitzte in der für ihn typischen Art die Situation zu und stellte die Partner vor die Alternative: »Sie müssen sich entscheiden zwischen der Zusammenarbeit mit uns in der NATO und in der Europäischen Gemeinschaft oder mit der Sowjetunion im Kontrollrat.« Sein Freund James Baker spürte, dass Genschers Erregung und Schärfe diesmal nicht nur taktischer Art waren, sondern seiner tiefen Überzeugung entsprangen, dass den Deutschen nicht nur die Einheit zustand, sondern auch die Souveränität. Baker legte seine Hand auf Genschers Arm und sagte: »Hans-Dietrich, wir haben dich verstanden.«[192]

Auf der Konferenz der Außenminister in Ottawa im Februar 1990, die eigentlich der Abrüstung gewidmet war (»open skies«,

Verifikation aus der Luft), auf der dann aber die Zwei-plus-Vier-Verhandlungen beschlossen werden sollten, legte sich Genscher auch mit kleineren Partnern an. Das hatte er bisher vermieden. Der italienische Kollege Gianni De Michelis, der niederländische Hans van den Broek, aber auch die belgischen und luxemburgischen Außenminister hatten darauf beharrt, dass die deutsche Einheit die europäische Sicherheit, die »Sicherheit der Nachbarstaaten«, berührten. In diesem Punkt hätten alle Mitglieder der NATO ein Recht auf Mitsprache. Das vertrauliche Protokoll dieser Begegnung zeigt, dass die Zwei-plus-Vier-Formel zu diesem Zeitpunkt noch durchaus strittig war. In dieser Situation überschritt Genscher noch einmal die Grenzen seiner sonst üblichen Höflichkeit. Er wollte Klarheit schaffen. Kein einziger Partner sollte Illusionen über die deutsche Haltung hegen. Er herrschte De Michelis an, hatte es aber auch auf van den Broek abgesehen: »You are not part of the game!« (Ihr gehört nicht dazu).[193] Der damalige Leiter des Ministerbüros, Frank Elbe, erlebte nur dieses eine Mal, dass Genscher »jemanden offen angegangen ist«.[194] Dieser Konfrontation aber ließ Genscher einen eleganten Kompromiss folgen. So findet sich zwar die Formulierung »Nachbarstaaten« in der abschließenden Erklärung – daraus hatte der niederländische Außenminister eine Mitsprache abgeleitet –, aber der Bezug zur NATO fehlte. Die deutsche Einheit war damit nicht ihre Angelegenheit. Genscher hatte alle Versuche der Partner, die Fragen der Einheit über die Köpfe der Deutschen hinweg zu entscheiden, erfolgreich abgewehrt. Er bestand darauf, dass es Zwei-plus-Vier-Verhandlungen sein sollten und nicht Vier plus Zwei.

Die Entstehungsgeschichte der Zwei-plus-Vier-Formel ist auch ein Paradebeispiel für die Konkurrenz und das Misstrauen zwischen Institutionen. Sie beweist, dass Diplomatie manchmal nur gelingen kann, wenn die Schlüsselpersonen einander vertrauen. In diesem Fall waren es Genscher und Baker, die bei allen Meinungsverschiedenheiten und Manövern im Nationalen Sicherheitsrat und im Außenministerium auf amerikanischer und im Bundeskanzleramt und Auswärtigen Amt auf deutscher Seite den Erfolg sicherten. Die Idee der Zwei-plus-Vier-Verhandlungen wurde im Planungsstab des amerikanischen Außenministeriums geboren. Sein damaliger Leiter, Dennis Ross, beansprucht heute glaubwürdig, dass »die Idee aus seinem Büro kam«.[195] Auf jeden Fall wurde sie zuerst zwischen Planungsstab und Bob Zoellick diskutiert. Ross und Zoellick waren die wichtigsten Gesprächspartner Frank Elbes, der für Genscher die Verhandlungen mit dem amerikanischen Außenministerium führte. Gegenüber Elbe sprachen Ross und Zoellick anfangs noch vom Format der Sechs, intern aber war die Formel Zwei-plus-Vier schon bekannt.

Baker und Ross machten sich damals wegen der innenpolitischen Schwierigkeiten Gorbatschows Sorgen. Baker hatte in Verhandlungen mit seinem sowjetischen Kollegen Schewardnadse mehrfach erleben müssen, dass einmal getroffene Vereinbarungen wieder in Frage gestellt wurden. Er führte dies auf den Einfluss des sowjetischen Militärs zurück. Er nahm an, dass die Generäle Gorbatschow vorwarfen, Osteuropa und die DDR »verloren« zu haben. Der sowjetischen Seite sollte zumindest das Gefühl gegeben werden, dass sie an den Entscheidungen über die deutsche Einheit beteiligt ist. So drückt es Ross heute aus. Baker wollte mit dem Zwei-plus-Vier Format wohl auch deutsch-sowjetische Alleingänge verhindern. Dabei verlor er sich in gewagten historischen Parallelen. »Ohne einen solchen Prozess liefen wir Gefahr, dass sich die Deutschen und die Sowjets selbständig machten und gemeinsam einen Deal aushandelten (wie sie es 1918 in Brest-Litowsk, 1922 in Rapallo und 1939 mit dem Molotow-Ribbentrop-Nichtangriffspakt getan hatten)«[196]

Ross schlug seinem Chef vor, den Ansatz des Bundeskanzlers, beide deutsche Staaten allein über die Einheit entscheiden zu lassen, mit dem sowjetischen Vier-Mächte-Anspruch zu verbinden. So kam die Zwei-plus-Vier-Formel zustande. Sie musste Genscher gefallen, der sich zwar vehement gegen eine Vier-Mächte-Konferenz gestellt hatte, aber die Sorgen über das politische Überleben Gorbatschows teilte. Andererseits hatten die amerikanischen Kollegen klargestellt, dass die Zwei-plus-Vier-Verhandlungen von Anfang an das Ziel haben sollten, zur deutschen Einheit zu führen. Genscher stimmte dem Vorschlag Bakers, der ihm von Elbe zu Beginn eines Besuchs in Washington überbracht wurde, sofort zu. Er bestand allerdings darauf, dass es ausschließlich »Zwei plus Vier« und nie »Vier plus Zwei« heißen dürfe. Letzteres wollten ja nicht nur Gorbatschow, sondern auch die Außenminister Hurd und Dumas durchsetzen. Genscher mag auch an die deutschlandpolitische Diskussion der sechziger Jahre erinnert worden sein. Damals wurde in seiner Partei überlegt, ob nicht die zwei deutschen Staaten mit der Verantwortung der Vier Mächte im Hintergrund Verhandlungen aufnehmen könnten. Ganz neu war die Zwei-plus-Vier-Formel nicht.

Es sollte noch zu erheblichen Irritationen und Missverständnissen über das Verhandlungsformat kommen. Das Bundeskanzleramt und der Nationale Sicherheitsrat in Washington, also Teltschik und seine Kollegen Scowcroft und Blackwill, schienen sich mit der gefunden Lösung nicht abfinden zu wollen. Sie stellten sich die Verhandlungen über die deutsche Einheit ganz anders vor. Beide deutschen Staaten sollten Tatsachen schaffen, bevor die anderen Partner, vor allem die Sowjetunion, sich widersetzen konnten. Rieten Teltschik und Scowcroft ihren Chefs zu einer Politik des »fait accompli«, gar einer Politik der Stärke? Sie hätte gefährlich werden können. Baker beklagt sich in seinen Memoiren darüber, dass »sich die Mitarbeiter des NSC nicht nur gegen die 2+4-Formel gestellt sondern auch den Präsidenten bearbeitet hatten, sie nicht zu akzeptieren, obwohl ich London, Paris und Moskau bereits auf unserer Seite hatte und auch die Deutschen an Bord waren«.[197] Bei Letzteren bezieht sich Baker allerdings nur auf Genscher. Philip Zelikow und Condoleezza Rice, beide Mitarbeiter des Nationalen Sicherheitsrats, bestätigen Bakers Vermutung. Sie sprechen vom »schwerwiegendsten Dissens innerhalb der US-Regierung während des Vereinigungsprozesses«.[198]

Am 13. Februar 1990, nachdem sich also die sechs Staaten bereits auf die Zwei-plus-Vier-Formel geeinigt hatten, kam es zu einer deutsch-amerikanischen Irritation. Sie ist bis heute nicht ganz geklärt, erhellt aber schlagartig die Grabenkämpfe innerhalb beider Regierungen. Baker und Genscher stellen den Vorgang ähnlich dar, kommen aber zu etwas anderen Schlussfolgerungen. Demnach fragte Baker den fassungslosen Genscher, ob der Bundeskanzler mit der Zwei-plus-Vier-Formel einverstanden sei. Vorher hatte Scowcroft gegenüber Baker noch einmal seine Skepsis gegenüber der in Ottawa gefundenen Lösung geäußert: »Wir bewegen uns zu schnell.« Außerdem berief er sich auf Gespräche mit Teltschik, der ihm von »Bonner Sorgen« berichtet hätte. Als Baker darauf verwies, dass alle Beteiligten bereits zugestimmt hätten, stellte Scowcroft dies in Frage: »Kohl nicht.«[199] Der amerikanische Präsident war alarmiert und zog nun in Zweifel, was sein Außenminister ihm versichert hatte, nämlich dass beide, der deutsche Bundeskanzler und sein Außenminister, der Zwei-plus-Vier-Formel zugestimmt hätten. Dies löste die Frage Bakers an Genscher aus. Genscher bestand nunmehr darauf, dass Kohl das Missverständnis gegenüber dem amerikanischen Präsidenten in einem Telefongespräch ausräume, was dieser sofort zusagte. Aber Bush kam Kohl mit einem Anruf offenbar zuvor. Er schien sich erst nach diesem Gespräch über die deutsche Haltung sicher zu sein. Im amerikanischen Vermerk wird Kohl mit dem Satz zitiert: »George, ich habe das Gefühl, da liegt ein Missverständnis vor. Was die Außenminister in Ottawa beraten, hat meine vollste Zustimmung.« Der entsprechende vertrauliche Vermerk des Bundeskanzleramtes, der diesen Satz merkwürdiger Weise nicht enthält, verzeichnet übrigens zwei Telefongespräche zwischen Kohl und Bush am Abend des 13. Februar 1990.[200]

Die diplomatische Verwicklung wirft nicht nur ein besonderes Licht auf Kommunikations- und Entscheidungsprozesse zwischen Außenministern und Sicherheitsberatern auf beiden Seiten. In Washington war man sich bewusst, dass es in Bonn zwischen Auswärtigem und Bundeskanzleramt »einen gesunden Wettbewerb« gibt, wie Baker ironisch vermerkte.[201] Er enthüllte in seinen geheimen privaten Papieren auch, dass er vom Misstrauen seines Präsidenten getroffen war. Er hatte Bush sogar mit Rücktritt gedroht. In einem Telefongespräch, das in den offiziellen Akten nicht dokumentiert ist, wandte sich Baker in einer Weise an seinen Präsidenten, die man von ihm nicht erwartet hätte: »Wir hatten hier einen guten Tag, einen geradezu historischen Erfolg. Aber um offen zu sein, Sie hätten ihn beinahe verhindert. Wenn Sie mich noch einmal in eine solche Lage versetzen, können Sie sich einen neuen Außenminister suchen.«[202]

Baker hatte dem amerikanischen Präsidenten eine Lektion erteilt. Das Gewicht, der Einfluss und die Überzeugungskraft eines Außenministers hängen von seiner Nähe zum Staatschef, von dessen Vertrauen ab. Diese Erkenntnis liegt Baker noch heute am Herzen. Er blickt auf den damaligen Vorgang zurück: »Als Außenminister müssen Sie ganz eng mit dem Präsidenten zusammenarbeiten. Sonst stehen Sie auf verlorenem Posten. Der Präsident muss den Außenminister unterstützen, verteidigen und beschützen. Ich war Bushs politischer Manager in all seinen Wahlkämpfen, deshalb passte kein Stück Papier zwischen uns.«[203]

Genscher hält eine andere Erklärung für die Missverständnisse vom 13. Februar 1990 bereit. Schon in seinen »Erinnerungen« spricht er seinen Verdacht relativ deutlich aus. Er wollte damals von Baker wissen, worin dessen Zweifel an der Haltung des Bundeskanzlers zur Zwei-plus-Vier-Formel gründeten. Als Baker auf Sicherheitsberater Scowcroft verwies, glaubte Genscher zu wissen, »woher das in Bonn kommt«. Er spricht von »Fallstricken«, die gelegt worden seien.[204] Noch in einem späteren Interview bezeichnet Genscher die deutsch-amerikanischen Irritationen als »eines von mehreren Störmanövern von Personen ..., die nicht direkt am Prozess beteiligt gewesen« seien.[205]

Ist Genschers Misstrauen berechtigt? Baker hält es – auf Genschers Verdacht angesprochen – durchaus für möglich, dass Teltschik »sein Süppchen gekocht«[206] (stirring the pot) habe. Es ist unbestritten, dass Teltschik über den Zwei-plus-Vier-Prozess anderer Meinung war als Genscher und dass er versuchte, seinen Bundeskanzler zu überzeugen. Genauso unwahrscheinlich aber ist, dass er darüber hinaus versuchte, den Bundeskanzler zu umgehen.

Das deutsch-amerikanische Zwischenspiel war äußerst undurchsichtig. Es bestand durchaus die Gefahr, dass die für die Herstellung der Einheit so wichtige Einigung auf das Zwei-plus-Vier-Format in Frage gestellt worden wäre. Dass dies nicht geschah, ist dem Vertrauensverhältnis zwischen Genscher und Baker einerseits und Kohl und Bush andererseits zu verdanken. Die Konkurrenz zwischen Kanzleramt und Auswärtigem Amt in Bonn war ja in Washington bekannt und wurde im Umgang mit den deutschen Partnern durchaus in Rechnung gestellt.

Im Unterschied zur amerikanischen Regierung, aber ähnlich wie die Sowjetunion betrachteten Frankreich und Großbritannien den Zwei-plus-Vier-Rahmen vor allem als ein Mittel der Diplomatie, Einfluss auszuüben, eine Rolle zu spielen und die »äußeren Aspekte der Einheit« mit zu gestalten. Die schnelle Zustimmung der britischen Regierung zeigte wohl vor allem, dass Außenminister Hurd relativ selbstständig entschieden haben muss. Seine in der deutschen Frage unbelehrbare Premierministerin nutzte dann eine spätere Gelegenheit, der Einigung über den Zwei-plus-Vier-Vertrag Steine in den Weg zu legen. Sie war allem Anschein nach dafür verantwortlich, dass dieser Vertrag in der Nacht vor der geplanten Unterzeichnung am 12. September in Moskau beinahe gescheitert wäre. Auf Weisung aus London hatte der Politische Direktor des Foreign Office, John Weston, darauf bestanden, dass der Vertrag Manöver ausländischer Streitkräfte auf dem Gebiet der früheren DDR erlauben sollte. Diese Forderung entsprach nicht der Einigung, die man im Entwurf des Vertrags bereits erreicht hatte. Danach durften »ausländische Streitkräfte ... in diesem Teil Deutschlands weder stationiert noch dorthin verlegt«[207] werden. Die britische Delegation stieß auf den heftigen Widerstand der sowjetischen Seite.

Genscher beschwor seinen britischen Kollegen bei einem gemeinsamen Abendessen in der Residenz Botschafter Blechs, diese Forderung aufzugeben oder einem von ihm und Schewardnadse gefundenen Kompromiss zuzustimmen. Hurd schien den Ernst der Lage zu begreifen und einverstanden zu sein. Als Genscher nach dem Abendessen in sein Hotel »Oktober« zurückgekehrt war, überbrachte ihm sein Politischer Direktor Dieter Kastrup die alarmierende Nachricht, dass die sowjetische Delegation die für den nächsten Morgen geplante Unterzeichnung des Zwei-plus-Vier-Vertrags abgesagt habe. Schewardnadse erinnert sich, dass er diese Weisung für den Fall vorgesehen hatte, wenn seine Partner der britischen Forderung zustimmen sollten. Gorbatschow war mit diesem Vorgehen einverstanden.

Angesichts dieser dramatischen Umstände war es nicht verwunderlich, dass Genscher in seinen »Erinnerungen« von heftigen Herzrhythmusstörungen am 11. und 12. September 1990 berichtet. Seine etwas zittrige Unterschrift unter dem Zwei-plus-Vier-Vertrag belegt dies. Genscher zweifelte nicht am guten Willen seines Freundes Hurd. Ihm war sicher klar, dass die britische Weisung nur von der Premierministerin persönlich stammen konnte. Sie schien sich eines diplomatischen Mittels der Obstruktion bedient zu haben, das die Angelsachsen »nuisance power« nennen, die Macht, Schaden anzurichten. Sie ist oft genug ein Ersatz für wirklichen Einfluss, den Großbritannien während der gesamten Zwei-plus-Vier-Verhandlungen eben nicht besaß.

In dieser schwierigen Situation kurz vor Unterzeichnung des Zwei-plus-Vier-Vertrags bewährte sich wieder einmal das freundschaftliche Verhältnis Genschers zu seinen Kollegen Baker und Dumas. Ohne dieses diplomatische Kapital wäre es möglicherweise nicht zur Unterzeichnung am 12. September 1990 gekommen. Baker wurde von Genscher an diesem Tag um 1 Uhr morgens aus dem Bett geholt. Baker hatte sich nach seinem Flug über den Atlantik mit einer Schlaftablette und nach einem Whiskey schlafen gelegt. Erst als Genscher den Begleitern Bakers drohte, ihren Chef selbst zu wecken, fand eine Begegnung der beiden Freunde statt. Genscher taufte sie später »Bademantelkonferenz«.[208] Natürlich wollte auch Baker ein Scheitern des Vertrags verhindern. Er versprach zu helfen.

Beim Frühstück am nächsten Morgen in der französischen Residenz bat Genscher auch Dumas um eine Intervention bei Hurd. Der britische Außenminister stimmte schließlich – wie Baker und Dumas auch – rechtzeitig einer Protokollnotiz zu, die Kastrup noch in der Nacht meisterlich formuliert hatte. Jetzt wurden die Begriffe »stationiert« und »verlegt«, die sich auf ausländische Streitkräfte auf dem Gebiet der früheren DDR nach Abzug der sowjetischen Streitkräfte bezogen, in einer Weise interpretiert, die die Entscheidung in die Hände einer künftigen deutschen Regierung legte. Nicht nur war die Unterzeichnung des Zwei-plus-Vier-Vertrags am 12. September 1990 gerettet, sondern die deutsche Seite hatte auch noch einen Beitrag zur Souveränität der künftigen gesamtdeutschen Regierung geleistet.

Was den französischen Außenminister angeht, so verschweigt Genscher in seinen Memoiren rücksichtsvoll, dass Roland Dumas lange Zeit an der Formel »Vier plus Zwei« festgehalten hatte. In dieser Frage befand er sich also im Gegensatz zum deutschen Außenminister. Baker hatte große Mühe, Dumas vor dem Treffen in Ottawa vom 12. bis 14. Februar 1990 zu überzeugen. Sogar noch nachdem dort die Entscheidung über die Zwei-plus-Vier-Formel gefallen war, insistierte Dumas gegenüber seinem britischen Kollegen: »Die Deutschen sagen 2 + 4, ich sage 4 + 2.«[209] Was er damit meinte, wurde im weiteren Verlauf dieses Gesprächs klar. Dumas verstand das beschlossene Verhandlungsformat als »Werkzeug«, das Frankreich nun einsetzen sollte. Die Einigung von Ottawa war für die französische Diplomatie weniger ein Ergebnis als der »Ausgangspunkt« eines Prozesses, in dessen Verlauf Frankreich seine Interessen bei der Gestaltung der äußeren Aspekte der Einheit verteidigen und seine ihm angemessene Rolle spielen konnte. Vor diesem Hintergrund war das besondere Engagement Mitterrands und Dumas' für die Festlegung der Oder-Neiße-Grenze zu interpretieren. Ihnen schien die Klärung dieser Frage nicht nur ein Ziel an sich zu sein, sondern auch ein Mittel, den französischen Einfluss zu wahren.

Die französische und polnische Regierung hatten besonders heftig darauf reagiert, dass die Frage der Oder-Neiße-Grenze nicht zu den Zehn Punkten des Bundeskanzlers gehörte. Premierminister Tadeusz Mazowiecki bestätigte später, dass ihn gerade das Fehlen dieses Punktes in der Erklärung dazu gebracht habe, die polnischen Interessen in relativ aggressiver Weise zu vertreten. Damit hatte er die Zwei-plus-Vier-Verhandlungen zeitweise erheblich verunsichert und erschwert. Senatspräsident Andrzej Stelmachowski sprach es direkt an: »Kohl-Plan fehlt der elfte Punkt.« Außenminister Krzystof Skubiszewski schließlich stellte einen »grundlegenden Mangel« im Plan des Bundeskanzlers fest.[210]

Hatte schon die Zehn-Punkte-Erklärung die polnische Seite verstört, so wurde dann der Beschluss über die Zwei-plus-Vier-Verhandlungen in Warschau mit großer Empörung aufgenommen. Es war die Rede von einem »zweiten Jalta«. »Nichts über uns ohne uns«, forderte Mazowiecki.[211] Die polnische Regierung versteifte sich vorübergehend auf eine gleichberechtigte Teilnahme an den Zwei-plus-Vier-Verhandlungen, aber sie konnte sich für dieses Anliegen nicht der Unterstützung der Vier Mächte versichern, die auf ihre Sonderstellung pochten. Polen wurde schließlich nur dann an den Verhandlungen beteiligt, wenn die Grenzfrage behandelt wurde. Dies hatte Genscher vorgeschlagen.

Die Auseinandersetzung um die Anerkennung der Grenze zwischen dem vereinigten Deutschland und Polen stellte nicht nur die diplomatischen Fähigkeiten Genschers auf die Probe, sondern führte ihn auch an den Rand eines Bruchs in der Koalition. Nach den Konflikten über die Doppelte Nulllösung bei den Mittelstreckenraketen und die Modernisierung der nuklearen Kurzstreckenraketen kam es nun zu einem neuen Ringen mit dem Bundeskanzler. Kohl spürte in der Frage der Oder-Neiße-Grenze den Druck von Kreisen seiner Partei. Er wollte vor den acht anstehenden Wahlen im Jahr 1990 Rücksicht auf konservative Wähler nehmen und zögerte mit einer Festlegung. Teltschik charakterisierte diese Haltung treffend: »Er weiß, dass er sich weiterbewegen muss, aber eigentlich will er nicht.«[212]

Genscher sah die Frage der polnischen Westgrenze zuallererst als außenpolitisches Problem von grundsätzlicher historischer Bedeutung. Mehr als 20 Jahre zuvor hatte er der FDP auf ihrem Parteitag in Hannover zur Erkenntnis verholfen, dass die Anerkennung der polnischen Westgrenze die Voraussetzung für die Vereinigung Deutschlands ist. Nachdem die Einheit sich durch die Flüchtlingsströme aus der DDR im Sommer 1989 angekündigt hatte, verlieh Genscher seiner Überzeugung vor der Vollversammlung der Vereinten Nationen im September 1989 Ausdruck. Er sprach den anwesenden polnischen Kollegen direkt an: »Ich wende mich an Sie, Herr Außenminister Skubiszewski, als den Außenminister des neuen Polens. Ihr Volk soll wissen, dass sein Recht, in sicheren Grenzen zu leben, von uns Deutschen weder jetzt noch in Zukunft durch Gebietsansprüche in Frage gestellt wird.«[213]

Diese Äußerung war unmissverständlich. Es fehlte jeder Hinweis auf den Vorbehalt eines Friedensvertrags, den Kohl in Anspruch zu nehmen pflegte. Der Außenminister und Vizekanzler hatte nicht nur außenpolitisch, sondern auch innenpolitisch einen unverrückbaren Pflock eingeschlagen. Kohl war in den folgenden Monaten gezwungen, sich Genschers Position zu nähern und sie schließlich zu übernehmen. Wieder einmal hatte Genscher in einer wichtigen außenpolitischen Frage die Initiative in der Bundesregierung übernommen, man könnte auch sagen: die Politische Führung. Die Entschließung des Deutschen Bundestages vom November 1989, mit der dieser Streit in der Koalition vorübergehend beigelegt wurde, nahm die Formulierung Genschers aus seiner Rede vor der UNO wörtlich auf. Befriedigt stellte Genscher fest, dass bei allen Gegensätzen, die es damals zu überwinden gab, eine feste menschliche Verbundenheit zwischen Kohl und ihm verhinderte, dass es zu einem Bruch kam.

Im Januar 1990 erkannte Kohl während eines Besuchs in Paris an, »dass die Polen die Gewissheit haben müssen, in sicheren Grenzen zu leben«[214]. Im März 1990 aber sollte sich wieder zeigen, dass Kohl die außenpolitische Bedeutung der Oder-Neiße-Frage unterschätzte. Er erklärte sich zwar grundsätzlich einverstanden mit einer gemeinsamen Erklärung des Bundestages und der Volkskammer der DDR, mit der die Unverletzlichkeit der Oder-Neiße-Grenze festgestellt werden sollte. Er knüpfte aber hieran die Bedingung, dass die polnische Regierung auf Reparationsansprüche verzichtete und der deutschen Minderheit in Polen einen besonderen Status einräumte. Die Empörung in Warschau war wie zu erwarten groß. Genscher distanzierte sich öffentlich von Kohl. In einem Interview warnte er davor, dass die Forderungen des Bundeskanzlers das Vertrauen der Partner erschütterten, das Deutschland auf dem Weg zur Vereinigung brauche. Er stellte klar, dass das vereinigte Deutschland aus der Bundesrepublik Deutschland, der Deutschen Demokratischen Republik und dem ganzen Berlin bestehen solle, nicht mehr und nicht weniger. Nach einem Gespräch mit Genscher wurde Kohl mit den Worten zitiert: »Es wird in der Koalition sehr schwer.«[215]

Anders als in den großen früheren Streitfragen der Koalition aber hatte diesmal – vor der Bundestagswahl und vor einer sehr wahrscheinlichen Vereinigung Deutschlands – keiner der Beteiligten Interesse an einem Ende dieser Bundesregierung. Der zwischen CDU/CSU und FDP gefundene Kompromiss nahm die Formulierungen Genschers aus der UNO-Rede auf. Die Medien werteten die Einigung als einen Erfolg des Außenministers. Anfang Juni 1990 schließlich stellte sich der Bundeskanzler dem Widerstand in der eigenen Partei entgegen. Er brachte dasselbe Argument vor, mit dem Genscher seine eigene Partei überzeugt hatte: Es gebe keine Wiedervereinigung ohne die Anerkennung der Oder-Neiße-Grenze. Am 21. Juni beschlossen Bundestag und Volkskammer übereinstimmend, dass die Grenze zwischen dem vereinten Deutschland und Polen endgültig sei und nach der Vereinigung völkerrechtlich verbindlich festgeschrieben werden solle.

Die französische Regierung nutzte die Frage der Oder-Neiße-Grenze vor allem als Mittel der Außenpolitik, zur Wahrung ihres Einflusses bei der Vereinigung Deutschlands. Dies sahen Kohl und Teltschik sicher richtig. Im Verhältnis zu Frankreich wurden für Teltschik die »Grenzen der Freundschaft sichtbar«[216]. Der französische Präsident beabsichtigte allerdings nicht, die weitgehenden polnischen Forderungen nach vertraglicher, völkerrechtlicher Anerkennung der Grenze noch vor der Vereinigung uneingeschränkt zu unterstützen. Er wollte verhindern, dass Erinnerungen an die »kleine Entente« der Zeit zwischen den Weltkriegen wach werden: »Was ich Jaruzelski gesagt habe, habe ich Kohl und Genscher zehn Mal gesagt. Es gibt keine französisch-polnische Allianz.«[217]

Die Besonderheit des deutsch-französischen Verhältnisses lag darin, dass die Interessen Mitterrands und Dumas' denen Genschers ähnlich waren. Eine klare deutsche Haltung zur Oder-Neiße-Frage sollte vor allem die Sorgen der Partner zerstreuen, die beiden deutschen Staaten könnten auf dem Weg zur Vereinigung ihre Interessen missachten. Kohl hatte dieser Frage für die Zustimmung der Partner zur Vereinigung offenbar weniger Bedeutung zugemessen. Deshalb geriet er mit Mitterrand immer wieder aneinander. Kohl nannte dies »reinigendes Gewitter«. Klarheit wurde damit allerdings nicht geschaffen. Genscher dagegen erklärte das Verhältnis zu Polen zu einer gemeinsamen Angelegenheit mit Dumas.

Die Frage aller Fragen

»Die Frage aller Fragen« – so hatte Schewardnadse den sicherheitspolitischen Status des vereinten Deutschlands genannt. Aus heutiger Sicht ist es immer noch überraschend, dass Gorbatschow sich im Mai 1990 gegenüber Präsident Bush grundsätzlich damit einverstanden erklärte, dass das vereinte Deutschland Mitglied der NATO sein sollte. Auch in der amerikanischen Regierung wurde es damals für unvorstellbar gehalten, dass Gorbatschow sich ein solches Ergebnis der Zwei-plus-Vier-Gespräche politisch leisten konnte. Nicht nur die sowjetische, sondern die russische Geschichte insgesamt zeigt doch, dass die nationalen Sicherheitsinteressen die Außenpolitik stärker bestimmen als alle anderen Faktoren.

Der Widerstand gegen Gorbatschows Haltung zur Vereinigung Deutschlands kam vor allem aus Kreisen des russischen Militärs. Verteidigungsminister Dmitri Jasow, den Gorbatschow selbst eingesetzt hatte, gehörte zu den Putschisten vom August 1991. Die Gegner der Außenpolitik Schewardnadses warfen diesem den sicherheitspolitischen Ausverkauf der Sowjetunion vor. Sie trieben ihn Ende 1990 zum Rücktritt. Auch auf dem Parteitag der KPdSU im Juli 1990 spielte die Sicherheitspolitik eine wichtige Rolle. Gorbatschow konnte auf diesem Parteitag seine Macht nur vorübergehend sichern, wie sich sehr bald danach zeigte. Er war zwar als Generalsekretär der KPdSU wiedergewählt worden, und das erstmals direkt vom Parteitag. Dies stärkte grundsätzlich seine Stellung sowohl gegenüber dem Zentralkomitee als auch gegenüber der militärischen Führung. Aber die Gegner in beiden Institutionen bemächtigten sich des Themas der sowjetischen Sicherheitsinteressen und setzten Gorbatschow unter Druck.

Für den Erfinder der Perestroika selbst galt der absolute Vorrang der Wirtschaft. Die Modernisierung der Sowjetunion konnte nur gelingen, wenn die westlichen Partner Güter, Dienstleistungen und Technologie in großem Maßstab zur Verfügung stellten. Diese Hoffnungen hatten sich nicht erfüllt. Für Kohl und Bush reduzierten sich die Nöte Gorbatschows offenbar auf finanzielle Probleme. Dies kam in einem Gespräch im Februar 1990 klar zum Ausdruck, als Bush den Kanzler bestärkte: »Wir werden das Spiel gewinnen, aber wir müssen es geschickt anstellen.« Kohl führte diesen Gedanken weiter, indem er antwortete: »Die Sowjets versuchen zu handeln. Und dies könnte auf eine Frage von Bargeld hinauslaufen. Sie brauchen Geld.« Bush sah die finanzielle Hilfe für die Sowjetunion vor allem als eine Aufgabe des Bundeskanzlers. Dieser habe ja »große Hosentaschen«[218]. Die amerikanische Regierung selbst wollte den Erfolg der Perestroika abwarten, bevor sie sich zu einer Hilfe durchrang. Condoleezza Rice warnte sogar davor, Gorbatschow »kaufen« zu wollen. Waren sich Kohl und Bush der verzweifelten Lage des Generalsekretärs bewusst?

Der Bundeskanzler aber ließ sich dann auf etwas ein, das er selbst wohl als eine Art Handel zwischen finanzieller Unterstützung und deutscher Einheit sah. Die deutsch-sowjetischen Verhandlungen über Kredite wurden zu einem teilweise dramatischen Pokerspiel. Angebot und Nachfrage lagen weit auseinander. Die sowjetische Regierung erwartete 36 Milliarden Deutsche Mark, die deutsche Seite bot 3 Milliarden. Dann war das Verhältnis 18,5 zu 6 Milliarden. Bei einem Telefongespräch mit Gorbatschow erhöhte Kohl auf 8 Milliarden, später auf 12, schließlich auf 15 Milliarden. Angesichts der 55 Milliarden, die Deutschland der Sowjetunion insgesamt im Zuge der Vereinigung zahlte, ist dieses Feilschen im Nachhinein nur schwer zu verstehen. Gorbatschow hatte alle Mühe, sein Gesicht zu wahren. Er beklagte sich fast verzweifelt beim Bundeskanzler, in eine »Falle geraten« zu sein.[219]

Wieder einmal drückt er seine Enttäuschung über den Bundeskanzler nicht bei diesem selbst, sondern gegenüber Genscher aus. Er sei kein »Händler und schon gar kein Erpresser. Das wäre eine Selbsterniedrigung«. Es war in dieser Situation nicht überraschend, dass Gorbatschow schließlich unverhohlen mit dem Hinweis drohte, dass das vereinte Deutschland ohne den Abzug der sowjetischen Soldaten nicht über die volle Souveränität verfügen werde. Kohls Diplomatie war an ihre Grenzen gekommen, weil sie die psychologische Seite, die Frage der persönlichen Würde und des Ansehens Gorbatschows in seinem Land nicht in Rechnung stellte. Eine solche Art der Diplomatie war riskant. Beim Treffen mit Genscher in Brest im Juni 1990 sprach Schewardnadse dies offen aus: Der Eindruck, dass die sowjetische Zustimmung zur deutschen Einheit mit einem Kredit erkauft werden sollte, führe in seinem Land zur »Beunruhigung« und »verletze die Würde unserer bilateralen Beziehungen«.

Genscher wurde immer wieder vorgeworfen, der Sowjetunion in den sicherheitspolitischen Fragen zu sehr entgegengekommen zu sein. Er wusste aber, wie gefährdet Gorbatschows Position war. Zu seinen Mitarbeitern sagte Genscher immer wieder: »Wir können gar nicht so dumm denken, wie es kommen kann.« Er hielt es für möglich, dass sich die Krise um Gorbatschow beschleunigte und für die Vereinigung nicht genügend Zeit blieb. Gaben ihm nicht der erste Golfkrieg im August 1990 und der Putsch gegen Gorbatschow im August 1991 Recht?

Eine Diplomatie der Stärke war gefährlich. Vor allem in den USA herrschte trotz aller wohlwollenden Rhetorik das Gefühl vor, den Kalten Krieg gewonnen zu haben. Die Menschen in Russland sehen sich hingegen immer noch als Verlierer des Kalten Kriegs. Russische Politiker konnten dieses Gefühl für eigene politische Zwecke missbrauchen und taten dies auch. Aus russischer Sicht war es während der Zwei-plus-Vier-Verhandlungen eben nicht gelungen, die Teilung Europas zu überwinden und eine echte Partnerschaft mit einem Land aufzubauen, das für die Lösung internationaler Probleme gebraucht wurde. Die KSZE-Charta von Paris vom November 1990 sei nicht eingelöst worden. Darin heißt es: »Das Zeitalter der Konfrontation und der Teilung Europas ist zu Ende gegangen.«[220] Der heutige Präsident Dmitri Medwedew lässt an seiner Haltung keinen Zweifel: Nach dem Fall der

Mauer sei versäumt worden, »Russlands Platz in Europa neu zu definieren«.[221]

Im Grunde fühlt sich Russland vom Westen betrogen. Der Vorwurf ist konkret und Gorbatschow erhebt ihn heute unmissverständlich: Ihm sei damals versprochen worden, dass die NATO sich nicht nach Osten ausdehne und dass die sicherheitspolitischen Interessen der Sowjetunion gewahrt würden. Dieses Versprechen sei nicht gehalten worden.[222] Erst vor kurzem rang sich auch Schewardnadse zu der Feststellung durch: »Aber die Versprechen gab es.«[223] Unabhängig davon, ob diese Behauptungen durch Fakten gestützt sind oder nicht, Wahrnehmungen bestimmen die Politik. Deshalb sind sie ernst zu nehmen.

Genschers historisches Verdienst liegt vor allem darin, die Bedeutung dieses Problems nicht nur für Russland, sondern für die Zukunft Europas frühzeitig erkannt und versucht zu haben, die Zustimmung Gorbatschows zur NATO-Mitgliedschaft des vereinten Deutschlands ohne außenpolitischen Schaden zu erreichen. Genscher hielt an seiner Vision einer gesamteuropäischen Friedensordnung fest, die er spätestens seit seiner Stuttgarter Rede von 1966 beschworen hatte und die im Harmel-Bericht der NATO von 1967 bekräftigt worden war. Er stellte sich die Frage, wie sie mit der damals schon in Aussicht genommenen Ausdehnung der NATO zu vereinbaren sei.

Gorbatschow gründet seinen Vorwurf vor allem auf ein Gespräch, das er mit Außenminister Baker am 9. Februar 1990 in Moskau führte. Die amerikanischen und die sowjetischen vertraulichen Vermerke über dieses Gespräch stimmen weitgehend überein. Zweifel am Wortlaut gibt es nicht. Gorbatschow verweist insbesondere auf eine Äußerung Bakers, die auch der sowjetische Vermerk enthält: »Wir verstehen, dass es nicht nur für die Sowjetunion, sondern auch für andere europäische Staaten wichtig sei, eine Garantie dafür zu haben, dass, wenn die USA ihre militärische Präsenz in Deutschland im Rahmen der NATO beibehält, es eine Ausdehnung der Zuständigkeit (jurisdiction) und militärischen Präsenz der NATO nach Osten um keinen inch geben wird.« Dann wiederholt Baker seine Aussage auch im Hinblick auf die »militärische Organisation« der NATO. Schließlich stellte Baker an Gorbatschow die entscheidende Frage: »Würden Sie ein vereintes Deutschland lieber außerhalb der NATO sehen, unabhängig und ohne amerikanische Truppen oder an die NATO gebunden, mit der Sicherheit, dass die Zuständigkeit der NATO keinen inch nach Osten ausgedehnt würde?« Gorbatschow antwortete erst ausweichend. Dann aber äußerte er sich klar: »Sicher wäre jede Ausdehnung des Bereichs (zone) der NATO unannehmbar.«[224]

Erhebt Gorbatschow zu Recht seinen Vorwurf? Bedeutet die spätere Aufnahme Polens, Ungarns, der Tschechischen Republik und weiterer Staaten Mittel- und Osteuropas in die NATO den Bruch eines am Ende des Kalten Kriegs vom Westen gegebenen Versprechens?

Genscher und Baker verneinen diese Frage heute energisch. Mit der Formulierung »nach Osten« sei nur das Territorium der damaligen DDR gemeint gewesen. Warum wurde dies damals nicht ausdrücklich gesagt? Es ergebe sich aus dem Zusammenhang des Gesprächs, lautet die Antwort. Die Frage einer Mitgliedschaft von Staaten des Warschauer Pakts hätte sich damals noch gar nicht gestellt. Genscher bestätigt, dass es ausschließlich um das Gebiet der DDR gegangen sei. Er bekundet aber in demselben Gespräch Verständnis für die Frage Gorbatschows: »Nur, wenn die schon, was den Osten Deutschlands angeht, so sensibel waren, so musste man wissen, wenn man weitergeht, dann werden sie natürlich noch sensibler sein.«[225]

Der Zerfall des Warschauer Pakts war eine Frage der Zeit. Karl Kaiser berichtet heute, dass die mögliche Erweiterung der NATO schon im Februar 1990 in Washington ein Thema war.[226] Dennis Ross hält es im Rückblick durchaus für möglich, dass Gorbatschow den Vorschlag Bakers vom 9. Februar 1990 »im weiteren Sinne« verstanden habe.[227] Jack Matlock, 1990 Botschafter der USA in Moskau, ging in einer späteren Anhörung des amerikanischen Kongresses noch darüber hinaus. Gorbatschow habe von Baker eine klare Zusage bekommen, dass »die Grenzen der NATO sich nicht ostwärts« des vereinten Deutschland bewegen.[228]

Auch wenn im Gespräch zwischen Baker und Gorbatschow vom 9. Februar 1990 wirklich nur vom Gebiet der DDR die Rede war, so reichte dies jedenfalls schon, um Widerspruch im Weißen Haus auszulösen. Baker musste die in diesem Gespräch vertretene Position wieder zurücknehmen. Genscher und Baker waren sich aber darin einig, dass die Respektierung sowjetischer Sicherheitsinteressen die Schlüsselfrage in den Zwei-plus-Vier-Verhandlungen sei. Condoleezza Rice bestätigt heute, dass in Washington außerhalb des Weißen Hauses damals Alternativen zur NATO-Mitgliedschaft des vereinten Deutschlands durchgespielt wurden. Die deutsche Haltung dazu galt als unsicher. Genscher war deshalb besonders beunruhigt über ein Interview, das Kohl der »Washington Post« gegeben hatte. Die Zeitung schrieb am 18. Januar 1990[229] über den Bundeskanzler: »Es schien, als stimme er nicht mit dem beharrlichen Argument der Regierung Bush überein, dass die deutsche Vereinigung im Kontext der fortbestehenden Verpflichtungen in der NATO herbeigeführt werden müsse«. Kohl wurde mit den Worten zitiert: »Ich denke nicht, dass es klug wäre, solchen Gedanken beim gegenwärtigen Stand der Diskussion Raum zu geben.« Präsident Bush lud den Bundeskanzler im Februar 1990 vor allem deswegen nach Camp David ein, um dessen klare Zusicherung in dieser Frage zu erhalten. Condoleezza Rice erinnert sich: »Wenn die Deutschen gesagt hätten: Wir wollen kein NATO-Mitglied sein, hätten wir das natürlich akzeptieren müssen.«[230]

Genschers besondere Sensibilität für die sowjetischen Sicherheitsinteressen war zum einen seiner inzwischen langjährigen Erfahrung, aber auch der Beschäftigung mit dem Problem einer gesamteuropäischen Friedensordnung zu verdanken. Andererseits ist sie auf die vielen Gespräche und das enge Vertrauensverhältnis mit Schewardnadse zurückzuführen. Gorbatschow hatte die Frage der NATO-Mitgliedschaft des vereinten Deutschland weitgehend seinem Außenminister überlassen. Dies bestätigt nicht nur Schewardnadse in seinen Memoiren. Es zeigte sich vor allem während des amerikanisch-sowjetischen Gipfels in Washington im Mai 1990.

Gorbatschow hatte dort zum Schrecken seiner Delegation dem Präsidenten zugestanden, »dem vereinten Deutschland selbst die Entscheidung zu überlassen, zu welchem Bündnis es gehören will«. Offenbar hatte er diese Wende in der sowjetischen Position völlig allein, ohne Konsultationen mit seinen Mitarbeitern herbeigeführt. Generalstabschef Akromejew und Falin distanzierten sich sogleich durch Mienenspiel und Körpersprache.[231] Condoleezza Rice hält diesen Sinneswandel noch heute für ein Rätsel.

Sie hatte ihrem Präsidenten damals einen Zettel zugeschoben, mit dem sie ihn aufforderte, Gorbatschow zu einer Wiederholung seiner Aussage zu bewegen. Dieser stimmte tatsächlich noch einmal Bushs Feststellung zu, dass die Mitgliedstaaten der KSZE das Recht hätten, ihr Bündnis frei zu wählen. Auch bei einer gemeinsamen Pressekonferenz am nächsten Tag stand Gorbatschow zu dieser Aussage.

Dies bedeutet übrigens, dass der Durchbruch in der Bündnisfrage bereits im Mai 1990 beim amerikanisch-sowjetischen Gipfel in Washington erzielt wurde, nicht erst im Kaukasus zwischen Gorbatschow und Kohl im Juli 1990. Dies bestätigten inzwischen die Berater Gorbatschows, Wadim Sagladin und Anatoli Tschernajew.[232] Elbe verweist auf die Vorarbeiten des Auswärtigen Amtes. »Gleichwohl kann rückblickend kein Zweifel bestehen, dass die wichtigsten Verhandlungsergebnisse feststanden, als der Kanzler und seine Delegation ... nach Moskau und in den Kaukasus aufbrachen.«[233] Als Bush nach der Pressekonferenz zum Abschluss des Gipfels im Mai 1990 den Bundeskanzler am Telefon über das sowjetische Zugeständnis unterrichtete, hatte er den Eindruck, dass dieser die Neuigkeit nicht gleich begriff.

Die vielen Gespräche Genschers mit Schewardnadse zeigten vor allem, dass die sowjetische Seite in der Frage der Bündniszugehörigkeit des vereinten Deutschlands ratlos war. Schewardnadse kam immer wieder auf das Thema zurück und versuchte, Genscher den Ernst der Lage nahezubringen. Das Gespräch vom 4. Mai 1990, also noch kurz vor dem Gipfel in Washington, verlief dramatisch. Es gehe um die Autorität Gorbatschows. Wenn das vereinte Deutschland Mitglied der NATO werden sollte, werde es in der Sowjetunion eine »andere Regierung« geben. Die Situation im Land könnte unkontrollierbar werden, und das wäre das Ende der Perestroika. Die Lage sei »sehr ernst«.[234]

Wie sollte Genscher davon nicht beeindruckt sein? Seine Botschaft in Moskau hatte ihm Anfang Mai 1990 berichtet, dass Gorbatschow und vor allem Schewardnadse von politischen Gegnern verdächtigt würden, sowjetische Sicherheitsinteressen preiszugeben. Dies hätte zwangsläufig eine Verhärtung der Haltung zur Folge. Die Botschaft warnte vor einer Politik der Stärke. Sie empfahl, nicht nur Verhandlungsdruck aufzubauen, sondern auch das sowjetische Gefühl der strategischen Schwäche und die entsprechende Empfindlichkeit in Rechnung zu stellen.[235]

Die Hilflosigkeit Gorbatschows und Schewardnadses kam schon dadurch zum Ausdruck, dass sie ständig wechselnde Varianten des sicherheitspolitischen Status des vereinten Deutschlands ins Spiel brachten: Austritt beider deutscher Staaten aus NATO und Warschauer Pakt, Mitgliedschaft in beiden Bündnissen, Neutralität, Auflösung der Blöcke in gesamteuropäischen Strukturen. Baker hatte vorübergehend den Eindruck, dass Gorbatschow sogar eine Mitgliedschaft der Sowjetunion in der NATO nicht ausschließe. Je näher der Parteitag der KPdSU rückte, desto größer waren die Rückschläge in den Verhandlungen über die deutsche Einheit. Als Schewardnadse beim Zwei-plus-Vier-Treffen am 22. Juni 1990 in Berlin Vorschläge präsentierte, die nichts von dem enthielten, was bereits vereinbart war, schob Baker Genscher während der Sitzung einen kleinen Zettel zu: »Was hat das zu bedeuten?«. Genscher schrieb zurück: »window dressing« (frei übersetzt: »Alles nur Show«).[236]

Der deutsche Außenminister hatte die innenpolitischen Probleme Gorbatschows und ihre Auswirkungen auf die sowjetische Außenpolitik wohl realistischer als seine Kollegen beurteilt. Er war auch mit Schewardnadses Methoden der Diplomatie besser vertraut: »Stets hatte mein sowjetischer Kollege in seiner Verhandlungsstrategie mit mehreren Optionen operiert, was es ihm möglich machte, in die gewünschte Richtung zu arbeiten, ohne sich formal darauf festzulegen.«

Der erfolgreiche Abschluss der Zwei-plus-Vier-Verhandlungen am 12. September 1990 ist vor allem das Werk Genschers, Schewardnadses und Bakers. Die Bündnisfrage wurde vor allem auf der Grundlage der Vereinbarung zwischen Bush und Gorbatschow gelöst. Lückenlose Zusammenarbeit, gegenseitiges Vertrauen und Verständnis waren der eigentliche Glücksfall der Diplomatie. Die Außenminister hatten die relativ kurze Zeit, die ihnen für die Verhandlungen zur Verfügung stand, gut genutzt. Im Dezember 1990 trat Schewardnadse, den die konservativen Kritiker seiner Außenpolitik immer mehr unter Druck gesetzt hatten, von seinem Amt zurück. Er war auch verbittert darüber, dass Gorbatschow ihn vor den Gegnern der Perestroika nicht in Schutz genommen hatte. Sah der sowjetische Präsident nicht, dass der Putsch, vor dem ihn Schewardnadse gewarnt hatte, längst vorbereitet wurde?

Genscher hatte jedenfalls allen Grund, das wichtigste nationale Interesse der Sowjetunion, das Sicherheitsinteresse, ernst zu nehmen und eine westliche Antwort darauf zu entwickeln. Außenminister Baker verstand die Überlegungen seines Freundes und teilte sie weitgehend. Er war überzeugt, dass der Wandel in Europa nach einer neuen Architektur der Sicherheit verlangte. Hatte Präsident Bush nicht selbst gesagt, der Westen dürfe aus der neuen Lage keine einseitigen Vorteile ziehen? Baker hielt die Politik der Stärke für ein »gefährliches Spiel«. Er konnte sich aber nicht gegen das Weiße Haus durchsetzen, das ohnehin an Genschers Haltung zur NATO zweifelte. Genscher musste vorsichtig sein und seine Möglichkeiten immer wieder neu ausloten. Sein neben dem Politischen Direktor engster Mitarbeiter in dieser Zeit, Frank Elbe, beschreibt dieses Vorgehen sehr plastisch: »Genscher bewegte sich in jenen Wochen mit der Vorsicht eines Rieseninsektes, das mit seinen vielen Fühlern vorsichtig das Umfeld abtastete, bereit, zurückzuzucken, wenn es Widerstand spürte, um dann sofort den Fühler an einer anderen Stelle anzusetzen.«[237]

Genschers Überlegungen und Vorschläge zum sicherheitspolitischen Status des vereinten Deutschlands waren mehr als bloße Verhandlungstaktik. Sie sind nur aus den Ideen heraus zu verstehen, die Genscher seit den sechziger Jahren über gesamteuropäische Sicherheit entwickelt hatte. Er wollte damals die Frage der NATO-Mitgliedschaft des vereinten Deutschlands lösen, indem er auf den Wandel der Bündnisse und ihres Verhältnisses zueinander setzte. Wie auch schon bei anderen wichtigen Initiativen unternahm den ersten Vorstoß nicht als Außenminister und Vizekanzler, sondern im Rahmen seiner Partei.

Die Formulierungen seiner Rede auf dem Dreikönigstreffen der FDP am 6. Januar 1990 mochten wolkig geklungen haben. Sie waren aber ernst zu nehmen. Sie hatten Methode und wurden in der Folge immer weiter entwickelt: »Die den Völkern Europas von den Bündnissen gewährte Sicherheit muss in einem ersten Schritt durch kooperative Sicherheitsstrukturen gestärkt werden. In einem zweiten Schritt müssen die dann kooperativ strukturierten Bündnisse in einen Verbund gemeinsamer kollektiver Sicherheit überführt werden, das heißt, es sollten zwischen den

Bündnissen Strukturen entstehen, die den Antagonismus der Bündnisse Schritt für Schritt überwinden.«[238] Die Formulierung »zwischen den Bündnissen« hatte Genscher gewählt, um seine Kritiker zu beruhigen. Sie stellte klar, dass er an eine weitere Existenz der Bündnisse glaubte.

Aber genau an dieser Stelle ging Genscher in seiner Rede vor der Versammlung der Westeuropäischen Union (WEU) am 23. März 1990 einen Schritt, der weit in die Zukunft wies: »Sie (die kooperativ strukturierten Bündnisse) schaffen neue Strukturen der Sicherheit in Europa, von denen sie zunehmend überwölbt werden, in denen sie schließlich aufgehen können.«[239] Es überrascht nicht, dass Verbündete, der Bundeskanzler und einige Medien den letzten Halbsatz als Vorschlag verstanden, irgendwann in der Zukunft die Bündnisse aufzulösen. Kohl distanzierte sich, Genscher dementierte. In seinen »Erinnerungen« fehlt die umstrittene Passage.

Genscher beharrte auf seiner gesamteuropäischen Logik und Rhetorik. Rechtzeitig vor dem für Gorbatschow schwierigen Parteitag der KPdSU im Juli 1990 setzte er in der NATO durch, dass ihre Außenminister auf ihrer Konferenz in Turnberry (Schottland) »der Sowjetunion und allen anderen europäischen Ländern die Hand zu Freundschaft und Zusammenarbeit«[240] reichten. Die Idee zu einer solchen Erklärung stammte vom Politischen Direktor Kastrup. Er brachte die Formulierung an den üblichen Gremien vorbei in das endgültige Kommuniqué. Auch hierbei bewährte sich die enge Abstimmung zwischen Genscher und Baker. Präsident Bush wollte Aussagen vermeiden, die eine Gleichwertigkeit beider Bündnisse suggerieren konnten. Der sowjetischen Führung aber wurde geholfen, die NATO im eigenen Land zu »entdämonisieren«. So hatte es sich Schewardnadse gewünscht. Die »Botschaft von Turnberry« fand sich auch im Zwei-plus-Vier-Vertrag wieder. In ihm heißt es, dass die Vertragsparteien »sich gegenseitig nicht als Gegner betrachten«.[241]

Genscher sah in den Zwei-plus-Vier-Verhandlungen schließlich auch die Chance, die KSZE weiterzuentwickeln. Sie könne als Rahmen der deutschen Einheit dienen und stärkere Institutionen erhalten. Auf diesem Weg aber folgten ihm die Partner nicht. Die Zwei-plus-Vier-Erklärung enthält nur einen sehr allgemeinen Bezug auf die KSZE. Spätere Versuche zur Institutionalisierung sind nicht weiter gediehen. Genscher hatte vergeblich vorgeschlagen, die KSZE mit einem Sicherheitsrat nach dem Vorbild der Vereinten Nationen auszustatten.

Die entscheidende sicherheitspolitische Frage war im Detail noch ungelöst. Was würde bei einer NATO-Mitgliedschaft Deutschlands aus dem Territorium der DDR werden? Die dortige Stationierung von Streitkräften der NATO war für die Sowjetunion nicht hinnehmbar und vor dem Abzug der sowjetischen Streitkräfte eigentlich auch undenkbar. Es war wiederum Genscher, der diese Frage als Erster aufgriff. Seine Rede vor der Evangelischen Akademie in Tutzing am 31. Januar 1990 schrieb er weitgehend allein. Sie war eine »einsame Geburt«, wie Frank Elbe sich erinnert. Das Bekenntnis Genschers zur Mitgliedschaft Deutschlands im westlichen Bündnis fiel in dieser Rede so eindeutig aus, dass in den ersten Reaktionen Sorge darüber erkennbar war, dass diese Äußerungen die Herstellung der deutschen Einheit gefährden könnten: »Die Bundesrepublik Deutschland muss sodann die Frage beantworten, wie sie es im Falle der deutschen Einheit mit ihrer Mitgliedschaft in der Europäischen Gemeinschaft und im westlichen Bündnis hält. Die Antwort ist eindeutig, unsere Mitgliedschaft in der EG im Falle der Einheit ist unwiderruflich und der Wille zu fortschreitender Integration hin zur politischen Union auch. Das Gleiche gilt für die Mitgliedschaft im westlichen Bündnis. Ein neutralistisches Gesamtdeutschland wollen wir nicht.« In der gleichen Rede hatte Genscher aber auch festgestellt: »Vorstellungen, dass der Teil Deutschlands, der heute die DDR bildet, in die militärischen Strukturen der NATO einbezogen werden sollen, würde die deutsch-deutsche Annäherung blockieren.«[242] Westalliierte Streitkräfte sollten dort also nicht stationiert werden. So ist es später ja auch festgeschrieben worden und wird bis heute praktiziert.

Genscher hatte auch in dieser Frage die politische Führung übernommen. Außenminister Baker machte sich Genschers sogenannte »Tutzinger Formel« vorübergehend zu Eigen. Hier aber stieß er auf den Widerstand im Weißen Haus. Blackwill wollte, dass Baker von der »Tutzinger Formel« wieder Abstand nahm. In Camp David aber einigten sich Kohl und Bush schließlich am 24. Februar 1990 darauf, dass das Gebiet der DDR in einem vereinten Deutschland einen »besonderen militärischen Status« erhalten sollte.[243] Dies war ganz in Genschers Sinne.

In der Tutzinger Rede unternahm Genscher immerhin den Versuch, Rücksicht auf sowjetische Sicherheitsinteressen mit den Interessen des westlichen Bündnisses zu verbinden. Deshalb ist diese Rede eine seiner bedeutendsten: »Was immer im Warschauer Pakt geschieht, eine Ausdehnung des NATO-Territoriums nach Osten, das heißt näher an die Grenzen der Sowjetunion heran, wird es nicht geben. Diese Sicherheitsgarantien sind für die Sowjetunion und ihr Verhalten bedeutsam. Der Westen muss auch der Einsicht Rechnung tragen, dass der Wandel in Osteuropa und der deutsche Vereinigungsprozess nicht zu einer Beeinträchtigung der sowjetischen Sicherheitsinteressen führen dürfen. Die dafür erforderlichen Voraussetzungen zu schaffen wird ein hohes Maß an europäischer Staatskunst verlangen.« Gleichzeitig stellte Genscher klar: »Das Westliche Bündnis wird nach dem Willen seiner Mitglieder fortbestehen, denn die Bündnisse haben auch in Zukunft eine friedenssichernde und stabilisierende Funktion. Das schließt unseren Verbleib in der NATO ein. Ein deutscher Neutralismus würde niemandem nutzen.«[244]

Es ist wohl damals nicht aufgefallen, dass Genscher hier trotz aller Einschränkungen über die Frage der Präsenz nichtdeutscher Streitkräfte der NATO auf dem Gebiet der DDR hinausdachte. Frank Elbe bestätigt dies heute ausdrücklich. Die »europäische Staatskunst«, die Genscher forderte, übte er selbst aus. Die geheimen Vermerke über seine Gespräche mit dem britischen Außenminister Hurd, vor allem aber mit Schewardnadse über diese Frage sind allerdings missverständlich. Weder Genscher noch ein anderer westlicher Staatsmann hatte der Sowjetunion damals zugesagt, dass die NATO sich nicht für Staaten des Warschauer Pakts öffnen werde. Hierüber gibt es jedenfalls keine schriftlichen Dokumente. Die Gespräche Genschers kreisen vielmehr um den Gedanken, Regelungen für die Stationierung von Streitkräften und Rüstung, die für das Territorium der DDR gefunden werden, auch darüber hinaus gelten zu lassen. Schon im Februar 1990 erklärte Genscher dem britischen Kollegen Hurd, was er unter der Bereitschaft verstand, die NATO nicht nach Osten auszudehnen: »Eine solche Erklärung dürfe sich nicht nur auf die DDR beziehen, sondern müsse genereller Art sein. Beispielsweise brauche die SU auch die Sicherheit, dass Ungarn bei einem Regierungswechsel nicht Teil des westlichen Bündnisses werde.«[245] In der Tat sollte es noch knapp zehn Jahre dauern, bis Ungarn, zusammen mit Polen und der Tschechischen Republik, Mitglied der NATO wurde. Britische Akten über dasselbe Gespräch belegen zudem eine Äußerung Genschers darüber, dass Polen bei einem Austritt aus dem Warschauer Pakt »nicht am nächsten Tag der NATO beitritt«[246]. Bei diesem Zitat mag der Akzent auf »am nächsten Tag« liegen. Genscher erkannte zu Recht das Problem für die Sowjetunion, dass ein Mitglied des Warschauer Pakts mit seinem Austritt sozusagen uno actu Mitglied der NATO würde.

Einige Tage nach dem Gespräch mit Hurd am 10. Februar 1990 äußerte sich Genscher gegenüber Schewardnadse auf der gleichen Linie: »Was im Übrigen die Nichtausdehnung der NATO anbetreffe, so gelte dies ganz generell.« Schewardnadse nahm diesen Satz offenbar ernst: »Man glaube allen Worten des BM.«[247] Man kann sich jetzt auch vorstellen, welche Wirkung die Aussprache mit Genscher im Juni 1990 in Brest auf Schewardnadse ausübte. Über fünf Stunden lang hatten die beiden Freunde dort die künftige Architektur Europas und ein neues Verhältnis der Bündnisse zueinander erörtert. Die Bedeutung dieses Treffens wurde durch eine symbolische Geste noch erhöht. Die gemeinsame Niederlegung eines Blumengebindes am Grab des im Zweiten Weltkrieg gefallenen Bruders Schewardnadses war eine Botschaft an die Öffentlichkeit der Sowjetunion und wurde dort im Fernsehen übertragen.

Genscher gibt heute zu bedenken, dass er Gorbatschow und Schewardnadse mit seiner Initiative damals einen Ausweg aus ihren ungeheuren innenpolitischen Schwierigkeiten weisen wollte. Die sowjetische Führung stand in der NATO-Frage unter großem Druck der politischen Gegner. Sie war gefährdet und mit ihr die Perestroika. Genschers »Erinnerungen« lassen in dieser Hinsicht viele Fragen offen. Jedenfalls dachte Genscher damals nicht an eine Auflösung der NATO. Die Präsenz amerikanischer Streitkräfte in Europa hielt er aus politischen und sicherheitspolitischen Gründen für notwendig. Er mag vielmehr an eine Art geographischer Ausdehnung der Formel vom »besonderen militärischen Status« über das Territorium der ehemaligen DDR hinaus gedacht haben. In diesem Fall ist er durch die bis heute unveränderte Zurückhaltung der NATO bei der Stationierung ihrer Truppen in den mitteleuropäischen Mitgliedstaaten bestätigt worden. Die

NATO hat sich bis heute auch im Hinblick auf ihre neuen Mitglieder an die im Zwei-plus-Vier-Vertrag für das Gebiet der früheren DDR vereinbarten Regeln gehalten. Die heute diskutierten Projekte für eine gemeinsame Raketenabwehr in Mitteleuropa könnten daran etwas ändern. Insofern ist der heftige Widerstand Russlands zu verstehen. Genscher hätte damals sicherlich eine Diskussion darüber vorgezogen, wie die in Washington damals schon ins Auge gefasste allgemeine Öffnung der NATO mit dem von allen geteilten Ziel einer gesamteuropäischen Friedensordnung zu vereinbaren wäre.

Verantwortung und Macht

Die Unterzeichnungen des »Vertrags über die abschließende Regelung in Bezug auf Deutschland« und der »Charta von Paris für ein neues Europa« im Herbst 1990 bedeuteten für Genscher die Verwirklichung seiner politischen Vision. Gerade der enge zeitliche Zusammenhang zwischen der Vereinigung Deutschlands und der Erklärung der KSZE-Staaten über das Ende der Teilung Europas schien das Konzept Genschers zu bestätigen: Deutsche und europäische Einheit waren die sprichwörtlichen zwei Seiten einer Medaille. War nicht das Lebenswerk Genschers vollendet?

Hätte er im Herbst 1990 seine Karriere beendet, wäre er nie an die Grenzen seiner Außenpolitik gestoßen. Er hätte nicht die Erfahrung machen müssen, dass eine seiner wesentlichen außenpolitischen Überzeugungen nicht haltbar war: Sowohl der sogenannte Golfkrieg als auch der Krieg in Jugoslawien bewiesen, dass Verantwortung und Macht kein Gegensatz sind. Dies aber hatte Genscher immer wieder behauptet. Verantwortung und Macht bedingen sich gegenseitig. Beide Kriege waren Beispiele dafür, dass das Recht und die Menschenrechte notfalls mit militärischer Macht geschützt werden müssen. Hierin bestand gerade die Verantwortung. Saddam Hussein und Slobodan Milošević hatten eines gemeinsam: Sie folgten allein den Gesetzen der Machtpolitik, letztlich des Erhalts der eigenen Macht. Man konnte ihnen nur mit Macht begegnen.

Zu dieser Erkenntnis mag sich Genscher auch heute nicht durchringen. Er verweist darauf, dass diese Fragen sich eben erst nach seinem Rücktritt gestellt hätten. Einerseits ist diese Antwort insoweit nicht korrekt, als der Krieg im Golf 1990 und in Jugoslawien 1991 begonnen hatte. Andererseits scheint es Genschers Natur zu widerstreben, Diplomatie durch Macht zu »stützen«. Diesen Rat hatte Henry Kissinger gegeben. Macht gehört zum Wesen der Diplomatie. Sie ist ihre dunkle Seite. Genscher lehnte sie auch instinktiv ab. Er wollte damit nichts zu tun haben. Hier lagen die Grenzen seiner Außenpolitik. Sie sollten sich in den beiden letzten Amtsjahren zeigen.

Genscher konnte mühelos an eine Tradition der deutschen Außenpolitik nach dem Zweiten Weltkrieg anknüpfen, die dem klassischen Pazifismus sehr nahe kam. Frieden und der Schutz der Menschenrechte wurden zwar zu den wichtigsten Zielen der Außenpolitik erklärt. Als Mittel zu ihrer Durchsetzung aber schied militärische Macht mit Hinweis auf die Geschichte und das Grundgesetz aus. Die Bundesrepublik Deutschland begab sich mit dieser Haltung insofern auf einen »Sonderweg«, als die wichtigsten Verbündeten, wie die USA, Frankreich und Großbritannien, Macht immer noch ein normales Mittel der Interessenpolitik ansahen. Diese Staaten konnten deshalb die Haltung der Bundesregierung in dieser Frage eigentlich nie akzeptieren. Sie haben ihr sogar zeitweise misstraut. Der von Genscher geprägte Begriff »Verantwortungspolitik« konnte nicht überzeugen.

Die Partner erkannten zwar an, dass die Deutschen sich ihrer jüngsten Vergangenheit stellten, fanden aber, dass sie die falschen Schlüsse daraus zogen. Als Bundeskanzler Kohl während des Kriegs auf dem Balkan an den Überfall der Wehrmacht erinnerte und den Einsatz der Bundeswehr dort für immer ausschloss, widersprach ihm einer der führenden Intellektuellen der USA, Fritz Stern. Er hielt die Deutschen gerade wegen ihrer Geschichte dafür verantwortlich, Menschenleben notfalls auch mit militärischer Macht zu schützen. In den Augen der Partner fielen die Deutschen von einem Extrem in das andere, von der »Machtversessenheit zur Machtvergessenheit«, wie Hans-Peter Schwarz dies nannte.

Vor diesem Hintergrund war das Bekenntnis zur »weltpolitischen Mitverantwortung«, das bereits Bundeskanzler Brandt anlässlich des Beitritts der Bundesrepublik Deutschland zu den Vereinten Nationen 1973 ablegte, wenig glaubwürdig. Der Vorgänger Genschers im Amt des Außenministers, Walter Scheel, äußerte sich beim gleichen Anlass besonders vollmundig: »Wo immer eine Schlacht um die Befreiung des Menschen von leiblicher Not, um sein Recht auf menschenwürdige Existenz geschlagen wird, dort werden Sie die Bundesrepublik Deutschland in der ersten Reihe der Kämpfer finden.«[248] Der Begriff Verantwortung wurde seines Inhalts beraubt. Er wurde zu einem Mittel der Rhetorik. Die Bundesregierung weckte damit Erwartungen, die sie nicht einlöste. Als die Bundesregierung während des Krieges zwischen dem Irak und dem Iran in den achtziger Jahren gebeten wurde, zur Sicherung der Handelsschifffahrt im Arabischen Golf Minenräumboote zur Verfügung zu stellen, lehnte sie ab, obwohl die deutsche Marine auf diesem Gebiet führend war. Dabei hatte Bundeskanzler Kohl schon 1983 erklärt, »dass unsere vitalen Interessen über den NATO-Vertragsbereich hinausreichen. Krisenhafte Entwicklungen in anderen Teilen der Welt wirken sich auch auf uns aus. Deshalb brauchen und üben wir Solidarität und enge Abstimmung mit den Verbündeten, die weltweit Verantwortung übernommen haben.«[249]

Genscher kommt das Verdienst zu, die öffentliche Diskussion über das Verhältnis von Menschenrechten und Staatssouveränität mit angestoßen zu haben. Unter Bezugnahme auf die Resolutionen 660 des Sicherheitsrats der Vereinten Nationen, mit der der Überfall des Irak auf Kuweit im August 1990 als »Bruch des internationalen Friedens und der Sicherheit« verurteilt wurde, sowie 678, der »alle notwendigen Mittel« autorisierte, um den »sofortigen und bedingungslosen Rückzug des Irak« aus Kuweit zu erreichen, erklärte Genscher im April 1991 im Namen der Bundesregierung: Diese Resolution »hat erstmals in der Geschichte der Vereinten Nationen in dieser Deutlichkeit zum Ausdruck gebracht, dass die Missachtung der Menschenrechte den internationalen Frieden und die Sicherheit bedroht. Sie kann nicht mehr nur als innere Angelegenheit eines Staates behandelt werden. Das ist eine wichtige Fortentwicklung des Völkerrechts.« War sich Genscher aber bewusst, dass die Bedrohung des Friedens gemäß Kapitel VII der Charta der Vereinten Nationen die Anwendung militärischer Macht rechtfertigen kann? Seine Entscheidungen während der Kriege im Golf und auf dem Balkan zeigen, dass er es so nicht gemeint hat.

Krieg am Golf

Er begann mit dem Überfall des irakischen Diktators Saddam Hussein auf Kuweit am 2. August 1990. Noch am selben Tag trat der Sicherheitsrat der Vereinten Nationen zu einer Krisensitzung zusammen, auf der die irakische Invasion als »Bruch des Weltfriedens und der internationalen Sicherheit« verurteilt wurde. Am

3. August forderten die Außenminister Baker und Schewardnadse in einer gemeinsamen Erklärung die Staatengemeinschaft zu praktischen Schritten gegen den Irak auf. Am 4. August beschloss die Europäische Gemeinschaft Sanktionen. Schließlich autorisierte der Sicherheitsrat der Vereinten Nationen am 27. November 1990 die Anwendung militärischer Gewalt gegen den Irak, wenn dieser sich nicht bis zum 15. Januar 1991 aus Kuweit zurückziehe.

In der Folge gelang es der amerikanischen Regierung, eine militärische Koalition zu bilden, zu der unter anderen Großbritannien, Frankreich, aber auch Saudi-Arabien, Ägypten, Syrien und Marokko gehörten. Am 16. Januar, einen Tag nach Ablauf der dem Irak gesetzten Frist, setzte die Operation »Desert Storm« ein, der Angriff der amerikanischen und der alliierten Streitkräfte mit einer Bombardierung Bagdads aus der Luft. Nach weiteren ergebnislosen Gesprächen, vor allem mit dem irakischen Außenminister Tarik Asis, griffen die alliierten Streitkräfte am 23. Februar 1991 mit Bodentruppen an. Am 27. Februar erklärte Präsident Bush Kuweit für befreit. Er stellte fest, dass das Kriegsziel erreicht war: Rückzug der irakischen Streitkräfte aus Kuweit. So hatte der Sicherheitsrat der Vereinten Nationen das Mandat definiert.

Aus Sicht Genschers demonstrierte der Verlauf des Krieges am Golf eigentlich exemplarisch die von ihm geforderte »Fortentwicklung des Völkerrechts«. Die gewaltsame Besetzung Kuweits war ein eindeutiger Verstoß gegen die Charta der Vereinten Nationen. Dieser Befund wurde nicht dadurch relativiert, dass auch westliche wirtschaftliche Interessen berührt waren. Der Irak und Kuweit zusammen verfügten über ein Fünftel der weltweiten Ölreserven. Es gab keinen Zweifel darüber, wer der Aggressor war. Der Sicherheitsrat der Vereinten Nationen hatte ihn eindeutig genannt. Er mandatierte die Anwendung von Gewalt.

Die amerikanische Regierung konnte ihre Verantwortung zur Durchsetzung des Völkerrechts wahrnehmen, weil sie über die notwendige und ausreichende militärische Macht verfügte. Die militärischen Mittel befanden sich insofern in einem angemessenen Verhältnis zum Ziel, als dieses in kurzer Zeit erreicht wurde. Dadurch wurden die eigenen Opfer in Grenzen gehalten. Zum andern wurde die Macht maßvoll eingesetzt. Die amerikanischen Streitkräfte gingen nicht über das vom Sicherheitsrat gesetzte Mandat hinaus. Sie machten vor Bagdad Halt.

Aber deshalb blieb Saddam Hussein an der Macht. Die amerikanische Regierung hoffte zwar, dass seine Niederlage auch seinen Sturz nach sich ziehen werde. Sie erzwang aber keinen Wechsel des Regimes. Erst der sogenannte Zweite Golfkrieg, den Präsident George W. Bush jun. im Jahr 2003 in Gang gesetzt hatte, endete mit der Gefangennahme des Diktators. Der Waffenstillstand vom 28. Februar 1991 aber wurde erklärt, bevor der amerikanische Oberbefehlshaber, Norman Schwarzkopf, die Republikanische Garde Saddam Husseins vollständig vernichtet hatte. Die Reste dieser Streitkraft waren in der Lage, die Aufstände von Schiiten und Kurden im Irak, die nach dem Waffenstillstand eingesetzt hatten, auf brutale Weise zu zerschlagen. In der Folge waren 3 Millionen Menschen auf der Flucht. Genscher sprach im April 1991 vor dem Bundestag von »versuchtem Völkermord«. In seinen »Erinnerungen« stellte er die amerikanische Entscheidung in Frage. Angesichts der humanitären Katastrophe schien sich Genscher – entgegen seinen Prinzipien – für einen weiteren militärischen Einsatz mit vollständigem Sieg über Saddam Hussein auszusprechen. Die geduldete Flucht von Teilen der Republikanischen Garde sollte sich in seinen Augen »für die weitere Entwicklung der Dinge ... bald als bedeutsam erweisen«[250].

Warum hatten die USA Schiiten und Kurden zum Aufstand ermutigt, dann aber im Stich gelassen? Baker stellte in seinen Memoiren klar, dass die Gründe des amerikanischen Verhaltens vor allem geopolitische waren. Die USA fürchteten eine »Fragmentierung« des Irak, ein Machtvakuum nach dem Sturz des irakischen Diktators, das vom Iran ausgefüllt werden konnte. Insofern kehrten die USA zu ihrer Politik vor dem Krieg am Golf zurück. »Die Schiiten wurden allgemein als Verbündete des Iran betrachtet, die gespaltene Führung der Kurden hingegen, die seit Jahrzehnten einen unabhängigen kurdischen Staat forderte, bereitete der Türkei ständig Sorgen. Aus diesen geopolitischen Gründen hüteten wir uns, auch nur eine dieser Gruppen zu unterstützen. Wir fanden es außerordentlich wichtig, dass der Irak ungeteilt blieb, ob nun mit oder ohne eine vernünftigere neue Führung.«[251] Dies war klassische Gleichgewichts- und Machtpolitik. Sie musste Genscher fremd sein.

Genscher widmete dem Krieg am Golf immerhin 28 Seiten seiner »Erinnerungen«. Sie lesen sich wie ein Versuch, die deutsche

Haltung während dieses Krieges zu rechtfertigen. Genscher erntete für dieses vorletzte Kapitel seiner Außenpolitik – das letzte sollte die Balkanpolitik sein – viel Kritik. Sie lässt sich mit dem Begriff »Scheckbuchdiplomatie« zusammenfassen. Die Bundesregierung hatte sich an den Kosten des Krieges 1990 und 1991 mit insgesamt rund 18 Milliarden DM beteiligt. Diese Summe entsprach ungefähr einem Drittel des damaligen Bundeshaushalts für Verteidigung. Die amerikanischen Streitkräfte wurden mit über 10 Milliarden DM, die britischen mit 800 Millionen und die französischen mit 300 Millionen DM unterstützt. Die Türkei erhielt eine Sonderhilfe aus deutschen Rüstungsbeständen im Wert von 1,5 Milliarden DM.

Der militärische Beitrag der Bundeswehr dagegen war gering, wenn auch größer als ursprünglich bekannt: Schon im August 1990, im Monat des Überfalls auf Kuwait, entsandte die Bundesregierung fünf Minensuchboote sowie zwei Unterstützungsschiffe an den Stützpunkt der NATO auf Kreta. Er sollte die Schifffahrtsrouten an der Südflanke des Bündnisses schützen. Die Bundeswehr entlastete damit die Streitkräfte der Alliierten im Kriegsgebiet. Im Januar 1991 wurde eine Schwadron von Kampfflugzeugen der Luftwaffe, Alpha Jet, an einen Stützpunkt der NATO in der Türkei verlegt. Die Bundeswehr beteiligte sich damit am Schutz der NATO für einen Bündnispartner gegen einen möglichen Angriff gemäß der Beistandsklausel Art. 5 des Nordatlantischen Vertrags. Im Februar 1991 verstärkten zwei Zerstörer, zwei Fregatten und zwei Unterstützungsschiffe der Bundesmarine die NATO im Mittelmeer. Im selben Monat beteiligten sich Einheiten der Bundeswehr mit Boden-Luft-Raketen an der gemeinsamen Luftverteidigung der NATO. Der Einsatz von 500 Ingenieuren und Soldaten der Luftwaffe im Rahmen der UNO-Mission zur Hilfe für die kurdischen Flüchtlinge im Irak und Iran war eine humanitäre Aktion. Am militärischen Schutz der kurdischen Bevölkerung vor Angriffen der irakischen Streitkräfte durfte sich die Bundeswehr nicht beteiligen.

Christian Hacke nannte den deutschen Beitrag zum Krieg am Golf »internationalisierte Sozialpolitik«.[252] Sie zeichnete sich vor allem dadurch aus, dass zwischen Rhetorik und außenpolitischen Konsequenzen ein großer Widerspruch bestand. Einerseits war Genschers Urteil über den irakischen Diktator eindeutig. Dessen

Politik sei »im Kern aggressiv«. Es gelte, »dem Irak mit Entschlossenheit entgegenzutreten«. Die irakische Aggression sei nur »kraftvoll, geschlossen und überlegt zu bewältigen«. Den Vereinten Nationen versprach Genscher die »uneingeschränkte Unterstützung« bei der Durchsetzung ihrer Forderungen an den Irak.

Wie aber wollte Genscher andererseits dieses Versprechen halten? Welche Taten hätte Genscher seinen Worten vor der Vollversammlung der Vereinten Nationen folgen lassen können? Dort sagte er im September 1990: »Die Staatengemeinschaft darf nicht dulden, dass ein Land überfallen und annektiert wird. Aggression muss als Aggression, Erpressung muss als Erpressung, Verletzung der Menschenrechte muss als Menschenrechtsverletzung behandelt werden, wenn das internationale Rechtsgefühl nicht beschädigt werden soll.«[253] Schließlich sprach er sich noch für ein internationales Strafverfahren gegen Saddam Hussein als Kriegsverbrecher aus, ohne allerdings anzugeben, wie man des Diktators habhaft werden könne. Genscher setzte sich nur rhetorisch an die Spitze einer Bewegung, die den Schutz des Rechts und der Menschenrechte wenn notwendig auch mit militärischer Macht forderte. Die Wahrnehmung dieser Verantwortung aber legte er in die Hände der Partner. Die Bundeswehr sollte sich nicht beteiligen.

Der Krieg am Golf war für die Bundesregierung der erste wirkliche Test für das, was Genscher Verantwortungspolitik nannte. Er konnte nicht bestanden werden, weil die deutsche Haltung widersprüchlich und damit nicht glaubwürdig war. Die Partner der Bundesregierung empfanden dies so, auch wenn Genscher es nicht wahrhaben wollte. Sie nahmen zwar zur Kenntnis, dass die Bundesregierung den Einsatz der Bundeswehr außerhalb des Geltungsbereichs der NATO für nicht vereinbar mit dem Grundgesetz hielt. Sie verstanden auch den Hinweis auf die deutsche Geschichte. Sie konnten aber die Haltung der Bundesregierung nicht wirklich ernst nehmen, weil sie selbst gewohnt waren, über den Einsatz ihrer Streitkräfte nach Maßgabe der nationalen Interessen, politisch und nicht rechtlich zu entscheiden.

Immerhin kündigte Genscher bereits im August 1990 vor dem Deutschen Bundestag an, dass die Bundesregierung mit der Opposition eine Änderung des Grundgesetzes erörtern wolle, die eine Beteiligung der Bundeswehr an den von den Vereinten

Nationen mandatierten militärischen Einsätzen ermögliche. Das Bundesverfassungsgericht sollte dies vier Jahre später so bestätigen. Diese Entwicklung aber widersprach weiterhin Genschers Überzeugung. Er unterstützte die Entscheidung der Bundesregierung, der amerikanischen Kriegskoalition sogenannte Spürpanzer zur Auffindung von ABC-Waffen im Irak zur Verfügung zu stellen, nur halbherzig. Er verhehlte seine Zweifel nicht: »Es war erstaunlich, wie schnell viele die bisherige Zurückhaltung, gegründet auf die verfassungsrechtliche Beurteilung, aber auch die spezifische deutsche Geschichte, aufzugeben bereit waren.«[254] Genscher wich der Entscheidung über eine Kernfrage der deutschen Außenpolitik aus. Er versteckte sich sozusagen hinter den rechtlichen und moralischen Fragen. War er von einem Grundprinzip seiner Außenpolitik, dem Primat der Politik, abgerückt?

Gab es auch andere Gründe für Genschers Haltung? Der Krieg am Golf kam für ihn zur Unzeit. Er stand kurz vor der Verwirklichung seines Lebenstraums, der ihn sein ganzes Leben als Politiker und Staatsmann angetrieben hatte. Genscher verhehlt in seinen »Erinnerungen« nicht, worum es ihm wirklich ging: »Die deutsche Interessenlage war vom Vereinigungsprozess geprägt, der im Sommer 1990 in die entscheidende Phase eingetreten war. Als die Irak-Krise ausbrach, näherten wir uns dem Ende der Zwei-plus-Vier-Gespräche.«[255] Zu diesem Zeitpunkt blieben ihm noch 20 Monate im Amt. In dieser Phase stellten ihn die Kriege am Golf und auf dem Balkan vor eine völlig neue Situation. Die Weichen für die deutsche Außenpolitik mussten neu gestellt werden.

Ein Vergleich mit der französischen Außenpolitik dieser Zeit offenbart, was auf dem Spiel stand. Präsident Mitterrand wog im entscheidenden Monat August 1990 die französischen Interessen, die Vor- und Nachteile eines militärischen Beitrags der französischen Streitkräfte zur Koalition gegen den Irak ab: »Wenn Frankreich sich nicht beteiligen würde, wäre es moralisch, militärisch und diplomatisch diskreditiert auf der europäischen und transatlantischen Ebene, auf der seine Glaubwürdigkeit und künftige Rolle auf dem Spiel stehen.«[256] Der Vergleich mit der französischen Außenpolitik mag wegen der unterschiedlichen Voraussetzungen unfair erscheinen. Genscher teilte aber den Ehrgeiz

Mitterrands und Dumas', den Umbruch in Europa für die Stärkung der Europäischen Union und der Gemeinsamen Außen- und Sicherheitspolitik zu nutzen. Darin lag doch auch für ihn der eigentliche politische Sinn des Vertrags von Maastricht, der damals verhandelt und Anfang des Jahres 1992 abgeschlossen wurde. Im Unterschied zu Mitterrand und Dumas aber sah Genscher nicht die Chance, den Krieg am Golf zu einer Angelegenheit der Gemeinsamen Außenpolitik zu machen. Weder Dumas noch Genscher erwähnen in ihren Memoiren, dass sie beide je über diese Frage miteinander gesprochen hätten.

Bezeichnend ist schließlich auch ein Vergleich der Rhetorik. Sowohl Mitterrand als auch Genscher sprachen immer wieder vom Prinzip der humanitären Intervention. Seine Gültigkeit zeige sich angesichts des Vorgehens des Diktators Saddam. Mitterrand hatte schon in den achtziger Jahren entsprechende Gedanken vom französischen Intellektuellen Régis Debray und dem Gründer von »Médecins sans Frontières«, Bernard Kouchner, dem späteren Außenminister, übernommen. Letzteren hatte er damals zum Staatssekretär für humanitäre Angelegenheiten ernannt. Während Genscher forderte, dass die Menschenrechte nicht mehr zu den inneren Angelegenheiten eines Staates gehören sollten, prägte Mitterrand sogar den Begriff »Pflicht zur Intervention« bei Verletzung von Menschenrechten. Der Unterschied zwischen Mitterrand und Genscher besteht darin, dass Mitterrand es ernst meinte. Die Beteiligung Frankreichs am Krieg am Golf begründete Mitterrand auch damit, dass das Recht und die Menschenrechte mit militärischer Macht geschützt werden müssen. Zu dieser Konsequenz konnte Genscher sich nicht durchringen.

Schließlich ist Genschers Diplomatie auch an den Kriterien zu messen, die er selbst aufstellte. Als »Grundsätze für die deutsche Politik in der Irak-Krise« wollte er vor allem gelten lassen, dass die Bundesrepublik Deutschland keinen »Sonderweg« gehe, sich als enger Partner der USA beweise und außenpolitische Verlässlichkeit demonstriere. Aus Sicht der Partner aber war die Entscheidung der Bundesregierung, sich als einziger unter den größeren europäischen Staaten militärisch nicht am Einsatz der Koalition am Golf zu beteiligen, sehr wohl eine Art »Sonderweg«. Die Partner sahen die hohen finanziellen Aufwendungen der Bundesregierung nicht als Äquivalent eines militärischen Beitrags.

Deshalb konnte sich der deutsche Beitrag auch nicht in Einflussnahme auf die Entscheidungen der Partner umsetzen. Dies wäre aber im deutschen nationalen Interesse gewesen. Den teuren Investitionen von 18 Milliarden DM stand kein entsprechender diplomatischer Ertrag gegenüber.

Die Erinnerungen James Bakers sprechen eine deutliche Sprache. Er berichtet über Beschwerden des außenpolitischen Ausschusses des amerikanischen Senats: »Vor allem die Bundesrepublik war kritisiert worden, und auch ich war der Ansicht – wenngleich ich sie öffentlich nie äußerte –, dass die deutsche Antwort auf diese Krise bislang enttäuschend gewesen war. Dass die Deutschen so zögerten, fand ich umso erstaunlicher, als ich zwei Tage zuvor in Moskau der Vertragsunterzeichnung beigewohnt hatte, mit der die vier Siegermächte des Zweiten Weltkriegs ihre Besatzungsrechte abgetreten und nach fast einem halben Jahrhundert den Weg für eine Vereinigung Deutschlands freigemacht hatten. Dieser Vertrag war im Wesentlichen amerikanischer Mithilfe zu verdanken, und die Deutschen wussten das. Jetzt brauchten wir im Gegenzug ihre Unterstützung.«[257] Die Enttäuschung ist unüberhörbar. War die Bundesregierung im Begriff, einen Kredit zu verspielen, der ihr ein Jahr zuvor mit dem Titel »führender Partner« (partner in leadership) vom Präsidenten der USA vergeben wurde? Horst Teltschik gestand sich in seinem Tagebuch ein, dass der amerikanische Präsident »mehr oder weniger offen die Solidarität von Deutschland einfordert, die er selbst im zurückliegenden Jahr uns gegenüber bewiesen hat«[258].

Wie überzeugend ist schließlich das eigentliche Argument Genschers, mit dem er einen militärischen Beitrag der Bundeswehr ablehnte? Würde dieser die Zusammenarbeit mit der Sowjetunion in einer kritischen Phase der Herstellung der deutschen Einheit gefährden? Der Irak war immerhin traditioneller Verbündeter der Sowjetunion, die Republikanischen Garden kämpften mit Waffen sowjetischer Herkunft. Saddam Hussein mochte sich wohl auch auf die Unterstützung durch die Sowjetunion verlassen haben.

In diesem Zusammenhang schenkt Genscher in seinem Rückblick auf den Krieg am Golf einer Episode nur wenig Aufmerksamkeit, die aber für die Zukunft der internationalen Beziehungen nach dem Ende des Kalten Kriegs von großer Bedeutung war. Der amerikanische und der sowjetische Außenminister, Baker und Schewardnadse, verurteilten am 3. August 1990 in einer gemeinsamen Erklärung den Überfall des Irak auf Kuweit. Baker nannte dieses Datum den »Tag, an dem der Kalte Krieg zu Ende ging«. Die Sowjetunion hatte zum ersten Mal die Zusammenarbeit mit den USA über alle anderen Erwägungen ihrer nationalen Interessen gesetzt. Schewardnadse bestätigte in derselben Erklärung, die er mit Baker auf dem Flughafen Wnukowo vor den Toren Moskaus abgab, dass sie für sein Land eine »ziemlich schwierige Entscheidung« war. Sie sei den Prinzipien nicht nur »des neuen politischen Denkens, sondern überhaupt allen zivilisierten Beziehungen zwischen Staaten« zu verdanken. War dies der Beginn der »Neuen Weltordnung«, die Präsident Bush verkündet hatte?[259]

Die sowjetische Entscheidung gehört zu den großen Verdiensten des sowjetischen Außenministers. Seine Biographin Carolyne McGiffert kommt zu dem Schluss, dass Schewardnadse »alleinverantwortlich für die beispiellose Zusammenarbeit zwischen den USA und der Sowjetunion während der Krise 1990–1991«[260] war. Sicherheitsberater Brent Scowcroft sollte dies bestätigen. Präsident Gorbatschow hatte lange gehofft, dass Saddam Hussein zum Einlenken gebracht werden könnte. Unter dem Einfluss von KGB-Chef Krjutschkow suchte er immer noch nach einer politischen Lösung des Konflikts mit dem irakischen Verbündeten. In seinem Auftrag traf sich Jewgenij Primakow, der im KGB als führender sogenannter »Arabist« bekannt war und Saddam Hussein seit langem kannte, mehrmals mit dem irakischen Diktator. Diese Begegnungen waren nicht nur ohne Erfolg. Die Entsendung Primakows musste auch als Beweis des Misstrauens Gorbatschows gegenüber seinem eigentlich zuständigen Außenminister interpretiert werden, der immer mehr unter den Druck der Konservativen geriet, ohne von Gorbatschow in Schutz genommen zu werden. Diese Episode war wahrscheinlich einer der Hauptgründe für den Rücktritt Schewardnadses im Dezember 1990. Schewardnadse aber setzte sich durch und brachte die sowjetische Führung dazu, das amerikanische Vorgehen gegen Saddam Hussein mitzutragen.

Diese Entwicklung der sowjetischen Haltung konnte Genscher nicht verborgen geblieben sein. Er war ja gerade in den Monaten des Sommers 1990 mit Schewardnadse immer wieder zusammengetroffen. Seine immer wieder geäußerte Sorge, dass ein deutsches militärisches Engagement im Irak die Zusammenarbeit mit der Sowjetunion und damit die deutsche Einheit gefährden könne, war deshalb aber nicht unbegründet. Die Ratifizierung des Zwei-plus-Vier-Vertrages durch die Sowjetunion erfolgte erst im März 1991 im Obersten Sowjet. Dort aber saßen viele Gegner der deutschen Einheit.

Kriege auf dem Balkan

Das letzte Jahr seiner Amtszeit brachte Genscher eine Kritik an seiner Außenpolitik ein, wie er sie vorher nie erlebt hatte. Ihm wurde von den wichtigsten Partnern, vor allem dem amerikanischen und französischen, vorgeworfen, die frühzeitige Anerkennung der Unabhängigkeit Sloweniens und Kroatiens erzwungen und damit den Zerfall Jugoslawiens und den Ausbruch der Kriege beschleunigt zu haben. Der Nachfolger Bakers, Warren Christopher, stellte in einem Interview mit der Zeitung »USA Today« 1993 fest: »Es wurden beim gesamten Anerkennungsprozess ... schwere Fehler gemacht, und die Deutschen tragen eine besondere Verantwortung dafür.«[261] Auch Dumas machte die Bundesrepublik Deutschland für die Verschärfung der Krise in Jugoslawien verantwortlich. Mit der »voreiligen« Anerkennung der Unabhängigkeiten Sloweniens und Kroatiens sei die Chance für eine politische Lösung vertan worden.

Der Mythos von der verfrühten Anerkennung Sloweniens und Kroatiens hielt sich erstaunlich lange. War denn der serbische Präsident Slobodan Milošević nicht ebenso ein Diktator wie Saddam Hussein, der nur der Logik der Machtpolitik folgte und politischen Verhandlungen nicht zugänglich war? Wie konnte da der Zeitpunkt der Anerkennung der Teilrepubliken Jugoslawiens ein Verhandlungsgegenstand, ein Mittel der Diplomatie sein?

Milošević war der erste Präsident eines Staates überhaupt, der noch während seiner Amtszeit von einem Kriegsverbrechertribunal wegen Völkermordes angeklagt wurde. Die Anklageschrift des Internationalen Strafgerichtshofs für das ehemalige Jugoslawien im Haag vom Mai 1999 bezog sich auf alle drei Kriege, die

Milošević geplant und ausgeführt hatte, gegen Kroatien, Bosnien und den Kosovo. Er wurde in 66 Punkten verantwortlich gemacht unter anderem für ethnische Säuberungen, Internierung unter unmenschlichen Bedingungen, Deportationen, Zerstörung und Plünderung, Morde an Zivilisten. 400 Zeugen wurden vernommen, 200 Videos und ein große Menge an Dokumenten wurden gesichtet. Zu einer Verurteilung ist es nicht gekommen. Der Angeklagte starb im März 2006 in der Haft.

Für Michael Libal, von 1991 bis 1995 einflussreicher Referatsleiter für Südosteuropa im Auswärtigen Amt, erschließt sich die Logik der Machtpolitik Miloševićs schon durch den Ablauf der Ereignisse.[262] Diese Logik war schon vor 1991 klar erkennbar. 1986 wurde Miloševićs Erster Sekretär des »Bundes der Kommunisten Jugoslawiens«. Er stand damals einer starken Opposition von serbischen Nationalisten gegenüber, deren Programm das sogenannte »Memorandum der Serbischen Akademie der Wissenschaften« vom selben Jahr war. Milošević übernahm die nationalistische Rhetorik zuerst mehr aus taktischen Gründen. Er erkannte, dass der Kommunismus angesichts des Umbruchs in Europa seine die Macht legitimierende Kraft verloren hatte. Mit rigorosen Mitteln setzte er sich gegen Widerstand in der Partei durch und übernahm 1987 deren Führung. Er drängte 1988 Ivan Stambolić, der Miloševićs Parteikarriere gefördert hatte, aus dem Amt des Serbischen Präsidenten. Später ließ er ihn ermorden. Seinen eigenen Wahlkampf für das Amt des Präsidenten bestritt er mit aggressiven nationalistischen Parolen, die ihm 1989 den Wahlsieg bescherten. Sein Motto war unmissverständlich: »Alle Serben in einen Staat.«

Als eine der ersten Amtshandlungen beschnitt er die in der Verfassung von 1974 garantierten Rechte der autonomen Gebiete, eben auch des Kosovo. Die Massenproteste der dortigen albanischen Bevölkerung wurden gewaltsam niedergeschlagen. Der Kosovo hatte immer im Brennpunkt des serbischen Nationalismus gestanden. Er war das Kerngebiet der Serben spätestens seit dem 12. Jahrhundert. Die Niederlage der Serben gegen die Osmanen auf dem sogenannten »Amselfeld« (Kosovo Polje) 1389 wurde zum nationalen Mythos. Ihn machte sich Milošević zu Nutze, als er zum 600. Jahrestag 1989 dieser Schlacht öffentlichkeitswirksam gedachte. Er schreckte nicht davor zurück, die sterblichen Überreste des Prinzen Lazar, der damals die serbischen Truppen geführt hatte, zur Schau stellen zu lassen.

Als bei Wahlen im Jahr 1990 in Slowenien und Kroatien nationalistische Parteien siegten, sah Milošević die serbische Vorherrschaft bedroht. Beide Republiken erklärten im Juni 1991 ihre Unabhängigkeit. Im gleichen Monat brachen die Kämpfe in Slowenien aus. Milošević entschloss sich, die Macht durch Krieg zu sichern. Im Juli 1991 begannen die Kämpfe und ethnischen Säuberungen in Kroatien unter Beteiligung der Jugoslawischen Volksarmee (JVA). Im Oktober des Jahres setzte Serbien dem Gesamtstaat durch die staatsstreichartige Übernahme des Jugoslawischen Staatspräsidiums ein faktisches Ende. Im selben Monat wurde Dubrovnik beschossen, Vukovar einen Monat später unter grausamen Umständen erobert. Im Dezember 1991 gelangte die Schiedskommission der Konferenz über Jugoslawien, die sogenannte »Badinter-Kommission«, zu dem Ergebnis, dass der Jugoslawische Gesamtstaat sich in einem Zustand der Auflösung befinde. Danach, noch im selben Monat, beschloss die EU grundsätzlich die Anerkennung der Unabhängigkeit jugoslawischer Teilrepubliken. Im März 1992 begann schließlich der Krieg in Bosnien und Herzegowina, nach dem dort 94 Prozent der Bevölkerung in einer Volksabstimmung für die Unabhängigkeit eingetreten waren.

Folgt man den Erinnerungen Genschers, so war ihm spätestens im Juli 1991 klar, mit wem er es in Belgrad zu tun hatte. Die Reise, die Genscher als Vorsitzender des KSZE-Ministerrats in jenem Monat nach Serbien und Slowenien unternahm, war ihm möglicherweise ein Schlüsselerlebnis. Jedenfalls schildert er mit allen Details, wie er am Weiterflug von Belgrad nach Ljubljana von Tiefflügen der Jugoslawischen Volksarmee gehindert wurde. Seine Gespräche mit Präsident Kučan und Außenminister Rupel mussten schließlich im österreichischen Klagenfurt stattfinden. Die slowenische Führung konnte die Sicherheit einer Weiterreise mit dem Auto in die Hauptstadt Ljubljana nicht garantieren.

Genscher erkannte die serbischen Maßnahmen als Demonstration der Macht. Milošević war in der Lage, eine Mission des Vorsitzenden der KSZE zu verhindern. Diese schmerzhafte Erfahrung und die Begegnung mit dem Diktator selbst führte Genscher offenbar vor Augen, »dass die Führung der Jugoslawischen Volksarmee und die hinter ihr stehenden politischen Kräfte ihre Ziele unter Ausnutzung aller Mittel durchsetzen wollten. Diesen Eindruck hatte ich auch schon am Vortag in dem Gespräch mit Milošević in Belgrad gewonnen. Eine Unterredung, die in sachlicher Atmosphäre stattfand, die aber keinen Zweifel an seiner Entschlossenheit aufkommen ließ, seine Pläne über die Zukunft Jugoslawiens, so wie er sie sah, zu verwirklichen.«[263]

Genschers Analyse dieses Machtpolitikers war bestechend klar. Warum zog er nicht entsprechende Konsequenzen und forderte nicht ein entschiedeneres Vorgehen der Partner gegen ihn? Er hätte dazu die Gelegenheit gehabt, als er den Bundeskanzler und die Fraktionen des Bundestages wie auch mehrere westliche Kollegen, darunter Baker und Dumas, von seiner Reise nach Jugoslawien im Juli 1991 unterrichtete. Genschers bloße Aufrufe zur Beendigung der Gewalt mussten folgenlos bleiben, weil Milošević Kriege als »Fortsetzung der Politik mit anderen Mitteln« führte. Eine solche Haltung ließ wenig Raum für Verhandlungen.

Dies mussten sowohl der Vorsitzende der Jugoslawien-Konferenz Lord Carrington als auch der damalige Generalsekretär der Vereinten Nationen, Perez de Cuellar, erfahren. Sie hatten mehrere Waffenstillstände mit Milošević vereinbart, von denen keiner eingehalten wurde. Der Friedensvertrag von Dayton im Dezember 1995 bedeutete für ihn zwar, dass er seine Kriegsziele nicht erreicht hatte. Er musste besetztes Territorium räumen, Bosnien und Herzegowina blieben erhalten. Aber der Diktator blieb an der Macht und konnte 1998 und 1999 die länger vorher geplanten ethnischen Säuberungen und Vertreibungen der albanischen Bevölkerung durchführen. Was für eine Parallele zu Saddam Hussein, der nach dem Sieg der amerikanischen Streitkräfte noch in der Lage war, gegen die Kurden in seinem Land vorzugehen!

Milošević war wie Saddam Hussein von seiner ganzen Persönlichkeit her auf die Macht fixiert. Alles andere, Menschen und Überzeugungen, wurden Mittel zu diesem Ziel. Nach Ansicht des langjährigen Botschafters der USA in Belgrad, Warren Zimmermann, sehe der Diktator »Menschen als Bauern in einem strategischen Spiel, als Abstraktionen, als Objekte, die es zu kontrollieren und manipulieren gilt«. Der spätere deutsche Außenminister Fischer, der im Gespräch mit Milošević gefordert hatte, dass »das Morden beendet wird«, bekam von diesem zur Antwort: »Was wollen Sie denn, das sind doch unsere Leute.« Wenn der Krieg der Machterhaltung dient, sind Verhandlungen sinnlos. Der damalige Vorsitzende des Militärausschusses der NATO, General Naumann, und Oberbefehlshaber General Clark fanden Milošević bei einem gemeinsamen Besuch im Januar 1999 »völlig kompromisslos« vor. Er zeige »Bunkermentalität« und folge einer »Logik der Konfrontation«. So konnte auch die letzte Warnung vor Luftangriffen der NATO, die der amerikanische Sondergesandte Richard Holbrooke dem Diktator im März 1999 überbrachte, nicht wirken.[264]

Fast acht Jahre hatten die westlichen Staaten ein Bild geboten, das Carl von Clausewitz so beschrieben hatte: »Wehe dem Kabinett, das mit einer halben Politik und gefesselter Kriegskunst auf einen Gegner trifft, der wie das rohe Element keine anderen Gesetze kennt, als die seiner innewohnenden Kraft.« Erst im April 1999 fand die NATO zu einer Entschlossenheit, die Milošević beeindruckte: »Die Krise im Kosovo stellt eine grundlegende Herausforderung der Werte dar, für die die NATO seit ihrer Gründung eintritt: Demokratie, Menschenrechte und Rechtsstaatlichkeit. Sie ist Höhepunkt einer gezielten Politik der Unterdrückung, der ethnischen Säuberung und der Gewalt durch das Regime in Belgrad unter der Herrschaft von Präsident Milošević. Wir werden nicht hinnehmen, dass diese Terrorkampagne erfolgreich ist. Die NATO ist entschlossen, sich durchzusetzen.«[265]

Die Luftangriffe auf Ziele in Serbien hatten schließlich Erfolg. Die Bundeswehr beteiligte sich übrigens mit vier Tornado-Kampfflugzeugen, die gegen die jugoslawische Luftabwehr eingesetzt wurde. Der Deutsche Bundestag war erstmals im Herbst 1998 in der Lage, einen solchen Einsatz auf Vorschlag der neuen Regierung aus SPD und Grünen zu beschließen. Sogar die endgültige Niederlage im Krieg mit der NATO vertrieb Milošević nicht aus der Macht. Er klammerte sich an sie, auch als er im September 2000 die Präsidentschaftswahlen verlor. Erst im Juni 2001 wurde er in einer nächtlichen Aktion der serbischen Polizei wegen Machtmissbrauch und Korruption festgenommen und dem Tribunal in Den Haag überstellt.

Genscher war zu diesem Zeitpunkt schon neun Jahre nicht mehr Außenminister. Mit diesem Hinweis beantwortet er Fragen nach seiner damaligen Jugoslawien-Politik.[266] Hatten aber nicht schon damals, 1990 und 1991, die Kriege am Golf und in Jugoslawien den Beleg dafür geliefert, dass das Recht notfalls auch mit Macht zu schützen ist? Genscher befand sich damals allerdings in Übereinstimmung mit der öffentlichen Meinung in der Bundesrepublik Deutschland. Sie hatte einem Einsatz der Bundeswehr großen Widerstand entgegengesetzt. Es hätte sehr starker politischer Führung bedurft, ihn zu überwinden. Genscher ließ es zu, dass die Innenpolitik die Jugoslawien-Politik der Bundesregierung in starkem Maße bestimmte. So verstrickte er sich in den Widerspruch, für das Selbstbestimmungsrecht Sloweniens und Kroatiens einzutreten, ohne für den Schutz dieser Republiken vor serbischer Aggression sorgen zu können.

Genscher überschrieb sein Kapitel über den Krieg in Jugoslawien mit einem politischen Motto: »Für eine europäische Entscheidung«. Bot die Jugoslawienpolitik den europäischen Staaten nicht eine Chance, ihre Fähigkeit zu gemeinsamen Handeln unter Beweis zu stellen? Hatte nicht der luxemburgische Außenminister Jacques Poos während der EU-Präsidentschaft seines Landes Anfang 1991 selbstbewusst die »Stunde Europas« verkündet? Mit einer gewissen Süffisanz erinnert sich Baker an den damaligen Anspruch der EG: »Es war nun an ihnen und nicht den Amerikanern, die Führung zu übernehmen, um die Krise in Jugoslawien beizulegen. Die Europäer wollten diese Führungsrolle.«[267] Die USA waren zudem der Auffassung, dass im Krieg in Jugoslawien europäische und weniger amerikanische Interessen auf dem Spiel stünden. Das diplomatische Feld wurde den Europäern überlassen. In diesem Sinne schlug wirklich die »Stunde Europas«. Sie wurde nicht genutzt.

Genschers ausführliche Darstellung der Treffen und Beschlüsse der EU und KSZE kann nicht darüber hinwegtäuschen, dass die Europäer sehr zögerlich reagierten. Aber auch das umfassende Wirtschaftsembargo, das der Sicherheitsrat der Vereinten Nationen im Mai 1992 beschloss, hielt Milošević nicht davon ab, den Krieg gegen Bosnien-Herzegowina auszuweiten. Daraufhin empfahl Baker seinem Präsidenten, die bisherige militärische Zurückhaltung aufzugeben. Der amerikanische Außenminister schlug vor, einen Flugzeugträger in die Adria zu entsenden, Häfen zur Durchsetzung der Sanktionen zu blockieren, die Ölleitung nach Serbien stillzulegen und mit Luftangriffen zu drohen. Er bestand auf einer Ermächtigung durch die UNO. Bald konnte wieder humanitäre Hilfe nach Sarajewo gebracht werden. Im Rückblick kommt auch Baker zu dem Schluss, dass die Aggressionen Miloševićs nur durch rechtzeitigen, massiven Einsatz militärischer Macht hätten verhindert werden können. Hierzu waren die USA 1991/1992 nicht bereit und die EG nicht in der Lage.

Es mag für Genscher eine bittere historische Ironie gewesen sein, dass die Beschlüsse des Europäischen Rats über den Vertrag von Maastricht (9.–10. 12. 1991) und der Außenminister der EG über die Anerkennung der Unabhängigkeit jugoslawischer Teilrepubliken (16. 12. 1991) zeitlich so nahe beieinander lagen. Die eine Entscheidung bestätigt das große Projekt Genschers von der Politischen Union Europas und seiner Gemeinsamen Außen- und Sicherheitspolitik. Die andere beweist, wie weit man davon noch entfernt war.

Vor allem Frankreich beklagte, dass der Beschluss vom 16. Dezember 1991 auf Druck der Bundesregierung zustande gekommen sei. Dumas behauptet, dass Genscher in der Frage der Anerkennung Sloweniens und Kroatiens isoliert gewesen sei. Ihm ging es damals aber nicht so sehr um die sachlichen Differenzen in der Jugoslawienpolitik, sondern um die Möglichkeiten, die Maastricht eröffnete: »Die deutsch-französische Uneinigkeit gefährdete jede Chance, in Maastricht das Projekt der Europäischen Union und der Gemeinsamen Verteidigung zu verabschieden, das François Mitterrand und Helmut Kohl gleichermaßen am Herzen lag.«[268] Der »Schulterschluss zwischen Frankreich und Deutschland«, den Genscher auch in der Jugoslawienpolitik beschwor, war ernsthaft gefährdet.

Noch im Sommer 1991 hatten Genscher und Dumas deutsch-französische Initiativen auf den Weg gebracht. Die Jugoslawien-Konferenz unter der Schirmherrschaft der EG ging auf eine Idee Genschers zurück, die Schiedskommission auf einen Vorschlag Dumas'. Michael Libal vermutet, dass es vor allem der Begriff Selbstbestimmungsrecht war, der bald das französische Misstrauen erregen sollte. Dumas zeigt sich immer noch irritiert über eine Begegnung mit Genscher beim Europäischen Rat in Luxemburg schon im Juni 1991. Genscher habe sich ihm mit einem Glas in der Hand genähert und gesagt: »Also Frankreich ist gegen die Selbstbestimmung der Völker? Für uns Deutsche ist dies sehr wichtig.«[269]

Genscher erwähnt diese Episode in seinen »Erinnerungen« verständlicher Weise nicht. Sie zeigt aber die gleiche historische Sorge, wenn nicht Hysterie, die Mitterrand und Dumas schon während der Zwei-plus-Vier-Verhandlungen erkennen ließen. Sie sahen im Selbstbestimmungsrecht eine Gefahr für den Status quo in Europa. Wieder beschwor Mitterrand das Jahr 1914. Während des Europäischen Rats in Luxemburg stellte er eine Liste von 17 Staaten auf, die ihre Unabhängigkeit erklären könnten, darunter Moldawien, die Lombardei, die Slowakei und einige andere. Es kam zu erregten Auseinandersetzungen zwischen Kohl und Mitterrand über die Anerkennung der Unabhängigkeit Sloweniens und Kroatiens. Sie bestätigen auch Mitterrands Misstrauen gegenüber dem Bundeskanzler, den der französische Präsident auch in dieser Frage als einen Getriebenen der deutschen Innenpolitik sah.

Während eines deutsch-französischen Gipfeltreffens im November 1991 schien sich dies zu bestätigen. Mitterrand appellierte an Kohl: »Es geht um den Zusammenhalt der Zwölf und um den Frieden in Europa ... Lassen Sie uns zuerst Garantien für die Grenzen und den Schutz der Minderheiten bekommen«. Kohl entgegnete: »Ich weiß das alles, aber ich werde verpflichtet sein, Kroatien anzuerkennen.« Mitterrand: »Tun Sie das nicht, es wäre ein Irrtum.« Kohl: »Zweifellos, aber der Druck zu Hause ist sehr groß. Ich kann ihm nicht mehr standhalten. Meine Partei, meine liberalen Verbündeten, die Kirche, die Presse, alle Welt drängt, von den 500 000 Kroaten, die in Deutschland leben, ganz abgesehen.«[270] In einem weiteren Gespräch im Dezember 1991 stellte Mitterrand Kohl die Schlüsselfrage, die das eigentliche Dilemma der deutschen Jugoslawienpolitik schlagartig erhellte: »Wenn Sie Kroatien anerkennen, was wird sich bewegen? Werden Sie den Kroaten anschließend helfen?«[271] Das war der wunde Punkt. Die Diplomatie war nicht von den notwendigen Mitteln der Macht gestützt.

Wieder einmal erwies sich, dass in der Diplomatie manchmal die Wahrnehmungen mehr als die Tatsachen zählen. Die französische Regierung hatte den Eindruck, dass Deutschland, kaum war es vereinigt, selbstbewusster handelte und bereit war, Sonderwege zu gehen. Diese Wahrnehmung gefährdete zeitweise das deutsch-französische Einvernehmen, auch das zwischen Genscher und Dumas. Im Dezember 1991 aber arbeiteten sie gemeinsam an den Kriterien für eine Anerkennung der Unabhängigkeit jugoslawischer Teilrepubliken. Dass die Respektierung der Menschen- und Minderheitenrechte eine Voraussetzung der Unabhängigkeit sein sollte, war ja zwischen Genscher und Dumas überhaupt nicht strittig. Die Unabhängigkeit sollte in »demokratischer und friedlicher Weise« vollzogen werden, eine Formulierung Védrines, mit der er an seine Bedingung für die Einheit Deutschlands erinnerte.

Andererseits war längst klar, dass Jugoslawien kurz davor war, sich aufzulösen und dass sich damit die Frage der Unabhängigkeit unausweichlich stellte. Das hatte ja die Schiedskommission am 7. Dezember 1991 festgestellt. Es gab zu diesem Zeitpunkt keinen Gesamtstaat Jugoslawien mehr, den man hätte erhalten können. Der Vorsitzende der Jugoslawienkonferenz Lord Carrington stellte später in einem Rückblick fest, dass die Entscheidung der EG-Außenminister vom 16. Dezember 1991 »unausweichlich« gewesen sei. Der Beschluss lautete: »Die Gemeinschaft und ihre Mitgliedstaaten vereinbaren, die Unabhängigkeit aller jener jugoslawischen Republiken anzuerkennen, die alle unten angeführten Bedingungen erfüllen. Dieser Beschluss wird am 15. Januar 1992 umgesetzt.«[272]

Vor allem auf diesem letzten Satz gründete der Mythos vom deutschen Alleingang in der Jugoslawienpolitik. Die Bundesregierung beabsichtigte in der Tat, über die Frage der Anerkennung noch 1991 grundsätzlich zu entscheiden. Die Umsetzung dieses Beschlusses aber, die Aufnahme diplomatischer Beziehungen, sollte erst am 15. Januar 1992 folgen. Die Bundesregierung befand sich insoweit in Übereinstimmung mit dem Beschluss der EG vom 16. Dezember. Genscher hatte bei diesem Treffen die Kollegen auch über die Absicht der Bundesregierung informiert. Keiner hatte widersprochen. Die spätere Aufregung also ist kaum zu verstehen.

Im Januar 1992 befürwortete schließlich auch die Schiedskommission der Konferenz über Jugoslawien die Anerkennung Sloweniens und Kroatiens. Im selben Monat war der Krieg in Kroatien beendet. Im April 1992 folgte die Anerkennung der Unabhängigkeit Bosnien-Herzegowinas, während dort der Krieg tobte. Die USA hatten sich gemeinsam mit der EG zu diesem Schritt entschlossen. Die früheren Warnungen waren vergessen.

Die Haltung Mitterrands und Dumas' waren übrigens auch in Frankreich selbst nicht unumstritten. Es waren führende französische Intellektuelle wie Lévy, Glucksmann und Finkielkraut, die den Präsidenten daran erinnerten, dass das Problem Jugoslawiens vor allem die Machtpolitik Miloševićs war. Auf eine entsprechende Frage antwortete Mitterand in einem Interview mit der »Frankfurter Allgemeinen« schon im Dezember 1991: »Sie fragen mich, wer der Aggressor und wer der Angegriffene ist? Ich kann es Ihnen nicht sagen. Was ich aber weiß, ist, dass die Geschichte Serbiens und Kroatiens voller Dramen ist.«[273] In einer solchen Darstellung löst sich die Frage der Verantwortung in Nichts auf. Mitterrand musste sich den Vorwurf gefallen lassen: »Sie weigern sich, den Aggressor zu benennen.« Dies war zu lange das Problem der westlichen Jugoslawienpolitik gewesen. Genscher hatte dies zwar erkannt, aber er fand nicht die passende Antwort.

Nachwort

»Wir sind zu Ihnen gekommen, um Ihnen mitzuteilen ...«. Dieser Halbsatz ist in die Geschichte eingegangen. Genscher kündigte am 30. September 1989 auf dem Balkon der Botschaft der Bundesrepublik Deutschland in Prag an, dass die Flüchtlinge aus der DDR, die auf dem Gelände der Botschaft Zuflucht gesucht hatten, ausreisen dürfen. Der Außenminister wurde vom Jubel unterbrochen.

Genscher beginnt seine »Erinnerungen« mit der Schilderung dieser Episode. Sieht er in ihr eine Art Bilanz seines Wirkens, sein Vermächtnis? Verdichtet sich in diesem Bild, das von zahllosen Kameras festgehalten wurde, die historische Persönlichkeit Genscher? Auf jeden Fall hat es eine starke symbolische Wirkung und findet sich in manchem Geschichtsbuch.

Einprägsame Sätze, Gesten und Bilder sind immer ein Hinweis auf die historische Bedeutung eines Staatsmannes. Dies gilt für das selbstbewusste Auftreten Konrad Adenauers gegenüber den Hohen Kommissaren auf dem Petersberg bei Bonn, den Kniefall Willy Brandts in Warschau, den Händedruck zwischen Helmut Kohl und François Mitterrand in Verdun. Für Genscher ließen sich noch andere Bilder und Zitate finden, die sein Wirken als Staatsmann charakterisieren. Seine Forderung vom Februar 1987, »Gorbatschow beim Wort« zu nehmen, belegt seine historische Weitsicht, seine Fähigkeit, Ideen zu erkennen, »deren Zeit gekommen ist«. Als er während der Zwei-plus-Vier-Gespräche den italienischen und niederländischen Kollegen barsch beschied, dass »sie nicht mitspielen«, zeigt sich der sonst oft vorsichtige Außenminister als eine Persönlichkeit, die geistesgegenwärtig und mit Autorität im richtigen Augenblick die Weichen stellen kann.

Oder sollte man das Bild auswählen, das Genscher mit Schewardnadse am Grab des im Zweiten Weltkrieg gefallenen Bruders in Brest zeigt? Hatte Genscher nicht besser als andere verstanden, dass auf dem Weg zur deutschen Einheit auch die Tiefendimensionen der sowjetischen Erfahrungen mit Deutschland in Rechnung zu stellen sind? Genscher hat die Flüchtlinge im Garten der Prager Botschaft vor Augen, weil sie sein Geschichtsverständnis zu bestätigen schienen: »Der Flüchtlingsstrom verwandelte sich in einen Urstrom der Geschichte.«

Die erstaunliche Konsequenz, die in der Entwicklung Genschers zum Staatsmann liegt, lässt sich vor allem mit seinem Fortschrittsoptimismus erklären. Für Genscher ist Geschichte eine Entwicklung zum Besseren. »Entspannung ist nicht Zustand, sondern Prozess«, sagte er 1976. Er zweifelte nicht daran, dass dieser Prozess über die Aufhebung der Teilung Europas zur deutschen Einheit führen muss. Spätestens 1966 war mit der »Stuttgarter Rede« Genschers außenpolitisches Konzept ausgereift, dem er bis zur Vereinigung Deutschlands folgte. In den Ereignissen von 1989 sieht er Kräfte am Werk, die vom »Willen der Menschen nach Freiheit und Selbstentfaltung« herrühren. Genscher denkt in den Kategorien der Aufklärung.

Hierzu gehört auch der Rationalismus. Der Glaube an die Kraft der Vernunft, zumindest des vernünftigen Arguments, kennzeichnet sowohl den Lebensstil als auch die Verhandlungsmethoden Genschers. Auch deshalb war seine Diplomatie erfolgreich. Genscher war sich der Irrationalität der Politik und ihrer Orientierung an persönlichen Interessen durchaus bewusst. Aber er wirkte – bei allen Finessen und Tricks – vernünftig und erweckte auf diese Weise Vertrauen. Auch seine in der öffentlichen Diskussion verwendeten außenpolitischen Formeln, die er oft genug wiederholte, hörten sich irgendwie vernünftig an. Sie waren zwar manchmal so allgemein, dass sie kaum zu widerlegen waren, aber sie hinterließen den Eindruck einer rationalen öffentlichen Kommunikation.

Entwicklungsgedanke, Fortschrittsoptimismus und Rationalismus sind Merkmale des politischen Liberalismus. Deshalb wurde immer wieder über die Frage spekuliert, ob es so etwas wie »liberale Außenpolitik« gibt. Immerhin fällt auf, dass Guido Westerwelle nach Walter Scheel, Hans-Dietrich Genscher und Klaus Kinkel der vierte deutsche Außenminister der Nachkriegszeit ist, der auch Vorsitzender der FDP war. Ein bestimmter Stil der Außenpolitik ist sicherlich nicht an eine bestimmte Partei gebunden. Der Historiker Lothar Gall erkennt aber eine Tradition des Liberalismus darin, Außenpolitik als eine Art Fortsetzung der Innenpolitik mit anderen Mitteln zu betreiben.[1] Er übersieht dabei nicht die Gefahren. Für den Liberalen Max Weber war der beginnende Parlamentarismus in Deutschland nicht nur ein Wert an sich, sondern auch ein Instrument, die äußere Macht Deutschlands zu stärken. Wolfgang Mommsen verwendet den Begriff »liberale Außenpolitik« ausdrücklich.[2] Er stellt sie der Realpolitik Bismarcks als eine Form wertorientierter, idealistischer Außenpolitik gegenüber, die von William Gladstone oder Woodrow Wilson geprägt wurde. In einer Studie habe ich versucht, beide Ansätze der Außenpolitik, Idealismus und Realismus, zu verbinden und auf diese Weise zu einer Definition von »liberaler Außenpolitik« zu gelangen.[3] Zu ihr gehören unabdingbar bestimmte Prinzipien wie Verantwortung, friedlicher Wandel und Multilateralismus.

Genscher fasste Werte, Interessen und Macht nicht als unvereinbar in der Außenpolitik auf. Als er während der jüngsten Umstürze in arabischen Ländern auf seine langjährige Freundschaft mit dem heute Despot genannten, früheren Präsidenten Ägyptens, Hosni Mubarak, angesprochen wurde, äußert er sich hierzu – im Rückblick auf seine aktive Zeit – wie folgt:»Was kann ich von außen tun, um unsere Grundwerte zu verwirklichen? (Es) geht nur mit Hilfe derer, die die Macht haben … Manchmal ballt sich die Hand zur Faust in der Tasche … Gestaltungswille verlangt Gesprächsbereitschaft.« Genschers Realismus ist nie eine Form der Resignation. Er glaubt daran, »dass einmal auf der ganzen Welt Demokratie herrschen kann«.[4] Die westlichen Werte sind für ihn universal.

Die Ergebnisse der Diskussion über »liberale Außenpolitik« sind letztlich so unbefriedigend wie jeder Versuch, Diplomatie mit Hilfe von Theorien der Internationalen Beziehungen erklären zu wollen. Egon Bahr, der in seiner Verbindung von konzeptionellem Denken und außenpolitischem Handeln mit Genscher verglichen werden kann, formulierte dies einmal treffend: »Wenn Wissenschaftler sich bemühen, Methoden und Mechanismen zu erforschen, wie außenpolitische Entscheidungen zustande kommen, so ist das verdienstvoll und interessant, doch ein fast hoffnungsloses Unterfangen; denn die beteiligten Personen mit ihren Leidenschaften, Schwächen und Wünschen entziehen sich jeder Systematisierung.«[5] Diplomatie ist eine Praxis, eine Kunst und nicht von der Persönlichkeit, die sie ausübt, zu trennen. Sie ist keine Wissenschaft.

Andererseits untersucht die Politische Wissenschaft mehrere Methoden, derer sich die Diplomatie bedient. Hierzu gehört vor allem der Umgang mit der Macht. Sie ist ein Mittel, um Ziele zu erreichen. Wo aber liegen die Ressourcen der Macht, wie kann sie am wirkungsvollsten eingesetzt werden? Vor diesen Fragen stehen die Staatsmänner. Die Wissenschaft gibt ihnen keine genaue Antwort. Nach Max Weber bedeutet Macht »jede Chance, innerhalb einer sozialen Beziehung den eigenen Willen auch gegen Widerstreben durchzusetzen, gleichviel, worauf diese Chance beruht«. Die Staatsmänner müssten aber gerade wissen, »worauf diese Chance beruht«. Vom richtigen Gebrauch der Macht hängt der Erfolg der Diplomatie ab.

Genschers Verhältnis zur Macht stellte sich als widersprüchlich heraus. Im persönlichen Umgang mit Menschen weiß er sie sehr wohl auszuüben. Mancher Mitarbeiter und ausländische Partner spürte, wie er eine Situation sozusagen zu beherrschen vermag. Jacob Burckhardt zählte diese Fähigkeit zu den Merkmalen großer Individuen: »Es sieht zunächst überall die wirkliche Lage der Dinge und der möglichen Machtmittel«. In ihm »lebt vor allem wirklicher Wille, sich der Lage zu bemächtigen«.[6]

Das Bild, das Zeitgenossen von Genscher als einem Rastlosen, Getriebenen hatten, ist irreführend. Wenn überhaupt, ist er getrieben vom Drang, Politik zu gestalten. Noch als über Achtzigjähriger versucht er, das Schicksal seiner Partei zu beeinflussen. Macht erscheint in Genschers Politik und Diplomatie in der Form politischer Führung und des Primats der Politik. Der Koalitionswechsel von 1982 war ein Beispiel politischer Führung gegen großen Widerstand, vor allem um außenpolitischer Ziele willen. Genschers Abrüstungspolitik belegte den Primat der Politik vor dem Militärischen. Nicht das militärische Gleichgewicht als solches war das eigentliche Ziel, sondern die Beschleunigung des politischen Wandels in Europa. Nicht so sehr die Wirtschafts- und Währungspolitik stand hinter Genschers Initiative für die Europäische Währungsunion Anfang 1988. Der Euro war vielmehr als Mittel gedacht, das politische Projekt eines handlungsfähigen Europas voranzubringen.

Bei all diesen Vorhaben setzte sich Genscher durch. Er war in der deutschen Nachkriegsgeschichte wohl der politisch stärkste Vizekanzler. Dies galt für beide Koalitionen, mit Helmut Schmidt und mit Helmut Kohl. Die Gründe lagen zum einen in Genschers Persönlichkeit. Egon Bahr erinnert sich vor allem an die damaligen Sitzungen des Bundeskabinetts, aber auch die Koalitionsrunden und bestätigt, dass Genscher dem Kanzler Schmidt taktisch überlegen gewesen sei. Im Rückblick auf die Umstände der Wende von 1982, bei der Genscher rechtzeitig die Initiative ergriffen hatte, erkennt Schmidt dies heute neidlos an.

Zum andern aber hatte Genscher nicht die innenpolitischen Rücksichten zu nehmen, die beide Bundeskanzler vielfach belasteten. Schmidt konnte sich bei der Umsetzung des NATO-Doppelbeschlusses nicht auf seine Partei verlassen. Kohl musste sich in der Entspannungspolitik, bei den Fragen der Oder-Neiße-Grenze und der nuklearen Abrüstung gegen den Widerstand in der eigenen Partei und der CSU durchsetzen. Oft genug hatte er die Rolle des Moderators zu spielen. Genscher aber führte die FDP unbestritten, mit der einen Ausnahme während der Wende 1982. Mit zunehmender Erfahrung beherrschte er die politische Bühne. Seine Popularität gab ihm zusätzliches Gewicht. Er konnte sich mit einer gewissen Aussicht auf Erfolg vornehmen: »Die Außen- und Sicherheitspolitik sollte niemals zur Magd der Innen- oder Parteipolitik werden.«

Auch der Respekt seiner ausländischen Kollegen wuchs. In der amerikanischen Regierung wurde während der Zwei-plus-Vier-Verhandlungen deshalb sogar ein »Genscher-Komplex« bei Kohl vermutet. Genscher war sich seines Einflusses und seiner Macht bewusst. Sie waren die Grundlage seiner »außenpolitischen Handlungsfähigkeit«, wie er das nannte. Er hat sich aber nie dazu durchgerungen, Macht als legitimes Mittel der Diplomatie anzuerkennen, schon gar nicht militärische Macht. Hierin liegt eine gewisse Widersprüchlichkeit. Genscher hat in diesem Sinne kein Verhältnis zur Macht. Deshalb ist er am Ende seiner Amtszeit, angesichts der Kriege am Golf und auf dem Balkan, an die Grenzen seiner Diplomatie gestoßen. Das deutsche militärische Engagement in Afghanistan heute scheint ihn ratlos zu lassen. Er äußert sich hierzu kaum. Er kommentierte auch nicht öffentlich die Entscheidung Außenminister Westerwelles, sich bei der Abstimmung im Sicherheitsrat der Vereinten Nationen bei einer Resolution zu enthalten, die den Schutz der Zivilbevölkerung in Libyen vor den Angriffen des Diktators Gaddafi »mit allen Mitteln« forderte. Deutschland befand sich 2011 zum ersten Mal in der Nachkriegszeit weder auf der Seite seines französischen noch amerikanischen Partners.

In Genschers Arbeitszimmer im Auswärtigen Amt in Bonn hingen die Porträts Bismarcks und Gustav Stresemanns. Genscher nennt beide Staatsmänner seine Vorbilder. In seiner ersten Rede vor der Vollversammlung der Vereinten Nationen im September 1974 erinnerte der Außenminister vor allem an seinen Vorgänger Stresemann und forderte in dessen Namen nichts Geringeres als eine »Revolution des außenpolitischen Denkens«.

Was das Verhältnis von Macht und Diplomatie angeht, so lassen sich in der Tat interessante Parallelen zwischen der Außenpolitik Genschers und Stresemanns feststellen. Beide verfolgten nationale Interessen und erzielten dabei beachtliche Erfolge, ohne sich dabei auf die Mittel der Macht zu »stützen«, wie Kissinger dies eigentlich für unumgänglich hält. Der Weimarer Republik standen diese Mittel nach dem Vertrag von Versailles schlicht nicht zur Verfügung. Stresemann sprach dies offen aus, als er 1925 seiner Partei die Verträge von Locarno erläuterte: »Wir haben verzichtet auf das, was wir nicht besitzen, nämlich auf eine Macht...«. Das »Diktat von Versailles«, die Beschränkungen der Souveränität Deutschlands sollten mit friedlichen Mitteln, sozusagen durch »friedlichen Wandel« überwunden werden.

Der Erfolg der sechsjährigen Amtszeit Stresemanns war vor diesem Hintergrund erstaunlich. 1923 hing das Schicksal Deutschlands vollständig von den Alliierten ab. Rheinland und Ruhrgebiet waren besetzt, die Frage der Reparationen ungeklärt, Wirtschaft und Finanzen zerrüttet. Sechs Jahre später, 1929, wurden auf der Konferenz von Den Haag die letzten Auflagen des Versailler Vertrags beseitigt. Der Young-Plan erleichterte die Last der Reparationen. Vor allem aber gewann Deutschland mit seinem ständigen Sitz im Völkerbund Souveränität und Ansehen zurück. Stresemann verhandelte mit Briand und Chamberlain auf Augenhöhe.

Die Bundesrepublik Deutschland verfügte sehr bald nach dem Krieg im Unterschied zur Weimarer Republik durchaus über das notwendige Gewicht. Sie unterlag zwar Beschränkungen ihrer Souveränität, wurde aber die wirtschaftlich führende Nation in Europa und leistete den stärksten konventionellen Beitrag zur NATO. Ihre Demokratie entwickelte sich stabil. Ost- und Westpolitik verschaffte der Bundesregierung Handlungsspielraum. Genscher aber hatte tiefer als die meisten deutschen Politiker verstanden, dass die Demonstration der Macht Gegenkräfte auf den Plan ruft und dass die nationalen Interessen dann am besten gefördert werden, wenn sie von den Partnern als die eigenen wahrgenommen werden. So war das meist missverstandene Wort von der Identität der deutschen und europäischen Interessen zu verstehen. Genscher hatte es so ausgedrückt: »Unsere Außenpolitik ist umso nationaler, je europäischer sie ist.« Mit einer solchen Rhetorik gewann er das Vertrauen der Partner. Dieses wiederum ermöglichte die Verwirklichung des eigentlichen nationalen Interesses, die Herstellung der deutschen Einheit.

Genscher und Stresemann teilten auch die Vorstellung von einem großen Europa, das Russland einschließt, sich aber nicht im Gegensatz zu den USA befindet. Der Unterschied liegt in der Methode, die man Multilateralismus nennen kann. Stresemann betrieb eine Politik der Ost-West Balance, die von manchen Zeitgenossen auch als »Schaukelpolitik« verdächtigt wurde. Die Verträge mit Sowjetrussland von 1922 und mit der Sowjetunion 1925 und 1926 waren zu einem großen Teil taktisch motiviert. Sie sollten durchaus ein Gegengewicht zur Westorientierung der Verträge von Locarno bilden und den außenpolitischen Handlungsspielraum erweitern. Genschers Vision war die gesamteuropäische Friedensordnung als Ziel an sich. Russland sollte darin seinen legitimen Platz erhalten. Erst dann sah er die Teilung Europas endgültig überwunden. Um dieses Ziel zu erreichen, verband er seine Politik der Westorientierung mit »Bismarck'scher Flexibilität«, wie Kissinger dies nannte. Damit meinte er durchaus anerkennend Genschers Bemühungen, den sowjetischen Interessen Rechnung zu tragen. Dies war keine »Beschwichtigungspolitik«, sondern lag aus Genschers Sicht in der Logik der Gesamteuropäischen Friedensordnung.

Schließlich ließ Stresemann im Unterschied zu Genscher zu, dass die Frage der Grenzen Deutschlands offen blieb. Die Verträge von Locarno garantierten die Westgrenze. Polen aber konnte keine Sicherheit vor einer möglichen territorialen Revision im Osten Deutschlands erreichen. Genscher war einer der ersten deutschen Politiker der Nachkriegszeit, der die anhaltende, grundsätzliche Bedeutung dieser Frage, der endgültigen Anerkennung der Oder-Neiße-Grenze, für die Zustimmung der Partner zur deutschen Vereinigung erkannte. Seine Haltung führte zu einer der heftigsten Auseinandersetzungen mit Bundeskanzler Kohl, in der sich der Außenminister durchsetzte und politische Führungskraft bewies.

Auch Genschers Europapolitik war vom Primat der Politik bestimmt. Die Genscher-Colombo-Initiative, die Einheitliche Europäische Akte, der Euro waren letztlich Mittel zur Verwirklichung des großen Ziels, des politischen, handlungsfähigen Europas. Für Stresemann war die wirtschaftliche Zusammenarbeit in Europa, in der Deutschland sein industrielles Potential einsetzen konnte, vorrangig. Sein Vorgänger Walther Rathenau hatte verkündet, dass nicht die Politik, sondern »die Wirtschaft das Schicksal« sei. Aristide Briand, der zusammen mit Stresemann 1926 den Friedensnobelpreis für die Verträge von Locarno erhalten hatte, zeigte sich über seinen deutschen Partner enttäuscht. Stresemann hatte für die weitreichenden politischen Projekte des französischen Ministerpräsidenten und Außenministers für einen europäischen Zusammenschluss nicht viel übrig.

Stresemann nannte seine Außenpolitik – unter ausdrücklicher Berufung auf Bismarck – »nationale Realpolitik«. Genscher würde einen solchen Begriff nie wählen. Die Mischung aus Idealismus und Realismus, Nationalem und Europäischem aber kennzeichnet auch seine Methode. Genschers Außenpolitik war ohne Zweifel realistisch. Er selbst hatte den Ausdruck »realistische Entspannungspolitik« geprägt, um sich von Willy Brandt und Egon Bahr abzuheben. Genscher aber war aber kein Realpolitiker in dem Sinne, wie es etwa Bismarck war. Dabei geht es nicht um die Orientierung der Außenpolitik an Interessen und Macht. Genscher teilte nur nicht Bismarcks tiefe Skepsis hinsichtlich der Möglichkeiten, politische Entwicklungen zu erkennen und zu gestalten, Geschichte zu machen: »Es hieße das Wesen der Politik zu verkennen, wollte man annehmen, ein Staatsmann könne einen weit vorausssehenden Plan entwerfen und sich als Gesetz vorschreiben, was er in einem, zwei oder drei Jahren durchführen wolle«. Genscher zählte sich zu den »Evolutionären«, wie er diejenigen nannte, die geschichtliche Tendenzen ausmachen und ihre außenpolitischen Konzepte danach ausrichten. Überspitzt gesagt bestand Genschers Diplomatie darin, Konzepte umzusetzen. Um jedes Missverständnis zu vermeiden, bestand er aber im Rückblick darauf: »Vieles war schwerer, als es im Nachhinein erscheint.«

Konzeptionelle Diplomatie, strategisches Vorgehen schließt im Übrigen taktische Meisterschaft nicht nur nicht aus, sondern erfordert sie geradezu. Viele Zeitgenossen Genschers sahen nur die Taktik und nicht die Strategie. Richard von Weizsäcker gehört zu denen, die Genschers Diplomatie, seine historische Bedeutung am besten verstanden haben: »Meist gibt die Geschichte nur wenigen Politikern die Chance zu erleben, dass es anhand ihrer Maximen zu einem entscheidenden Erfolg kommt. Genschers politisches Leben war von dieser Chance geprägt.«[7]

Was aber bleibt? Gibt es einen »Genscherismus ohne Genscher« (Stephen Szabo)? Mancher seiner Nachfolger als Außenminister berief sich auf ihn. Dies gilt nicht nur für die Parteifreunde Klaus Kinkel und Guido Westerwelle, sondern zum Beispiel auch für Joschka Fischer, der Genscher bewundert und dessen Europapolitik an den Vor-Vorgänger erinnert. Kinkel hatte das schwere Erbe der Balkanpolitik Genschers anzutreten. Er führte die sogenannte Verantwortungspolitik, mit der Frieden ohne den Einsatz von Macht geschaffen werden sollte, endgültig ad absurdum. Der erste Kampfeinsatz deutscher Soldaten nach dem Ende des Zweiten Weltkriegs, die Beteiligung an Aufklärungsflügen der NATO (AWACS) über Bosnien, wurde nicht politisch, sondern juristisch entschieden, vom Bundesverfassungsgericht im April 1993. Damit waren Auslandseinsätze der Bundeswehr im Rahmen eines »kollektiven Sicherheitssystems« mit dem Grundgesetz vereinbar. Der Primat der Politik aber war außer Kraft gesetzt. Kinkel hatte sogar zugelassen, dass die FDP die Bundesregierung in dieser Frage verklagte. Er selbst hatte zusammen mit den anderen FDP-Ministern in der Regierung gegen die Beteiligung der Bundeswehr an den Aufklärungsflügen gestimmt. Dass Kinkel gleichzeitig öffentlich für Deutschland einen Ständigen Sitz im Sicherheitsrat der Vereinten Nationen reklamierte, war ein Widerspruch. Genscher hält diese Forderung unverändert für falsch, auch aus europapolitischen Gründen. Er tritt für einen europäischen Sitz ein, zusätzlich zu den bestehenden Sitzen Frankreichs und Großbritanniens. Überzeugender gelang Kinkel die Fortführung der gesamteuropäischen Tradition. Kinkel betrieb nicht nur die weitere Öffnung der Europäischen Union, sondern auch die Einbeziehung Russlands. Er teilte nicht den Enthusiasmus des Verteidigungsministers Volker Rühe für die Erweiterung der NATO, die das Ziel der gesamteuropäischen Friedensordnung in Frage stellte.

Der amtierende Außenminister Guido Westerwelle betrachtet Genscher ausdrücklich als Vorbild. Er bekennt sich im Gespräch dazu, dass Genscher ihm über viele Jahre hinweg nicht nur politische, sondern auch persönliche Ratschläge gab. Westerwelles Durchhaltevermögen als Politiker ist auch vor diesem Hintergrund zu erklären. Genscher habe ihm mit auf den Weg gegeben: »Das Wichtigste ist, dass man Kurs hält und sich nicht niederschlagen lässt.«[8] Als außenpolitisches Vermächtnis Genschers nennt Westerwelle neben deutscher und europäischer Einigung vor allem die Abrüstung. Er ist entschlossen, sie auch zu seinem »Markenzeichen« zu machen. Kein europäischer Außenminister hatte die unter anderen von Genscher und dessen früheren Partnern Kissinger und Shultz, aber auch von Präsident Obama erhobene Forderung nach weltweiter vollständiger nuklearer Abrüstung entschlossener aufgegriffen als Westerwelle. Genscher nennt Westerwelle heute den »Garanten der Kontinuität deutscher Außenpolitik«, eine Feststellung, die natürlich auch innenpolitisch zu erklären ist. Genscher wurde zwar Staatsmann, hörte aber nie auf, Politiker zu sein.

Genscher stellte sich die Frage nach seinem Vermächtnis auch selbst. Er beantwortet sie in Form einer Mahnung. Bei der Verleihung des Walther-Rathenau-Preises im Oktober 2008 stellte er fest: »Man kann, wenn man die richtigen Antworten auf die jetzt aufkommenden Fragen geben will, nicht darüber hinwegsehen, dass zwei Jahrzehnte nach Ende des Kalten Krieges verstrichen sind, die für die Gestaltung einer neuen Weltordnung nicht oder nicht ausreichend genutzt wurden.«[9] In Zeitungskolumnen, meist für den »Tagesspiegel«, beschreibt Genscher, wie diese neue Weltordnung aussehen sollte. Dabei sind seine bewährten Konzepte unschwer zu erkennen. Sie werden leicht korrigiert und aktualisiert. Dass die Welt multipolar ist, hatte Genscher schon behauptet, als dieser Begriff noch ungebräuchlich war oder als Kritik an der einstigen Supermacht USA missverstanden wurde. Genscher erinnert in diesem Zusammenhang heute an die Mahnung Bill Clintons von damals: »Wir, die Amerikaner, sind heute die in jeder Hinsicht stärkste Nation der Welt. Wir sollten diese Stärke nutzen, um eine neue Weltordnung zu schaffen, in der wir uns auch dann noch wohlfühlen können, wenn wir nicht mehr die stärkste Nation der Welt sind.«[10] Hiermit fordert Genscher nichts Geringeres als eine Neubestimmung des Verhältnisses von Europa zu den USA, eine Frage, die gerade jetzt immer aktueller wird.

Die neuen Pole der Welt sind aufstrebende Staaten wie China, Indien und Brasilien. Es gehört zu Genschers Verständnis von Gerechtigkeit, dass er für diese Staaten mehr Einfluss fordert, ganz konkret etwa in der Form von mehr Stimmrechten im Weltwährungsfonds. Unbeirrt von den Auswirkungen der internationalen Finanzkrise auf die Staaten der Europäischen Union und den Euro sowie von der abnehmenden Zustimmung der Bürger zum Ziel der Europäischen Union lässt Genscher schließlich keinen Zweifel daran, dass er Europa für einen »global player« hält. Er glaubt eben an den Primat der Politik, mit dem auch die Krise der Europäischen Währungsunion zu meistern sei und Europa sich in der Welt behaupten werde.

Was Genscher aber für den folgenreichsten Fehler hält, der nach dem Ende des Kalten Krieges begangen wurde, spricht er meist nur in allgemeiner und vorsichtiger Form an. Seiner Meinung nach ist die Chance zur Einbeziehung Russlands in die Gesamteuropäische Friedensordnung verpasst worden. Wie geheime Gesprächsvermerke zeigen, dachte Genscher während der Verhandlungen zur deutschen Einheit über Alternativen zu einer Erweiterung der NATO nach. Er war sich bewusst, dass der von ihm und Baker ins Leben gerufene Nordatlantische Kooperationsrat – genauso wie der spätere NATO-Russland-Rat – nur eine Ersatzlösung sein konnte. Russland stand weiterhin der NATO als Block gegenüber und war kein gleichberechtigter Partner. Genscher aber war in dieser Frage damals isoliert, sowohl bei den Partnern als auch innenpolitisch. Heute aber findet er den Mut zu einem Alleingang. Er erinnert an die »feste Absicht der Allianz nach Überwindung des Kalten Krieges«, dass Russland ein echter Partner wird. »Eine Antwort der Allianz erscheint notwendig.«[11] Genscher ist also der Auffassung, dass diese Antwort noch aussteht. Er glaubt auch zu wissen, wie sie aussehen soll. Genscher ist heute der einzige westliche Staatsmann, der die Vorschläge des russischen Präsidenten Medwedew für eine gesamteuropäische gemeinsame Sicherheitsarchitektur positiv aufgreift. Er sieht diese

Vorschläge als Chance, die es zu nutzen gilt, und nicht als Gefahr für den Bestand der westlichen Allianz.

Das Vermächtnis Genschers liegt nicht nur in seinen Beiträgen zu aktuellen Fragen der Außenpolitik. Es liegt vielmehr in seiner Art, wie er außenpolitisches Handeln und Geschichte überhaupt auffasst. Er denkt in den Kategorien, die sich zum Beispiel in der Geschichtsphilosophie Arnold Toynbees finden: Außenpolitik wie Geschichte wird von den Herausforderungen und den Antworten, die hierauf gefunden werden, getrieben (challenge and response). Die Herausforderungen gilt es frühzeitig zu erkennen: »Die Geschichte pflegt ihre Angebote nicht zu wiederholen«, sagt Genscher noch heute. Die Antworten müssen rechtzeitig und entschlossen politisch durchgesetzt werden. Darin besteht politische Führung. Auch dann, wenn Genscher ganz und gar Politiker war, der die nächsten Wahlen zu bestehen hatte, war er immer auch Staatsmann mit dieser historischen Perspektive. In seinem Willen zur politischen Gestaltung liegt aber auch etwas Rastloses, fast eine Angst, gegebene Chancen zu verpassen. Genscher sagte selbst, dass die Erfahrung der Krankheiten und des nahen Todes sein Bewusstsein für den Wert des Augenblicks geschärft haben. Die Augenblicke müssen genutzt werden. Die Bedeutung des Politikers und Staatsmannes ist nur mit dem Blick auf den Menschen zu erfassen.

ANMERKUNGEN

Vorwort

1 Henry A. Kissinger, Hans-Dietrich Genscher und die Optionen deutscher Außenpolitik, in: *In der Verantwortung. Hans-Dietrich Genscher zum Siebzigsten*, hg. v. Klaus Kinkel, Berlin, 1997, S. 216 ff.
2 Jacques Delors, Hans-Dietrich Genscher: Avantgarde der Europäischen Integration, in: a.a.O., S. 484 ff.
3 Hans-Dietrich Genscher, *Erinnerungen*, Berlin, 1995

Mensch

1 Roland Dumas, Interview mit dem Autor, Paris, 30. März 2009
2 Jean François-Poncet, Interview mit dem Autor, Paris, 27. März 2009
3 Roland Dumas, *Le Fil et la Pelote*, Mémoires, Paris, 1996, S. 328
4 Roland Dumas, Interview, 2009
5 George P. Shultz, *Turmoil and Triumph, Diplomacy, Power, and the Victory of the American Ideal*, New York, 1993, S. 149f.
6 Richard von Weizsäcker, Hans-Dietrich Genscher zum siebzigsten Geburtstag, in: *In der Verantwortung. Hans-Dietrich Genscher zum Siebzigsten*, 1997, S. 33
7 Henry Kissinger, Interview mit dem Autor, New York, 29. April 2009
8 Hans-Dietrich Genscher, Interviews mit dem Autor, Wachtberg/Pech und Berlin, 2008-2009,
9 *Geschichte der Stadt Halle*, hg. v. Werner Freitag, Katrin Minner, Andreas Ranft, Halle, 2006
10 Hans-Peter Schwarz, *Adenauer. Bd. 1: Der Aufstieg 1876-1952*, Stuttgart, 1986
11 Hans-Dietrich Genscher, Interviews, 2008-2009
12 a.a.O.
13 Hans-Dietrich Genscher, *Erinnerungen*, 1995, S. 53
14 a.a.O., S. 50
15 Durs Grünbein, *Unfreiheit*, in: Frankfurter Allgemeine Zeitung vom 9. Oktober 2009
16 Materialien der Enquete-Kommission *Aufarbeitung von Geschichte und Folgen der SED-Diktatur in Deutschland*, Bd. IV. Recht – Justiz – Polizei, hg. v. Deutschen Bundestag, Baden-Baden, 1995
17 Hans-Dietrich Genscher, *Erinnerungen*, 1995, S. 63
18 Hans-Dietrich Genscher, Interviews, 2008-2009

[19] Heinrich Böll, *Ansichten eines Clowns*, in: *Heinrich Böll Werke*, Band 3, hg. v. Bernd Balzer, Köln, 1977, S. 133
[20] Peter Menke-Glückert, Interview mit dem Autor, Bonn, 17. Dezember 2009
[21] Andrej Gromyko, *Erinnerungen*, Düsseldorf, 1989, S. 71
[22] Michail Gorbatschow, Interview mit dem Autor, Straßburg, 30. September 2009
[23] Hans Jonas, *Das Prinzip Verantwortung – Versuch einer Ethik für die technologische Zivilisation*, Frankfurt am Main, 1979
[24] Gerhart Baum, Interview mit dem Autor, Köln, 22. Oktober 2009
[25] Klaus Kinkel, Interview mit dem Autor, Bonn, 22. Oktober 2009
[26] Franz Josef Strauß, *Erinnerungen*, Berlin, 1989, S. 505
[27] Robert Leicht, in: Die Zeit, 12. Mai 1989
[28] Eduard Schewardnadse, *Als der eiserne Vorhang zerriss. Begegnungen und Erinnerungen*, Duisburg, 2007, S. 133
[29] Helmut Schmidt, Interview mit dem Autor, Hamburg, 30. Oktober 2008
[30] Egon Bahr, Interview mit dem Autor, Berlin, 9. Juli 2009
[31] Hans-Dietrich Genscher, *Erinnerungen*, 1995, S. 335
[32] Wolfgang Ischinger, Interview mit dem Autor, Berlin, 24. März 2009
[33] Hans-Dietrich Genscher, *Erinnerungen*, 1995., S. 60
[34] Jacob Burckhardt, *Weltgeschichtliche Betrachtungen*, München, 1978, S. 168 f.
[35] Klaus Kinkel, Interview, 2009
[36] Jacob Burckhardt, 1978, S. 169
[37] Horst Teltschik, Interview mit dem Autor, München, 25. März 2009
[38] Hans-Dietrich Genscher, Interviews, 2008-2009
[39] a.a.O.
[40] Gerhart Baum, Interview, 2009
[41] Hans-Dietrich Genscher, *Erinnerungen*, 1995, S. 137
[42] Bertram Thieme, Interview mit dem Autor, Halle, 10. Juli 2009
[43] Klaus Kinkel, Interview, 2009
[44] Ilona Schmid-Köhler, Interview mit dem Autor, Bonn, 20. März 2009
[45] Klaus Kinkel, Interview, 2009
[46] Thomas Matussek, Interview mit dem Autor, New York, 25. Februar 2009
[47] Roland Dumas, Interview, 2009
[48] Eduard Schewardnadse, Hans-Dietrich – Siebzig? Nicht möglich!, in: *In der Verantwortung. Hans-Dietrich Genscher zum Siebzigsten*, 1997, S. 442 f.
[49] Hans-Dietrich Genscher, *Erinnerungen*, 1995, S. 155
[50] Hans-Dietrich Genscher, Interviews, 2008-2009
[51] Ilona Schmid-Köhler, Interview, 2009
[52] Gerhart Baum, Interview, 2009
[53] Richard von Weizsäcker, Hans-Dietrich Genscher zum siebzigsten Geburtstag, in: *In der Verantwortung*, 1997, S. 35
[54] Jim Hoagland, in: International Herald Tribune, 18. August 1988
[55] Marion Gräfin Dönhoff, in: Die Zeit, 26. August 1988
[56] Richard Burt, Interview mit dem Autor, Washington DC, 28. Mai 2009

57 James D. Bindenagel, Interview mit dem Autor, Washington DC, 20. Februar 2009
58 James Dobbins, Interview mit dem Autor, Washington DC, 23. Februar 2009
59 Richard Burt, Interview, 2009.
60 Newsweek, 5. Dezember 1988
61 James Baker, Interview mit dem Autor, Houston, 28. Mai 2009
62 Hans-Dietrich Genscher, Interviews, 2008-2009
63 Klaus Bölling, *Die letzten 30 Tage des Kanzlers Helmut Schmidt*, Reinbek, 1982
64 Hans-Dietrich Genscher, Interviews, 2008-2009
65 Helmut Schmidt, Interview, 2008
66 Hartmut Soell, *Helmut Schmidt, 1969 bis heute*, München 2008
67 Egon Bahr, Interview, 2009
68 Thomas Matussek, Interview, 2009
69 Horst Teltschik, Interview, 2009
70 Helmut Kohl, *Erinnerungen 1982-1990*, München, 2005, S. 45
71 Horst Teltschik, Interview, 2009
72 George Shultz, 1993, S. 548
73 Gerhard Lange, Zweimal nachdenken, bevor man nichts sagt, in: Werner Filmer, Heribert Schwan, *Hans-Dietrich Genscher*, Düsseldorf u.a., 1988, S. 364 ff.
74 Hans-Dietrich Genscher, Interviews, 2008-2009
75 Karl Dietrich Bracher, *Schlüsselwörter in der Geschichte*, Düsseldorf, 1978
76 Hans-Dietrich Genscher, Interviews, 2008-2009
77 Hans Jonas, 1979, S. 261

Politiker

1 Max Weber, *Der Beruf zur Politik*, in: *Max Weber, Soziologie – Universalgeschichtliche Analysen – Politik*, Stuttgart, 1973, S. 167 ff.
2 Hans-Dietrich Genscher, Interviews, 2008-2009
3 Horst Teltschik, Interview, 2009
4 Werner Filmer, Heribert Schwan, 1988, S. 123
5 a.a.O. S. 131
6 Der Spiegel, Nr. 38/1967
7 Der Spiegel, Nr. 41/1967
8 Werner Filmer, Heribert Schwan, 1988, S. 190
9 Walter Tacke, Der Sonnyboy der Nation, in: Werner Filmer, Heribert Schwan, 1988., S. 344
10 Günter Verheugen, *Der Ausverkauf Macht und Verfall der FDP*, Reinbek, 1984
11 Heino Kaack, *Die F.D.P. Grundriss und Materialien zu Geschichte, Struktur und Programmatik*, Meisenheim am Glan, 1979, S. 81 f.

12 Der Spiegel, Nr. 18/1976
13 Die Zeit, 18. Mai 1984
14 Der Spiegel, Nr. 26/1984
15 Hans-Dietrich Genscher, *Erinnerungen*, 1995, S. 127
16 a.a.O. S. 137
17 a.a.O., S. 135
18 Peter Lösche, Franz Walter, *Die FDP. Richtungsstreit und Zukunftszweifel*, Darmstadt, 1996, S. 104
19 SPIEGELONLINE, 6. April 2011
20 SPIEGELONLINE, 22. Januar 2011
21 Jürgen Möllemann, *Klartext. Für Deutschland*, München, 2003
22 Franz Josef Strauß, 1989, S. 466
23 Karl Kaiser, Interview mit dem Autor, Washington DC, 18. Mai 2009
24 Karl Kaiser, in: Die Zeit, 29. September 1989
25 *Akten zur Auswärtigen Politik der Bundesrepublik Deutschland*, hg. von Hans-Peter Schwarz, 1949-1951, München, 1989 ff, S. 526 ff.
26 Hans-Dieter Lucas, Von Halle nach Bonn – frühe Prägungen und Stationen, in: *Genscher, Deutschland und Europa*, hg. v. Hans-Dieter Lucas, Baden-Baden, 2002, S. 49
27 Gregor Schöllgen, in: Frankfurter Allgemeine Zeitung, 7. Dezember 2010
28 Hans-Dietrich Genscher, Interviews, 2008-2009
29 Hope M. Harrison, *Driving the Soviets up the Wall*, Princeton, 2003
30 Manfred Wilke, *Der Weg zur Mauer. Stationen der Teilungsgeschichte*, Berlin, 2011
31 *Akten zur Auswärtigen Politik der Bundesrepublik Deutschland*, 1969, S. 851 ff
32 Hans-Dietrich Genscher, Rede vor der »Liberalen Gesellschaft«, in: Liberal, 1966, S. 730 ff.
33 Der Harmel-Bericht: Die künftigen Aufgaben der Allianz, Anhang zum Schlusskommuniqué der NATO-Ministertagung vom 13.-14. Dezember 1967 in Brüssel, in: *Außenpolitik der Bundesrepublik Deutschland, Dokumente von 1949 bis 1994*, hg. v. Auswärtiges Amt, Bonn, 1995, S. 311 ff.
34 Egon Bahr, *Wandel durch Annäherung*, Rede am 15. Juli 1963, Evangelische Akademie Tutzing, in: Deutschland Archiv, Heft 8/1973, S. 862 ff.
35 Heino Kaack, 1979
36 Hans-Dietrich Genscher, Interviews, 2008-2009
37 Hans-Dietrich Genscher, *Erinnerungen*, 1995, S. 104
38 Egon Bahr, *Zu meiner Zeit*, München, 1996, S. 273
39 Arnulf Baring, *Machtwechsel*, Stuttgart, 1982, S. 158
40 Regierungserklärung des Bundeskanzlers Willy Brandt vor dem Deutschen Bundestag am 28. Oktober 1969, in: *Außenpolitik der Bundesrepublik Deutschland*, 1995, S. 330
41 Arnulf Baring, 1982, S. 314 f.
42 Egon Bahr, Interview, 2009
43 Arnulf Baring, 1982, S. 305
44 a.a.O., S. 351
45 Deutsch-sowjetischer Vertrag vom 12. August 1970, in: *Außenpolitik der Bundesrepublik Deutschland*, 1995, S. 338

⁴⁶ Egon Bahr, Interview, 2009
⁴⁷ a.a.O.
⁴⁸ Akten zur Auswärtigen Politik der Bundesrepublik Deutschland, 1970, S. 1335 ff.
⁴⁹ Arnulf Baring, 1982, S. 353
⁵⁰ Egon Bahr, Interview, 2009
⁵¹ Gerhart Baum, Interview, 2009
⁵² Egon Bahr, Interview, 2009
⁵³ Helmut Schmidt, Interview, 2008
⁵⁴ Egon Bahr, 1996, S. 322
⁵⁵ Hans-Dietrich Genscher, Interviews, 2008-2009
⁵⁶ Klaus Bölling, 1982
⁵⁷ Hans-Dietrich Genscher, in: Heribert Schwan, Rolf Steininger, *Die Bonner Republik*, Berlin, 2009, S. 203
⁵⁸ Franz Josef Strauß, 1989., S. 505
⁵⁹ Helmut Schmidt, Interview, 2008
⁶⁰ Hans-Dietrich Genscher, *Erinnerungen*, 1995, S. 447
⁶¹ a.a.O. S. 448
⁶² a.a.O., S. 446
⁶³ Hans-Dietrich Genscher, Rede am 14. Januar 1971, in: *Bulletin der Bundesregierung*, Nr. 4/1971
⁶⁴ Hans-Dietrich Genscher, *Erinnerungen*, 1995, S. 427
⁶⁵ Helmut Schmidt, *Strategie des Gleichgewichts*, Stuttgart 1969
⁶⁶ Helmut Schmidt, Interview, 2008
⁶⁷ Hans-Dietrich Genscher, *Erinnerungen*, 1995, S. 422
⁶⁸ *Cold War International History Project*, Virtual Archive, Washington D.C., 1991 ff., alle folgenden Zitate übersetzt vom Autor
⁶⁹ Materialien der Enquete-Kommission »*Aufarbeitung von Geschichte und Folgen der SED-Diktatur in Deutschland*«, Deutschlandpolitik, 1995
⁷⁰ Hans-Dietrich Genscher, Rede auf dem Kölner Parteitag der FDP im Mai 1981, in: Andreas Kramer, *Die FDP und die äußere Sicherheit, Zum Wandel der sicherheitspolitischen Konzeption der Partei von 1966 bis 1982*, Bonn, 1995, S. 207
⁷¹ a.a.O., S. 191
⁷² Arnulf Baring, 1982
⁷³ Otto Graf Lambsdorff, in: Heribert Schwan, Rolf Steininger, 2009, S. 219
⁷⁴ Helmut Schmidt, Interview, 2008
⁷⁵ Hans Apel, in: Heribert Schwan, Rolf Steininger, 2009., S. 178
⁷⁶ a.a.O., S. 183
⁷⁷ Helmut Schmidt, in: ZeitMagazin, Nr. 28, 2010
⁷⁸ Hans-Dietrich Genscher, Interviews, 2008-2009
⁷⁹ Klaus Kinkel, Interview, 2009
⁸⁰ Gerhart Baum, Interview, 2009
⁸¹ Hans-Dietrich Genscher, Interviews, 2008-2009
⁸² Ulrike Meinhof, in: Der Spiegel, Nr. 25 vom 15. Juni 1970
⁸³ Egon Bahr, Interview, 2009
⁸⁴ Hans-Dietrich Genscher, Interviews, 2008-2009

85 Helmut R. Schulze, Richard Kiessler, *Hans-Dietrich Genscher. Ein deutscher Außenminister*, München, 1990, S. 51
86 Ulrike Meinhof, *Die Aktion des Schwarzen September in München. Zur Strategie des antiimperialistischen Kampfes*, Köln, November 1972
87 Hans-Dietrich Genscher, *Erinnerungen*, 1995, S. 153 f.
88 Ebenda, S. 152
89 Klaus Kinkel, Interview, 2009
90 Hans-Dietrich Genscher, *Erinnerungen*, 1995, S. 150
91 Manfred Schreiber, *München 1972: Ein Trauma*, in: Werner Filmer, Heribert Schwan, 1988, S. 163
92 Hans-Dietrich Genscher, *Erinnerungen*, 1995, S. 160
93 a.a.O., S. 159
94 Bruno Merk, in: Süddeutsche Zeitung, 19. Januar 2006
95 Karl Dietrich Bracher, Vom Machtwechsel zur Wende, in: Karl Dietrich Bracher, Wolfgang Jäger, Werner Link, *Republik im Wandel 1969-1974*, Stuttgart 1986, S. 7 ff.
96 Helmut Schmidt, in: Die Zeit, 30. August 2007
97 Horst Herold, Der Innenminister und das Bundeskriminalamt, in: Werner Filmer, Heribert Schwan, 1988, S. 159
98 Gerhart Baum, Interview, 2009
99 Ebenda
100 Heinrich Böll, *Die verlorene Ehre der Katharina Blum*, in: *Heinrich Böll Werke*, Bornheim-Merten, 1977, S. 11 ff.
101 Hans-Dietrich Genscher, Interviews, 2008-2009
102 Hans-Dietrich Genscher, *Erinnerungen*, 1995, S. 144
103 Günther Krems, Der Mann für Recht und Ordnung, in: Werner Filmer, Heribert Schwan, 1988, S. 144
104 Ebenda
105 Klaus Kinkel, Interview, 2009
106 Michael Frayn, *Demokratie. Stück in zwei Akten*, Göttingen, 2004, S. 25
107 Günter Guillaume, *Die Aussage. Wie es wirklich war*, Tübingen, 1990
108 Markus Wolf, *Spionagechef im geheimen Krieg: Erinnerungen*, München, 1998, S. 195
109 Ebenda
110 Hans-Dietrich Genscher, *Erinnerungen*,1995 S. 201
111 Frankfurter Allgemeine Zeitung, 20. September 1974
112 Günther Nollau, *Der Fall Guillaumes und Brandts Sturz*, in: Der Spiegel, Nr. 50-52, 1977
113 Reinhard Wilke, *Erinnerungen*, unveröffentlichtes Manuskript, Bonn, 2007, S. 124
114 Egon Bahr, Interview, 2009
115 Klaus Kinkel, Interview, 2009
116 Egon Bahr, Interview, 2009
117 Hans-Dietrich Genscher, *Erinnerungen*, 1995, S. 195
118 a.a.O., S. 186 f.
119 a.a.O., S. 187

Staatsmann

1. SPIEGELONLINE, 6. November 2009
2. Klaus Kinkel, Interview, 2009
3. Henry Kissinger, *Years of Renewal*, New York, 1999, S. 615
4. Hans-Dietrich Genscher, *Erinnerungen*, a.a.O., S. 196
5. Timothy Garton Ash, *Im Namen Europas. Deutschland und der geteilte Kontinent*, Frankfurt am Main, 1995, S. 498
6. Helmut Kohl, Deutschland und Europa – Hans-Dietrich Genscher als deutscher Außenminister in bewegten Zeiten, in: *In der Verantwortung, Hans-Dietrich Genscher zum Siebzigsten*, 1997, S. 200 f.
7. Hans-Dietrich Genscher, *Erinnerungen*, 1995, S. 303
8. Schlussakte der Konferenz über Sicherheit und Zusammenarbeit in Europa vom 1. August 1975 in Helsinki, in: *Außenpolitik der Bundesrepublik Deutschland*, 1995, S. 417 ff.
9. Gespräch Hans-Dietrich Genscher mit Brent Scowcroft vom 25. Mai 1990, in: *Akten zur Auswärtigen Politik der Bundesrepublik Deutschland*, 1990, o.S.
10. Schlussakte der Konferenz über Sicherheit und Zusammenarbeit in Europa vom 1. August 1975 in Helsinki, in: *Außenpolitik der Bundesrepublik Deutschland*, 1995, S. 418
11. Gespräch Genscher mit Henry Kissinger vom 11. Juni 1974, in: *Akten zur Auswärtigen Politik der Bundesrepublik Deutschland*, 1974, S. 726 ff.
12. Ebenda
13. Vorlage vom 26. Juni 1984, in: *Akten zur Auswärtigen Politik der Bundesrepublik Deutschland*, 1984,
14. *Cold War International History Project,* Virtual Archive, 1991 ff. alle folgenden Zitate übersetzt vom Autor
15. Vorlage vom 8. Dezember 1980, in: *Akten zur Auswärtigen Politik der Bundesrepublik Deutschland*, 1980, o.S.
16. Timothy Garton Ash, 1995, S. 498
17. Christian Hacke, *Die Außenpolitik der Bundesrepublik Deutschland*, Berlin, 1997, S. 258
18. Ebenda
19. Helmut Schmidt, Interview, 2008
20. Hans-Dietrich Genscher, Interviews, 2008-2009
21. Hans-Dietrich Genscher, *Erinnerungen*, 1995, S. 418 f.
22. a.a.O., S. 267
23. Ansprache von Bundeskanzler Kohl am 7. September 1987, in: *Außenpolitik der Bundesrepublik Deutschland*, 1995, S. 551 ff.
24. Willy Brandt, *Erinnerungen*, Berlin, 1989
25. *Akten zur Auswärtigen Politik der Bundesrepublik Deutschland*, 1989, o.S.
26. Hans-Dietrich Genscher, *Erinnerungen*, 1995, S. 658
27. a.a.O., S. 22 f.
28. Claus J. Duisberg, *Das Deutsche Jahr. Einblick in die Wiedervereinigung 1989/1990*, Berlin, 2005

Anmerkungen zu Seite 181-198

[29] Gespräch Hans-Dietrich Genscher mit Eduard Schewardnadse am 28. September 1989, in: *Akten zur Auswärtigen Politik der Bundesrepublik Deutschland*, 1989, o.S.
[30] Hans-Dietrich Genscher, Interviews, 2008-2009
[31] *Akten zur Auswärtigen Politik der Bundesrepublik Deutschland*, 1990, o.S.
[32] Helmut Kohl, 2005, S. 320 f.
[33] Horst Teltschik, Interview, 2009
[34] Ebenda
[35] Hans-Dietrich Genscher, *Erinnerungen*, 1995, S. 518
[36] a.a.O., S. 519
[37] Horst Teltschik, Interview, 2009
[38] Hans-Dietrich Genscher, *Erinnerungen*, 1995, S. 507
[39] a.a.O., S. 501
[40] Rede des Bundesministers des Auswärtigen, Genscher, in Davos am 1. Februar 1987, in: *Außenpolitik der Bundesrepublik Deutschland*, 1995, S. 541 ff.
[41] Sitzung des Politbüros der KPdSU vom 11. Juni 1987, in: *Michail Gorbatschow und die Deutsche Frage*, hg. von Alexander Galkin und Anatoli Tschernajew, Moskau, 2006, S. 43 ff. (Zitate übersetzt aus dem Russischen vom Autor)
[42] a.a.O., S. 15
[43] a.a.O., S. 44
[44] a.a.O., S. 55 ff.
[45] Michail Gorbatschow im Politbüro der KPdSU am 3. April 1986, in: *Im Politbüro des Zentralkomitees der KPdSU*, hg. von Anatoli Tschernajew, Wadim Medwedew, Georgi Schachnasarow, Moskau, 2006, S. 37(Zitate übersetzt aus dem Russischen vom Autor)
[46] Michail Gorbatschow, Interview, 2009
[47] Michail Gorbatschow im Politbüro der KPdSU am 8. Oktober 1986, in: *Im Politbüro des Zentralkomitees der KPdSU*, 2006, S. 86
[48] George P. Shultz, 1993, S. 772
[49] Josef Holik, *Die Rüstungskontrolle, Rückblick auf eine kurze Ära*, Berlin, 2008, S. 63
[50] Hans-Dietrich Genscher, *Erinnerungen*, 1995, S. 611
[51] Josef Holik, 2008, S. 65
[52] Timothy Garton Ash, 1995, S. 36
[53] Hans-Peter Schwarz, *Adenauer. Der Staatsmann 1952-1967*, München 1994, S. 152
[54] Hans-Dieter Lucas, Politik der kleinen Schritte – Genscher und die deutsche Europapolitik 1974-1983, in: *Genscher, Deutschland und Europa*, 2002, S. 90
[55] a.a.O., S. 91
[56] a.a.O., S. 93
[57] *Akten zur Auswärtigen Politik der Bundesrepublik Deutschland*, 1979, o.S.
[58] Jean François-Poncet, Interview, 2009

Anmerkungen zu Seite 198-219

59 Hans-Dietrich Genscher, *Erinnerungen*, 1995, S. 360
60 a.a.O., S. 333
61 Franz Josef Strauß, 1989, S. 523
62 Helga Haftendorn, Hans-Dietrich Genscher und Amerika, in: *Genscher, Deutschland und Europa*, 2002, S. 126
63 Klaus Wiegrefe, *Das Zerwürfnis. Helmut Schmidt, Jimmy Carter und die Krise der deutsch-amerikanischen Beziehungen*, Berlin, 2005
64 Helmut Schmidt, Interview, 2008
65 Ebenda
66 Zbigniew Brzezinski, Interview mit dem Autor in Washington D.C. 27. Mai 2009
67 Ebenda
68 Jimmy Carter, *Keeping Faith. Memoirs of a President*, Fayetteville, 1995, S. 119
69 *Akten zur Auswärtigen Politik der Bundesrepublik Deutschland*, 1980, o.S.
70 Stephen Larrabee, Interview mit dem Autor, Washington, D.C. 22. Februar 2009
71 Zbigniew Brzezinski, Interview, 2009
72 Hans-Dietrich Genscher, Interviews, 2008-2009
73 Cyrus Vance, *Hard Choices. Critical Years in America's Foreign Policy*, New York, 1983, S. 94 f.
74 Zbigniew Brzezinski, Interview, 2009
75 Henry Kissinger, *Years of Upheaval*, New York, 1982, S. 1194
76 Henry Kissinger, Interview, 2009
77 Christian Hacke, 1997, S. 228
78 Hans-Dieter Lucas, 2002, S. 103
79 James Callaghan, *Time and Chance*, London, 1987, S. 321 ff.
80 Hans-Dieter Lucas, 2002, S. 100
81 Helmut Schmidt, Interview, 2008
82 Roland Dumas, *Affaires Étrangères 1981-1988*, Paris, 2007, S. 145
83 Jacques Delors, Hans-Dietrich Genscher: Avantgarde der Europäischen Integration, in: *In der Verantwortung. Hans-Dietrich Genscher zum Siebzigsten*, 1997, S. 488
84 Hans Werner Lautenschlager, Auf dem Wege zur Einheit Europas: Ein Jahrzehnt entscheidender Weichenstellungen europäischer Integrationspolitik (1983–1992), in: Hans-Dieter Lucas, 2002, 2002, S. 297 ff.
85 Jacques Delors, *Mémoires*, Paris, 2004, S. 443
86 Jacques Delors, Hans-Dietrich Genscher: Avantgarde der Europäischen Integration, in: *In der Verantwortung. Hans-Dietrich Genscher zum Siebzigsten*, 1997, S. 495
87 Hans-Dietrich Genscher, *Erinnerungen*, 1995, S. 373
88 Ebenda
89 a.a.O., S. 376
90 Washington Post, 25. Oktober 1990
91 David Marsh, *Germany and Europe: The Crisis of Unity*, London, 1994, S. 144

[92] Jacques Delors, Interview mit dem Autor, Paris, 31. März 2009
[93] Wilhelm Schönfelder, Elke Thiel, *Ein Markt – Eine Währung. Die Verhandlungen zur Europäischen Wirtschafts- und Währungsunion*, Baden-Baden, 1996, S. 32 ff.
[94] Jacques Delors, Hans-Dietrich Genscher: Avantgarde der Europäischen Integration, in: *In der Verantwortung*, 1997, S. 490
[95] Botschaft des Staatspräsidenten der Französischen Republik, François Mitterrand, und des Bundeskanzlers der Bundesrepublik Deutschland, Helmut Kohl, an den irischen Premierminister und amtierenden Präsidenten des Europäischen Rates, Charles Haughey, vom 18. April 1990, in: *Außenpolitik der Bundesrepublik Deutschland*, 1995, S. 669
[96] Frédéric Bozo, *Mitterrand, la fin de la guerre froide et l'unification allemande, De Yalta à Maastricht*, Paris, 2005, S. 245
[97] *Deutsche Einheit, Sonderedition aus den Akten des Bundeskanzleramtes 1989/90*, hg. vom Bundesministerium des Innern unter Mitwirkung des Bundesarchivs, München, 1998
[98] Werner Weidenfeld (mit Peter M. Wagner und Elke Bruck), *Außenpolitik für die Deutsche Einheit. Die Entscheidungsjahre 1989/90*, Stuttgart 1998, S. 645
[99] Richard Kiessler/Frank Elbe, *Ein runder Tisch mit scharfen Ecken. Der diplomatische Weg zur deutschen Einheit*, Baden-Baden, 1993
[100] Philip Zelikow, Condoleezza Rice, *Sternstunde der Diplomatie, Die deutsche Einheit und das Ende der Spaltung Europas*, Berlin, 1997
[101] Frédéric Bozo, 2005
[102] Tilo Schabert, *Wie Weltgeschichte gemacht wird, Frankreich und die Deutsche Einheit*, Stuttgart, 2002
[103] Rafael Biermann, *Zwischen Kreml und Kanzleramt, Wie Moskau mit der deutschen Einheit rang*, Paderborn, 1997
[104] Andrei Grachev, *Gorbachev's Gamble. Soviet Foreign Policy & the End ot the Cold War*, Cambridge, 2008
[105] Anatoli Tschernajew, *Die letzten Jahre einer Weltmacht. Der Kreml von innen*, Stuttgart 1993
[106] Georgi Schachnasarow, Preis der Freiheit. Eine Bilanz von Gorbatschows Berater, hg. von Frank Brandenburg, Bonn, 1996
[107] *Michail Gorbatschow und die Deutsche Frage*, 2006
[108] Foreign and Commonwealth Office, *Documents on British Policy Overseas*, London
[109] *Akten zur Auswärtigen Politik der Bundesrepublik Deutschland*, 1989 ff.
[110] Helmut Kohl, 2005
[111] Hans-Dietrich Genscher, 1995
[112] George Bush, Brent Scowcroft, *A World transformed*, New York, 1998
[113] James A. Baker, *Drei Jahre, die die Welt veränderten. Erinnerungen*, Berlin, 1996
[114] Michail Gorbatschow, *Erinnerungen*, Berlin, 1995
[115] Eduard Schewardnadse, 2007
[116] Hubert Védrine, *Les Mondes de François Mitterrand. À l'Élysée 1981–1995*, Paris, 1996

[117] Margaret Thatcher, *Downing Street No. 10. Die Erinnerungen*, Düsseldorf, 1993
[118] Douglas Hurd, *Memoirs*, London, 2003
[119] Helmut Kohl, *Ich wollte Deutschlands Einheit*, dargestellt von Kai Diekmann und Ralf Georg Reuth, Berlin, 1996
[120] Äußere Aspekte der Herstellung der deutschen Einheit, in: *Außenpolitik der Bundesrepublik Deutschland*, 1995, S. 660 ff.
[121] *Akten zur Auswärtigen Politik der Bundesrepublik Deutschland*, 1990
[122] Henry A. Kissinger, Hans-Dietrich Genscher und die Optionen deutscher Außenpolitik, in: *In der Verantwortung*, 1997, S. 216 ff.
[123] Egon Bahr, Interview, 2009
[124] Horst Teltschik, Interview, 2009
[125] Rede von Bundeskanzler Kohl vor dem Deutschen Bundestag am 28. November 1989, in: *Außenpolitik der Bundesrepublik Deutschland*. 1995, S. 632 ff.
[126] Hans-Dietrich Genscher, Interviews, 2008-2009
[127] Hans-Dietrich Genscher, *Erinnerungen*, 1995, S. 671
[128] Hans-Dietrich Genscher, Interviews, 2008-2009
[129] Horst Teltschik, *329 Tage. Innenansichten der Einigung*, Berlin, 1991, S. 52
[130] a.a.O., S. 49
[131] a.a.O., S. 52
[132] Vorlage des Ministerialdirektors Teltschik an Bundeskanzler Kohl, Bonn, 30. November 1989, in: *Deutsche Einheit. Sonderedition aus den Akten des Bundeskanzleramtes 1989/90*, 1998, S. 547
[133] James Baker, Interview, 2009
[134] Hans-Dietrich Genscher, *Erinnerungen*, 1995, S. 623
[135] Michael R. Beschloss, Strobe Talbott, *Auf höchster Ebene. Das Ende des Kalten Krieges und die Geheimdiplomatie der Supermächte 1989-1991*, Düsseldorf, 1993, S. 181
[136] Bericht der Botschaft Washington vom 12. Januar 1990, in: *Akten zur Auswärtigen Politik der Bundesrepublik Deutschland*, 1990, o.S.
[137] Dennis Ross, Interview mit dem Autor, Washington D.C., 12. Juni 2009
[138] James A. Baker, 1996, S. 89
[139] Jürgen Ruhfus, Interview mit dem Autor, Thomasberg, 22. Oktober 2009
[140] James Baker, Interview, 2009
[141] James Baker, 1996
[142] a.a.O., S. 63
[143] Werner Weidenfeld, 1998, S. 691
[144] Frédéric Bozo, 2005, S. 145 f.
[145] Ebenda
[146] Ebenda
[147] Bericht der Botschaft Paris vom 18. Dezember 1989, in: *Akten zur Auswärtigen Politik der Bundesrepublik Deutschland*, 1989, o.S.
[148] Roland Dumas, Interview, 2009
[149] Hubert Védrine, Interview mit dem Autor, Paris, 31. März 2009
[150] Gespräch Hans-Dietrich Genscher mit François Mitterrand, Paris, 30. November 1989, in: *Akten zur Auswärtigen Politik der Bundesrepublik Deutschland*, 1989, o.S.

151 Ebenda
152 Ebenda
153 Hubert Védrine, 1996, S. 464
154 Hubert Védrine, Interview, 2009
155 Frédéric Bozo, 2005, S. 24
156 Roland Dumas, Interview, 2009
157 Helmut Kohl, Gespräch mit dem Autor, Washington D.C., 3. Oktober 2007
158 Fréderic Bozo, 2005, S. 158 ff.
159 Werner Weidenfeld, 1998, S. 160
160 Ministerium für Auswärtige Angelegenheiten, Ost-Berlin, 20. Dezember 1989, in: *Akten zur Auswärtigen Politik der Bundesrepublik Deutschland*, 1989, o.S.
161 Ebenda
162 Frédéric Bozo, 2005, S. 167
163 Gespräch François Mitterrand mit Margaret Thatcher, Paris, 20. Januar 1990, in: Foreign and Commonwealth Office, *Documents on British Policy Overseas*, 1990, o.S.
164 Roland Dumas, Interview, 2009
165 Foreign and Commonwealth Office, *Documents on British Policy Overseas*, 1990, o.S.
166 Hans-Dietrich Genscher, *Erinnerungen*, 1995, S. 676
167 Bericht der Botschaft London vom 20. Dezember 1989, in: *Akten zur Auswärtigen Politik der Bundesrepublik Deutschland*, 1989, o.S.
168 Seminar on Germany: Summary Record, 25 March 1990, in: Foreign and Commonwealth Office, *Documents on British Policy Overseas*, 1990, o.S.
169 Werner Weidenfeld, 1998, S. 70 f.
170 Bericht Sir C. Mallaby an Mr. Hurd, 13. November 1989, in: Foreign and Commonwealth Office, *Documents on British Policy Overseas*, 1989, o.S.
171 Bericht der Botschaft London vom 14. Mai 1990, in: *Akten zur Auswärtigen Politik der Bundesrepublik Deutschland*, 1990
172 Gespräch Hans-Dietrich Genscher mit Michail Gorbatschow, Moskau, 5. Dezember 1989, Vermerk vom 6. Dezember 1989, in: *Akten zur Auswärtigen Politik der Bundesrepublik Deutschland*, 1989, o.S.
173 Hans-Dietrich Genscher, *Erinnerungen*, 1995, S. 683 f.
174 Gespräch Hans-Dietrich Genscher mit Michail Gorbatschow, Moskau, 5. Dezember 1989, Vermerk vom 6. Dezember 1989, in: *Akten zur Auswärtigen Politik der Bundesrepublik Deutschland*, 1989, o.S.
175 Ebenda
176 Michail Gorbatschow, Interview, 2009
177 Andrei Gratchev, 2008
178 Horst Teltschik, 1991, S. 44
179 a.a.O., S. 212
180 Richard von Weizsäcker, *Der Weg zur Einheit*, München, 2009, S. 11
181 Michail Gorbatschow, Interview mit »Le Figaro«, 12. Oktober 2009
182 Eduard Schewardnadse, Interview mit dem Autor, Tiflis, 14. Mai 2009
183 *Michail Gorbatschow und die Deutsche Frage*, 2006, S. 307 ff.

184 Horst Teltschik, 1991, S. 140
185 *Michail Gorbatschow und die Deutsche Frage,* 2006, S. 348
186 Horst Teltschik, 1991, S. 143
187 a.a.O. S. 142 f.
188 a.a.O., S. 157
189 Richard Kiessler, Frank Elbe, 1993., S. 98
190 Foreign and Commonwealth Office, *Documents on British Policy Overseas,* 1989, o.S.
191 Hans-Dietrich Genscher, *Erinnerungen,* 1995, S. 695 f.
192 a.a.O., S. 696
193 a.a.O., S. 729
194 Frank Elbe, Interview mit dem Autor, Bonn, 20. März 2009
195 Dennis Ross, Interview, 2009
196 James Baker, 1996, S. 175
197 a.a.O., S. 195
198 Philip Zelikow, Condoleezza Rice, 1997, S. 275
199 James Baker, 1996, S. 193
200 Werner Weidenfeld, 1998, S. 729
201 Ebenda
202 SPIEGELONLINE, 15. Dezember 2009
203 Interview mit James Baker, in: Der Spiegel, 39/2009
204 Hans-Dietrich Genscher, *Erinnerungen,* 1995, S. 726 f.
205 Hans-Dietrich Genscher, Interviews, 2008-2009
206 James Baker, Interview, 2009
207 Richard Kiessler, Frank Elbe, 1993, S. 208
208 Hans-Dietrich Genscher, *Erinnerungen,* 1995, S. 871
209 Frédéric Bozo, 2005, S. 193
210 Werner Weidenfeld, 1998, S. 809
211 a.a.O., S. 484
212 Horst Teltschik, 1991, S. 164
213 Rede des Bundesministers des Auswärtigen, Genscher, am 27. September 1989 in New York, in: *Außenpolitik der Bundesrepublik Deutschland,* 1995, S. 600
214 Werner Weidenfeld, 1998, S. 482
215 a.a.O., S. 488
216 Horst Teltschik, 1991, S. 171
217 Frédéric Bozo, 2005, S. 232
218 Gespräch des Bundeskanzlers Kohl mit Präsident Bush, Camp David, 24. Februar 1990, in: *Deutsche Einheit. Sonderedition aus den Akten des Bundeskanzleramtes 1989/90,* 1998, S. 869
219 Werner Weidenfeld, 1998, S. 585
220 Die »Charta von Paris für ein neues Europa« vom 21. November 1990. Erklärung des Pariser KSZE-Treffens der Staats- und Regierungschefs, in: *Außenpolitik der Bundesrepublik Deutschland,* 1995, S. 757
221 Der Spiegel, Nr. 48/2009
222 Der Spiegel, Nr. 14/2009
223 Eduard Schewardnadse, Interview, 2009

224 Schreiben des Außenministers Baker an Bundeskanzler Kohl, 10. Februar 1990, über sein Gespräch mit Generalsekretär Gorbatschow am 9. Februar in Moskau, in: *Deutsche Einheit. Sonderedition aus den Akten des Bundeskanzleramtes 1989/90*, 1998, S. 796. Sowjetischer Vermerk des Gesprächs Baker mit Gorbatschow vom 9. Februar 1990, in: *Michail Gorbatschow und die Deutsche Frage*, 2006, S. 338 (übersetzt aus dem Russischen vom Autor)

225 Hans-Dietrich Genscher, Interviews, 2008-2009

226 Karl Kaiser, Interview, 2009

227 Dennis Ross, Interview, 2009

228 Mark Kramer, The Myth of a No-NATO-Enlargement Pledge to Russia, in: *The Washington Quarterly*, April 2009, S. 39

229 Washington Post, 18. Januar 1990

230 Interview mit Condoleezza Rice, Der Spiegel, Nr. 14/2009

231 Philip Zelikow, Condoleezza Rice, 1997, S. 384 ff.

232 Andrei Grachev, 2008, S. 158

233 Richard Kiessler, Frank Elbe, 1993, S. 175

234 Gespräch Hans-Dietrich Genscher mit Eduard Schewardnadse in Bonn am 4. Mai 1990, in: *Akten zur Auswärtigen Politik der Bundesrepublik Deutschland*,1990, o.S.

235 Bericht der Botschaft Moskau vom 1. März 1990, in: *Akten zur Auswärtigen Politik der Bundesrepublik Deutschland*, 1990, o.S.

236 Hans-Dietrich Genscher, *Erinnerungen*, 1995, S. 824 f.

237 Richard Kiessler, Frank Elbe, 1993, S. 78 f.

238 Ebenda

239 Hans-Dietrich Genscher, *Unterwegs zur Einheit. Reden und Dokumente aus bewegter Zeit*, Berlin, 1991, S. 265 f.

240 Ministertagung des Nordatlantikrates in Turnberry am 8. Juni 1990, »Botschaft von Turnberry«, in: *Außenpolitik der Bundesrepublik Deutschland*, 1995, S. 672

241 Vertrag über die abschließende Regelung in Bezug auf Deutschland, in: *Außenpolitik der Bundesrepublik Deutschland*, 1995, S. 699 ff.

242 Richard Kiessler, Frank Elbe, 1993, S. 80

243 Gespräch des Bundeskanzlers Kohl mit Präsident Bush in Camp David, in: *Deutsche Einheit. Sonderedition aus den Akten des Bundeskanzleramtes 1989/90*, 1998, S. 860 ff.

244 Rede des Bundesministers Genscher anlässlich der Tagung der Evangelischen Akademie Tutzing, »Zur deutschen Einheit im Europäischen Rahmen«, 31. Januar 1990, in: *Der Bundesminister des Auswärtigen informiert. Mitteilung für die Presse*, Nr. 1026/90

245 Gespräch Hans-Dietrich Genscher mit Douglas Hurd vom 6. Februar 1990, in: *Akten zur Auswärtigen Politik der Bundesrepublik Deutschland*, 1990, o.S.

246 Gespräch Hans-Dietrich Genscher mit Douglas Hurd am 6. Februar 1990, in: Foreign and Commonwealth Office. *Documents on British Policy Overseas*, 1990, o.S.

247 Gespräch Hans-Dietrich Genscher mit Eduard Schewardnadse am 10. Februar 1990, in: *Akten zur Auswärtigen Politik der Bundesrepublik Deutschland*, 1990, o.S.
248 Christian Hacke, 1997, S. 391
249 a.a.O., S. 392
250 Hans-Dietrich Genscher, *Erinnerungen*, 1995, S. 922
251 James Baker, 1996, S. 430
252 Christian Hacke, 1997, S. 396
253 Hans-Dietrich Genscher, *Erinnerungen*, 1995, S. 906
254 a.a.O., S. 902
255 a.a.O., S. 901
256 Hubert Védrine, 1996, S. 527
257 James Baker, 1996, S. 282
258 Horst Teltschik, 1991, S. 365
259 James Baker, 1996, S. 15 ff.
260 Carolyn McGiffert Ekedahl, Melvin A. Goodman, *The Wars of Eduard Shevardnadze*, Washington D.C., 2001, S. 194
261 Warren Christopher, Interview mit *USA Today*, 18. Juni 1993
262 Michael Libal, Krieg in Mitteleuropa. Genscher, Jugoslawien und die serbische Herausforderung 1991/1992, in: *Hans-Dieter Lucas*, 2002, S. 343 ff.
263 Hans-Dietrich Genscher, 1995, S. 939 f.
264 Hans-Dieter Heumann, *Deutsche Außenpolitik jenseits von Idealismus und Realismus*, München, 2001, S. 61 f.
265 a.a.O., S. 63 f.
266 Hans-Dietrich Genscher, Interviews, 2008-2009
267 James Baker, 1996, S. 637
268 Roland Dumas, 1996, S. 352
269 a.a.O., S. 353
270 Hubert Védrine, 1996, S. 615 ff.
271 a.a.O., S. 616
272 Erklärung der EG-Außenminister zu Jugoslawien am 16. Dezember 1991 in Brüssel, in: *Außenpolitik der Bundesrepublik Deutschland*, 1995, S. 851 f.
273 Frankfurter Allgemeine Zeitung, 14. Dezember 1991

Nachwort

1 Lothar Gall, Liberalismus und Auswärtige Politik, in: *Deutsche Frage und europäisches Gleichgewicht*, hg. von Klaus Hildebrand, Köln, 1985
2 Wolfgang J. Mommsen, *Möglichkeiten und Grenzen einer liberalen Außenpolitik – Eine historisch-politische Betrachtung*, Königswinter, 1994
3 Hans-Dieter Heumann, Genscher, ein »liberaler« Außenpolitiker?, in: *Hans-Dieter Lucas*, 2002, S. 413 ff.

4 Süddeutsche Zeitung, 15. Februar 2011
5 Egon Bahr, Interview, 2009
6 Jacob Burckhardt, 1978, S. 233 f.
7 Richard von Weizsäcker, Hans-Dietrich Genscher zum siebzigsten Geburtstag, in: *In der Verantwortung. Hans-Dietrich Genscher zum Siebzigsten*, 1997, S. 36
8 Guido Westerwelle, Interview mit dem Autor, Berlin, 2. Juli 2009
9 Frankfurter Allgemeine Zeitung, 24. Oktober 2008
10 Tagesspiegel, 26. Oktober 2010
11 Tagesspiegel, 30. November 2010

Ausgewählte Literatur

Monographien und Sammelbände

Aust, Stefan, Der Baader-Meinhof-Komplex, München, 2008.

Baechler, Christian, Gustave Stresemann (1878-1929). De l'impérialisme à la sécurité collective, Strasbourg, 1996.

Bahr, Egon, Zu meiner Zeit, München, 1996.

Baker, James A., Drei Jahre, die die Welt veränderten. Erinnerungen, Berlin, 1996.

Baring, Arnulf, Machtwechsel, Stuttgart, 1982.

Beschloss, Michael R., Talbott, Strobe, Auf höchster Ebene. Das Ende des Kalten Krieges und die Geheimdiplomatie der Supermächte 1989-1991, Düsseldorf, 1993.

Biermann, Rafael, Zwischen Kreml und Kanzleramt: Wie Moskau mit der deutschen Einheit rang, Paderborn, 1997.

Bismarck, Otto von, Gedanken und Erinnerungen, München, 1981.

Böll, Heinrich, Werke, hg. v. Balzer, Bernd, Köln, 1977.

Bölling, Klaus, Die letzten 30 Tage des Kanzlers Helmut Schmidt, Reinbek, 1982.

Bozo, Frédéric, Mitterrand, la fin de la guerre froide et l'unification allemande, De Yalta à Maastricht, Paris, 2005.

Bracher, Karl Dietrich, Eschenburg, Theodor, Fest, Joachim C., Jäckel, Eberhard (Hrsg.), Geschichte der Bundesrepublik Deutschland, 5 Bd., Stuttgart, 1983 ff.

Bracher, Karl Dietrich, Schlüsselwörter in der Geschichte, Düsseldorf, 1978.

Brandt, Willy, Erinnerungen, Berlin, 1989.

Bräutigam, Hans Otto, Ständige Vertretung. Meine Jahre in Ost-Berlin, Hamburg, 2009.

Burckhardt, Jacob, Weltgeschichtliche Betrachtungen, München, 1978.

Bush, George, Scowcroft, Brent, A World transformed, New York, 1998.

Callaghan, James, Time and Chance, London 1987.

Carter, Jimmy, Keeping Faith, Memoirs of a President, Fayetteville, 1995.

Delors, Jacques, Mémoires, Paris, 2004.

Dinan, Desmond, Europe Recast. A History of European Union, Boulder, 2004.

Dittberner, Jürgen, Die FDP, Wiesbaden, 2005.

Duisberg, Claus J., Das Deutsche Jahr. Einblick in die Wiedervereinigung 1989/1990, Berlin, 2005.

Dumas, Roland, Affaires Étrangères 1981-1988, Paris, 2007.

Dumas, Roland, Le Fil et la Pelote, Mémoires, Paris, 1996.

Falin, Valentin, Politische Erinnerungen, München, 1993.

Filmer, Werner, Schwan, Heribert, Hans-Dietrich Genscher, Düsseldorf u.a., 1988.

François-Poncet, Jean, 37, Quai d'Orsay. Mémoires pour aujourd'hui et pour demain, Paris, 2008.

Frank, Paul, Entschlüsselte Botschaft, Ein Diplomat macht Inventur, Stuttgart, 1981.

Frayn, Michael, Demokratie – Stück in zwei Akten, Göttingen, 2004.

Freitag, Werner, Minner, Katrin, Ranft, Andreas, Geschichte der Stadt Halle, 2006.

Gaddis, John Lewis, The Cold War, a new history, New York, 2005.

Garton Ash, Timothy, Im Namen Europas. Deutschland und der geteilte Kontinent, Frankfurt am Main 1995.

Genscher, Hans-Dietrich, Unterwegs zur Einheit. Reden und Dokumente aus bewegter Zeit, Berlin, 1991.

Genscher, Hans-Dietrich: Erinnerungen, Berlin 1995.

Gorbatschow, Michail, Erinnerungen, Berlin, 1995.

Gorbatschow, Michail, Perestroika, München, 1987.

Görtemaker, Manfred, Geschichte der Bundesrepublik Deutschland, Frankfurt am Main, 2004.

Grachev, Andrej, Gorbachev's Gamble. Soviet Foreign Policy & the End of the Cold War, Cambridge, 2008.

Gromyko, Andrej, Erinnerungen, Düsseldorf, 1989.

Guillaume, Günter, Die Aussage – Wie es wirklich war, Tübingen, 1990.

Hacke, Christian, Die Außenpolitik der Bundesrepublik Deutschland, Berlin, 1997.

Hacke, Christian, Die Ost- und Deutschlandpolitik der CDU/CSU, Wege und Irrwege der Opposition seit 1969, Köln, 1975.

Haftendorn, Helga, Deutsche Außenpolitik zwischen Selbstbeschränkung und Selbstbehauptung, München 2001.

Harrison, Hope M., Driving the Soviets up the Wall, Princeton, 2003.

Heumann, Hans-Dieter, Deutsche Außenpolitik jenseits von Idealismus und Realismus, München, 2001.

Hofmann, Gunter, Polen und Deutsche, Der Weg zur Europäischen Revolution 1989/90, Berlin, 2011.

Holik, Josef, Die Rüstungskontrolle. Rückblick auf eine kurze Ära, Berlin 2008.

Hurd, Douglas, Memoirs, London, 2003.

John, Jürgen (Hrsg.), Mitteldeutschland. Begriff, Geschichte, Konstrukt, Jena, 2001.

Jonas, Hans, Das Prinzip Verantwortung – Versuch einer Ethik für die technologische Zivilisation, Frankfurt am Main, 1979.

Kaack, Heino, Die F.D.P. Grundriss und Materialien zu Geschichte, Struktur und Programmatik, Meisenheim am Glan, 1979.
Kaiser, Karl, Deutschlands Vereinigung. Die internationalen Aspekte, Bergisch Gladbach, 1991
Kiessler, Richard/Elbe, Frank, Ein runder Tisch mit scharfen Ecken. Der diplomatische Weg zur deutschen Einheit, Baden-Baden, 1993.
Kinkel, Klaus (Hrsg.), In der Verantwortung. Hans-Dietrich Genscher zum Siebzigsten, Berlin, 1997.
Kissinger, Henry A., Years of Upheaval, New York, 1982.
Kissinger, Henry A., Diplomacy, New York, 1994.
Kissinger, Henry A., Years of Renewal, New York, 1999.
Knopp, Guido (Hrsg.), Hans-Dietrich Genscher. Die Chance der Deutschen, München, 2008.
Kohl, Helmut, Erinnerungen 1930-1982, München, 2004.
Kohl, Helmut, Erinnerungen 1982-1990, München, 2005.
Kohl, Helmut, Erinnerungen 1990-1994, München, 2007.
Kohl, Helmut, Ich wollte Deutschlands Einheit, dargestellt von Kai Diekmann und Ralf Georg Reuth, Berlin 1996.
Korte, Karl-Rudolf, Deutschlandpolitik in Helmut Kohls Kanzlerschaft, Regierungsstil und Entscheidungen 1982 -1989, Stuttgart, 1998.
Kramer, Andreas, Die FDP und die äußere Sicherheit. Zum Wandel der sicherheitspolitischen Konzeption der Partei von 1966 bis 1992, Bonn, 1995.

Lösche, Peter, Walter, Franz, Die FDP. Richtungsstreit und Zukunftszweifel, Darmstadt, 1996.
Lucas, Hans-Dieter (Hrsg.), Genscher, Deutschland und Europa, Baden-Baden, 2002.

Marsh, David: Germany and Europe: The Crisis of Unity, London, 1994, S. 144.
Mathiopoulos, Margarita, Rendezvous mit der DDR, Düsseldorf, 1994.
McGiffert Ekedahl, Carolyn, Goodman, Melvin A., The Wars of Eduard Shevardnadze, Washington D.C., 2001.
Meinhof, Ulrike: Die Aktion des Schwarzen September in München. Zur Strategie des antiimperialistischen Kampfes, Köln, November 1992.
Möllemann, Jürgen, Klartext. Für Deutschland, München, 2003.
Mommsen, Wolfgang J., Möglichkeiten und Grenzen einer liberalen Außenpolitik – Eine historisch-politische Betrachtung, Königswinter, 1994.
Moravcsik, Andrew, The Choice for Europe, Cornell, 1998.

Noack, Hans-Joachim, Helmut Schmidt. Die Biographie, Berlin 2008.
Noack, Hans-Joachim, Bickerick, Wolfram, Helmut Kohl. Die Biographie, Berlin 2010.
Nuti, Leopold (Hrsg.), The Crisis of Detente in Europe. From Helsinki to Gorbachev 1975-1985, New York, 2009.

Rice, Condoleezza, Zelikow, Philip, Sternstunde der Diplomatie. Die deutsche Einheit und das Ende der Spaltung Europas, Berlin, 1997.

Rosengarten, Ulrich, Die Genscher-Colombo-Initiative, Baden-Baden, 2008.
Ross, Dennis, Statecraft, and how to restore America's standing in the world, New York, 2007.
Ruhfus, Jürgen, Aufwärts. Erlebnisse und Erinnerungen eines diplomatischen Zeitzeugen 1955-1992, Sankt Ottilien, 2006.

Schabert, Tilo, Wie Weltgeschichte gemacht wird. Frankreich und die Deutsche Einheit, Stuttgart, 2002.
Schachnasarow, Georgi, Preis der Freiheit. Eine Bilanz von Gorbatschows Berater, hg. v. Frank Brandenburg, Bonn, 1996.
Schewardnadse, Eduard, Als der eiserne Vorhang zerriss. Begegnungen und Erinnerungen, Duisburg, 2007.
Schlotter, Peter, Die KSZE im Ost-West-Konflikt. Wirkungen einer internationalen Institution, Frankfurt am Main, 1999.
Schmidt, Helmut, Strategie des Gleichgewichts, Stuttgart, 1969.
Schmidt, Helmut, Weggefährten. Erinnerungen und Reflexionen, Berlin, 1996.
Schönbohm, Jörg, Zwei Armeen und ein Vaterland. Das Ende der Nationalen Volksarmee, Berlin, 1992.
Schönfelder, Wilhelm, Thiel, Elke, Ein Markt – Eine Währung. Die Verhandlungen zur Europäischen Wirtschafts- und Währungsunion, Baden-Baden, 1996, S32 ff.
Schulze, Helmut R., Kiessler, Richard, Hans-Dietrich Genscher, Ein deutscher Außenminister, München 1990.
Schwan, Heribert, Steininger, Rolf, Die Bonner Republik, Berlin, 2009.
Schwarz, Hans-Peter, Adenauer. Der Aufstieg, 1876-1952, Stuttgart, 1986.
Schwarz, Hans-Peter, Adenauer, Der Staatsmann 1952-1967, München, 1994.
Shultz, George P., Turmoil and Triumph, Diplomacy, Power, and the Victory of the American Ideal, New York, 1993.
Soell, Hartmut, Helmut Schmidt, 1969 bis heute, München, 2008.
Strauß, Franz Josef, Erinnerungen, Berlin, 1989.
Szabo, Stephen F, The Diplomacy of German Unification, New York, 1992.

Teltschik, Horst, 329 Tage. Innenansichten der Einigung, Berlin, 1991.
Thatcher, Margaret, Downing Street No. 10. Die Erinnerungen, Düsseldorf, 1993.
Tschernajew, Anatoli, Die letzten Jahre einer Weltmacht. Der Kreml von innen, Stuttgart, 1993.

Vance, Cyrus, Hard Choices. Critical Years in America's Foreign Policy, New York, 1983.
Védrine, Hubert, Les Mondes de François Mitterrand. À l'Élysée 1981–1995, Paris, 1996.
Verheugen, Günter, Der Ausverkauf. Macht und Verfall der FDP, Reinbek, 1984.

Weber, Max: Der Beruf zur Politik, in Weber, Max: Soziologie – Universalgeschichtliche Analysen – Politik, Stuttgart, 1973.

Weidenfeld, Werner (mit Peter M. Wagner und Elke Bruck), Außenpolitik für die deutsche Einheit, Die Entscheidungsjahre 1989/90, Stuttgart, 1998.
Weisser, Ulrich, Sicherheit für ganz Europa, Stuttgart, 1999.
Weizsäcker, Richard von, Der Weg zur Einheit, München, 2009.
Wiegrefe, Klaus, Das Zerwürfnis. Helmut Schmidt, Jimmy Carter und die Krise der deutsch-amerikanischen Beziehungen, Berlin, 2005.
Wilke, Manfred: Der Weg zur Mauer. Stationen der Teilungsgeschichte, Berlin, 2011.
Wilke, Reinhard, Erinnerungen, unveröffentlichtes Manuskript, Bonn, 2007.
Winckelmann, Johann (Hrsg.), Max Weber. Soziologie – Universalgeschichtliche Analysen – Politik, Stuttgart, 1973.
Winkler, Heinrich August, Der lange Weg nach Westen, 2 Bde., München, 2002.
Wolf, Markus, Spionagechef im geheimen Krieg: Erinnerungen, München, 1998.
Wolfrum, Edgar, Die geglückte Demokratie. Geschichte der Bundesrepublik Deutschland von ihren Anfängen bis zur Gegenwart, Stuttgart, 2007.
Wrede, Hans-Heinrich, KSZE in Wien, Kursbestimmung für Europas Zukunft, Köln, 1990.

Quellen und Dokumente

Akten zur Auswärtigen Politik der Bundesrepublik Deutschland, hg. v. Hans-Peter Schwarz, München, 1989 ff.

Außenpolitik der Bundesrepublik Deutschland, Dokumente von 1949 bis 1994, hg. v. Auswärtigen Amt, Bonn, 1995

Cold War International History Project, Virtual Archive, Washington DC, 1991 ff.

Deutsche Einheit, Sonderedition aus den Akten des Bundeskanzleramtes 1989/90, hg. vom Bundesministerium des Innern unter Mitwirkung des Bundesarchivs, München, 1998

Foreign and Commonwealth Office, Documents on British Policy Overseas, London, 1989 f.

Im Politbüro des Zentralkomitees der KPdSU, hg. v. Anatoli Tschernajew, Wadim Medwedew, Georgi Schachnasarow, Moskau, 2006 (Zitate aus dem Russischen übersetzt vom Autor)

Materialien der Enquete-Kommission »Aufarbeitung von Geschichte und Folgen der SED-Diktatur in Deutschland«, hg. v. Deutschen Bundestag, Baden-Baden, 1995

Michail Gorbatschow und die Deutsche Frage, hg. v. Alexander Galkin und Anatoli Tschernajew, Moskau, 2006 (Zitate aus dem Russischen übersetzt vom Autor)

Interviews mit dem Autor

Bahr, Egon: Berlin, 9. Juli 2009
Baker, James: Houston, 28. Mai 2009
Baum, Gerhart: Köln, 22. Oktober 2009
Bindenagel, James D.: Washington DC, 20. Februar 2009
Brzezinski, Zbigniew: Washington DC, 27. Mai 2009
Burt, Richard: Washington DC, 28. Mai 2009
Elbe, Frank: Bonn, 20. März 2009
François-Poncet, Jean: Paris, 27. März 2009
Delors, Jacques: Paris, 31. März 2009
Dobbins, James: Washington DC, 23. Februar 2009
Dumas, Roland: Paris, Paris, 30.März 2009
Genscher, Hans-Dietrich: Pech und Berlin, 2008-2009
Gorbatschow, Michail: Straßburg, 30. September 2009
Ischinger, Wolfgang: Berlin, 24. März 2009
Kaiser, Karl: Washington D.C., 18. Mai 2009
Kastrup, Dieter: Bonn, 18. Dezember 2009
Kinkel, Klaus: Bonn, 22. Oktober 2009
Kissinger, Henry A.: New York, 29. April 2009
Kohl, Helmut: Washington D.C., 3. Oktober 2008
Larrabee, Stephen: Washington DC, 22. Februar 2009
Matussek, Thomas: New York, 25. Februar 2009
Menke-Glückert, Peter: Bonn, 17. Dezember 2009
Ross, Dennis: Washington D.C., 12. Juni 2009
Ruhfus, Jürgen: Thomasberg, 22. Oktober 2009
Schewardnadse, Eduard: Tiflis, 14. Mai 2009
Schmid-Köhler, Ilona: Bonn, 20. März 2009
Schmidt, Helmut: Hamburg, 30. Oktober 2008
Shultz, George: Stanford, 11. Juni 2009
Teltschik, Horst: München, 25. März 2009
Thieme, Bertram: Halle, 10. Juli 2009
Védrine, Hubert: Paris, 31. März 2009
Westerwelle, Guido: Berlin, 2. Juli 2009

BILDLEGENDEN

Tafel
1: Die Eltern
2: Ein Kind von Fröhlichkeit
3: Charmeur
4: Hans-Dietrich nimmt die Zügel in die Hand
5: Pennäler
6/7/8: Kriegsjahre
9: (oben) In Bremen; (unten) Landpartie
10: Innenminister
11: Innenminister mit Durchblick
12: Ein besonderes Verhältnis
13: Klaus Kinkel
14: (oben) Helmut Schmidt, Henry Kissinger; (unten) »Elefanten-Runde«
15: (oben) Leonid Breschnew; (unten) Anwar as-Sadat
16: (oben) Beatrix und Königinmutter; (unten) François Mitterand
17: (oben) Gerald Ford; (unten) Jimmy Carter
18: (oben) Ronald Reagan; (unten) Barbara und Nancy
19: (oben) Richard v. Weizsäcker; (unten) James Baker
20: (oben) Shimon Peres; (unten) König Juan Carlos
21: (oben) Papst Johannes Paul II.; (unten) Deng Xiaoping
22: (oben) 2+4-Außenminister; (unten) Jiři Hajek
23: Balkonszene
24: (oben) Jiři Dienstbier; (unten) Kaukasus
25: Roland Dumas in Halle
26: Henry Kissinger und Michail Gorbatschow
27: Zwei Schwergewichte
28: »feucht und fröhlich«
29: Verkleidung
30: Privat bei Schewardnadse
31: (oben) im AA; (unten) in der Luft

Bildquellen

Privatarchiv Hans-Dietrich Genscher: 1, 2, 3, 4, 5, 6, 7, 8, 9, 10 (oben), 12, 15, 16, 17, 18, 19, 20 (unten), 21, 22 (oben), 23, 24 (unten), 25, 26, 27, 28, 29, 30, 31 (unten), 32

Georg Munker: 10 (unten); J.H. Darchinger IFJ: 11; Sven Simon: 13, 14 (unten), 20 (oben); Rudi Meisel: 14 (oben); Arturo Mari: 21 (oben); Fotograf Schambeck: 22 (unten); Fotograf Wegmann: 24 (oben); Dieter Haupt: 31 (oben)

Personenregister

Acheson, Dean 85f.
Adam-Schwätzer, Irmgard 38
Adenauer, Konrad 17f., 21f., 27, 49, 58, 64, 80-83, 85ff., 94, 96, 99f., 159, 194, 226, 305
Ahlers, Conrad 65, 74ff., 125, 136
Akromejew, Sergej 255. 274
Albrecht, Ernst 167
Allardt, Helmut 91, 104
Andropow, Juri 115, 134, 168f., 182f., 188
Apel, Hans 113, 123f., 210, 212
Arias, Óscar 199
Aristoteles 46
Asis, Tarik 286
Attali, Jacques 219, 235, 239
Augstein, Rudolf 68, 126
Axen, Hermann 118

Baader, Andreas 133, 140
Bach, Johann Sebastian 25
Bahr, Egon 10, 17, 33, 51, 79f., 85, 87f., 96ff., 101-108, 117, 130, 148f., 156, 159f., 170, 177, 195, 226, 307f., 312
Baker, James 9, 28, 45, 47, 49, 181, 192, 225, 230-234, 258-265, 272f., 276-279, 286f., 292ff., 297, 299f., 315
Bangemann, Martin 80
Baring, Arnulf 104, 148
Barzel, Rainer 98, 108f.
Baum, Gerhart 10, 32, 39, 46f., 107, 125, 141, 215
Bech, Joseph 194
Benda, Ernst 131
Benjamin, Hilde 24f.
Bernhard, Thomas 35
Bettzuege, Reinhard 125, 127
Bianco, Jean-Louis 235
Biermann, Rafael 224
Biermann, Wolf 20
Bindenagel, James D. 47
Bismarck, Otto Fürst 39, 86, 194f., 226, 307, 310ff.

Blackwill, Robert 261, 279
Blech, Klaus 170, 218, 248, 264
Bohley, Bärbel 178
Boidevaix, Serge 257
Böll, Heinrich 138, 142f.
Bölling, Klaus 50, 111
Borm, William 120ff.
Botha, Piet 34
Bourdieu, Pierre 9
Bozo, Frédéric 222, 224f., 242
Bracher, Karl Dietrich 58, 138
Brandt, Willy 26, 34, 50, 79, 84f., 87, 95f., 98, 101f., 104ff., 109, 122f., 130f., 136ff., 140, 144-152, 156, 159, 172, 176, 194f., 284, 305, 312
Brauchitsch, Eberhard von 70
Braun, Harald 10, 40
Braun, Sigismund von 136
Breschnew, Leonid 90f., 115, 120, 134, 163, 168f., 173
Briand, Aristide 310, 312
Broek, Hans van den 259
Brunner, Manfred 75
Brzezinski, Zbigniew 10, 115, 204f., 207
Burckhardt, Jacob 37, 181, 308
Burt, Richard 47f., 233
Bush, George sen. 162, 182, 200, 225, 230ff., 262f., 269f., 274-279, 286, 293
Bush, George W. jun. 287
Byrnes, James F. 22. 92f.

Callaghan, James 51, 115, 210
Carrington, Peter Carington Lord 297, 302
Carter, Jimmy 114, 117, 203-207
Chamberlain, Austen 310
Cheysson, Claude 310
Chirac, Jacques 196
Christopher, Warren 206f., 246, 294
Chrobog, Jürgen 125
Chruschtschow, Nikita 90
Clark, Wesley Kanne 298
Clausewitz, Carl von 298

Clinton, Bill 314
Colombo, Emilio 45, 195, 197, 212, 214f., 312
Craig, Gordon 245
Crocker, Chester 201
Czyrek, Józef 167

De Michelis, Gianni 259
Debray, Régis 291
Dehler, Thomas 21f., 83, 100
Delors, Jacques 8, 10, 197, 214ff., 219f., 222
Dienstbier, Jiři 45
Dilthey, Wilhelm 10
Dobbins, James 47
Dönhoff, Marion Gräfin 47
Döring, Wolfgang 80
Dregger, Alfred 134
Dubček, Alexander 166
Duckwitz, Georg Ferdinand 87f.
Dudin, Said 133
Duisberg, Claus-Jürgen 179
Dumas, Alexandre 35
Dumas, Roland 10, 15ff., 27, 41, 45, 85, 181, 197f., 208, 213, 215, 217, 222f., 236, 238–244, 260, 264ff., 269, 291, 294, 297, 300–303
Dutschke, Rudi 119

Ehmke, Horst 109, 145
Elbe, Frank 10, 224f., 233, 259f., 275, 277, 279f.
Ellemann-Jensen, Uffe 45
Ensslin, Gudrun 133, 140
Eppelmann, Rainer 118f.
Erhard, Ludwig 32, 66, 83
Ertl, Josef 131

Falin, Valentin Michailowitsch 51, 105, 187, 251f., 254, 274
Feininger, Lionel 18
Finkielkraut, Alain 303
Fischer, Joschka 313, 297
Fischer, Oskar 181
Flach, Karl-Hermann 66, 80, 83
Fouchet, Christian 215
Francke, August Hermann 19
François-Poncet, André 198
François-Poncet, Jean 10, 15, 45, 197f.
Franke, Egon 91

Frayn, Michael 145
Friderichs, Hans 70, 73, 87
Friedman, Michel 77
Friedrich Wilhelm III., Kg. von Preußen 28
Fröbe, Gert 31

Gablentz, Otto von der 51
Gaddafi, Muammar al- 309
Gall, Lothar 306
Garton Ash, Timothy 160, 168, 245
Gaulle, Charles de 156, 159, 196f.
Genet, Jean 16
Genscher, Barbara 26, 40, 43
Genscher, Hilde 42
Genscher, Martina 42
Geremek, Bronisław 173
Giscard d'Estaing, Valéry 115, 209, 212f.
Gladstone, William 307
Glucksmann, André 303
Goethe, Johann Wolfgang von 7, 25f., 57f., 85
Gorbatschow, Michail 8ff., 31, 33, 47f., 114f., 157f., 161, 169, 174, 182–189, 218, 220, 224–227, 231, 234, 237f., 240f., 247–256, 260, 264, 269–276, 278, 281, 293, 305
Gorbatschowa, Raissa 253
Gottschalk, Thomas 31, 127
Grabert, Horst 148
Grass, Günter 49, 136
Gratschow, Andrej 224, 251
Gromyko, Andrej 31, 95, 103–106, 115f., 163ff., 168f., 183, 188, 251f.
Grotewohl, Otto 82
Grünbein, Durs 24
Guillaume, Christel 147
Guillaume, Günter 130, 144–152
Gysi, Gregor 242

Hacke, Christian 171, 209, 288
Hager, Kurt 118
Haider, Jörg 75
Haig, Alexander 201
Hájek, Jiří 166
Hallstein, Walter 82, 95, 197
Händel, Georg Friedrich 19, 25, 51
Harmel, Pierre 94, 120, 272
Havel, Václav 24, 166, 177

Havemann, Robert 118
Heinemann, Gustav 98ff., 140
Herold, Horst 139, 141
Hirsch, Burkhard 111
Hitler, Adolf 19f., 23, 185, 242
Hoagland, Jim 47
Holik, Josef 192
Honecker, Erich 118, 145f., 151, 170f., 174-177, 179f., 254
Hoppe, Hans-Günther 80
Huber, Hermann 181
Hurd, Douglas 45, 225f., 244-247, 257, 260, 263ff., 280f.

Ischinger, Wolfgang 10, 34f.
Ismay, Hastings Lord 245

Janajew, Gennadi 183
Jansen, Helmut 181
Jaruzelski, Wojciech 170, 172f., 268
Jasow, Dmitri 183, 255, 269
Johanes (tschech. Außenminister) 181
Johnson, Lyndon B. 83
Jonas, Hans 32, 59f.
Juncker, Jean-Claude 74
Jünger, Ernst 23

Kaack, Heino 69, 97
Kaiser, Jakob 81
Kaiser, Karl 10, 85, 273
Kampelman, Max 192
Kant, Immanuel 59f.
Kastrup, Dieter 10, 181, 228, 248, 264f., 278
Kelly, Petra 118f.
Kennan, George 159
Kennedy, John F. 97, 202
Keßler, Heinz 254
Khomeini, Ruhollah, Ajatollah 206f.
Kiesinger, Kurt Georg 53, 81, 83, 99-102
Kiessler, Richard 225
Kinkel, Klaus 9f., 32, 36, 38-41, 125, 130, 135ff., 144, 147f., 150, 155, 225, 306, 313
Kirchner, Ernst Ludwig 18
Kissinger, Henry 7, 10, 17, 48, 56, 95, 155f., 159, 161-165, 184, 198, 207ff., 226, 230, 283, 310f., 314
Klar, Christian 134

Kluncker, Heinz 131
Koeppen, Wolfgang 29
Kohl, Helmut 7f., 16f., 25, 34, 39ff., 49-56, 65, 70f., 82, 84, 90, 100f., 111, 113, 125, 157f., 160, 165, 175f., 180f., 184f., 187f., 190ff., 194, 202, 213, 218f., 221f., 225, 227-230, 232, 234-240, 243, 248ff., 252f., 255ff., 261ff., 266-271, 274f., 278f., 284f., 300f., 305, 308f., 312
Köhler, Horst 41, 219
Kossygin, Alexej 91
Kotschemassow, Wjatscheslaw 257
Kouchner, Bernard 291
Krenz, Egon 174, 254
Krjutschkow, Wladimir 183, 255, 293
Krolikowski, Herbert 180
Kučan, Milan 296
Kühlmann-Stumm, Knut Frhr. v. 89
Kurras, Karl-Heinz 119
Kwizinski, Julij 187, 190, 251, 254

Lafontaine, Oskar 50
Lambsdorff, Otto Graf 70-73, 123
Lange, Gerhard 57
Larosier, Jacques de 219
Larrabee, Stephen 204
Lautenschlager, Hans Werner 214
Lazar, Prinz 296
Lenin, d. i. Wladimir Iljitsch Uljanow 24, 179
Leonhard, Wolfgang 151
Lévy, Bernard-Henri 303
Libal, Michael 295, 300
Loewenich, Gerhard von 108
Lösche, Peter 74
Luckner, Felix Graf von 18
Luhmann, Niklas 46
Luther, Martin 25

Machiavelli, Niccolò 184
Mahler, Horst 133, 141
Maier, Reinhold 21f., 83
Mallaby, Sir Christopher 246f., 257
Mandela, Nelson 201f.
Mann, Katja 35
Mann, Thomas 19, 35f.
Mark Aurel, röm. Ks., Stoiker 59
Marx, Werner 109
Matlock, Jack 273

Matussek, Thomas 52
Maurois, André 156
Mazowiecki, Tadeusz 266
McCloy, John 100
McGiffert, Carolyne 293
Medwedew, Dmitri 271, 315
Medwedew, Wadim 253
Meinhof, Ulrike 129, 133f., 140, 142
Meins, Holger 140
Mende, Erich 66ff., 75, 79ff., 83, 96, 98
Mendelssohn-Bartholdy, Felix 25
Menke-Glückert, Peter 10, 30, 59
Merck, Bruno 34
Mielke, Erich 118f., 133
Milošević, Slobodan 283, 294–300, 303
Mischnick, Wolfgang 80, 88, 91, 132
Mittag, Günter 175
Mitterrand, François 15ff., 45, 165, 184, 213, 216–219, 221f., 225, 235–243, 247, 249, 266, 269, 290f., 300f., 303, 305
Modrow, Hans 82, 227, 241, 250, 258
Möllemann, Jürgen 38, 76ff.
Möller, Alex 91, 99, 132
Mommsen, Wolfgang J. 307
Monnet, Jean 157, 195, 215
Mubarak, Hosni 307
Musil, Robert 195
Muskie, Edmund 207

Nannen, Henri 81
Napoleon I. 36
Naumann, Klaus 298
Nietzsche, Friedrich 25, 243
Nixon, Richard 101, 159
Nollau, Günther 145–148, 151
Nujoma, Sam 201

Obama, Barack 314
Ohnesorg, Benno 119
Olszowski, Stefan 167
Onyszkiewicz, Janusz 173

Pahlawi, Schah Mohammad Reza 206
Pawlow, Valentin 183
Perez de Cuellar, Javier 297
Pfeffer, Franz 237
Pfleiderer, Karl Georg 79

Picasso, Pablo 16
Pieck, Wilhelm 151
Pohl, Helmut 134
Pöhl, Otto 221
Ponomarjow, Boris 117
Poos, Jacques 216, 299
Popieluszko, Jerzy 173
Popper, Sir Karl 59
Portugalow, Nikolai 251f., 254
Powell, Charles 242
Primakow, Jewgenij 293
Puccini, Giacomo 35
Pugo, Boris 183
Pulver, Liselotte 31

Rakowski, Mieczysław 254
Rapacki, Adam 80
Raspe, Jan-Carl 140
Rathenau, Walther 312
Rau, Johannes 50
Reagan, Ronald 16, 56, 114, 189, 192, 200f., 207
Reinhold, Otto 176
Rice, Condoleezza 224f., 234, 261, 270, 274
Ross, Dennis 232ff., 259f., 273
Rühe, Volker 313
Ruhfus, Jürgen 51, 233
Rupel, Dimitrij 296
Ryschkow, Nikolai 255

Saddam Hussein 283, 285, 287, 289, 291–294, 297
Sagladin, Wadim 185, 248, 253, 275
Salameh, Hassan 133
Sanne, Carl-Werner 105
Schabert, Tilo 224
Schabowski, Günter 179
Schachnasarow, Georgi 224
Schäffer, Fritz 82
Schalck-Golodkowski, Alexander 175
Scharon, Ariel 77
Schäuble, Wolfgang 56
Scheel, Walter 33, 68, 70, 80, 82, 88, 91, 99–108, 112, 131f., 134, 144, 149f., 152, 155, 163, 166, 195f., 284, 306
Schelsky, Helmut 23
Schewardnadse, Eduard 8ff., 17, 28, 37, 42, 45, 177, 179, 181, 185, 188,

190, 225, 240, 248, 251, 253ff., 260, 264, 269, 271f., 274-278, 280f., 286, 293, 305
Schily, Otto 71, 178
Schlöndorff, Volker 142
Schmid-Köhler, Ilona 41
Schmidt, Helmut 7, 10, 31, 33, 41, 46, 49-53, 57, 59, 65, 73, 91, 98, 107, 111-115, 122ff., 132, 137, 139, 145, 150, 152, 155, 157, 164, 170f., 174, 197, 203-206, 209f., 212f., 308f.
Schollwer, Wolfgang 80f., 83, 95
Schönfelder, Wilhelm 220
Schreckenberger, Waldemar 55
Schreiber, Manfred 34, 135f., 139
Schröder, Gerhard (CDU-Außenminister) 87
Schubert, Bruno 37
Schubert, Inge 37
Schulz, Adelheid 134
Schumacher, Kurt 21, 80, 96, 194
Schuman, Robert 15, 157, 195
Schumann, Robert 25
Schürer, Gerhard 174
Schwarz, Hans-Peter 284
Schwarzkopf, Norman 287
Schweitzer, Luise 42
Scowcroft, Brent 162, 225, 230f., 233, 258, 261, 263, 293
Seiters, Rudolf 180
Shakespeare, William 144
Shultz, George P. 10, 16, 45, 56, 189, 201, 314
Skubiszewski, Krzysztof 45, 85, 266f.
Solms, Hermannn Otto 76
Spaak, Paul-Henri 82
Staden, Berndt von 204
Stalin, Josef 100, 151
Stambolić, Ivan 295
Steiner, Julius 109
Stelmachowski, Andrzej 266
Stern, Fritz 59, 245, 284
Stoltenberg, Gerhard 16, 220, 233
Stoltenberg, Jens 45
Stone, Norman 245
Strauß, Botho 29
Strauß, Franz Josef 22, 32, 34, 46, 53f., 57, 70, 78, 84, 98, 109, 111, 167, 171, 175, 190, 202

Stresemann, Gustav 11, 310ff.
Suslow, Michail 168
Szabo, Stephen 11, 313

Tabatabai, Sadegh 206
Talleyrand, Charles-Maurice de 45
Tambo, Oliver 201
Telemann, Georg Philipp 25
Teltschik, Horst 10, 37, 52, 54ff., 184f., 218, 227-230, 239, 250ff., 255f., 261, 263, 266, 268, 292
Thälmann, Ernst 151
Thatcher, Margaret 184, 202, 216f., 225, 242f., 245, 247
Thieme, Bertram 40
Thorn, Gaston 45
Tietmeyer, Hans 219
Tomášek, Kardinal 166
Toqueville, Alexis de 177
Toynbee, Arnold 316
Trotta, Margarethe von 142
Truman, Harry S. 92
Tschernajew, Anatoli 183, 224, 251, 255, 275
Tschernenko, Konstantin 182ff., 254

Ulbricht, Walter 25, 81f., 90, 151
Ustinov, Peter 31
Ustinow, Dmitri 168f., 188

Vance, Cyrus 205ff.
Védrine, Hubert 10, 213, 225, 236f., 239, 242, 302
Verdi, Giuseppe 35
Vergau, Hans-Joachim 202
Verheugen, Günter 69
Viett, Inge 134

Wagner, Leo 109
Wagner, Richard 25
Waigel, Theo 84
Waldegrave, William 247
Wałęsa, Lech 172f., 177
Walter, Franz 74
Walters, Vernon 257
Weber, Juliane 35
Weber, Max 18, 40, 63f., 66f., 306, 308
Wehner, Herbert 50, 88, 98, 131, 142, 145f., 150ff.

Weill, Kurt 25
Weizsäcker, Carl Friedrich von 117
Weizsäcker, Richard von 17, 46, 187, 226, 253, 313
Well, Günther van 163
Wenck, Walther 23
Werner, Pierre 209
Westerwelle, Guido 10, 71, 74f., 77f., 306, 309, 313f.
Weston, John 264
Weyer, Willy 67
Wilke, Reinhard 52, 148

Wilson, Harold 210
Wilson, Woodrow 48, 307
Wischnewski, Hans-Jürgen 123
Wolf, Christa 178
Wolf, Markus 122, 130, 145, 151

Zamir, Zvi 138
Zelikow, Philip 224f., 261
Zetkin, Clara 151
Zimmermann, Warren 297
Zoellick, Bob 231, 233, 260
Zoglmann, Siegfried 75